suhrkamp taschenbuch
wissenschaft 299

Dell Hymes ist Professor für Anthropologie an der Universität von Pennsylvania in Philadelphia. Er hat in Harvard und an der Universität von Kalifornien in Berkely unterrichtet und war Gastprofessor in Cambridge. Veröffentlichungen: *Language in Culture and Society* (1964), *Reinventing Anthropology* (1966), *Pidginization and Creolization of Language* (1971), *Towards Communicative Competence* (1972), *Foundations in Sociolinguistics* (1974). Dell Hymes ist außerdem Herausgeber der Zeitschrift *Language in Society*.
Florian Coulmas ist Assistent am Seminar für allgemeine Sprachenwissenschaft der Universität Düsseldorf. Zuvor hat er an den Universitäten Bielefeld und Hiroshima unterrichtet. Buchveröffentlichungen: *Rezeptives Sprachverhalten* (1977), *Conversational Routine*, ed. (demnächst).
Sprachwissenschaft als empirische Sozialwissenschaft ist ein Programm, das seine entscheidenden Impulse Dell Hymes verdankt. Es verlangt nach der Analyse der Interdependenz gesellschaftlicher und sprachlicher Faktoren, die zusammen die Kommunikationsstruktur einer Gesellschaft konstituieren. Unter Hymes' Ägide hat sich die Untersuchung dieser Faktoren zur Ethnographie der Kommunikation als einem eigenen, die Fachgrenzen vor allem der Linguistik, Soziologie und Sozialpsychologie überschreitenden Forschungszweig verdichtet.
Die anthropologischen Konstanten der Sprache – das ist die allgemeine Hypothese – sind analytisch nur zu erfassen, wenn ihre Vielfältigkeit anhand der soziokulturellen Besonderheiten einzelner Sprachen so detailliert wie möglich entfaltet wird.
Hymes' Analysen demonstrieren, daß sowohl die Funktionsweisen der Sprache in der Gesellschaft als auch viele ihrer systematischen Eigenschaften nur begriffen werden können, wenn der Gebrauch, den eine Gesellschaft von ihrer Sprache macht, nicht aus der Analyse dieser Sprache ausgeklammert wird.

Dell Hymes
Soziolinguistik

Zur Ethnographie der Kommunikation

Eingeleitet und herausgegeben
von Florian Coulmas

Suhrkamp

suhrkamp taschenbuch wissenschaft 299
Erste Auflage 1979

Druck: Nomos Verlagsgesellschaft, Baden-Baden
Printed in Germany
Umschlag nach Entwürfen von
Willy Fleckhaus und Rolf Staudt.

CIP-Kurztitelaufnahme der Deutschen Bibliothek
Hymes, Dell: Soziolinguistik:
zur Ethnographie d. Kommunikation / Dell Hymes.
Eingeleitet u. hrsg. von Florian Coulmas.
1. Aufl. – Frankfurt am Main: Suhrkamp, 1979.
(Suhrkamp-Taschenbücher Wissenschaft; 299)
ISBN 3-518-07899-2

Inhalt

Florian Coulmas
Einleitung: Sprache und Kultur

Vor einem halben Jahrhundert stellte Edward Sapir in seinem berühmt gewordenen Aufsatz über den wissenschaftlichen Status der Linguistik (Sapir, 1929) folgende Forderung:

Besonders wichtig ist es, daß die Linguisten, die oft und zu Recht beschuldigt werden, nicht über die hübschen Strukturen ihres Objektbereichs hinauszusehen, daß diese Linguisten sich bewußt werden, was ihre Wissenschaft für die Interpretation menschlichen Verhaltens im allgemeinen bedeuten kann. Ob sie es wollen oder nicht, müssen sie sich mit den zahlreichen Problemen anthropologischer, soziologischer und psychologischer Art befassen, die das Gebiet der Sprache tangieren.

Auf prägnantere und kürzere Weise ließe sich eine allgemeine Maxime für die mit dem Werk von Dell Hymes assoziierte Konzeption einer Ethnographie der Kommunikation kaum formulieren, und das ist kein Zufall. Denn während die von Sapir beklagte Ignoranz bzw. Abgrenzung gegenüber anderen Disziplinen einerseits und den sie betreffenden Aspekten der Sprache andererseits in vielen Teilbereichen der Linguistik parallel zu der Entwicklung immer abstrakterer Modelle nur noch zunahm, baut Hymes unmittelbar auf die von Sapir repräsentierte, auf Boas fußende kulturanthropologische Tradition der amerikanischen Linguistik auf, ohne jedoch seinerseits die genannten Modelle zu ignorieren. Sie gilt es in eine umfassende Theorie von der Sprache als Bestandteil »historisch geschaffener Lebenspläne« sozio-kultureller Gemeinschaften (um einen Begriff von Kluckhohn zu verwenden) zu inkorporieren. Die Frage, wie die formalen Modelle und Theorien der Linguistik für die »Interpretation menschlichen Verhaltens im allgemeinen« auszunutzen sind, ist damit jedoch nur aufgeworfen, nicht beantwortet. Das anspruchsvolle Ziel der Ethnographie der Kommunikation ist es, auf diese Frage eine Antwort zu finden und damit zur Interpretation von Lebensformen beizutragen.

Dieses Programm, nach dem Sprache aus ihrer Instrumentalität heraus zu begreifen ist, betrifft nicht nur die gesellschaftliche Dimension der Sprache, sondern auch die gesellschaftliche

Dimension ihrer Erforschung. Denn wenn die Analyse sprachlicher Erscheinungen mit der Analyse des sozio-kulturellen Zusammenhangs zu vermitteln ist, in den diese eingebettet sind, erhebt sich unmittelbar die Frage nach der Stellung des Forschers in oder zu diesem sozio-kulturellen Zusammenhang. Während es das formale Modellieren partikularer Strukturen erlaubt, ein relativ objektivierendes Verhältnis zum Gegenstand einzunehmen, verlangt die Analyse des Zusammenhangs von Sprache und Kultur wie kaum ein anderes wissenschaftliches Unternehmen nach einer kritischen Reflexion der eigenen Praxis, des eigenen Verhältnisses als Wissenschaftler zur Gesellschaft und des wissenschaftlichen Tuns als Element einer Lebensweise (s. u. S. 249). Wenn Sprache nicht als ein abstraktes, von den Bedingungen seiner Entstehung und Verwendung abgelöstes System behandelt wird, sondern als ein Instrument der Kommunikation, dessen systematische Eigenschaften es als Mittel der intersubjektiven Verständigung und gesellschaftlichen Kooperation tauglich sein lassen, und wenn zudem die Möglichkeit eingeräumt wird, daß zwischen den kommunikativen Bedürfnissen jeder einzelnen Gesellschaft bzw. gesellschaftlichen Gruppe und den sprachlichen Mitteln, derer sie sich bedient, ein Zusammenhang besteht, die Beziehungen zwischen Sprachstruktur und Sozialstruktur, zwischen Struktur und Funktion und zwischen einem Systemzustand und seiner Geschichte also nicht ignoriert, sondern thematisiert werden, kann man den Blick auch nicht vor den in den meisten Gesellschaften vorfindlichen Problemen verschließen, die mit dem Gebrauch ihrer Sprache oder ihrer Sprachen zusammenhängen. Zum Selbstverständnis der neuen Ethnographie gehört es, daß sie auch in der Alltagswelt der eigenen Gesellschaft, in einem Erfahrungsbereich also betrieben wird, den der Forscher teilt. Eine neutrale, interessenlose Forschung ist unter diesen Bedingungen eine Illusion. Eine Sprachwissenschaft unter der Ägide der Ethnographie der Kommunikation steht also im Spannungsfeld zwischen den beiden Polen der relativen Objektivierbarkeit der Erkenntnis, die gerade in der Linguistik im Vergleich zu anderen Humanwissenschaften beispielhaft vorangetrieben worden ist, und der Parteilichkeit des Wissenschaftlers, der sich mit Problemen befaßt, die unmittelbar oder mittelbar seine eigene Gesellschaft betreffen. Sie steht zwischen den theoretischen Ansprüchen, die konstitutiven Faktoren der Sprache als eines funktionierenden Systems auf stringente Weise transparent zu machen, und den Ansprüchen, sich zu mit der Sprache zusammenhängenden Problemen der Gesellschaft zu verhalten und die theoretischen Erkenntnisse gesellschaftlich wirksam werden zu lassen.

Daß die Ethnographie der Kommunikation kein neutrales Unternehmen sein kann, das seinen Gegenstand behandelt wie die Physik das Elementarteilchen, ist eine ihrer Grundpositionen, womit sie sich einerseits zum Erbe der »Geisteswissenschaften« bekennt. Dies schließt jedoch andererseits keineswegs das Vertrauen in exakte Methoden aus. Entscheidend ist der politische Gesichtspunkt, unter dem diese eingesetzt werden (in der Hoffnung, daß die Ergebnisse nicht doch entgegen der Intention des Forschers ausgenutzt werden). Die gesellschaftlichen Probleme, zu deren Lösung die Ethnographie der Kommunikation beitragen könnte, sind ebenso zahlreich wie offenkundig. In einer vielsprachigen Gesellschaft wie der des Einwandererlandes USA treten sie besonders deutlich zutage. »Sprache als Stigma« ist nur ein Stichwort, das in einer Gesellschaft mit starken Rassenschranken, in der man schon am Telefon oder über den Rundfunk die Hautfarbe eines Sprechers erkennt, keine leere Phrase. Daß gesellschaftliche Segregation sich sprachlich manifestiert und umgekehrt die in der Gesellschaft gepflegten und institutionell perpetuierten Einstellungen zu unterschiedlichen Sprechweisen eine wichtige Funktion als Mittel der Diskriminierung erfüllen, ist vor allem in den Vereinigten Staaten in zahlreichen empirischen Untersuchungen nachgewiesen worden. Wie bzw. ob Kommunikationsethnographien gegen Diskriminierung und Unterdrückung eingesetzt werden können, ob sie dazu beitragen können, Programme zu entwickeln, die Minoritäten zumindest die sprachliche Bewältigung von Ansprüchen der Gesellschaft, in der sie leben, ermöglichen – derartigen Fragen muß sich die Ethnographie der Kommunikation stellen. Um an einem konkreten Beispiel zu zeigen, daß sie das tut, und wie diese soziolinguistische Theorie (vgl. 1971d) unmittelbar praktisch werden kann, wurde der Aufsatz über »Ethnographisches Protokollieren« in diesen Band aufgenommen. Er behandelt die Problematik zweisprachiger Erziehung in öffentlichen Schulen der USA, die vor allem in Gegenden mit annähernd gleichstarken, verschiedensprachigen Bevölkerungsteilen oder großen ehtnischen Minoritäten virulent sind. Betroffen sind insbesondere die großen, aus verschiedenen Ländern stammenden spanischsprachigen Bevölkerungsgruppen. Daß sich angesichts 500000 schulpflichtiger Kinder von Arbeitsmigranten, die ein Recht auf die Bewahrung ihrer kulturellen Identität haben, in der BRD teilweise ähnliche Probleme stellen, setzt sich im Bewußtsein der deutschen Öffentlichkeit nur langsam durch. Die wissenschaftliche Erforschung der Bedingungen erfolgreicher Erziehungsprogramme* – wobei »erfolgreich« hier nicht in dem zynischen Sinne der Produktion möglichst funktionaler Teilnehmer am deutschen Wirtschaftsleben, sondern im Sinne einer zwangfreien Integration ohne Identitätsverlust zu verstehen ist – wird aus öffentlichen Mitteln nur sehr unzulänglich gefördert.

Daß die Komplexität des Ansatzes der Ethnographie der Kommunikation gerechtfertigt und notwendig ist, erweist dieses praktische Beispiel sehr deutlich. Wenn es nicht allein darum gehen soll, einer Gruppe die sprachlichen Normen einer anderen zugänglich zu machen bzw. aufzuzwingen, sondern darum, zu verstehen, daß verschiedene soziokulturelle Gruppen nicht nur verschiedene Sprachen, Dialekte oder Varietäten sprechen, sondern sich auch in ihren »Sprechweisen«, in der Art und Weise, wie sie von ihrer Sprache Gebrauch machen, unterscheiden (vgl. auch Hymes, 1966), wenn es zudem darum gehen soll, die allgemeinen Bedingungen kulturadäquaten Kommunikationsverhaltens in anderen Gruppen zu ergründen, dann genügt es nicht, die Sprache allein zu fokussieren. Die Komplexität der Rolle, die Sprache im Gesamtgefüge der Kultur spielt, verlangt einen konplexeren Analyseansatz.

Ausgangspunkt und Gegenstand des zuerst (1962) noch »Ethnographie des Sprechens« und dann (1964, (beide Arbeiten in diesem Band)) klarer »Ethnographie der Kommunikation« genannten Ansatzes ist demgemäß die Gesamtheit aller Kommunikationsgewohnheiten einer Gemeinschaft, zu deren Realisierung die Sprache als ein Instrument unter und im Verein mit anderen herangezogen wird. Dadurch, daß sie mit anderen Kommunikationsmitteln im Zusammenhang behandelt wird, wird ihre überragende Bedeutung nicht geschmälert. Ebenso wie es Ethnographien zu anderen Kulturbereichen gibt, in deren Mittelpunkt etwa Religion, Wirtschaftsleben oder Verwandtschaftsstrukturen stehen, soll es nach dieser Konzeption Ethnographien geben, die der Beschreibung der

* Eine Ausnahme ist das Heidelberger Forschungsprojekt »Pidgin-Deutsch«. Vgl. »Sprache und Kommunikation ausländischer Arbeiter«, Kronberg, 1975; auch Keim, 1978 und Kühlwein/Radden, 1978.

speziellen Kommunikationsstrukturen soziokultureller Gruppen, ihrer »Sprechökonomie«, wie Hymes auch sagt, gewidmet sind. (Zahlreiche derartige Arbeiten sind in Hymes, 1964a, Gumperz/Hymes, eds. 1972 und in Bauman/Sherzer, eds. 1974 gesammelt.) Für die Volkskunde selber hat Hymes durch die Betonung des Sprechens als Teil des menschlichen Verhaltens deutlich gemacht, daß Sprachverhalten und Kommunikationsprozesse für sie interessante eigenständige Untersuchungsobjekte sind (vgl. 1973), zu deren Erforschung sie sich auf in der Linguistik entwickelte Methoden stützen kann. (Ausführlich geht Hymes auf den Ort der Linguistik in Volkskunde und Anthropologie im letzten Beitrag dieses Bandes ein.) Die in der formalen Linguistik entwickelten Methoden und Beschreibungsverfahren reichen jedoch aus mehreren Gründen nicht aus, da diese die Sprache (1.) aus ihrem Verwendungszusammenhang und aus der Interdependenz mit anderen Kommunikationsmodi herauslöst, (2.) ihre Strukturen unabhängig von ihren Funktionen analysiert, (3) nach der Identifizierung einer Strukturebene nicht weiter nach deren funktionalen Beziehungen zu anderen Strukturebenen fragt (vgl. S. 159f.) und (4.) – in der Regel – überhaupt nur eine Funktion der Sprache, die referentielle, in Betracht zieht. Die Anwendung linguistischer Beschreibungs- und Analyseverfahren muß demgegenüber von der Analyse der sprachlichen Form zur Analyse auf Situationskontexte bezogener Gebrauchsmuster führen. Weil sich strukturelle Kontraste nur nach Maßgabe der Relevanz funktionaler Unterschiede feststellen lassen, hält Hymes die Ausklammerung der Funktionen der Sprache aus ihrer strukturalen Analyse nicht nur für eine unzulässige Einschränkung des Analysebereichs, sondern auch für eine methodisch verkehrte, da die Ergebnisse verzerrende Beschneidung des Gegenstands. In Anlehnung an Jakobson besteht er auf der grundsätzlichen Bedeutung der Funktionen der Sprache für deren strukurale Analyse.

Diese Auffassung, daß die kommunikativen Leistungen einzelner sprachlicher Substrukturen, daß das, was die Mitglieder einer Gemeinschaft mit ihrer Sprache machen, für deren Analyse prinzipiell wichtig ist, impliziert ein Vorgehen, das zur Beschreibung der Kommunikationsstrukturen einer Gemeinschaft zunächst auf die Aufdeckung der in dieser Gemeinschaft selbst gültigen Kategorien abzielt. Sie sind im ethnographischen Kontext vor allem durch Feldforschung i. e. Beobachtung der Sprechtätigkeit in natürlichen

Sprechsitationen zu ermitteln. Die zentralen Begriffe derartiger Untersuchungen sind *Sprechgemeinschaft* (»speech community«), *Sprechsituation* (»speech situation«), *Sprechereignis* (»speech event«), *Sprechakt* (»speech act«) und *Äußerungskontext* (»setting«). Sie dienen jedoch nur als heuristisches Gerüst eines im einzelnen auszudifferenzierenden »deskriptiven Rahmens« (s. S. 156). Die Erarbeitung einzelner Kommunikationsethnographien ist ein dreistufiger Prozeß, in dem ausgehend von (1) dem heuristischen Gerüst (2) die Kategorien ermittelt werden, nach denen Sprechereignisse in den fraglichen Gemeinschaften klassifiziert werden, die (3) auf dem Hintergrund einer auf akkumulierten ethnographischen Kenntnissen basierenden vergleichenden Ethnologie relativiert bzw. verallgemeinert werden. Die wichtige Rolle, die die Deskription konkreter Kommunikationsereignisse in den der fraglichen Gruppe eigenen Kategorien spielt, entspricht der von Kenneth Pike »emisch« genannten Analyseperspektive* (Pike,

* Das Begriffspaar »etisch« und »emisch« ist in Analogie zu den beiden Ebenen der Analyse sprachlicher Laute, der Phon*etik* und der Phon*emik* (im Deutschen meist »Phonologie«) geprägt. Während sich die Phonetik universeller Beschreibungskategorien objektiv gegebener Lautqualitäten, die meßbar und artikulatorisch definierbar sind, bedient, welche an jede beliebige Sprache von außen herangetragen werden, wählt die Phonemik einer Sprache aus dem universellen Merkmalskatalog nur diejenigen aus, die innerhalb des Systems der fraglichen Sprache relevante Kontraste ausmachen. Die etische Analyse setzt also einen systemexternen Standpunkt, die emische einen systeminternen voraus (vgl. weiter Pike, 1967: 37 ff.). Eme sind systemrelevante Analyseeinheiten. Etische Einheiten hingegen sind (einzel-)systemunabhängig. In vieler Hinsicht ist diese Analogie zu Phonetik und Phonemik sinnvoll und erhellend; sie ist jedoch auch überzogen worden. Lévi-Strauss sprach in frühen Arbeiten gelegentlich von »Mythemen«. Diese Terminologie hat sich jedoch (auch bei ihm selbst) ebenso wenig durchgesetzt wie Pikes »Behavioreme«, was nicht unbedingt daran liegt, daß es keine kulturell definierten Verhaltenseinheiten gäbe, für die eine solche Bezeichnung passend wäre. Vielmehr hat sich die Hoffnung, daß sich mit dieser Dichotomie alle Bereiche der menschlichen Kultur bzw. des menschlichen Verhaltens konzeptuell erfassen ließen, wodurch das Problem der Anschließbarkeit bzw. Integration von Theorien über sprachliche und andere Erscheinungen der Kultur zumindest prinzipiell gelöst wäre, als zu optimistisch erwiesen. In dem zu unflexiblen Beharren auf der Analogie ist die Hauptschwäche von Pikes monumentalem Werk, »Language in Relation to a Unified Theory of the Structure of Human Behavior« (1967) zu sehen.

1967), der gemäß »danach gefragt wird, *was die Mitglieder einer Sprechergemeinschaft als Bestandteil des Beschreibungsgegenstandes akzeptieren«* (s. u. S. 145). Die Notwendigkeit, die Perspektive des Angehörigen einer zu analysierenden Kultur nachzuvollziehen, um die begriffliche Organisation seiner Alltagswelt zu erkennen, wurde in der Kulturanthropologie besonders vehemeht von Malinowski verfochten, für den sie sich aus seiner praktischen Erfahrung im Feld ergab: »Der Ethnograph bei der Außenarbeit... kann nur beobachten, wenn er weiß, was relevant und wesentlich ist, so daß er zufällige Nebenumstände übergehen kann« (Malinowski, 1975: 47). Sehr kongenial nimmt sich folgende Feststellung von Boas (1943: 314) aus: »Wenn wir uns ernsthaft darum bemühen, die Vorstellungen eines Volkes zu verstehen, muß die ganze Analyse der Erfahrung auf ihren, nicht auf unseren Begriffen basieren.« Wichtig ist, daß nicht durch beispielsweise das Englische, Deutsche oder Französische induzierte Begriffe unproblematisiert als absolute Kategorien der Beschreibungssprache für andere Kommunikationssysteme aus anderen kulturellen Kontexten verwendet werden. Denn es gibt keine Gewähr dafür, daß durch die Verwendung einer solchen Begrifflichkeit nicht Unterschiede gemacht werden, wo für die fragliche Gemeinschaft gar keine sind, und umgekehrt Kontraste übersehen oder verwischt werden, die in deren Kommunikationsökonomie eine wichtige Rolle spielen. Die innere Systematik der Begriffe, nach denen Sprechereignisse, Sprechsituationen, Sprechakte, Äußerungskontext etc. organisiert sind, muß daher für jede Gemeinschaft emisch bestimmt werden. Ein Mittel dafür ist die Begriffsanalyse der Ausdrücke, die die fragliche Sprache für die Bezeichnung von Sprechereignissen, Sprechakten etc. zur Verfügung stellt, und die Rekonstruktion des semantischen Felds (der semantischen Felder), in dem (denen) sie organisiert sind. Sich alleine auf diese Technik zu verlassen hieße jedoch m. E., den umgekehrten Fehler zu machen, die Analyse in zu starkem Maße durch die konzeptuelle Organisation der Sprache der zu beschreibenden Sprachgemeinschaft leiten zu lassen. Es hieße, deren Kategorien absolut zu setzen, ohne über genaue Kenntnisse des Verhältnisses zwischen den faktischen Kommunikationsgewohnheiten der Gemeinschaft und der Art und Weise, wie diese sich im Lexikon ihrer Sprache niedergeschlagen haben, zu verfügen. Zu viele historische Imponderabilien können sich auf die lexikalische Ausdifferenzierung von Lebensbereichen und

Funktionen einer Gemeinschaft ausgewirkt haben, um ohne weiteres zuverlässige Schlußfolgerungen von sprachlichen Daten auf faktisch gegebene Organisationsformen oder Relevanzstrukturen ziehen zu können. Die semantische Feldanalyse der metakommunikativen Begriffe einer Gemeinschaft muß also durch andere Techniken supplementiert werden. Direkte Beobachtungen von Kommunikationsereignissen und Interviews, die metakommunikative Begriffe oder Ergebnisse derartiger Beobachtungen zum Inhalt haben, sind für eine vollständige oder besser gesagt auch nur annähernd repräsentative Ethnographie der Kommunikation als Ergänzung und u. U. Korrektiv unverzichtbar. Nur mit ihrer Hilfe kann das abstrakte Gerüst, das eine semantische Analyse metakommunikativer Begriffe hervortreten läßt, gegebenenfalls entzerrt und zu einer Beschreibung der wesentlichen Aspekte der Kommunikationsstrukturen einer Gemeinschaft konkretisiert werden.

Durch die Betonung der deskriptiven Arbeit stellt sich Hymes bewußt in Gegensatz sowohl zu Lévi-Strauss (in der Kulturanthropologie) als auch zu Chomsky (in der Linguistik). Ersterer ist seines Erachtens zu sehr in der vergleichenden Perspektive der Ethnologie befangen, die es nicht gestattet, ein kulturelles System aus seiner eigenen Logik heraus zu verstehen, und zu voreilig apriorische Universalien unterstellt. Bezüglich des letzteren ist er mit all denen einig, die Chomskys kommunikationsunabhängige Sprachanalyse, deren Explanandum die Grammatikalität ist, kritisieren sowie seinen nativistischen Hang zur Postulierung von Universalien, die nicht anhand der Beschreibung und Analyse zahlreicher Einzelfälle, sondern aufgrund logischer Erwägungen gewonnen werden, die zwar überzeugend und triftig sind, deren theoretische Prämissen – wie z. B. die Unterstellung eines kategorischen Unterschieds zwischen Stil und Bedeutung, des Postulats der funktionsunabhängigen Strukturanalyse oder der Vernachlässigung anderer als der referentiellen Funktion der Sprache – ihre Bedeutsamkeit für eine allgemeine Theorie der Sprache als eines anthropologischen Spezifikums jedoch relativieren. Der Grammatikalität stellt Hymes als Explanandum einer Sprachtheorie die Akzeptabilität nicht nur zur Seite, wie auch Chomsky das tut, er stellt sie ihr auch gegenüber; denn »wenn Grammatikalität mit dem identifiziert wird, was strukturell möglich ist... oder auch nur mit dem, was möglich und strukturell transparent ist, dann hat die

Sprechgemeinschaft eine Grenze durch das Grammatische gelegt« (u. S. 187). Diese Grenze ist ein wichtiges Datum, das nicht a priori als kontingent vernachlässigt werden darf und für die Gemeinschaft durch Beobachtung und Beschreibung zu ermitteln ist. Welche strukturellen Möglichkeiten ihrer Sprache eine Sprechgemeinschaft realisiert und welche sie ungenutzt läßt, inwieweit strukturelle Möglichkeiten überhaupt Gegenstand der Wahl und damit kontingent sein können, ob oder inwieweit sich derartige Präferenzen auf die Entwicklung einer Sprache auswirken oder aus ihr erklären lassen – dies sind Fragen, die eine Analyse der grammatischen Möglichkeiten einer Sprache ebensowenig beantworten kann wie eine logische Analyse der Bedingungen der Möglichkeit von Kommunikation. Gerade unter funktionalistischem Gesichtspunkt scheint es allerdings angesichts immer zahlreicherer und genauerer ethnographischer Belege zunehmend schwierig zu werden, Eigenschaften der Sprache und ihres Gebrauchs zu identifizieren, die mit Sicherheit *nicht* kontingent sind (vgl. den Aufsatz »Über Sprechweisen« in diesem Band). Da jedoch auch die konkreten Kommunikationsbedürfnisse einer Gemeinschaft in hohem Maße kontingent, da historisch geprägt sind, schiebt sich vor die Frage, was kontingent und was nicht kontingent ist, die Frage nach den möglichen Beziehungen und Wechselwirkungen zwischen sprachlichen und nicht-sprachlichen Faktoren der Kommunikationsökonomie einzelner Gemeinschaften – zumindest wenn Interdependenzen zwischen beiden überhaupt eingeräumt werden (vgl. hierzu Kanngießer, 1976). Warum eine strukturelle Möglichkeit der Realisierung einer gegebenen Funktion systematisch vorgezogen wird, ist eine Frage in dieser Richtung. Der Hinweis auf ›stilistische Markierung‹ oder dergleichen wird in diesem Zusammenhang gern gegeben, ist meist aber nur eine Verklausulierung des Eingeständnisses, daß man über derartige, offenkundig normative Aspekte des Sprachgebrauchs und ihre Auswirkungen auf das Sprachsystem so gut wie nichts weiß. Dabei ist es keineswegs so, daß sich diese Frage nach der »Grenze, die eine Sprechgemeinschaft durch das Grammatische gezogen hat« bei der konkreten Analyse einzelner Sprachen nicht oft stellte.

Die interessanten Fälle sind dabei nicht die, in denen sich die Präferenz für eine grammatische Form oder für eines von mehreren konkurrierenden Paradigmen durch allgemeine Prinzipien erklären läßt, wie etwa die Optimierung der Erfüllung bestimmter Bedingungen – z. B. Redundanzfreiheit, Sicherung der Informationsvermittlung, Einfachheit, obwohl auch deren Geltung nicht a priori unterstellt werden sollte. Daß eine Konstruktion morphologisch einfacher ist, braucht nicht unbedingt eine Präferenz für sie zu begründen. In vielen Fällen sind selbst solche präsumptiven Gründe für Präferenzen nicht erkennbar. Im Japanischen etwa gibt es zwei Möglichkeiten, das Präteritum von Adjektiven zu bilden, mittels einer Modifikation der Kopula oder mittels einer morphologischen Modifikation des Adjektivs selber, das auch ohne Kopula verwendet werden kann:

omoshiroi deshita	omoshiro-katta	omoshiroi = interessant
interessant war	interessant-Prät	

Beide Varianten sind völlig grammatisch, aber nur die zweite Form entspricht der japanischen Gebrauchsnorm, ist idiomatisch, während die erste ungebräuchlich ist. Ob sich hierfür eine historische Erklärung finden läßt, ob der Befund in der Form überhaupt richtig ist und nicht vielmehr wichtige Distinktionen übersehen wurden – diese Fragen können hier nur exemplarisch gestellt werden. Es ist offenkundig, daß ihre Beantwortung die Bezugnahme sowohl auf diachronische Prozesse als auch eine ausführliche und genaue Beschreibung des Sprachverhaltens erforderlich macht. Dies gilt für alle vergleichbaren Fälle und oft auch dort, wo die Introspektion als zusätzliche Datenquelle zur Verfügung steht. Am Schreibtisch lassen sich solche Fragen durch grammatische Analysen allein genauso wenig lösen, wie die allein vergleichende Betrachtung einzelner nicht-sprachlicher Kulturelemente aus der Perspektive der Ethnologie zu einer gültigen ethnographischen Beschreibung einer Kultur als eines Gesamtsystems führen kann. In beiden Fällen muß die Grundlage die Beobachtung des Systems-in-Funktion sein, bevor einzelne Teilaspekte zu analytischen Zwecken isoliert und verglichen werden können, wobei auch die Vergleichbarkeit erst im Hinblick auf die Stellung eines Elements im Gesamtsystem festgestellt werden kann. Auch allgemeine Theorien von *der* Sprache und *der* Kultur sind daher in starkem Maße auf Einzelbeobachtungen angewiesen. Sowohl Chomsky als auch Lévi-Strauss wirft Hymes im Grunde ein Arbeiten auf einer zu schmalen Datenbasis vor, in dem zu viel Vertrauen in die Logik der Interpretation des isolierten Einzelfalls gesetzt wird und der Konstruktion abstrakter explikativer

Modelle zu wenig Beschreibung konkreter Gegebenheiten gegenübersteht.

Die Ethnographie der Kommunikation ist eine Theorie von Sprache und Kultur, die zur Erklärung des Verhältnisses von Sprache und Kultur kulturanthropologische, wissenssoziologische, sozialpsychologische und linguistische Theoriestücke, Beobachtungen und Modelle in einem interdisziplinären Rahmen zu integrieren sucht. Sie befaßt sich mit den diversen Funktionen, die Sprache und Sprachverhalten in verschiedenen sozio-kulturellen Gruppen im Zusammenhang mit Sozialisation, Persönlichkeitsentwicklung, zwischenmenschlicher Interaktion, Sozialstruktur, der Organisation gesellschaftlicher Kooperation, kulturellen Werten, Einstellungen und Überzeugungen spielen. Nur eine so weit ausgelegte Perspektive, die auf die speziellen Charakteristika der Sprechtätigkeit in einzelnen Sprechgemeinschaften ausgerichtet ist, kann dem Anspruch auf Interpretation des menschlichen Verhaltens im allgemeinen bzw. auf Erklärung des Verhältnisses von »Sprache und Kultur«, »Sprache in der Kultur« oder »Sprache als Kultur« gerecht zu werden hoffen, und damit letzten Endes zu einer umfassenden Theorie der Sprache zu kommen. Die Linguistik selber als die Erforschung sprachlicher Strukturen im engeren Sinne muß der eingangs zitierten Forderung Sapirs entsprechend in eine solche Konzeption einbindbar, mit anderen Theoriestücken kompatibel sein, nicht nur weil das die interdisziplinäre Kooperation erleichtert, sondern weil es der Natur ihres Gegenstandes entspricht.

Die Sprache ist eine anthropologische Konstante. Als Objekt anthropologischer Forschung nimmt sie deshalb eine Sonderstellung ein, weil sie ein Bindeglied zwischen biologischen und sozialen Bedingungen der menschlichen Existenz darstellt. Biologische Voraussetzungen sind es, die der Sprechfähigkeit zugrunde liegen. Andererseits wird die Sprache zur Bedingung der Arterhaltung einer instinktbefreiten Spezies, wobei der strenge, durch Instinkt geregelte Ablauf von Lebensfunktionen seinerseits nur gelockert werden konnte, weil er durch »historisch geschaffene Lebenspläne« ersetzt wurde, deren Teil die Sprache ist. An die Stelle instinktregulierter Reaktionen auf Anfordernisse der Welt tritt die symbolisch vermittelte Verhaltenskoordination der Sprache als soziales Ereignis. Sie ermöglicht die Beeinflussung des Handelns anderer Individuen und damit die Verfügung über die Bedingungen des eigenen Handelns. Der Anteil, den sie dadurch an der Hervorbringung, Modifizierung und Tradierung von Lebensplänen hat, ist das Generalthema, das die Erforschung des Zusammenhangs von Sprache und Kultur leitet. Aus kulturanthropologischer Sicht ziehen zwei allgemeine diesbezügliche Fragen die Aufmerksamkeit des Forschers auf sich:

1. Gibt es eine kausale Beziehung zwischen Sprache und Kultur?
2. Was an dieser Beziehung ist universell, was kulturspezifisch?

Es sind zwei verschiedene Fragen, die sich hier stellen, aber jeder Versuch, sie zu beantworten, muß sie im Zusammenhang miteinander sehen.

Gewiß steht die Sprache in einem kulturellen Kontext. Aber wie ist es dabei mit einem Kausalnexus zwischen beiden bestellt? Ist die Sprache nur Ausdruck der Kultur und weist aufgrund von deren nicht-sprachlichen Spezifika bestimmte Eigenschaften auf (Radcliffe-Brown)? Sind sprachliche und nicht-sprachliche Bestandteile der Kultur prinzipiell unabhängig voneinander? Oder wirkt sich die Sprache bestimmend auf die Kultur als Organisationsprinzip der Welt der Dinge aus (Whorf)? Die Annahme einer kausalen Beziehung zwischen Sprache und Kultur besagt zunächst nichts darüber, in welcher Richtung eine Beeinflussung stattfindet. Der überspitzte, von Whorf vertretene (s. Carroll, 1956) Sprachdeterminismus, dem zufolge die Sprache ihren Benutzern eine ganz bestimmte konzeptuelle Organisation der Erfahrung aufzwingt, hat sich zwar als unhaltbar erwiesen, aber die damit angesprochene Problematik der Sprachabhängigkeit der Begriffsbildung und anderer kognitiver Prozesse ist keineswegs ausdiskutiert. Noch kann die Frage, inwieweit die in einer Sprache repräsentierte begriffliche Kategorisierung und Organisation der Welt ein wesentliches Charakteristikum einer Kultur ist, als beantwortet gelten. Die Ethnosemantik, die mit dem Anspruch antritt, die lexikalischen Ressourcen einer Kultur zu analysieren, kann zu ihrer Beantwortung vielleicht einen Beitrag leisten (z.B. Frake, 1962). Auch dieser Forschungszweig geht von der Prämisse aus, daß eine Beziehung zwischen Sprache und Kultur besteht, die zu Schlüssen von sprachlichen Phänomenen auf nicht-sprachliche Charakteristika der Kultur legitimiert. Die allgemeine Voraussetzung ist, daß die lexikalischen Strukturen einer Sprache Relevanzstrukturen einer Kultur resp. einer Kulturgemeinschaft reflektieren. Diese Annahme war einer der Eckpfeiler in Whorfs relativistischer Sprachtheorie. Inwieweit sie sich auch ohne den radikalen Sprachdeterminismus aufrechterhalten läßt und ohne die Unterstellung einer monokausalen, unidirektionalen Beziehung zwischen Sprache und Kultur, ist eine der allgemeinen Fragen, auf deren Beantwortung die Ethnographie der Kommunikation hinarbeiten muß.

Dafür ist es jedoch erforderlich, bei der Suche nach Invarianten im Verhältnis von Kultur und Sprache letztere nicht (analytisch) auf eine einzige Funktion zu reduzieren. Denn die ganze Komplexität der Relativismusfrage läßt sich erst dann entfalten, wenn sie nicht nur auf sprachliche Strukturen bezogen wird, wie Whorf das vor allem im Hinblick auf grammatischen Kategorien tat, sondern auch auf Funktionen. Alles andere hieße, die Funktionen der Sprache als invariant zu postulieren und anzunehmen, daß sich nur bei der Realisierung der Darstellungsfunktion, in der konzeptuellen Aufgliederung der Welt also, von Sprache zu Sprache Verschiebungen feststellen lassen, die kulturellen Unterschieden auf irgendeine Weise entsprechen.

Die Darstellungsfunktion, die in Bühlers (1934) Trias neben Ausdrucks- und Appellfunktion steht, wird in der Sprachwissenschaft im allgemeinen als wichtigste Funktion betrachtet, die die Sprache von anderen Zeichensystemen (vor allem tierischen) unterscheidet. Darin kann jedoch kein Grund bestehen, die anderen Funktionen, die Sprache hat, außer acht zu lassen. Sehr viel plausibler als die Annahme, daß nur die sprachliche Inventarisierung der Welt von Gemeinschaft zu Gemeinschaft entsprechend unterschiedlicher Lebensbedingungen, Produktionsformen und Bräuche variiert und mit ihr für eine Kultur typische ontologische Vorstellungen, erscheint es, daß Sprache und Kultur auf wesentlich intrikatere Weise miteinander verzahnt sind. Hierbei brauchen jedoch weder kausale noch in irgendeinem Sinne notwendige Beziehungen unterstellt zu werden. Es genügt zunächst die heuristische Annahme einer historisch, durch langfristige Kopräsenz einer Sprache und einer Kultur begründeten Beziehung zwischen beiden. Dafür, daß sich eine solche nur in der Darstellungsfunktion der Sprache niederschlagen sollte, lassen sich zumindest keine empirisch fundierten Argumente anführen. Es ist offensichtlich, daß die Relativismusfrage wesentlich an Komplexität zunimmt, wenn sie auf die Funktionen von Sprachen in Sprechgemeinschaften ausgedehnt wird. Was in diesem Bereich invariant ist und was von Sprache zu Sprache variiert, kann jedoch nur erforscht, nicht postuliert werden.

In seiner Arbeit von 1966 hat Hymes erste Schritte in dieser Richtung unternommen, indem er zwei Arten sprachlicher Relativität unterscheidet und empirisch nachweist, daß sich Sprechgemeinschaften nicht nur hinsichtlich der strukturellen Organisation ihrer Sprachen unterscheiden, sondern auch in der Auswahl der Sprachfunktionen, die sie tatsächlich in ihrer Kommunikationsökonomie realisieren. Es gibt keinen Anlaß, daran zu zweifeln, daß alle Sprachen virtuell gleich leistungsfähig sind, daß sie zumindest prinzipiell die gleichen Funktionen erfüllen können. In einem strikteren Sinn gibt es zudem Funktionen, die tatsächlich universell realisiert sind – etwa die referentiellen Subfunktionen der Bezeichnung von Ort, Zeit, Anzahl, Person etc. Aus beiden Tatsachen kann jedoch keinesfalls geschlossen werden, daß alle Sprachen das gleiche Funktionsprofil haben bzw. die Sprache in allen Sprechgemeinschaften die gleiche Rolle spielt. Das Funktionspotential ist universell, aber dennoch unterscheiden sich Sprechgemeinschaften wesentlich in der Implementierung von Funktionen. Vielleicht ist gerade hierin die strukturelle Verschiedenheit von Sprachen begründet. Sie sind nicht nur insofern verschieden, daß mit ihnen die gleichen Dinge in anderer Form getan werden; zumindest zum Teil werden mit ihnen auch verschiedene Dinge getan.

In welchem Maße Sprache in die Sozialisation eingeht; inwieweit sie als probates Mittel der Kommunikation mit Kleinkindern gilt; inwieweit Riten, Zeremonien und andere Bräuche sprachlich vermittelt sind; in welchem Maße von Routineformeln Gebrauch gemacht wird, die selbst ritualisierten Charakter haben und in standardisierten Kommunikationssituationen zur Herstellung, Aufrechterhaltung oder Stabilisierung sozialer Beziehungen benutzt werden, wobei die Darstellungsfunktion in den Hintergrund tritt; wie die Gewichte zwischen kognitiven, ästhetischen und sozialen Funktionen verteilt sind und bei welchen Gelegenheiten; ganz allgemein: bei welchen Anlässen und in welchen Kommunikationssituationen welche Art von Sprechverhalten geboten, erlaubt oder verboten ist – all dies ist Gegenstand kultureller Variation, kultureller Unterschiede, die im Zusammenhang mit unterschiedlichen Traditionen und Lebensformen und historischen Kontingenzen stehen. Die empirischen Bedingungen der Funktionen, die die Sprache in kulturell definierten Situationen zu erfüllen hat, müssen ethnographisch ermittelt und zu Kommunikationsethnographien einzelner Sprechgemeinschaften zusammengefügt werden. Das jeweilige Funktionsprofil einer Sprache stellt deren Kernstück dar, ist aber nicht unabhängig von den anderen Faktoren zu behandeln, die mit ihm zusammen das Kommunikationssystem einer Gemeinschaft bilden: Sprachmaterial, Sprechsituation, Sprecherkonfiguration, Sozialsystem und kulturelles Wertsystem greifen ineinander.

Gemäß einer Konzeption, die von den meisten modernen Sprachwissenschaftlern geteilt wird und für deren Verbreitung vor allem Chomsky gesorgt hat, besteht die Aufgabe der Sprachtheorie in der Rekonstruktion von Fähigkeiten, die die Hervorbringung wohlgeformter sprachlicher Ausdrücke zur Voraussetzung hat. Dieses metatheoretische Postulat wird verschieden interpretiert. Nach seiner engsten, oft zitierten, von Chomsky (1965) vertretenen Auslegung handelt es sich dabei um ideale Fähigkeiten eines idealisierten Sprechers. Der Gedanke, der dahinter steht, ist die völlig systematische Eigenständigkeit der Sprache, deren Mechanismen und Strukturen ohne jede Bezugnahme auf reale Anwendungsbedingungen ermittelbar und beschreibbar sind.

Eine weniger enge, soziolinguistische Auslegung des genannten Postulats liegt mit dieser Annahme in zwei wesentlichen Punkten im Widerstreit.

Erstens läßt sich die systematische Unabhängigkeit der formalen Seite der Sprache schon dann nicht mehr aufrechterhalten, wenn man in der Analyse über uninterpretierte Strukturen hinausgeht und die Semantik sprachlicher Ausdrücke mit einbezieht. Ohne Bezugnahme auf sprachäußerliche Gegebenheiten – seien diese physische oder mentale Entitäten – ist eine Explikation der semantischen Dimension der Sprache nicht möglich. Wenn außerdem eine psychologienähere Konzeption der Theorie angestrebt wird, in der nicht ideale, sondern reale Fähigkeiten modelliert werden, kann auch an den Modi der Bedeutungsrealisierung nicht vorbeigesehen werden. Eine sehr wichtige Fähigkeit realer Sprachbenutzer ist es, entscheiden zu können, wann die referentielle Bedeutung eines Ausdrucks realisiert wird und wann sie, wie etwa bei der Verwendung von Routineformeln (s. u. S. 78, 180) zugunsten der sozialen Bedeutung suspendiert oder wie bei der Verwendung metaphorischer Redewendungen durch eine andere ersetzt wird. Die Möglichkeiten der Metaphorisierung, der Routinisierung und der Idiomatisierung sind in jeder Sprache systematisch angelegt. Sie stellen wichtige systematische Voraussetzungen für die Erfüllung funktionaler Bedürfnisse dar. Lexikalische Elemente können auch auf andere Weise als durch Metaphorisierung oder Idiomatisierung ihrer referentiellen Bedeutung verlustig gehen, indem ihnen grammatische Funktionen zuwachsen. Bei manchen Verben, die zu Modalverben »herabsinken« läßt sich das beobachten. In Wendungen wie »kommen lassen« oder »machen lassen« z.B. wird nicht auf irgendein »kommen« oder »machen« genanntes Objekt Bezug genommen, das gelassen, fahrengelassen, aufgegeben wird; vielmehr kennzeichnet »lassen« hier den kausativen oder permissiven Aspekt. Die Grenzen zwischen grammatischer und lexikalischer Bedeutung sind hier wie oft fließend. Zu erkennen, in welchem Maße lexikalische Bedeutung realisiert wird, gehört zu den selbstverständlichen Fähigkeiten jedes normalen Sprechers.

Zweitens verlangt der Anspruch, die realen Fähigkeiten, die Sprachbenutzer als Sprecher einer Sprache an den Tag legen, zu rekonstruieren, auf mehr Bezug zu nehmen als nur auf die Grammatik (s.u. S. 135). Ebensowenig, wie Sprache regellos und ungeordnet ist, ist das Sprechen eine regellose, unsystematische Tätigkeit. Vielmehr machen die Regeln des Sprechens einen wichtigen Teil der Fähigkeiten der Sprecher aus. Sprachliche Ausdrücke werden von Sprechern nicht nur im Hinblick auf ihre Wohlgeformtheit beurteilt. Angemessenheits- und Akzeptabilitätsurteile relativ zu Kontexten, Sprechsituationen und Zwecken fällen zu können gehört ebenfalls zu den Fähigkeiten, die einen adäquaten Gebrauch der Sprache ermöglichen (s.u. S. 146). Ein weiterer Punkt ist, daß Sprache als Kommunikationsinstrument im Verbund mit anderen Instrumenten funktioniert. Neuere paralinguistische, proxemische und kinesische Untersuchungen weisen darauf hin, daß der Zusammenhang zwischen sprachlichem und sprachbegleitendem – i.e. mimischem, gestischem und proxemischem) Verhalten in hohem Maße durch genaue Synchronisation gekennzeichnet ist (z.B. Condon und Yousef, 1975). Es kann zudem als erwiesen gelten, daß es gestische, mimische und proxemische »Dialekte« gibt, körpersprachliche Muster, die für eine Gesellschaft, sozio-kulturelle oder ethnische Gruppe charakteristisch sind, so wie ein bestimmtes System von Sprechweisen für sie charakteristisch ist. Die Notwendigkeit ethnographischer Untersuchungen wird hier wiederum besonders deutlich, denn die Art und Weise der Koordination sprachlicher und nicht-sprachlicher Elemente im Kommunikationsverhalten ist weder willkürlich noch natürlich determiniert, sondern Teil eines partiell kulturspezifischen Regelsystems, das zum Wissensbestand, zu den Fähigkeiten der Mitglieder einer jeden Sprechgemeinschaft gehört.

Aus den bisherigen Erwägungen hinsichtlich (1.) der Akzeptabilität anstelle der Grammatikalität als Parameter der Sprachbeschreibung und (2.) einer psychologienäheren Modellierung realer anstatt idealer Fähigkeiten von Sprachbenutzern ergibt sich als offensichtliche Konsequenz ein Analyseziel, das die linguistische Theorie nicht auf die Explikation der *grammatischen Kompetenz* in Chomskys Sinn festlegt, sondern dieselbe durch die *kommunikative Kompetenz* ersetzt. Die Differenzen zwischen dieser und jener Konzeption sind grundsätzlicher Art und lassen sich nicht durch den Hinweis bemänteln oder eliminieren, daß in beiden Fällen völlig verschiedene Bereiche bearbeitet werden. Ebenfalls unzutreffend ist, daß zwischen beiden Konzeptionen ein einfaches Inklusionsverhältnis bestünde, daß die grammatische ein Teil der kommunikativen Kompetenz sei. Wesentlich ist auch nicht, daß hier grammatische Strukturen und dort gesellschaftliche Bedingungen der Sprachverwendung untersucht werden. Hymes beharrt vielmehr (s. hierzu bes. 1972a) immer wieder darauf, daß dem Forscher durch die Vernachlässigung der sozialen Realität aktualisierter Sprache Strukturphänomene entgehen, die keineswegs periphere, sondern wesentliche Eigenschaften der Sprache sind. Alles, was nach der Konzeption der grammatischen Kompetenz als »stilistisch« aus dem Kernbereich der Sprache verbannt wird, gehört in dem Augenblick dazu, wo Sprache nicht als eine abstrakte, starre Struktur verstanden wird, sondern als ein Kommunikationsinstrument, dessen Fungibilität wesentlich von seiner Flexibilität abhängt bzw. von der Fähigkeit seiner Benutzer, es flexibel zu handhaben, Varianten zu bilden und als solche zu erkennen. Variabilität als Strukturmerkmal ist daher genau der Punkt, an dem sich die Verbindung zwischen grammatischen und gesellschaftlichen Distinktionen herstellen läßt. (Dies haben im einzelnen vor allem die Arbeiten von W. Labov gezeigt.) Und entsprechend zielt eine Konzeption der kommunikativen Kompetenz, die diese Eigenschaft der Sprache berücksichtigt, darauf ab, zu zeigen, wie das in einer Sprache strukturell Mögliche, das praktisch Durchführbare und das gegebenen Situationen, Funktionen und Kontexten Angemessene zu tatsächlich vorkommendem kulturellen Verhalten verknüpft werden (vgl. 1972a).

Hier schließt sich der Kreis im Verhältnis von Sprache und Kultur. Offensichtlich ist diese Art sprachlicher oder kommunikativer Kompetenz ein wesentlicher Aspekt der Kultur, der mit anderen auf vielfältige Weise verbunden ist. Eine allgemeine Bestimmung des Kulturbegriffs, die wir bisher umgangen haben, wird jetzt möglich. Ersichtlich ist unter den hier diskutierten Gesichtspunkten weder ein Begriff einschlägig, der Kultur als etwas Materielles, als Menge von Artefakten ausweist, noch die mit der deutschen Tradition der Innerlichkeit verbundene Vorstellung, nach der Kultur mit Zivilisation polarisiert wird (vgl. Elias, 1969). Auch kann es nicht darum gehen, Kultur als wertenden Begriff in Anspruch zu nehmen und das »Kultivierte« mit dem »Alltäglichen« zu kontrastieren. Ebenso wie Sprache als wissenschaftlicher Gegenstand nicht auf bestimmte Lebensbereiche eingeschränkt ist, kann hier nur ein umfassender Kulturbegriff von Nutzen sein.

So gesehen ist Kultur die Organisationsform einer Lebenswelt, die sich als Menge aufeinander abgestimmter, sich ergänzender und teilweise interferierender Stile und Interpretationsweisen alltäglichen Verhaltens darstellt, deren Gesamtheit nach außen den typischen Charakter einer sozio-kulturellen Gemeinschaft ausmacht und für deren Mitglieder die Zugehörigkeit definiert. In Analogie zur kommunikativen Kompetenz ist Kultur in diesem Verständnis als Objekt der Beschreibung eine Menge von Fähigkeiten und Problemlösungsstrategien bzw. ein Wissensbestand, der die Bewältigung alltäglicher Aufgaben auf gruppenkonforme Weise gestattet. Diese Analogie entspricht der Konzeption der Ethnographie der Kommunikation. Sie braucht jedoch an die Kulturanthropologie, die aus ihrer Affinität zur Linguistik nie einen Hehl gemacht hat, nicht von außen herangetragen zu werden, da sie von ihren eigenen Vertretern entwickelt wurde.

Goodenough (1957), auf den Hymes sich so oft beruft, bestimmte gleichzeitig mit dem Erscheinen von Chomskys »Syntactic Structures« die theoretische Aufgabe der Kulturanthropologie als Rekonstruktion von Fähigkeiten. »Die Kultur einer Gesellschaft«, schreibt er, »besteht in dem, was man wissen oder glauben muß, um sich so verhalten zu können, wie es für deren Mitglieder in jeder von ihnen übernommenen Rolle akzeptabel ist.« Die methodologischen Probleme der Ethnographie seien daher mit denen der deskriptiven Linguistik identisch. So wie die Analyse der kommunikativen Kompetenz eine Rekonstruktion von Fähigkeiten beinhaltet, die Voraussetzung kompetenten Sprechens sind, erweist sich die Gültigkeit einer Theorie der Kultur in der Darstellung dessen, »was man wissen muß, um sich als Mitglied der Gemeinschaft verhalten zu können« (Goodenough, ibid.).

Dell Hymes
Soziolinguistik

Zur Ethnographie der Kommunikation

Die Ethnographie des Sprechens[0]

I Einleitung

Auf der Ebene von anthropologischen Prinzipienfragen wurde die Rolle des Sprechens im menschlichen Verhalten immer schon feierlich hervorgehoben, wenn sie auch in der Forschungspraxis manchmal auf die leichte Schulter genommen wurde. Die Wichtigkeit ihrer Erforschung wurde im Grundsatz vorgetragen (wie etwa von Malinowski, 1935), mit einsichtsvollen Detailüberlegungen im Überblick dargestellt (wie etwa in Sapir, 1933) und als eine Hauptmaxime für die Feldforschung akzeptiert (vgl. die Zitate in Hymes, 1959).

Daß die Erforschung des Sprechens für eine Wissenschaft vom Menschen entscheidend sein dürfte, – diese Feststellung ist ein stets wiederkehrendes anthropologisches Thema gewesen. Boas (1911a) gelangte zu der Betrachtungsweise, Sprache sei vom selben Wesen wie ethnologische Erscheinungen im allgemeinen. (Er interpretierte Ethnologie als die Wissenschaft mentaler Erscheinungen.) Sprache offenbare jedoch – so seine Meinung – in größerem Ausmaße mentale Grundvorgänge als die übrigen ethnologischen Erscheinungen, weil sie stärker außerhalb des Bewußtseins stehe als letztere und deshalb weniger den durch Rationalisierung gespeisten Überlagerungen ausgesetzt sei. Andere Anthropologen haben Sprache, und damit auch Linguistik, deshalb als grundlegend für eine Wissenschaft vom Menschen angesehen, weil sie ein Bindeglied zwischen der biologischen und der soziokulturellen Ebene darstelle. Und noch andere haben in der modernen linguistischen Methodologie ein Modell oder einen Vorläufer für eine allgemeine sozialwissenschaftliche Methodologie erblickt, um die Struktur menschlichen Verhaltens zu erforschen.

Die amerikanische Anthropologie hat am Fortschritt der Linguistik in den USA bedeutenden Anteil gehabt – durch die wissenschaftlichen Karrieren von Boas, Sapir, Bloomfield und ihrer

Schüler und durch die Forschungsgelegenheiten, die sich hinsichtlich der amerikanischen Indianersprachen anboten. Die amerikanische Anthropologie hat zur Entwicklung besonderer Techniken und Konzepte beigetragen und hat Linguistik als ein Untersuchungswerkzeug für andere (der Linguistik exmanente) Forschungsfragestellungen benutzt. Im Rahmen beider Verknüpfungsarten ist es neuerdings dazu gekommen, daß die Beschäftigung der Anthropologie mit der Linguistik von der Psychologie geteilt wird. Nachdem sie sich neuere Fortschritte in der Linguistik angeeignet hatten, haben Psychologen in den letzten Jahren Untersuchungen von beträchtlicher Tragweite und Qualität beigetragen. Man braucht nur das Werk von Charles Osgood, George Miller und Roger Brown anzuführen. Die Kreuzung zwischen linguistischen Konzepten, Programmen und Techniken der elektronischen Datenverarbeitung sowie experimenteller Psychologie führt gegenwärtig dazu, den vielleicht am schnellsten anwachsenden Arbeitsbereich in der Erforschung menschlichen Sprechens zu erzeugen. Mit diesem interdisziplinären Verknüpfungsfeld muß die Anthropologie sachkundige Verbindung halten.

In der Tat dürfte die Ausbreitung der Theorie- und Forschungswerkzeuge der Linguistik ein Kennzeichen der Wissenschaftsentwicklung in der zweiten Hälfte dieses Jahrhunderts sein. Im Verlaufe dieser Ausbreitung werden sich vermutlich drei Punkte als wahr erweisen:

1. die Fachlinguistik selbst wird fortfahren, Untersuchungen über die Geschichte, die Struktur und den Gebrauch von Sprachen beizutragen;

2. in anderen Disziplinen werden linguistische Konzepte und Verfahren für spezielle Zwecke näher bestimmt und modifiziert, uminterpretiert und in andere Verfahren eingeordnet – sowie auch hin und wieder in veränderter Form in die Linguistik zurückgetragen werden;

3. die Linguistik wird diejenige Disziplin bleiben, die für die Koordinierung des Wissens über sprachliches Verhalten vom Gesichtspunkt der Sprache selbst her verantwortlich ist.

Wie dem auch sei, schon die Betrachtung der Gegenwart reicht aus, um den Eindruck zu gewinnen, daß der gemeinsame Beitrag von Linguistik und Psychologie zu der sich gerade erst entfaltenden Erforschung sprachlichen Verhaltens fruchtbringend und zukunftssicher ist. Hat nun die Anthropologie Anteil an der Erforschung sprachlichen Verhaltens, der vom Beitrag der praktizierenden Anthropologen, die Linguisten und Psychologen werden, unabhängig betrachtet werden müßte? Hat sie einen nur ihr eigentümlichen Zugang, der von der traditionellen Rolle der Anthropologie getrennt gesehen werden muß? Denn traditionell hat die Anthropologie lediglich die diffuse Allgemeinfunktion einer intellektuellen Dachgesellschaft unter dem Markenzeichen der Kultur. Geht die Rolle derjenigen Disziplin unter den Wissenschaften, die vor allem anderen mit der Linguistik zusammenarbeitet, nun an die Psychologie über? Vielleicht könnte die schiere Anzahl der Beiträge die letzte Frage entscheiden. Aber all diese Fragen wären hier nicht von Belang, ginge es nicht für Linguistik und Anthropologie um den Nutzen, den die Verstärkung und nicht die Abschwächung ihres gegenseitigen Miteinanderbefaßtseins bringt.

In einer Hinsicht besteht keine Gefahr des Niedergangs der Bindungen zwischen Anthropologie und Linguistik. Durch das Werk jüngerer Forscher breitet sich die moderne Linguistik ihrerseits in der Anthropologie sehr weit aus und produziert hierbei fachkundige Arbeiten, die in ihrer Unterschiedlichkeit von historischen und deskriptiven Studien bis zu Problemen semantischer und sozialer Variation reichen. Der größte Teil dieser Arbeiten behandelt klar definierte linguistische Probleme; ihre theoretische Grundlage ist abgesichert, ihre Methodologie gut begründet, und ihre Ergebnisse sind wichtig, insbesondere für (gesellschaftliche und geographische) Gebiete, in denen Sprachen rapide an Zahl abnehmen. Es ist nicht nötig, den Beitrag, den solche Arbeiten für anthropologische Untersuchungen erbringen, im Detail darzustellen, noch ist es erforderlich, ihren bleibenden Wert für die eigentliche Linguistik zu erörtern. Wenn man überhaupt irgend etwas sagen will, dann muß man feststellen, daß die traditionellen Bindungen zwischen Linguistik und Anthropologie in den Vereinigten Staaten zur Zeit (d.h. 1962) stärker verwurzelt sind als vor zehn Jahren.

Was nachlassen könnte, ist die Gelegenheit, *neuartige* Bindungen zu entwickeln – und zwar durch Beiträge zur Erforschung sprachlichen Verhaltens, die sich vielleicht nur in der Zusammenarbeit zwischen Anthropologie und Linguistik erstellen lassen. Es handelt sich hierbei um eine größere Aufgabe als nur darum, die Linguistik als solche in der Untersuchung anderer wissenschaftlicher Probleme zum Einsatz zu bringen – anderer Problemkreise, wie etwa derjenigen des kognitiven oder des expressiven Verhaltens.

Sicherlich ist die Rolle des Sprechens in beiden Bereichen gewichtig und hat anthropologische Aufmerksamkeit auf sich gezogen: der kognitive Problembereich im Banne des Werkes von Whorf, der expressive Problembereich in noch jüngerer Zeit unter der Überschrift der »Paralinguistik«. Aber in der Verfolgung dieser Fragestellung und im Versuch, ihnen eine feste anthropologische Grundlage zu verschaffen, muß man tatsächlich die Untersuchung eines qualitativen neuen Problemfeldes in Gang bringen – eines, dem bisher wenig Rechnung getragen worden ist.

Mithin gibt es in der Tat entgegen dem ersten Anschein noch einige unterentwickelte Gebiete zentraler theoretischer Fragestellungen einschließlich derjenigen des Sprechens, zu denen die Anthropologie einen Beitrag leisten kann. Alle diese Gebiete gleichen sich darin, daß sie frisches theoretisches Denken, methodischen Erfindungsreichtum und empirische Untersuchungsarbeit erforderlich machen und ihre Wurzeln in der zentralen Berufung der Anthropologie zur vergleichenden Disziplin haben. Unter diesen Problembereichen lassen sich die Wiederbelebung der Dialektologie (vielleicht unter der Überschrift der »Soziolinguistik«), die Verortung der Sprache in einer Evolutionstheorie der Kultur, die semantische Typologie der Sprachen der Welt und eine ernsthaft vergleichende Untersuchung der Sprachkunst auffinden.[1] Glücklicherweise haben alle gerade erwähnten Problembereiche angefangen, Aufmerksamkeit auf sich zu ziehen. Aber für die anthropologische Erforschung menschlichen Verhaltens gibt es noch einen anderen Fragenbereich von Wichtigkeit – einer der allgemein, zentral und zugleich vernachlässigt ist. Man kann ihn als den Problembestand der Ethnographie des Sprechens (der Kommunikation) bezeichnen.

In einer Hinsicht füllt dieses Untersuchungsfeld die Kluft zwischen dem, was gewöhnlich in Grammatiken beschrieben wird. Sowohl Grammatiken als auch Ethnographien benutzen Sprechvorgänge als Zeugnisse für andere Muster; weder Grammatiken noch Ethnographien rücken das Sprechen hinsichtlich seiner eigenen Muster in den Brennpunkt der Aufmerksamkeit. In anderer Hinsicht zielt die Problemstellung der Ethnographie des Sprechens auf die Frage ab, was ein Kind, um sprechen zu können, über die Regeln der Grammatik und ein Wörterbuch hinaus verinnerlicht – während des Reifeprozesses, in dem es ein voll befähigtes Mitglied seiner Sprechgemeinschaft wird. Oder die Fragestellung zielt darauf ab – und das wäre der dritte Aspekt –, was ein Fremder über das sprachliche Verhalten der Gruppe lernen muß, um angemessen und erfolgreich am Gruppenleben teilhaben zu können. Die Ethnographie des Sprechens befaßt sich mit den Situationen und Gebrauchsweisen, den Mustern und Funktionen des Sprechens als einer gesellschaftlichen Aktivität aus eigenem Recht.

Was dieses Forschungsfeld im einzelnen beinhalten könnte und welchem Paradigma seine Darlegung als ein besonderes wissenschaftliches System ähneln sollte – die Grundüberlegungen zur Ethnographie des Sprechens sind nur schwer darzustellen, obwohl ich das in diesem Aufsatz versuchen werde. Felduntersuchungen, die diesem Gegenstandsbereich gewidmet sind, gibt es kaum. Auch hat man dem Fragenkomplex kaum Aufmerksamkeit gewidmet, wie die Theorie und Methode derartiger Untersuchungen aussehen könnte. Man kann zwar genügend Gelegenheitsinformationen für den Nachweis zusammentragen, daß die Muster und Funktionen des Sprechens von einer Gruppe zur anderen sehr unterschiedlich sein können. Wie und in welchem Maße das Sprechen z. B. in Sozialisation und Erziehung eingeht, das mag von Gruppe zu Gruppe eindrucksvolle Unterschiede aufweisen. Aber die Belege reichen nicht aus, um alle Variablen verzeichnen oder gar um ein System aufzeigen zu können. Daher muß die Ausrichtung dessen, was folgt, auf die dringend notwendige Feldforschung abzielen.

Warum sollte man Feldforschungen zu Sprechvorgängen durchführen? Die Gründe sind zahlreich: die Erscheinungen des Problemfeldes menschlichen Sprechens existieren in erster Linie im sozio-kulturellen Feld, und sie bieten sich an, in eine wissenschaftliche Ordnung gebracht zu werden. Systematische Beschreibungen können den Anstoß zur vergleichenden Erforschung der kulturell unterschiedlichen Variationen einer Hauptart menschlichen Verhaltens geben und dieser ihren Platz in der allgemeinen sozialwissenschaftlichen Theorie zuweisen. (Es tut sich hier die Perspektive einer vergleichenden Wissenschaft vom menschlichen Sprechen auf neben vergleichender Religionswissenschaft, vergleichender Rechtsbetrachtung usw.). Außerdem können systematische Beschreibungen menschlichen Sprechens zu anderen Ausrichtungen wissenschaftlichen Interesses ihren Beitrag leisten – wie etwa zu Untersuchungen, die sich mit der frühkindlichen Persönlichkeitsausbildung beschäftigen.

Folgendermaßen werde ich versuchen, die Eigenart und die Probleme des Forschungsfeldes der Ethnographie des Sprechens zum Ausdruck zu bringen. Zunächst will ich aufzeigen, daß die Untersuchung des Sprechens als eines Faktors im kognitiven und expressiven Verhalten zur Befassung mit den ethnographischen Musterbildungen der Verwendung des Sprechens in einer Ortsgesellschaft führt. Sodann werde ich kurz einen Beschreibungsrahmen umreißen, mit dem man an eine solche Musterbildung herankommen könnte. Ein Forschungsüberblick mit »Fragen und Anmerkungen« über die Rolle des Sprechens in der Sozialisation wird vieles vom anvisierten Inhalt und der angestrebten Methode in den Gesichtskreis einer der Grundproblemstellungen der Ethnographie des Sprechens bringen. Schließlich werde ich die Wandlungen in der theoretischen Perspektive skizzieren, die dem Gesamtfragenkomplex der Ethnographie des Sprechens zugrunde liegen.

II Sprechen im kognitiven und expressiven Verhalten

Die Rolle des Sprechens im kognitiven Verhalten ist ein altes Thema der Anthropologie. In den letzten Jahren hat sich die Diskussion am häufigsten um Whorfs Betrachtungen gedreht. Hier ist kein Raum, Whorfs Ideen und Untersuchungen zu würdigen, und ich kann lediglich auf zwei andere Papiere verweisen (Hymes 1961a, b). Es kann jedoch kurz festgestellt werden, daß kein Zweifel darüber besteht, daß Sprechgewohnheiten unter den Bestimmungsgrößen für nicht-sprachliches Verhalten zu finden sind und umgekehrt. Gefragt werden muß jedoch, auf welche Weise und in welchem Maße dieser gegenseitige Einfluß ausgeübt wird.

Wäre unser Interessenschwerpunkt die Rolle der phonologischen Verhaltensregelmäßigkeiten in der Wahrnehmung und Interpretation der Sprachlaute, dann stießen wir auf eine Fülle an Theorie, Technik und experimenteller Forschungsarbeit. Wenn jedoch unser Interessenschwerpunkt die Rolle der semantischen Verhaltensgewohnheiten in der Wahrnehmung und Interpretation der Erfahrung ist, dann finden wir keine solche Fülle. Einige experimentelle Überprüfungen sind zwar durchgeführt worden (vgl. den Kommentar in Hymes 1961b). Aber wir können die Rolle der semantischen Gewohnheiten im Normalverhalten nicht angemessen erforschen, ohne das Gesamtinventar der semantischen Verhaltensgewohnheiten zu kennen, die überhaupt (in einer Gruppe oder Gesellschaft) eine Rolle im Verhalten spielen können. Und die letztere Kenntnis kann nur dann gewonnen werden, wenn man die semantischen Verhaltensgewohnheiten in Beziehung zu natürlich vorkommenden Gebrauchskontexten beschreibt. Mit anderen Worten: wir benötigen eine semantische Analyse, die ein Teil der Ethnographie ist.

Das Bedürfnis nach einer ethnographischen Semantik ist schon früher aufgezeigt worden. Es ist z. B. das Thema des zweiten Bandes von Malinowskis »Coral Gardens and Their Magic«. Wie eine ethnographische Semantik mit Inhalt gefüllt werden kann und wie ihre Methodologie anzulegen ist, diese Fragen bleiben jedoch noch weithin zu beantworten. Malinowski sah deutlich die Notwendigkeit, die Bedeutungsebene im Gebrauchskontext zu erforschen, aber seine Methode wuchs sich in der Praxis zu einer schier endlosen Erzählung aus. Eine ethnographische Semantik kann durchaus sehr umfangreich geraten, aber sie muß nicht vom Prinzip her abschlußlos sein und sie braucht auch nicht aus einer endlosen Kette von ad-hoc-Improvisationen zu bestehen. Sie sollte mehr als eine erzählende Wiederspiegelung der Wirklichkeit sein. Sie sollte eine strukturelle Analyse beinhalten, die so ökonomisch arbeitet wie das Regelsystem einer Grammatik, wenn dieses in einer Abfolge von Textanalysen zur Anwendung gelangt.

In der letzten Generation haben Jakobson und seine Mitarbeiter am meisten getan, um eine solche strukturelle Semantik zu entwickeln. In jüngster Zeit hat sich jedoch in den USA eine neue Welle frischen Interesses in bedeutenden Aufsätzen von Linguisten wie Haugen (1957) und Joos (1958) sowie von Ethnographen wie Conklin (1955, 1962), Goodenough (1956a, 1957) und Lounsbury (1956) niedergeschlagen. In diesen Arbeiten wie auch in anderen Studien sind zwei unterschiedliche allgemeine Ansätze zu finden, wie sie Jakobson so brillant verdeutlicht hat. Auf der einen Seite gibt es den Ansatz, in welchem ein Gegenstand von Interesse durch alle unterschiedlichen Kontexte hindurch, in denen er auftreten kann, verfolgt und aufgespürt wird. Der Forschungsgegenstand wird hier im Hinblick auf seine Befähigung gekennzeichnet, mit anderen Gegenständen zusammen auftreten zu können. Auf der anderen Seite kann man den Ansatz verfolgen, einen Gegenstand von Interesse in einer Anordnungsmenge von Gegensätzen zu verorten, die in besonderen und eindeutig bestimmten Kontexten auftreten kann. In diesem Falle wird der Forschungsgegenstand in Hinsicht auf seine Ersetzbarkeit für andere Gegenstände derselben Anordnungsmenge von Gegensätzen gekennzeichnet. Die beiden Ansätze besitzen zahlreiche Namen – wie etwa diejenigen der syntagmatischen und paradigmatischen Forschungsachsen (vgl. Jakobson und Halle 1956). Der erste Ansatz besteht im wesentlichen aus einer Konkordanz, welche die Übereinstimmung der unterschiedlichen Kontexte hinsichtlich des Auftretens des untersuchten Gegenstandes im Blick hat. Der zweite Ansatz kann begrifflich gefaßt werden als derjenige, der einen Alternativengegensatz innerhalb eines Rahmens – oder besser: den Alternativengegensatz innerhalb eines einschlägigen (oder stichhaltigen) Rahmens – herauszubekommen versucht. Ich möchte es mit denen halten, die den letzteren als den grundlegenderen der beiden Ansätze betrachten, weil er die strukturelle Bedeutsamkeit der Forschungsgegenstände, deren Verteilung durch den ersten Ansatz untersucht wird, bestätigt und in der Theorie zum Zuge kommen läßt sowie obendrein eigene Informationen hinzuliefert. Und ich möchte behaupten, daß die Anwendung dieses grundlegenden »Gegensatzrahmen«-Ansatzes die Linguistik in die Ethnographie führen muß und die Ethnographie zur Analyse der Muster des Sprechens.

An dieser Stelle kann ich den Argumentationsgang nur in groben Umrissen entwerfen. Der paradigmatische Ansatz macht die Ermittlung eines einschlägigen kulturellen Rahmens oder Kontextes erforderlich, mit dessen Hilfe die Forschungsgegenstände, die in ihm kontrastieren, identifiziert und die Merkmalsdimensionen des Gegensatzes für die Forschungsgegenstände in der so definierten Gegensatzanordnung herausgefunden werden können. Der Ansatz hat sich für Phonologie und Grammatik als erfolgreich erwiesen – aber nur teilweise für die Erforschung des Lexikons. Tatsächlich wird häufig genug die Forderung bestritten, ein struktureller Ansatz könne auf allen Ebenen einer Sprache Anwendung finden, falls die Gesamtheit des Wortschatzes in die Betrachtung mit einbezogen wird. Es wäre jedoch bemerkenswert und müßte eine Quelle von Verwirrung sein, wenn das paradigmatische Prinzip, das für den Kern der Sprache so grundlegend ist, uns hier seine Dienste verweigern sollte. Dies in Betracht ziehend haben Linguisten, die mit der glossematischen Schule in Verbindung stehen, Arten der Analyse von »Inhaltsstruktur« vorgeschlagen und die Behauptung der Möglichkeit verteidigt, diese Analyse im Prinzip auf alle Teile des Lexikons ausweiten zu können. Derartige Analysewege mögen sich trotz theoretischer Kritiken als fruchtbar erweisen, obwohl einige gegenwärtig noch zu sehr nach ad-hoc-Improvisationen und Willkürlichkeit schmecken. Auf jeden Fall neigen diese Ansätze eher dazu, sich auf bereits zusammengetragene Vorräte linguistischer Daten zu stützen und zu beschränken, als dazu, aus dem vertrauten Bereich linguistischer Daten herauszutreten und sich der Erkundung des Sprechverhaltens und des Sprachgebrauches zuzuwenden. Eine derartige Erkundung ist wesentlich, ob man sich nun für Semantik im engeren Sinne interessiert, die sich mit Designation und Intension (Bezeichnung und Bedeutung) – so könnte man eingrenzen – beschäftigt, oder ob man sich auch für das interessiert, was man demgegenüber »pragmatische Bedeutung« nennen könnte und mit dem sich die Ethnographie des Sprechens beschäftigen muß. (Firth schloß in seine Konzeption von »Semantik« diese pragmatische Dimension der Bedeutung mit ein. Er ordnete sie in sein System der Sprachwissenschaften jenseits der Lexikographie im Bereich der »soziologischen Linguistik« ein. – Firth 1935, S. 27)

Die Notwendigkeit einer solchen Erkundung ist einfach einzusehen. Die Quelle des gegenwärtigen toten Punktes in der strukturellen Analyse des Bedeutungsinhaltes liegt genau in der Einschränkung der Kontexte, die in gewöhnlichen linguistischen Materialsammlungen für die Sprachforschung verfügbar sind. Der übliche linguistische Textkorpus stellt genügend Kontexte für die phonologische und die grammatische Analyse zur Verfügung; aber für die semantische Analyse reichen derartig wenig Kontexte lediglich aus, um einige eng begrenzte Gegensatzanordnungen häufig wiederkehrender Elemente wie von Kasusendungen und Präpositionen untersuchen zu können. Dies ist ein Beweggrund dafür, daß Wells hinsichtlich der Frage, ob und wie die strukturelle Analyse solcher Forschungsgegenstände wie des lateinischen Wortstammes »tabul-«möglich ist, pessimistisch schreibt: »Die einzige vertrauenswürdige allgemeine Methode, die gegenwärtig zur Verfügung steht, steht und fällt damit, einen derartigen Stamm als Element in irgendeinem Inhaltsparadigma zu behandeln. Wie das allerdings bewerkstelligt werden sollte, sehen wir nicht.« (Wells 1957)

Hin und wieder waren manche Forscher auch gewillt, Dimensionen des Kontrastes zusätzlich für einige andere Wortschatzbereiche (Domänen) zu postulieren, die anscheinend universal oder einfach »gegeben« seien wie etwa Verwandtschaftsbezeichnungen, Zahlwörter und Pronomina. Aber in Wirklichkeit können selbst die scheinbar offensichtlichen Wortschatzbereiche nicht als Selbstverständlichkeiten angesehen werden. Man könnte darüber hinaus hin und wieder annehmen, die Totalität aller Erfahrungen, die von den verschiedenen Sprachen unterschiedlich in Bereiche aufgeteilt wird, sei für alle Sprachen dieselbe, gerade obwohl sie die Erfahrungstotalität in unterschiedliche Einzelerfahrungen segmentieren. Diese Vermutung geht von dem Vergleich aus, daß unterschiedliche semantische Strukturen verschiedener Sprachen unterschiedlichen Puzzlespielen gleichen, die einmal aus demselben Gemälde hergestellt wurden. Aber jüngste Arbeiten machen deutlich, daß die strukturelle Bedeutungsanalyse zunächst einmal überhaupt erst aufzeigen muß, daß ein Wortschatzbereich tatsächlich eine Domäne für Sprecher der in Frage stehenden Sprache ist. Was der Wortschatzbereich einschließt, was er ausschließt, welche Merkmale ihn, seine Teilbereiche und seine Elemente definieren – das alles kann nicht im voraus vorgeschrieben werden, gerade auch nicht für Verwandtschaftsterminologien (vgl. Conat, 1961) oder Farbausdrücke (Conklin 1955). (Dieser Grundsatz ist für kulturelle Phänomene insgesamt zutreffend; vgl. hinsichtlich von Residenzregeln Goodenough 1956b und hinsichtlich von Familienstrukturen Adams 1960).

Die Erkundung von natürlich vorkommenden Gebrauchskontexten zur Überprüfung und Bestätigung, von Wortschatzbereichen ist die Grundlage für den Erfolg der Untersuchungen von Conklin und Frake, und sie weist den Weg für die strukturelle Erforschung allen Sprechens. Alle Ausdrücke treten in kontextspezifischer Gegensatzanordnung auf; aber für einen großen Teil des Lexikons und für die meisten längeren Einheiten oberhalb der Wortebene dürfen die kontextuellen Rahmen nicht im gewöhnlichen linguistischen Textkorpus gesucht werden, sondern sie müssen in Verhaltenssituationen aufgespürt werden. Man muß wechselseitig die Arten und Schauplätze des für Sprechen belangvollen Verhaltens nachweisen und die Anordnungsmengen von sprachlichen Einheiten, die in ihnen auftreten. Dimensionen des Kontrastes bzw. der Gegensatzanordnung sprachlicher Einheiten und der Regeln des Sprachgebrauchs können sodann herausgefunden werden – ob nun rein semantisch, d. h. hinsichtlich ihrer Beziehung auf Gegenstände (Designation), betrachtet oder aus Interesse an anderen Bedeutsamkeitsgesichtspunkten und Funktionen des Sprechens in den Blick genommen. (In vielen Fällen sollten die Anordnungsmengen nicht vom formalen linguistischen Gesichtspunkt aus angegangen werden. Denn dieser erlaubt nicht, formal unterschiedliche Ausdrücke im Zusammenhang zu betrachten und gleich zu behandeln: Eine Anordnungsmenge von Grußformeln z. B. kann vom »Hi« bis zu »It's a damned good thing you got here when you did, Jack!« (etwa: »Es ist eine verdammt gute Sache, daß Du genau in diesem Moment gekommen bist, Jack!«) reichen.

Es dürfte nun klar sein, daß unser Ansatz die strukturelle Analyse der Ortsgesellschaft in ihrer Beziehung zum Sprechen erforderlich macht, und nur diese Perspektive begründet eine Ethnographie des Sprechens. Unser Ansatz ist eine Antwort auf die von Hjelmslev (1957, S. 283) anvisierte Problematik: »Eine strukturelle Beschreibung kann sich nur verwirklichen, wenn sie es vermag, die offenen Klassen auf die geschlossenen zurückzuführen.« Für das Verständnis und die Vorhersage von Verhalten haben die Kontexte eine kognitive Bedeutsamkeit, die in folgender Weise ganz allgemein gekennzeichnet werden kann. Für sich gesehen legt die Anwendung einer sprachlichen Form einen Spielraum von Bedeutungen fest. Ein Kontext kann die Auswahl aus dem Spielraum ihrer Bedeutungen unterstützen. Oder umgekehrt betrachtet: wenn in einem Kontext eine sprachliche Form verwendet wird, dann schließt sie die Bedeutungen aus, die im betreffenden Kontext noch jenseits derjenigen möglich sind, die gerade von der gewählten sprachlichen Form übermittelt werden. Der Kontext andererseits schließt von einer weiteren Betrachtung *die* Bedeutungen aus, welche für die sprachliche Form jenseits derjenigen möglich sind, die der Kontext bestätigen kann. Die tatsächliche Bedeutung hängt vom Wechselspiel zwischen Kontext und sprachlicher Form ab. (Obwohl jüngst von Joos, 1958 aufgestellt, ist dieser Grundsatz auch schon von Bühler, 1934, S. 183 und Firth, 1935, S. 32 formuliert worden.)

Wichtig ist auch der Gesichtspunkt, daß die kognitive Rolle der Sprache keine Frage des Alles oder Nichts ist, sondern eine Angelegenheit des Was, Wo und Wann. Sprechen ist hinsichtlich kognitiver Vollzüge und Fähigkeiten in einigen gesellschaftlichen Aktivitäten wichtiger als in anderen, und zu manchen Zeiten wichtiger als zu anderen, für einige Personen wichtiger als für andere, für einige Gesellschaften wichtiger als für andere. Das Ausmaß und die

Art des vom Sprechen ausgeübten Einflusses mag wechseln – wie etwa zwischen Kindheits- und Erwachsenenstadium –, und es liegen die Probleme auf der Hand, die sich aus der für zweisprachige Gesellschaftsmitglieder unterschiedlichen Wichtigkeit ihrer Sprache ergeben.

Ein derartiges Interesse am Sprechen im Verhaltenskontext führt zur Analyse singulärer Sprechmuster in besonderen Situationen natürlichen Vorkommens. Wenn wir schon nicht aus einer Grammatik die Rolle ablesen können, die Sprechgewohnheiten im gesellschaftlichen Verhalten unserer Tage spielen, dann können wir das auch nicht aus einer Experimentalsituation, die gegenüber der untersuchten Kultur neu und fremd ist. Auch ist es keineswegs möglich, die Rolle des Sprechens im gesellschaftlichen Verhalten über wechselseitig voneinander losgelöste Darstellungen der Sprechgewohnheiten und anderer (nicht-sprachlicher) Verhaltensgewohnheiten abzuschätzen – Darstellungen, die erst in irgendeiner fernen Zukunft vielleicht einmal miteinander Punkt für Punkt in Beziehung gesetzt werden könnten. Die Analyse muß auf dem Boden der Tatsachen durchgeführt werden. Wir müssen wissen, welche Sprechmuster in welchen gesellschaftlichen Kontexten verfügbar sind, und auch wie, wo und wann sie ins Spiel kommen. Der Grundsatz, daß »Bedeutung Sprachgebrauch ist«, gewinnt neue Durchschlagskraft, wenn wir ernsthaft die Rolle der semantischen Gewohnheiten im Verhaltenszusammenhang untersuchen.

Zusammenfassend hängt die Beschreibung semantischer Verhaltensweisen von der Auffindung von Gebrauchskontexten ab, deren Analyse benötigt wird, um belangvolle Verhaltensrahmen, Anordnungsmengen von sprachlichen Einheiten und Dimensionen des Kontrastes definieren zu können. Ferner läßt sich sagen, daß Personen und Gruppen im durch Sprechen vermittelten Verhalten mit größter Wahrscheinlichkeit Unterschiede aufweisen dürften. So leitet die Analyse der Rolle des Sprechens im kognitiven Verhalten in die Erforschung des ethnographischen Sprechkontextes über.

Dieselben Schlußfolgerungen bleiben auch für die Rolle des Sprechens im expressiven Verhalten bestehen. Selbstverständlich gibt es einen kognitiven Aspekt im expressiven Verhalten – insofern, als das expressive Verhalten die Orientierung an einem gesellschaftlich geteilten Kode voraussetzt. Die kognitive Rolle des Sprechens ist mithin nicht durch semantische Verhaltensgewohnheiten erschöpft. In ähnlicher Weise gibt es einen expressiven Teilaspekt im kognitiven Stil eines Individuums oder einer Gruppe, und insgesamt können alle Erscheinungen im Sprechvorgang vom Hörer als Ausdruck des Sprechers interpretiert werden. Nun neigen Untersuchungen des expressiven Sprechverhaltens dazu, Sprechen als einen Aspekt der Persönlichkeit zu betonen und Merkmale des Sprechens wie etwa den Tonfall der Stimme oder Verzögerungspausen in den Vordergrund zu schieben, die außerhalb des Lexikons und der Grammatik liegen – Phänomene, die erst jüngst in einer vorläufigen Weise unter der Überschrift »Paralinguistik« systematisiert worden sind. (Für einen allgemeinen Überblick über kognitive als auch expressive Aspekte der Persönlichkeit in linguistischer Betrachtung vgl. Hymes, 1961b). Die Hauptstudie, die sich aus der bisherigen Forschungsarbeit über Paralinguistik ergeben hat, nämlich die Untersuchung von Pittenger, Hockett und Danehy (1960), stützt sich auf die heuristische, wenn auch ein wenig intuitive, Verwendung des Konstrastrahmen-Prinzips – angewandt auf die Entfaltung eines psychiatrischen Interviews. Tatsächlich besteht die Hauptaufgabe, der sich die Paralinguistik gegenübergestellt sieht, darin, die Tragweite der von ihr isolierten Erscheinungen durch weitere Erforschung des kontrastiven Gebrauches ihrer Merkmale in Situationen zu ermitteln. Allgemein gesprochen, leiten Fortschritte in der Analyse der expressiven Rolle des Sprechens ebenfalls in die Analyse des ethnographischen Kontextes über.[2]

Unter anderen anthropologischen Forschungsinteressen, deren Verfolgung in eine derartige ethnographische Analyse des Sprechens hineinführt, muß insbesondere der Aspekt des kulturellen Wandels hervorgehoben werden, soweit er Programme der Grunderziehung und -ausbildung einschließt, die sich mit Alphabetisierung und Vielsprachigkeit beschäftigen. Wenn neue Gebrauchsweisen für angestammte Formen des Sprechens eingeführt werden und wenn fremde Formen des Sprechens auf einheimisch-örtliche Kontexte ausgedehnt werden, dann müssen die Muster und Funktionen des Sprechens, die sich im Rahmen der beiden neuen Entwicklungstrends herausbilden, unbedingt analysiert werden. Auf diese Weise müßten Punkte von Kongruenz und Konflikt zwischen der fremden dominierenden und der einheimischen Sprache und den jeweils ihnen zugehörigen Sprechweisen vorausgesagt werden können (vgl. Weinreich, 1953 und Hymes, 1961c).

Nun ist es aber an der Zeit, Betrachtungen darüber anzustellen, wie die Anlayse des ethnographischen Kontextes des Sprechens konkret ausgeführt werden könnte. Es gibt eine Anzahl von Forschungsrichtungen, deren Ziele diejenigen einer Ethnographie des Sprechens überlappen und deren Forschungsergebnisse und Methoden zu letzteren beitragen müßten. Weil sich diese Forschungsrichtungen bisher noch nicht in einem einheitlichen Untersuchungskomplex vereinigt haben oder noch nicht den besonderen analytischen Brennpunkt und den Horizont gewonnen haben, der hier von Interesse ist, erscheint es der Mühe wert, und vielleicht sogar notwendig, die Gelegenheit aufzugreifen und das deskriptive Problem einer ethnographischen Beschreibung des Sprechens anzuschneiden sowie eine Methode ihres forschungsstrategischen Ansatzes zu entwerfen. Mein Weg, an den angedeuteten Fragenkomplex heranzukommen, ist natürlich ohne Vorurteile gegenüber Zugangsweisen, die sich für andere Forscher als lohnend erweisen. Unter linguistischem Vorzeichen entwickelte Ansätze zur ethnographischen Analyse weisen wahrscheinlich in vielen Punkten starke Ähnlichkeit mit meinem Ansatz auf, obwohl sie insgesamt gegenüber meinem divergieren dürften.[3]

III Die deskriptive Analyse des Sprechens

Der deskriptive Interessenbrennpunkt einer ethnographischen Sprachbeschreibung ist die Auslastung des Sprechens in einer Ortsgesellschaft mit einem Katalog von Aufgaben: die Sprechökonomie einer Ortsgesellschaft. Im Gesichtskreis der Ethnographie des Sprechens liegt alles Verhalten, das für eine strukturelle Analyse (»emische« Analyse in Pikes Terminologie) jener »Sprechökonomie von Belang ist. Unser Ansatz beinhaltet nicht, die Verhaltenswirklichkeit einfach mit einem großen Kuchen zu vergleichen und die Sprechökonomie lediglich als ein einziges Stück von ihm zu betrachten. Die strukturelle Weise des Herangehens an die Sprechökonomie muß als organisierende Gesamtperspektive verstanden werden, die eine gesellschaftliche Wirklichkeit aufzuordnen vermag – eine gesellschaftliche Wirklichkeit, die für unterschiedliche analytische Rahmenschemata dieselbe bleibt. Ich glaube, daß die strukturelle Analyse in unserem besonderen Rahmenschema bereits für sich selbst betrachtet von Wert sein wird und zudem auf Analysen mit anderer Forschungsperspektive anregend zurückwirken wird.

Mit struktureller Analyse ist mehr gemeint als nur die Verortung von Daten in einem deutlich gegliederten Schema von Kategorien. Eine derartige Verortung ist ein notwendiger Ausgangspunkt und darüber hinaus auch ein erwünschtes Ergebnis, falls einzeln bereits analysierte Systeme vergleichend untersucht werden. Aber über diese rein begriffliche Einordnung hinaus bedeutet strukturelle Analyse für das Einzelsystem eine wissenschaftliche und moralische Verpflichtung zur induktiven Ermittlung von Einheiten, Gesichtspunkten und Mustern, die stichhaltig sind vom Standpunkt des Systems selbst. Ein Beispiel ist die wechselseitige Beziehung zwischen Phonetik als Ausgangspunkt, phonologischer Analyse einer gegebenen Sprache und der Verwendung der Resultate der phonologischen Typologie. Ein anderes Beispiel ist die Wechselbeziehung zwischen den ethnologischen Kategorien als Ausgangspunkt der ethnographischen Analyse z.B. der Residenzregeln einer Ortsgesellschaft und der Verwendung der Resultate dieser Analyse in einer vergleichenden Untersuchung. Die in diesem Aufsatz für eine Ethnographie des Sprechens angebotenen Kategorien müssen als Wege angesehen werden, singuläre Systeme in den Griff zu bekommen. Insofern entsprechen sie in ihrem Allgemeinheitscharakter einer Phonetik und vielleicht auch Teilen einer praktischen Phonologie (d.h. ihren Verfahrensregeln und deren Grundkategorien). Die Absicht dieses ethnographischen Kategorienschemas ist heuristisch, und es ist nicht als inhaltliches Apriori-Modell gedacht.

Der Punkt, auf den es hier ankommt, erscheint einleuchtend, aber die Erfahrung zeigt, daß er leicht übersehen wird. Betrachten wir ihn noch einmal von einer anderen Seite. Was wäre eine angemessene Verbesserung oder Richtigstellung der ausgesprochen diffusen Vorstellungen, die hinsichtlich des Inventars unterschiedlicher Phoneme oder unterschiedlicher Sprechweisen und Sprachfunktionen bestehen? Nicht die Behauptung, daß insgesamt, also in universaler Perspektive, *tatsächlich* 3 oder 8 oder 76 Faktoren bzw. Funktionen des Sprechens existieren. Das käme der Erörterung gleich, wieviele Phänomene es insgesamt, also in universaler Perspektive, tatsächlich gibt. Die entscheidende Frage ist demgegenüber natürlich die, wieviele Phänomene oder Faktoren und Funktionen des Sprechens es in einem bestimmten singulären (also nicht universalen) System gibt. Was auch immer der universale Spielraum der Anzahl singulärer Auftretensfälle von Faktoren und Funktionen des Sprechens (in je besonderen Ortsgesellschaften) sein mag, welche invarianten universalen Geltungsbereiche auch immer existieren könnten – Antworten auf diese Fragen darf man gegenwärtig vielleicht flüchtig mit einem Blick streifen, aber nicht mehr. Die Ausformulierung und Aufweisung universaler Elemente, Faktoren und Funktionen ist erst dann möglich, wenn einmal die strukturellen Einzelanalysen vieler unterschiedlicher Systeme erfolgt sind. Eine angemessene Verbesserung oder Richtigstellung der vagen Vorstellungen hinsichtlich des Inventars von sprachlichen Elementen, Faktoren und Funktionen stimmt also mit unserer Aufgabenstellung überein, aus diesem Aufsatz im Wege eines Schemas für strukturelle Einzelanalysen singulärer Sprechgemeinschaften und der in ihnen auftretenden Sprachfunktionen eine bessere praktische »Phonetik« und »Phonologie« der Ethnographie zu machen.

Es kann nun des weiteren gefragt werden: in welchem Ausmaße ist die Analyse speziell aus der Perspektive des Sprechens strukturell stichhaltig für einen gegebenen Fall? Eine Aktivität, die von der einen Gruppe als Sprechen definiert wird, könnte von einer anderen als etwas anderes definiert werden. Aber Unterschiede dieser Art sind gerade in sich selbst im Rahmen jeder Ethnographie des Sprechens von Interesse. Irgendein Verhaltensbereich dürfte in jeder Gruppe als Sprechen aufgeordnet und definiert werden, und die Wichtigkeit eines derartig definierten je beliebigen Verhaltens könnte mißachtet werden, wenn es nicht unter der organisierenden Zuschreibung als Sprechen untersucht wird. Nur wenn der Brennpunkt der Aufmerksamkeit auf dem Sprechen liegt, kann die strukturelle Frage der Ethnographie des Sprechens als Teilbereich einer strukturellen Gesamtethnographie beantwortet werden. Und nur so können Daten für die vergleichende Untersuchung der Frage geliefert werden, in welch unterschiedlicher Weise das Sprechen an der Struktur des Verhaltens in unterschiedlichen Gruppen beteiligt ist. In einer Hinsicht ist die vergleichende Ethnographie des Sprechens nur eine besondere Art der vergleichenden Untersuchung der Nutzung kultureller Mittel insgesamt.

Dementsprechend muß man sich allerdings vor Augen halten,

daß die Abgrenzung der Sprechökonomie in strikter Bezugnahme auf eine Bevölkerung oder Ortsgesellschaft erfolgt, wie auch immer diese eingegrenzt wird, und nicht in bezug auf die Homogenität oder die Grenzen des linguistischen Kode. Wenn verschiedene Mundarten oder Sprachen im Gebrauch sind, wird jede für sich als Teil der Sprechaktivität der Gruppe betrachtet. Dieser Ansatz bricht mithin schon im Anfangsschritt mit der Vorstellung: eine Sprache – eine Kultur. In der Tat dürfte für weite Teile der Welt der Hauptgegenstand der Aufmerksamkeit einer Ethnographie des Sprechens nicht mit den Einheiten übereinstimmen, die als singuläre Sprachen definiert sind. Die Musterbildungen eines linguistischen Kode werden als eine unter verschiedenen analytischen Abstraktionen, die vom sprachlichen Verhalten gewonnen worden sind, von Wert sein. Vom kulturanalytischen Standpunkt aus betrachtet wird der linguistische Kode als eines unter verschiedenen Schemata von Sprechgewohnheiten von Interesse sein. Die Spezialisierung besonderer Sprachen oder Spielarten von Sprachen, d.h. Sprachvarianten oder Soziolekte, auf besondere Situationen oder Funktionen des Sprechens und der Stellenwert jeder Spielart für die Persönlichkeit, den sozialen Status und das Denken wird ein normaler Teil der Beschreibung sein. Die Standardanalyse jedes linguistischen Kode wird natürlich notwendig sein, aber der breitere sozialwissenschaftliche Bezugrahmen erscheint in höherem Maße »natürlich« – ja in der Tat: mehr im eigentlichen Sinne anthropologisch. Die Struktur dieser unserer Argumentation ist selbst dann angemessen, wenn im Brennpunkt der Aufmerksamkeit nicht eine Bevölkerung, sondern eine individuelle Persönlichkeit steht.[4]

Ein notwendiger Schritt jeder Ethnographie des Sprechens besteht darin, das Sprechen innerhalb einer Hierarchie von Einschlußbeziehungen (im Rahmen der Struktur sozialen Verhaltens) zu verorten: nicht alles Verhalten ist, vom Gesichtspunkt der Interaktionsteilnehmer aus gesehen, kommunikativ; nicht jede Kommunikation ist sprachlich; und sprachliche Mittel schließen mehr ein als den Sprechvorgang. Hinsichtlich einer bestimmten Aktivität oder Situation kann man fragen: gibt es in ihr eine kommunikative Handlungsfigur (auf einen selbst oder jemand anders hin) oder nicht? Wenn sich eine derartige kommunikative Handlungsfigur nachweisen läßt, ist dann das eingesetzte Kommunikationsinstrumentarium sprachlich oder nicht-sprachlich (in der zweiten Alternative bestünde es etwa aus Gebärden oder Körperbewegungen) oder gar beides? In einem konkret gegebenen Auftretensfall kann die eine oder die andere der genannten Alternativen notwendig, freigestellt oder verboten sein. Die Verteilung der Kommunikation innerhalb des jeweiligen Rahmens von Verhaltensschauplätzen unterschiedet sich von Gruppe zu Gruppe: wie ist es z. B. mit der Verteilung des sozial obligatorischen Schweigens in einer Gesellschaft bestellt – im Gegensatz zu Gelegenheiten, in denen das Schweigen, gerade weil es freigestellt ist, als eine Botschaft dienen kann? (Zu sagen, daß alles Kommunikation sei, ist gleichbedeutend damit, den Ausdruck »Kommunikation« zu einer nutzlosen Metapher zu machen. Wenn notwendig, könnte diese Formulierung folgendermaßen abgewandelt werden: nicht alles Verhalten dient der Vermittlung von Botschaften... nicht jede Vermittlung von Botschaften ist sprachlich... usw.). Parallel zur Verteilung des Schweigens dürfte die Verteilung positiver kommunikativer Mittel ebenfalls differieren. Für jede Gruppe müssen obligatorisch gewisse Situationen Sprechsituationen sein, einige könnten es sein, gewisse dürften es nicht sein. Schließlich kann man fragen: welche gesellschaftlichen Situationen machen das Schreiben, die Anwendung abgeleiteter Kodes des Singens, Pfeifens, Trommelns, der nicht-sprachlichen Anwendungen der Stimme bzw. von Instrumenten, oder Gebärden erforderlich? Sind bestimmte Botschaften auf bestimmte Kommunikationsmittel spezialisiert?

Die Verteilung der Handlungsfiguren und Mittel der Kommunikation im Kreislauf des Verhaltens ist eine Ebene der Beschreibung. Muster des Auftretens überhaupt und der Auftretenshäufigkeit liefern die eine (nämlich quantitative) Art von Gesichtspunkten für den Vergleich zwischen den sozialen Gruppen. Viel komplexer gestaltet sich jedoch die (qualitative) Analyse des kommunikativen Ereignisses selbst. (Wenn ich das strukturelle Gerüst von kommunikativen Ereignissen diskutiere, beziehe ich mich auf das Sprechen und die Sprechvollzüge, aber diese Begriffe sind nur Stellvertreter für alle Arten der Kommunikation, und eine beschreibende Darlegung unter dem heuristischen Gesichtspunkt des kommunikativen Ereignisses sollte soweit verallgemeinert werden, bis sie alle Kommunikationsarten umfaßt.) Ich möchte aber noch einmal betonen, daß das, was ich anbiete, kein System ist, das oktroyiert werden soll, sondern lediglich eine Reihe von Fragen, die man meiner Meinung nach stellen müßte. Hoffentlich erreichen die Fragen die wesentlichen Bestandteile des Sprechens und über die wesentlichen Bestandteile die *Struktur* des Sprechens in einer Gruppe.

In der Sprechökonomie jeder Ortsgesellschaft scheint es drei Seiten zu geben, die man sinnvollerweise getrennt betrachten sollte: *Sprechereignisse* als solche; die *konstituierenden Faktoren* der Sprechereignisse; und *die Funktionen des Sprechens*. Jede dieser Seiten ist eigentlich nur eine Frage der je unterschiedlich abstrahierenden Aufmerksamkeitsrichtung; und eine vollständige Beschreibung der einen Seite gelingt nur dann, wenn die anderen Seiten ebenfalls teilweise zur Beschreibung herangezogen werden.

III 1 Sprechereignisse

Es ist sinnvoll, an jede der drei Seiten der Sprechökonomie drei Arten von Fragen zu stellen. Betrachten wir zunächst die Gruppe der Sprechereignisse selbst. Was sind Auftretensfälle von Sprechereignissen? Welche Klassen von Sprechereignissen sind bereits erkannt oder können doch zumindest aus Primärerfahrungen gefolgert werden? Was sind die Dimensionen des Kontrastes bzw. die Unterscheidungsmerkmale, mit denen sich die verschiedenen Klassen der Sprechereignisse unterscheiden lassen? (Die Beantwortung dieser Fragen wird natürlich den Bezug darauf einschließen, wie die Faktoren des Sprechereignisses, d. h. die zweite Seite der Sprechökonomie, repräsentiert sind und wie die Funktionen des Sprechens, die dritte Seite der Sprechökonomie, wahrgenommen werden.) Was ist das Muster des Auftretens der Sprechereignisse, ihre Verteilung untereinander und gegenüber nicht-sprachlichen bzw. nicht kommunikativen Größen der Interaktion (im Gesamtrahmen des menschlichen Verhaltens oder unter irgendeinem ausgewählten Teilaspekt)?

Eine gute ethnographische Technik, um Sprechereignisse – aber durchaus auch andere Kategorien – zu ermitteln, liegt in der Analyse von Wörtern, welche die Sprechereignisse bezeichnen, im Rahmen von Gegensatzanordnungen. Einige Klassen von Sprechereignissen sind in unserer Kultur und Gesellschaft wohlbekannt: die Predigt am Sonntagmorgen, Eröffnungsansprachen, Treueschwüre. Andere Klassen von Sprechakten sind durch umgangssprachliche Ausdrücke angedeutet wie: heart-to-heart-talk, salestalk, talk man-to-man, woman's talk, bull session, chat, polite conversation, chatter (of a team), chew him out, give him the lowdown, get it off his chest, griping, etc. (ungefähre deutsche Entsprechungen: Gespräch unter vier Augen, Verkaufsgespräch, Gespräch von Mensch zu Mensch, Gespräch über Frauenangelegenheiten, Männergespräch, Geplauder, höfliche Konversation, Stimmungsgewirr bzw. Geschnatter (einer Gesprächsrunde), jemanden ausquetschen, jemandem Insider-Informationen geben, seinem Herzen Luft machen, nörgeln usw.). Aber mir ist keine strukturelle Analyse bekannt. Es ist klar, daß das empirische Material für die Ermittlung und Klassifikation von Sprechakten nicht allein aus einem Wörterbuch entnommen werden kann. Einzelbeispiele und Klassen von Sprechereignissen können durch ganz unterschiedliche Mittel bezeichnet werden – also nicht nur durch Hauptwörter, sondern auch durch Tätigkeitswörter, Wortverbindungen und Sätze. Wenn man auf die Frage antworten will: »Nettes Gespräch?«, so könnte man die Situation durch die Antwort kennzeichnen: »Ich konnte nicht zu Wort kommen!«

Insoweit, als die Mitglieder einer Gesellschaft ihre sprachliche Interaktion in Form von derartigen sprachlichen Kategorien begreifen, sind es die wesentlichen Eigenschaften und die Auftretensverteilungen solcher sprachlichen Kategorien wert, ausfindig gemacht zu werden.

Nehmen wir »cussing out« (ungefähr: »anschnauzen«, »anfluchen«) eine von den Wishram Chinook selbst vorgenommene Bezeichnung für eine Klasse von einheimischen Sprechereignissen dieser Indianergesellschaft. Welche alternativen Ereignisse (ob linguistisch oder nicht-linguistisch erfaßbar) sind in derselben Situation möglich, wie etwa eine scharfe Abweisung oder eine Prügelstrafe? Hinsichtlich der Faktoren des Sprechereignisses kann man fragen, wer wen wann und wo in welchem Stil und in welchem Sprachkode betreffs welcher Angelegenheit ausschimpft. Hinsichtlich der Sprachfunktionen kann man fragen, ob es im Sprechvorgang ein ästhetisches Element gibt, ob Sprecher auf ihre Fähigkeiten hin abgeschätzt werden, was »cussing out« für die Sprecher bedeutet, und: welche Folgen man für den Hörer erwartet bzw. welche tatsächlich eintreten. Schließlich gehören zum Komplex der Funktionen des Sprechens auch noch folgende Fragen: welche Rolle spielt das »cussing out« für die Aufrechterhaltung des sozialen Systems, der kulturellen Werte und des Persönlichkeitssystems? (Die Analyse des »roka« der Haussa – »Lobsingen« – durch Smith, 1957 ist eine interessante Arbeit in diese Richtung; und natürlich auch die Arbeit von Conklin, 1959).

Eine interessante Frage zum Phänomen der Sprechereignisse zielt auch auf die Mittel ab, mit deren Hilfe sich Sprechereignisse oder Sequenzfiguren innerhalb einzelner Sprechereignisse abschließen lassen.

III 2 Die Faktoren innerhalb von Sprechereignissen

Jedes Sprechereignis kann man so betrachten, daß es verschiedene Komponenten beinhaltet. Die Anlyse dieser Komponenten ist ein Hauptaspekt der Ethnographie des Sprechens. Sieben Typen von Komponenten oder Faktoren lassen sich unterscheiden. Jedes Sprechereignis umfaßt:

1. einen Sender bzw. einen Anredenden,
2. einen Empfänger bzw. einen Angesprochenen,
3. eine Form der Mitteilung,
4. einen Übertragungskanal für die Mitteilung,
5. einen Kode,
6. einen Gegenstand bzw. Inhalt der Mitteilung und
7. einen Schauplatz bzw. eine Szene oder Situation der Mitteilung[5]

Diese Reihe von sieben Faktorentypen ist lediglich ein heuristisches bzw. »etisches« Ausgangsschema. Soziale Gruppen unterscheiden sich beträchtlich in Anzahl und Art der einheimischen Kategorien, mit denen die von uns aufgezählten sieben abstrakten Faktorentypen konkret ausgefüllt werden. Die einheimischen Einzelfälle und Klassen von Faktoren innerhalb von Sprechereignissen müssen deshalb empirisch identifiziert werden. Z. B. brauchen Sender und Anredender oder Empfänger und Angesprochener nicht übereinzustimmen. In den Gruppen der östlichen Chinook ist eine offiziell-formale Kommunikationsgelegenheit teilweise durch den Umstand definiert, daß die Worte des Häuptlings oder des Schirmherrn der Zeremonie von einem eigens darauf abgestellten Dienstträger für das versammelte Stammesvolk wiederholt werden. Allgemein gesprochen müssen die einheimischen Kategorien dieser beiden Faktoren in Hinsicht auf das Rollensystem der untersuchten Gruppe erforscht werden. Weil die einheimischen Konzeptionen der Faktorenvariablen Sender und Empfänger von Glaubenshaltungen und religiös-nichtalltäglichen Vorkehrungen abhängig sind, gehen sie außerdem verschiedentlich über die Mitgliedschaft in der nur-menschlichen Gruppe hinaus. Wenn eine Schar Raben angeflogen kam, so war das den Kwakiutl eine Warnung; und in der Tat gab es auch eine entsprechende Kategorie des Empfängers: ein Individuum, dessen Nachgeburt von Raben verschlungen worden war, war als Erwachsener befähigt, Rabenschreie als die eine oder andere begrenzte Reihe von Kwakiutl-Äußerungen zu verstehen. Ein Stein ist ein Typ möglicher Sender bei den Fox-Indianern. Kleinkinder können oder können auch nicht als Klasse möglicher Angesprochener zählen, mit denen man sprechen kann. Bei den Mohave- und Tlingit-Indianern werden Kleinkinder in diesem Sinne für Gesprächspartner gehalten, denn beide Stämme nehmen an, daß Kleinkinder in der Lage sind, das Sprechen zu verstehen. (Die Praxis, Kleinkinder und Haustiere in den Kreis möglicher Gesprächspartner einzubeziehen oder als außerhalb der Gemeinschaft möglicher Gesprächspartner stehend zu betrachten, ist in unserer Gesellschaft nicht festgelegt.)

Die Form der Mitteilung – oder auch die typische Form einer Klasse von Mitteilungen – ist eine deskriptive Gegebenheit, die insbesondere als ein ästhetischer und stilistischer Sachverhalt bedeutsam wird. Ästhetisch und stilistisch bedeutsam kann die Mitteilungsform werden in bezug auf die Reichhaltigkeit eines Kode (Newman, 1940 hat aufgezeigt, daß in dieser Beziehung das Yokuts und das Englisch in scharfem Gegensatz stehen), in bezug auf einen besonderen Kontext (Riffaterre, 1959 betrachtet diese Beziehung für die Stilanalyse als grundlegend) oder in bezug auf einen besonderen Gegenstandsinhalt bzw. den diesen Gegenstandsinhalt erfassenden Ausdruck (wenn z. B. manche Linguisten finden, daß der adjektivisch modifizierende Ausdruck »Trager-Smith« sich besser ihren Satzrhythmen einpasse als »Smith-Trager«).

Auch hinsichtlich des Übertragungskanals sind Unterschiede von Kultur zu Kultur wohlbekannt. Denn es geht ja nicht nur um die Anwesenheit oder Abwesenheit der Schrifttätigkeit, sondern auch um die Entwicklung von Übertragungskanälen in Gestalt von Instrumenten bei westafrikanischen Völkerschaften wie etwa den Jabo, um das Pfeifen von Tönen wie etwa in einigen Mezateken-Gesellschaften in Mexiko usw..

Es ist schon festgestellt worden, daß der Kodefaktor selbst dann eine Variable darstellt, wenn man die Aufmerksamkeit auf die

Sprechgewohnheiten einer einzelnen Bevölkerung bzw. Ortsgesellschaft richtet. Die Spannweite reicht von Gesellschaften mit unterschiedlichen Ebenen eines einzelnen Dialektes bis zu Gesellschaften, in denen viele Individuen mehrere unterschiedliche Sprachen beherrschen. Die Gegenwart von Argots (Gaunersprachen bzw. allgemeiner: verschleiernden Gruppensondersprachen), von Jargons (besonderen Sprachrepertoires und Spezialterminologien wie Berufsvokabularen), von Formen der Markierung durch Sprache und ähnliches gerät hier in Betracht. Begriffe wie Dialekt, Sprachspielart, einheimische Gebrauchssprache oder Sprachebene werden gegenwärtig viel diskutiert (s. Ferguson und Gumperz, 1960; Hill, 1958; Kenyon, 1948). Es ist klar, daß der Stellenwert einer Form des Sprechens als Dialekt, als Sprache oder als Sprachebene nicht allein von den rein linguistisch faßbaren Merkmalen aus bestimmt werden kann – geschweige denn, daß die Definition solcher Kategorien lediglich auf einer derartigen linguistischen Grundlage im engeren Sinne möglich wäre. Es gibt eine sozio-kulturelle Dimension (vgl. Wolf, 1959, der über die Nicht-Übereinstimmung zwischen objektiven linguistischen Unterschieden und in der gesellschaftlichen Praxis bestehenden Kommunikationsgrenzen handelt), und die einheimischen Kategorien von Sprechformen wie Dialekt, Sondersprache oder Sprachebene müssen ausfindig gemacht werden. Dabei sollten ihre definierenden Eigenschaften und die Wichtigkeit, die eine oder die andere (einheimisch definierte) Sprechform in einer bestimmten Situation zu verwenden, in der Analyse nicht vernachlässigt werden. In Abhängigkeit von der Einstellung der Gesellschaftsmitglieder kann die Gegenwart schon einer sehr kleinen Anzahl von Merkmalen eine Form des Sprechens zu einem unterschiedlichen Stil oder Dialekt stempeln.[6]

Der Gegenstandsfaktor innerhalb eines Sprechaktes weist auf die Erforschung der lexikalischen Hierarchie der Sprachen hin, die von einer sozialen Gruppe gesprochen werden. Eine derartige lexikalische Hierarchie schließt idiomatische Redewendungen und den Inhalt aller konventionalisiert-schablonisierten Äußerungsformen ein. Die Analyse des Gegenstandsfaktors gibt mithin Kenntnis und Zeugnis davon, was in einer sozialen Gruppe gesagt werden kann. Im großen und ganzen bedeutet letztere Feststellung einfach, daß die semantische Untersuchung notwendig ist für jede Erforschung des Sprechens. Wie sie die übrigen Faktoren des Sprechereignisses in ihren jeweiligen einheimischen Konzeptionen untersucht, so widmet eine Ethnographie des Sprechens auch den einheimischen Kategorien für Gegenstandsbereiche und Einzelsachverhalte intensive und gezielte Aufmerksamkeit. Der Ethnograph muß die Kategorien kennen, in deren Denkrahmen die Gesellschaftsmitglieder seine Frage beantworten werden: »Worüber sprechen die dort?« Und zudem natürlich auch die Merkmale und die Auftretensmuster für diese einheimischen Kategorien. Als analytisches Instrument könnte hier übrigens auch die alte rhetorische Kategorie der Topoi funktionieren.

Der Schauplatzfaktor im Sprechereignis ist von grundlegender Bedeutung, aber schwierig zu erfassen. Er liegt vielen der anderen Faktoren des Sprechereignisses zugrunde und doch sind seine komponentiellen Bestandteile nicht leicht zu bestimmen. Wir nehmen mit Selbstverständlichkeit solche Begriffe wie »Kontext der Situation« und »Definition der Situation« als sinnvoll hin. Wir fragen aber selten ethnographisch, was die Kriterien dafür, daß etwas eine »Situation« ausmacht, tatsächlich sein könnten, welche Arten von Situationen es gibt, wieviele – und ähnliches. Natürlich vorkommende einheimische Wörter, die auf Situationskontexte anspielen, sind erfolgversprechende Führer auf dem Wege zur Lösung dieser Forschungsaufgabe. Genau so verfährt auch das Werk von Barker und Wright (1955), um *Schauplätze des Verhaltens* festzustellen und das Kontinuum des Verhaltens zu segmentieren.[7]

Einiges von der Bedeutsamkeit der gerade angedeuteten Faktorentypen als Variablendimensionen jedes Sprechereignisses wird deutlich herausgearbeitet werden, wenn wir uns mit Funktionen des Sprechens beschäftigen. Hinsichtlich der Faktoren selbst möchten wir noch einmal betonen, daß natürlich vorkommende einheimische lexikalische Kategorien ein wichtiger heuristischer Wegweiser sind und daß die Kontrastrahmenanalyse eine grundlegende Technik dafür ist, Einzelbeispiele und Klassen konkreter Faktoren zu identifizieren und die Dimensionen ihres Kontrastes zu ermitteln.

Wenn die wesentlichen Auftretensfälle und Klassen von einheimischen Faktorenkategorien für eine soziale Gruppe erfaßt sind, dann kann ihr Verteilungsmuster untersucht werden. Der eine Forschungsweg besteht darin, sich auf ein einziges Auftretensbeispiel oder eine einzige Klasse zu beschränken, dieses oder diese konstant zu halten und die anderen Komponenten zu variieren. Das Ergebnis einer solchen Art von Konkordanztechnik ist eine Bestandsaufnahme, d.h. die Beschreibung eines Elementes hinsichtlich seiner Kombinierbarkeit mit anderen Elementen. Als eine allgemeine verteilungsanalytische Technik kann die Konkordanzanalyse die Beziehungen aufdecken, die zwischen verschiedenen Elementen bestehen: ob nämlich das gemeinsame Auftreten obligatorisch, freigestellt oder strukturell ausgeschlossen ist. Manchmal wird eine derartige Beziehung nur für zwei Elemente in Kraft sein (wenn etwa eine bestimmte Kategorie von Empfängern nur von einer bestimmten Kategorie von Sendern angesprochen werden darf), manchmal für mehrere. Die jeweilige Beziehung dürfte eine je bestimmte Klasse von Sprechereignissen kennzeichnen.

Auf diesem Wege können wir dann auch die Regeln eines angemessenen Sprecherverhaltens (d.h. also: nicht lediglich eines grammatisch korrekten Sprechverhaltens) für eine Person oder eine Gruppe ausfindig machen. (Und Anzeichen dafür, daß solche Regeln verletzt wurden, sind besonders hilfreich für ihre Ermittlung). Betrachtet unter einem linguistischen Gesichtspunkt, der sich natürlich auf den Kode konzentriert, dürften solche Regeln eine Erklärung für die Varianz, d.h. für das Auftreten und die Verteilung der Elemente, in demjenigen Sprechmaterial liefern, auf dem die jeweilige Beschreibung des Sprechens einer Gruppe aufbaut. Die Regeln erklären dann, warum gewisse grammatisch mögliche Äußerungen nicht auftreten. (Wir können mithin als Ethnographen den ausschließlich auf den Kode konzentrierten Linguisten aufzeigen, wovon das Nichtauftreten von grammatisch möglichen Äußerungen im Rahmen jedes Faktorentyps abhängen kann. Mögliche Gründe für das Nichtauftreten sind: der Informant ist kein geeigneter Sender, der Linguist kein geeigneter Empfänger; eine andere Auswahl der Wörter und ihrer Stellung wird vorgezogen; die gesuchte Reihe von Äußerungen muß gesungen werden und kann nicht außerhalb dieser Art von Übertragungskanal übermittelt werden; die Äußerungsreihe bezeichnet eine Spielart oder Ebene des Sprechens, welche der Informant vermeidet oder nicht verwenden darf; der Gegenstand des Sprechens ist tabuisiert; die Situation, welche die Äußerung hervorrufen würde, ist niemals aufgetreten oder in der Phantasie vorgestellt worden; oder der Sachverhalt wird lediglich in einem Kontext ausgesprochen, zu dem der Linguist keinen Zugang hat.) Betrachtet unter einem ethnographischen Gesichtspunkt ist die Ermittlung solcher Regeln der Angemessenheit von praktischer Bedeutsamkeit für die teilnehmende Beobachtung – und für die Konzeption des Sprechens als eines Systems ist sie sogar ganz zentral. Ein Weg, auf dem die Muster des Sprechens ein System begründen, besteht in den Einschränkungen, denen das gemeinsame Auftreten von Elementen unterworfen ist.

Von den Ethnologen sind bedeutsame Daten aufgezeichnet worden, die insbesondere als Belege für lexikalische Gegenstände von Interesse sind wie z. B. für Verwandtschaftsbezeichnungen. Linguisten haben aber solchen Daten nur dann Aufmerksamkeit geschenkt, wenn sie in den formalen Kode Eingang gefunden hatten. Ein derartiger Fall ist gegeben, wenn unterschiedliche morphematische Gestalten oder unterschiedliche Formparadigmata entsprechend dem jeweiligen Geschlecht von Sprecher und Hörer Verwendung finden. (Haas, 1944 liefert die beste Behandlung dieser Frage.) Die am Sprechvorgang Beteiligten können in diesem Falle als kontextuelle Umgebung für die Anwendung des Prinzips der Komplementärverteilung anerkannt werden, und die unterschiedlichen sprachlichen Formen lassen sich dann als lexikalisch oder »grammatisch-äquivalent« behandeln. Aber solche Daten werden eher noch als letzte Ausläufer der Grammatik denn als Anregung genommen, die Analyse eines umfassenderen Systems des Sprechens zu eröffnen. (Fakten wie unterschiedliche Morpheme für das männliche und das weibliche Geschlecht haben manchmal als Ausgangspunkte für die Vision unterschiedlicher Männer- und Frauen-»Sprachen« gedient. Aber eine ernsthafte Kennzeichnung der Sprechunterschiede zwischen Männern und Frauen in einer Gesellschaft existiert kaum.)

Eine deskriptive Analyse der Sprechmuster im Hinblick auf die natürlich vorkommenden Auftretensfälle der konstruktiven Faktoren des Sprechereignisses ist lohnend in sich selbst. Aber sie wirkt auch anregend auf die Versuche zurück, Voraussagen und Rückschlüsse über das Verhalten (im Allgemeinen) anzustellen. Wenn ein Sprechereignis im eingeschränkten Sinne einer konkreten Mitteilung gegeben ist, dann besteht häufig – und das nicht nur für den Forscher, sondern auch für den praktisch Handelnden – das Hauptinteresse in der Frage, was man über eines oder mehrere seiner konstituierenden Elemente feststellen kann. Was läßt sich über den Sender aussagen – entweder hinsichtlich seiner Identität (Alter, Geschlecht, soziale Klasse oder ähnliches) oder hinsichtlich seiner Motive, Einstellungen, Persönlichkeit? Was kann man über den Empfänger mitteilen – einschließlich seiner voraussichtlichen Reaktion? Was läßt sich über den Kontext feststellen (einschließlich verbaler und nicht-verbaler vorhergehender Umstände)? Und so könnte man auch die übrigen grundlegenden Faktorenvariablen des Sprechereignisses befragen. (Für den Feldforscher oder das lernende Kind mag nämlich die Frage wichtig sein, was man über den Kode feststellen kann; für den Nachrichteningenieur, was man über den Kanal aussagen kann.) Wir können auch durchaus Beziehungen *zwischen* den konstituierenden Elementen, d.h. den konkreten Werten, auf den Dimensionen der Faktorenvariablen des Sprechereignisses, in Betracht ziehen. Schließlich ist es möglich, alle übrigen Elemente des Sprechereignisses als deutende Hinweise auf das zu betrachten, was gerade im Zentrum des Untersuchungsinteresses steht.

Der springende Punkt unseres Ansatzes liegt natürlich darin, daß er genau das in den Blickpunkt einer systematischen analytischen Forschungsschematik bringt, mit dem wir uns häufig – ob als Laien oder als Wissenschaftler – auseinanderzusetzen haben: d.h. mit Texten der einen oder der anderen Art. Die Untersuchung von Texten ist innerhalb und außerhalb der Wissenschaft üblich. Aber innerhalb unserer eigenen gesellschaftlichen Praxis setzt der erfolgreiche Abschluß einer solchen Textforschung voraus bzw. ist er dadurch erleichtert, daß wir im Rahmen der (mehr oder weniger impliziten) Diagnose oder Wahrscheinlichkeitsprognose, die wir unserem praktischen sozialen Verhalten angedeihen lassen, etwas über die Beziehungen wissen, die zwischen den konstitutiven Elementen von Sprechereignissen bestehen. Als Gesellschaftsmitglieder im Rahmen unserer gemeinsamen Kultur teilen wir das Wissen von den Mustern des Sprechens, die dem Text oder der Mitteilung zugrunde liegen, und wir können bis zu einem gewissen Maße uns selbst fragen, was denn nun anders wäre, wenn der Sender ein anderer wäre, wenn die Motive des Senders andere wären usw.. Beschäftigen wir uns mit der Analyse einer anderen Gesellschaft, dann muß unsere Kontrastrahmen-Forschungstechnik zu einer *expliziten* Analyse der fremden Sprechmuster anregen.

III 3 Funktionen in Sprechereignissen

Die dritte für die ethnographische Feldforschung relevante Seite von Sprechereignissen ist die der Funktionen des Sprechens. Innerhalb der Anthropologie sind die Funktionen des Sprechens (oder der Sprache) gewöhnlich im Sinne von universalen Funktionen diskutiert worden. Selbstverständlich ist es wichtig, die Aspekte zu kennen, unter denen die Funktionen des Sprechens in jeder Gruppe und für jede Persönlichkeit dieselben sind. An diesem Ort gilt unser Interesse jedoch gerade denjenigen Aspekten, unter denen sie sich unterscheiden. Ein Ansatzpunkt für die Verfolgung eines solchen Interesses liegt darin, die übliche Fragestellung umzudrehen: »Was trägt eine Sprache zur Aufrechterhaltung der Persönlichkeit, Gesellschaft oder Kultur bei?« Statt dessen müßte man danach fragen: »Was trägt eine Persönlichkeit, Gesellschaft oder Kultur zur Aufrechterhaltung einer Sprache bei?« Insbesondere wenn wir die letztere Frage in Situationen des Kulturwandels stellen, können wir die verschiedenen funktionalen Verknüpfungen des Sprechens und einer gegebenen Sache mit einer bestimmten Gesellschaft, Kultur und Persönlichkeit erfassen.

Forscher, die sich mit Standardsprachen beschäftigen, haben für derartige Sprachen Funktionen und entsprechende Haltungen der Gesellschaftsmitglieder definiert. Diese Funktionsdimensionen lassen sich in der Tat auf alle Sprachen anwenden und dienen dazu, die jeweiligen aktuellen Rollen jeder beliebigen Sprache im soziokulturellen Kontext zu unterscheiden. Um hierfür Beispiele zu bringen: Bei den Hopi-Tewa dient die Sprache den Funktionen der Prestige-Förderung, der sozialen Vereinheitlichung der Innengruppe und der sozialen Abtrennung der Innengruppe von Außengruppen (kurz gesagt: der Prestige-Funktion, der Vereinheitlichungs- und der Separierungsfunktion). Bei den Hopi-Tewa herrscht mithin ein erheblicher Stolz auf die eigene Sprache vor und eine feste Anhänglichkeit ihr gegenüber. Bei den Ost-Cherokee scheint die Bedeutsamkeitsreihenfolge der Sprachfunktionen genau umgekehrt zu sein: die Aufrechterhaltung der Cherokee-Sprache dient hauptsächlich der Funktion, sich irgendwie von Außengruppen abgetrennt zu halten, und man kann eine Anhänglichkeitseinstellung gegenüber der eigenen Muttersprache feststellen – kaum jedoch eine Einstellung des Stolzes. Vielleicht denken wir zu sehr unter der Prämisse des Sprachen-Nationalismus des 19. Jahrhunderts, um einen Blick dafür haben zu können, daß einige Sprachen nicht die Stellung eines Symbols ausfüllen, das für die Gruppenidentität entscheidend ist. Die brasilianischen Fulnio haben ihre Gruppenidentität über drei Jahrhunderte hinweg dadurch bewahrt, daß sie ihren Siedlungsraum aufgaben, um ihre Sprache und ihre Hauptzeremonien beibehalten zu können. Die venezuelanischen Guayqueries dagegen haben ihre Gruppenidentität dadurch bewahrt, daß sie ein besonderes Netz von Eigentumsverhältnissen aufrechterhielten. Selbst wenn man tief in die Zeit vergangener Guayquerie-Generationen zurückforscht, ist bei ihnen keine Spur von Sprache und Religion zu entdecken. Man darf annehmen, daß die Bindung der Guayqueries an ihre Sprache sehr viel schwächer ausgeprägt war als das Engagement der Fulnio an der ihrigen.

Wenn nur einige Sprecher einer Sprache in einer Ortsgesellschaft zurückbleiben, wird das Überleben der Sprache fast vollständig davon abhängig, ob und welche manifesten und latenten Funktionen sie für die betreffenden Persönlichkeiten erfüllt. So rettete Swanton eine wichtige und selbständige Sioux-Sprache, nämlich das Ofo, nur zum Teil durch Glück. Der Zufall wollte es, daß er sich in der unerwarteten Gegenwart des letzten Sprechers der Ofo-Sprache fand, als er eine beiläufige Bemerkung seiner Gesprächspartnerin (in Ofo) sofort aufgriff und mit Eifer weiterverfolgte. Aber die dokumentarische Erhaltung der Ofo-Sprache war auch teilweise der Persönlichkeit der berichtenden Frau zu verdanken, die nur deshalb als Informantin dienen konnte, weil sie in der Ofo-Sprache häufig mit sich selbst in all den Jahren gesprochen hatte, seit sämtliche anderen Sprecher gestorben waren.

Diese Beispiele für die weite Palette der funktionalen Verknüpfung des Sprechens und der Sprache mit Persönlichkeit, Kultur und Gesellschaft werfen Fragen auf, die lediglich innerhalb einer allgemeinen Ethnographie oder Sozialanthropologie (7a) beantwortet werden können. Zwar gilt dieselbe Abhängigkeit der Ethnographie des Sprechens von der allgemeinen anthropologischen Sozialwissenschaft auch für andere Punkte, insofern als die Ethnographie des Sprechens lediglich ein spezieller Aufmerksamkeitsbrennpunkt von ethnographischer Sozialwissenschaft und kein abgetrennter Gegenstandsbereich ist. Aber ihre Abhängigkeit erscheint hinsichtlich der funktionalen Verknüpfungen des Sprechens mit Persönlichkeit, Kultur und Gesellschaft in besonders hohem Maße von Gewichtigkeit, weil das begriffliche Analyseschema fast vollständig außerhalb der Linguistik aufzusuchen ist. Allerdings wird man sicherlich die Argumentation auch dann noch fruchtbringend weitertreiben können, wenn man sich auf die speziell linguistischen Diskussionen der Funktionen des Sprechens unter der Maßgabe einläßt und konzentriert, letztere vom Standpunkt der konstruktiven Faktoren des Sprechereignisses her analysieren zu wollen.

Innerhalb der linguistischen Tradition wurden die Funktionen des Sprechens gewöhnlich als nichts anderes denn spezielle Deutungen der Faktoren des Sprechereignisses im Hinblick auf Motive oder Zwecke konzipiert. Die Faktoren des Sprechereignisses besaßen nach dieser Interpretation eine Reihe von Funktionen – jeder der unterschiedenen Faktoren jeweils eine spezielle. Manchmal wurde sogar ein besonderes sprachliches Merkmal im engeren Sinne, eine linguistische Kategorie oder eine literarische Gattung, mit einer Funktion in Verbindung gebracht. Beispielsweise wurden die erste Person der Pronomina, Interjektionen und das lyrische Gedicht der expressiven Funktion zugeordnet (denn innerhalb des Sprechereignisses ruht hier die Aufmerksamkeit auf dem Sender); die zweite Person der Pronomina, Imperative sowie die rhetorische und dramatische Dichtung wurden mit der direktiven Funktion in Verbindung gebracht; und die dritte Person der Pronomina sowie die epische Dichtung mit der gegenstandsdarstellenden Funktion.[8]

Irgendeine Konzeption der Funktionen des Sprechens (bzw. kürzer: Sprachfunktionen) muß in jeder Theorie des Verhaltens in Erscheinung treten, sofern diese überhaupt Erwägungen über Sprechvorgänge anstellt. Rivalisierende Auffassungen über eine ganze Reihe derartiger Probleme, die Sprechvorgänge einbeziehen, lassen sich am besten als Fronten von Theorien begreifen, die unterschiedliche Annahmen über die Wichtigkeit oder die Existenz verschiedener Sprachfunktionen beinhalten. Für eine Ethnographie des Sprechens stellt sich deshalb nicht die Frage, ob es überhaupt eine Konzeption von Sprachfunktionen geben sollte, sondern lediglich die speziellere Frage, wie dieser Aufriß von Sprachfunktionen konkret aussehen könnte.

Gegenwärtig (1962) ist nur ein vorläufiger Aufriß möglich, und da es um einen Leitfaden für die Feldforschung geht, sollte man auf die Spannweite und die Flexibilität dieses Aufrisses Wert legen. Er sollte den Umkreis der Funktionen des Sprechens hinsichtlich ihrer Anzahl und Geltungsbereiche nicht zu eng entwerfen, und er sollte auch keine festgelegte spezielle Menge von Sprachfunktionen aufdrängen. Obwohl einige allgemeine Klassen von Sprachfunktionen unzweifelhaft universal sind, sollte man die Besonderheiten des gegebenen Falles nachzuweisen versuchen. Und man sollte auch auf die Entdeckung gefaßt sein, daß die in der einen Gruppe festzustellende Sprachfunktion in der anderen abwesend ist.

Auf sieben weitgefaßte Typen von Sprachfunktionen kann man die Aufmerksamkeit lenken. Sie entsprechen den sieben Faktorentypen des Sprechereignisses, die bereits aufgezählt wurden. (Jeder Typ von Sprachfunktionen kann in verschiedener Weise benannt werden, und die am besten passende Bezeichnung dürfte mit den Umständen variieren; alternative Benennungen sind in Klammern angegeben.) Die sieben Sprachfunktionen sind:

1. die expressive (emotive);
2. die direkte (konative, pragmatische, rhetorische, meinungsbeeinflussende bzw. persuasive);
3. die poetische;
4. die den Übermittlungskontakt (bzw. den Übertragungskanal) betreffende: die Kontaktfunktion;
5. die metasprachliche;
6. die den Gegenstandsgehalt darstellende bzw. gegenstandsbezogene: die Darstellungs- bzw. Referenzfunktion;

und

7. die kontextuelle (situationsbezogene) Sprachfunktion: die Kontextfunktion.

Im einfachsten Fall kann man davon ausgehen, daß jeder der konkreten Typen von Sprachfunktionen augenfällig und eindeutig auf einen entsprechenden konkreten Faktorentyp ausgerichtet ist, der innerhalb der entsprechenden abstrakten Dimension einer der sieben Faktorenvariablen liegt. Man kann dann Fragen, stellungnehmende Deutungen und sprachliche Einheiten herausheben, die vornehmlich mit je einem der Typen von Sprachfunktionen (und je einem der entsprechenden Faktoren des Sprechereignisses) verbunden sind.

Die Redensart: »Du sagst das so mit Nachdruck!« weist auf die expressive Sprachfunktion hin. Eine Sprache kann auch linguistische Einheiten aufweisen, die aus schablonisierter Selbstverständlichkeit heraus expressiv sind wie etwa das französische h (»Je te H'aime) und die englische Vokallängung (»What a fiiiine boy«). Beide linguistischen Einheiten vermitteln einen starken Gefühlsausdruck. (Ein Merkmal kann lediglich dann aus schablonisierter Selbstverständlichkeit heraus ein expressives Mittel sein, wenn es nicht darstellend ist. Lautliche Merkmale z. B. dürfen in diesem Falle nicht phonologisch zur Differenzierung lexikalischer Einheiten eingesetzt werden.) Der Ausdruck »Mach es, wie ich es sage, und nicht wie ich selbst handle« weist auf die direktive Funktion hin, und Imperative sind als die direktiven Haupteinheiten angeführt worden. Die Redensart »was oft gedacht wurde, aber niemals so gut ausgedrückt wurde« weist auf die poetische Funktion hin, die auf die Mitteilungsform ausgerichtet ist. Ebenfalls auf die poetische Funktion deutet die Popesche Sentenz hin: »The sound must seem an echo to the sense.« (Etwa: »Der Klang der Laute muß als ein Echo des Bedeutungssinnes erscheinen.«) Versfüße, Verszeilen und metrische Einheiten dienen im allgemeinen hauptsächlich der poetischen Sprachfunktion. Aussprüche wie »Wenn ich's nur erzählen könnte, anstatt es aufschreiben zu müssen!« und Fragen wie »Können Sie mich hören?« deuten auf die den Übermittlungskanal betreffende Sprachfunktion hin. Die Redeabschnitte zwischen den Atempausen können als Einheiten des Übermittlungskanals angesehen werden, wenn gesprochen wird; die Seiten im Falle schriftlicher Übermittlungen. Anweisungen wie »Geh und schau es im Wörterbuch nach!« weisen auf die metasprachliche Funktion des Sprechens hin, mithin auf den Sprachkode, welcher der Kommunikation zugrunde liegt. Wörter wie »Wort« und technische linguistische Ausdrücke, die das Sprechen über den Kode möglich machen, dienen hauptsächlich der metasprachlichen Funktion des Sprechens. Auch Anführungsstriche haben metasprachliche Funktion, falls sie anzeigen, daß eine sprachliche Form (ein Wort, ein Ausdruck, ein Satz) als Beispiel angeführt oder erklärt wird. Jedoch nehmen sie die Übermittlungsfunktion wahr, wenn sie lediglich die zitierte tatsächliche oder vorgestellte Redefolge einschließen. Fragen wie »Worüber willst du jetzt sprechen?« und »Was hast du zu sagen?« richten sich auf den Gesprächsgegenstand und deuten auf die Darstellungsfunktion hin. Die meisten lexikalischen und grammatischen Einheiten sind in der Hauptsache darstellend – und werden von der deskriptiven Linguistik im Hinblick auf genau diese Funktion untersucht. Fragen und Aussprüche wie »Wann

Suhrkamp Wissenschaft

Neuerscheinungen

Eine Auswahl

Gesamtausgaben
Theorie der Wissenschaften
Philosophie
Sprachphilosophie
Literaturwissenschaft
Psychoanalyse
Soziologie
Theorie der Gesellschaft
Geschichte
Theorie der Kultur

1. Halbjahr 1979

Gesamtausgaben

Theodor W. Adorno
Gesammelte Schriften
Band 16
Musikalische Schriften I–III

1968. 683 S. Ln. DM 60,–
Kt. DM 44,–

Ernst Bloch
Tendenz – Latenz – Utopie

Ergänzungsband zur
Gesamtausgabe
1968. 424 S. Ln. DM 48,–
Kt. DM 38,–
und als Ergänzungsband zur
werkausgabe edition suhrkamp
424 S. DM 14,–

Herbert Marcuse
Schriften 1
Der deutsche Künstlerroman
Frühe Aufsätze

1968. 594 S. Ln. DM 58,–
Subskriptionspreis DM 50,–
Kt. DM 38,–
Subskriptionspreis DM 32,–
Die Subskription gilt bei
Abnahme des Gesamtwerks

Ludwig Wittgenstein
Schriften 7
Wittgensteins Vorlesungen
über die Grundlagen
der Mathematik,
Cambridge 1939

Nach den Aufzeichnungen von
R. G. Bosanquet, Norman
Malcolm, Rush Rhees und
Yorick Smythies
Herausgegeben von
Cora Diamond
Übersetzt von Joachim Schulte
1968. 362 S. Ln. DM 48,–

in Vorbereitung:

G .W. F. Hegel
Werke in zwanzig Bänden
Register

Theorie Werkausgabe
Angefertigt von Helmut Reinicke
Etwa 600 S. Kt. ca. DM 28,–
(ca. Mai 1979)

Siegfried Kracauer
Schriften 2
Von Caligari zu Hitler

Eine psychologische Geschichte
des deutschen Films
Übersetzt von Ruth Baumgarten
und Karsten Witte.
Etwa 450 S. mit 64 Abbildungen
Ln. ca. DM 40,–
Kt. ca. DM 28,–
(ca. April 1979)

Herbert Marcuse
Schriften 3
Aufsätze aus der ›Zeitschrift
für Sozialforschung‹

Etwa 300 S. Ln. ca. DM 48,–
Subskriptionspreis ca. DM 40,–
Kt. ca. DM 32,–
Subskriptionspreis ca. DM 26,–
Die Subskription gilt bei
Abnahme des Gesamtwerks
(ca. Mai 1979)

Ludwig Wittgenstein
Beiheft 3
Wittgensteins geistige
Erscheinung

Mit Beiträgen von G. H. von
Wright, A. Kenny, R. Rhees,
B. McGuinness, J. C. Nyiri

Neue Versuche über Erklären und Verstehen

Herausgegeben von Karl-Otto Apel, Juha Manninen und Raimo Tuomela
Theorie-Diskussion
1978. 303 Seiten. Kt. DM 32,–

John Rawls
Eine Theorie der Gerechtigkeit

Übersetzt von Hermann Vetter
Der Übersetzung liegt ein vom Autor anläßlich der deutschen Ausgabe revidierter Text zugrunde
1976. 676 S. Ln. DM 78,–
und 1979. stw 271. ca. DM 18,–
(ca. Februar 1979)

Wolfgang Schadewaldt
Die Anfänge der Philosophie bei den Griechen

Die Vorsokratiker und ihre Voraussetzungen
Tübinger Vorlesungen Band 1
1978. stw 218. 528 S. DM 18,–

Seminar: Freies Handeln und Determinismus

Herausgegeben von Ulrich Pothast
1978. stw 257. 520 S. DM 18,–

Charles Taylor
Hegel

Übersetzt von Gerhard Fehn
772 S. Ln. DM 86,–
Kt. DM 59,–

Michael Theunissen
Sein und Schein

Die kritische Funktion der Hegelschen Logik
1978. 502 S. Ln. DM 48,–

Stephen Toulmin
Kritik der kollektiven Vernunft
Menschliches Erkennen
Erster Band

Übersetzt von Hermann Vetter
1978. 603 S. Ln. DM 68,–

in Vorbereitung:

Karl-Otto Apel
Die Erklären-Verstehen-Kontroverse in transzendentalpragmatischer Sicht

Reihe Theorie
Etwa 300 S. Kt. ca. DM 28,–
(ca. Mai 1979)

Alexandre Koyré
Von der geschlossenen Welt zum unendlichen Universum

Übersetzt von Rolf Dornbacher
Wiss. Sonderausgabe
260 S. Kt. ca. DM 14,–
(ca. März 1979)

Literaturwissenschaft, Kunstwissenschaft

Theodor W. Adorno
Philosophie der neuen Musik

1978. stw 239. 200 S. DM 8,–

Pierre Bertaux
Friedrich Hölderlin

1978. 668 S. Ln. DM 48,–

Richard Ellmann
Odysseus in Dublin

Aus dem Englischen von Claudia Dörmann
Mit Abbildungen, Plänen und einem Register
1978. 218 S. Ln. DM 34,–

Ernst H. Gombrich
Meditationen über ein Steckenpferd

Von den Wurzeln und Grenzen der Kunst
Übersetzt von Lisbeth Gombrich
1978. stw 237. 304 S. und 92 S. Abb. DM 16,–

Siegfried Kracauer
Jacques Offenbach und das Paris seiner Zeit

Mit 27 Abbildungen
Herausgegeben von Karsten Witte
1978. es 971. DM 10,–

Der Streit mit Georg Lukács

Herausgegeben von Hans-Jürgen Schmitt
1978. es 579. DM 8,–

Seminar: Literatur- und Kunstsoziologie

Herausgegeben von Peter Bürger
1978. stw 245. 481 S. DM 16,–

in Vorbereitung:

Heinrich Dilly
Kunstgeschichte als Institution

Studien zur Geschichte einer Disziplin
Etwa 320 S. Kt. ca. DM 32,–
(ca. April 1979)

Erwin Panofsky
Die Renaissance der europäischen Kunst

Übersetzt von Horst Günther
Etwa 300 S. mit 157 Abbildungen
Ln. ca. DM 78,–
(ca. April 1979)

Lothar Pikulik
Romantik als Ungenügen an der Normalität

Am Beispiel Tiecks, Hoffmanns, Eichendorffs
Etwa 450 S. Kt. ca. DM 38,–
(ca. März 1979)

Psychologie, Psychoanalyse

Johannes Cremerius
Zur Theorie und Praxis der Psychosomatischen Medizin

1978. stw 255. 368 S. DM 14,–

Erik H. Erikson
Gandhis Wahrheit

Über die Ursprünge der militanten Gewaltlosigkeit
1978. stw 265. 550 S. DM 16,–

Erik H. Erikson
Lebensgeschichte und historischer Augenblick

Übersetzt von Thomas Lindquist
Literatur der Psychoanalyse
Herausgegeben von Alexander Mitscherlich
1978. 288 S. Kt. DM 28,–

Paul Federn
Ichpsychologie und die Psychosen

Übersetzt von
Walter und Ernst Federn
Eingeleitet von Edoardo Weiss
Reihe Literatur der
Psychoanalyse
1978. 368 S. Kt. DM 30,–

Sigmund Freud
Sein Leben in Bildern
und Texten

Herausgegeben von Ernst Freud,
Lucie Freud und Ilse Grubrich-
Simitis
Mit einer biographischen Skizze
von K. R. Eissler
Gestaltet von Willy Fleckhaus
Mit Anmerkungen, Zitat- und
Bildnachweis, Namenregister
1977. 352 S. Ln. DM 120,–

Das geschlagene Kind

Herausgegeben von
Ray. E. Helfer und
C. Henry Kempe
Mit einer Einleitung von
Gisela Zenz
1978. stw 247. 369 S. DM 16,–

Die gesellschaftliche
Organisierung psychischen
Leidens

Zum Arbeitsfeld klinischer
Psychologen
Herausgegeben von
Henrich Keupp und
Manfred Zaumseil
1978. stw 246. 632 S. DM 18,–

Hört ihr die Kinder weinen

Eine psychogenetische
Geschichte der Kindheit
Herausgegeben von
Lloyd de Mause
1978. 627 S. Geb. DM 44,–

Edith Jacobson
Das Selbst und die Welt
der Objekte

Übersetzt von Klaus Kennel
1978. stw 242. 266 S. DM 10,–

Edith Jacobson
Depression

Eine vergleichende Untersuchung
normaler, neurotischer und
psychotisch-depressiver Zustände
Übersetzt von Heinrich Derserno
Literatur der Psychoanalyse
Herausgegeben von
Alexander Mitscherlich
1977. 448 S. Kt. DM 30,–

Otto F. Kernberg
Borderline-Störungen und
pathologischer Narzißmus

Übersetzt von Hermann Schultz
Reihe Literatur der
Psychoanalyse
1978. 438 S. Ln. DM 48,–

Heinz Kohut
Die Heilung des Selbst

Übersetzt von Elke vom Scheidt
Reihe Literatur der
Psychoanalyse
1979. 332 S. Ln. DM 34,–

Karl Menninger
Selbstzerstörung

Psychoanalyse des Selbstmords
Übersetzt von Hilde Weller
1978. stw 249. 526 S. DM 18,–

William G. Niederland
Der Fall Schreber

Das psychoanalytische Profil
einer paranoiden Persönlichkeit

wirst du es ihm erzählen?«, »wie ich schon oben sagte«, »Sie können hier nicht in dieser Art reden!« und »Falls du diese Szene überhaupt verwenden willst, so mußt du sie im Stück an einer späteren Stelle bringen.« sind hauptsächlich von kontextueller Funktion. Und ebenso ein im Rundfunkstudio aufleuchtendes Schild mit der Aufschrift »Sendung« oder wie auch die Darstellung einer Szene vor Beginn eines Theaterspielaktes: »(Elsinor. Eine Ebene vor der Burg)«.

Aber strenggenommen dürften alle Merkmale des Sprechereignisses einschließlich aller Merkmale des linguistischen Kode an jeder der Sprachfunktionen Anteil haben. Dieser Gesichtspunkt muß hier zum Ausdruck gebracht werden, weil bestimmte Merkmale häufig ausschließlich im Hinblick auf eine einzige Sprachfunktion in Betracht gezogen werden. Aber jeder Ausdruck, sogar jede Interjektion z. B., könnte nebenbei als eine darstellende Überschrift für Kontexte dienen, in die er hineinpaßt, und hat von daher auch einen darstellenden Aspekt. Es ist Kenneth Burkes Verdienst, das aufgezeigt zu haben.

Auf der anderen Seite gibt es auch Leute, die den linguistischen Kode über die Gesamtreihenfolge seiner Organisationsebenen hinweg *ausschließlich* im Sinne der Darstellungsfunktion interpretieren und davon ausgehen, daß die übrigen Sprachfunktionen wie etwa die expressive lediglich zur Ebene der Gesamtäußerung und zu noch höheren Organisationsebenen des Sprechens gehören. Selbstverständlich kommen alle Sprachfunktionen (einschließlich der darstellenden) lediglich auf der Ebene der Äußerung ins Spiel; wo keine Äußerung vorliegt, dort gibt es auch keine Sprachfunktionen. Aber wenn analytische Sachverhalte in Frage stehen, dann muß jede Sprachfunktion in bezug auf *sämtliche* Organisationsebenen der Sprache und des Sprechens erörtert werden. Nicht nur lassen sich expressive Einheiten von schablonisierter Selbstverständlichkeit auf jeder Ebene des linguistischen Kode feststellen, sondern es läßt sich auch umgekehrt eine breite Spannweite von Sprachfunktionen im Hinblick auf eine einzelne sprachliche Einheit wie das Phonem veranschaulichen. Obwohl die Anfangsaufgabe der deskriptiven Analyse darin besteht, Phoneme in ihrem Beitrag zur darstellenden Sprachfunktion (zur Feststellung und Unterscheidung von Äußerungen) abzuhandeln, schöpft das nicht deren funktionale Bezüge aus. Nehmen wir das Phonem /p/ als ein Beispiel.

Im expressiven Anwendungsbereich hat Burke »zwei Arten von p« festgestellt. Das stark behauchte /p/ vermittelt Widerwillen und Ablehnung (1957, S. 12ff). Die Musterbildung mit /p/-Phonemen kann aber auch an der poetischen Sprachfunktion Anteil haben. So ist etwa der mittlere Vers einer Strophe von Wallace Stevens aufgebaut: »The romantic intoning, the delaimed clairvoyance/Are parts of apotheosis, appropriate/And of its nature, the idiom there of!« (Etwa: »Der romantische Ton, die deklamierte Hellsicht/Der Apotheose Part sind's, ihr angepaßt/Die rechte Sprache der ihrigen Natur!«) Weiter kann die funktionale Leistung des /p/ in einer Ortsgesellschaft nicht unabhängig von der Art und Verwendung verschiedener Übertragungskanäle untersucht werden. So ändert sich bei den Pima die funktionale Leistung des /p/, wenn der Pima-Indianer vom Singen zur Rezitation übergeht. Und bei den liberianischen Jabo unterscheidet die Trommel das /p/ nicht von anderen Konsonanten, sondern zeigt lediglich an, daß ein bestimmter Konsonantentyp (in seiner generellen Lautqualität) auftritt. Konventionelle Bezeichnungen für Phoneme, die es erlauben, diese phonologischen Einheiten auf abstrakter Ebene zu erörtern, haben es mit der metasprachlichen Ebene zu tun. Und selbst eine ganz einfache Gesellschaft dürfte einen Fachausdruck besitzen, der ein phonologisches Unterscheidungsmerkmal wie Nasalisierung bezeichnet. (So verfügen etwa die Indianer vom Stamm der Halkomelem Salish über den Ausdruck »s'amqsan«, in dem »-qsan« »Nase« bedeutet; vgl. die Beschreibung der näheren Umstände in Elmendorf und Suttles 1960, S. 7). Als Abkürzung vermag das »P« einen Gegenstandsbezug zu vermitteln. Denn auf einem Sporttrikot kann es die Schule bezeichnen. Und in Gegenüberstellung können großes und kleines »P« die Gewinner von Siegerurkunden in wichtigeren und unwichtigeren Sportdisziplinen unterscheiden. Sofern die in Wettkämpfen getragenen Sporttrikots den Buchstaben tragen und die Trainingsanzüge nicht, hat das Buchstabenelement (wie etwa ein »P«) kontextuelle Funktion. In all den gerade aufgezählten Fällen bedingt die phonologische Struktur der Sprache das mit, was innerhalb eines kommunikativen Ereignisses auftritt.

Die Reihe unserer illustrierenden Beispiele ist zugegebenermaßen nur kurz. Aber wenn sogar Merkmale, die – wie man begreifen muß – dem linguistischen Kode am meisten innerlich sind und am weitesten von äußeren Bezügen (über den Kode hinaus in die pragmatischen Dimensionen des kommunikativen Ereignisses hinein) entfernt sind, an einer Mehrzahl von sozialen Funktionen des Sprechens Anteil haben, dann dient unser Argument, das wir am Beispiel des einzelnen Phonems illustriert haben, sicherlich auch für Merkmale der sprachlichen Organisation im allgemeinen. Falls man linguistische Beschreibungen oder psychologische Untersuchungen auf Sprechgewohnheiten beschränkt, die lediglich im Sinne der Darstellungsfunktion begriffen werden, so ist das gleichbedeutend damit, das Verständnis sprachlicher Vorgänge generell einzuengen – insbesondere jedoch den Einblick in diejenigen Seiten des Sprechens, die für das Verhalten und die Ausbildung der Persönlichkeit wichtig sind. Wenn man jedoch die Bedeutung einer sprachlichen From als Gesamtdisposition definiert, unter der die sprachliche Form Verwendung findet (d.h. also: als jede Art von bedingter Bereitschaft, das fragliche sprachliche Element zu verwenden), dann spielen mehrere Sprachfunktionen für die Bedeutung eine Rolle, weil alle zur Gesamtdisposition beitragen. Nun kommt zwar zugegebenermaßen die Analyse vom Standpunkt der Darstellungsfunktion an erster Stelle, so daß für die entsprechende Zwischenzeit die übrigen Sprachfunktionen außer Betracht bleiben müssen. Aber dieser Aufschub darf keine Dauerstrategie sein.

Unsere Illustrationen sind nur vage Andeutungen auf weitläufigere Problemfelder hin. In einem gegebenen Fall und mit Bezug auf z. B. die expressive Sprachfunktion würde man den Vorrat von Einheiten aufdecken wollen, die in schablonisierter Selbstverständlichkeit der expressiven Funktion dienen können. Außerdem würde man erforschen, auf welchen Wegen die Teilnehmer an Sprechereignissen in einer Gruppe Rückschlüsse über die Ausdruckshaltigkeit bzw. Expressivität von Sprechakten ziehen. Schließlich würde man sich für die Belege interessieren, die derartigen Rückschlüssen zugrunde liegen. Es wäre natürlich zu erwarten, daß sich soziale Gruppen hinsichtlich der Anzahl konventionell-schablonisierter expressiver Einheiten und in der Häufigkeit ihrer Anwendung unterscheiden. Ebenso sind Unterschiede in den Arten der Rückschlüsse zu erwarten, die man über Ausdruckshaltigkeit anstellt, und in den Merkmalen (von welcher Art auch immer), die man als Belege für die Rückschlüsse auf Ausdruckshaltigkeit verwendet. Man würde versuchen, die verschiedenen Erscheinungsformen der expressiven Sprachfunktion festzustellen, die im Verhalten der Gruppe beobachtet wurden oder in diesem auch ohne direkte Beobachtbarkeit inbegriffen sind. Ein Sender kann nicht anders, als Einstellungen gegenüber den übrigen Faktoren im Sprechereignis zum Ausdruck zu bringen: Einstellungen gegenüber seinen Zuhörern; dem Stil seiner Mitteilung; dem Kode, den er verwendet; dem Mitteilungskanal, der von ihm benutzt wird; dem von ihm angesprochenen Aussagegegenstand; und der Gesamtszene seiner Kommunikation. Ein außenstehender Beobachter kann natürlich ein Sprechereignis in *allen* seinen Faktoren als expressiv interpretieren, indem er nämlich letzteren der Reihe nach Aufmerksamkeit schenkt. Aber das Kernproblem der Ethnographie des Sprechens besteht darin, festzustellen, welche Arten der expressiven Sprachfunktion, ob nur eine, mehrere oder alle, in der Kommunikationssituation gegenwärtig sind – »gegenwärtig« nun verstanden als intendiert und wahrgenommen von den Teilnehmern des kommunikativen Ereignisses. Um es anders zu sagen: Welche Arten der expressiven Sprachfunktion werden »enkodiert« und »dekodiert«? – In ähnlicher Weise könnte man ein Sprechereignis vollständig im Hinblick auf die direktive Funktion untersuchen. Oder unter Bezugnahme auf die metasprachliche Funktion könnte man ausschließlich auf die Belege für Signalsysteme achten, die von der untersuchten Gruppe geteilt werden. Interessant sind da nicht nur Grammatik und Wortschatz, die der Darstellungsfunktion des Sprechens dienen, sondern das Ausmaß, in welchem Kodes für die expressive oder andere Funktionen zur Anwendung gelangen.

Wie für die beiden anderen Seiten des Sprechereignisses (d.h. das Sprechereignis selbst und die Sprechfaktoren) würde man auch für die Sprachfunktionen ihre Dimensionen des Kontrastes und die Muster ihres Auftretens im Verhalten der Gruppe aufdecken wollen.

Aber die Untersuchung dessen, wie sich die Sprachfunktionen im Kreislauf des Verhaltens verteilen, wirft mehrere schwerwiegende Probleme auf. Der erste Fragenkreis beinhaltet die Beziehung besonderer Sprachfunktionen zu besonderen Auftretensfällen oder Klassen von Sprechereignissen. Dasselbe Sprechereignis kann auf alle sieben Typen von Sprachfunktionen hin in Betracht gezogen werden – und das auf verschiedene Weise. (Die gerade ausgesprochene Äußerung von »Once more into the breach, dear friends, once more!« – »Noch einmal stürmen, noch einmal, liebe Freunde!« – könnte als Ausdrucksmittel für Shakespeare, Heinrich den Fünften oder Laurence Olivier verstanden werden; als direktiv und bestimmend für die nachfolgende Handlung der Soldaten oder Schauspieler; als Beispiel für einem jambisch-fünffüßigen Blankvers und als künstlerisch wertvoller denn eine Alternative wie »Once more, once more into the breach, dear friends«; als gehört wirkungsvoller denn gelesen; als Beleg für das phonologische System des Autors oder des Schauspielers; als ein Satz, der etwas über den Ablauf der Belagerung von Harfleur berichtet; als Anzeichen dafür, daß es sich – sollte jemand gerade zu diesem Zeitpunkt in den Theatersaal treten – um Shakespeares Stück handelt und/oder genau um den ersten Vers nach dem Prolog zum dritten Akt.) Selbst wenn man die Betrachtungsperspektive auf diejenige eines einzelnen Situationsteilnehmers einschränkt, ist gewöhnlich mehr als eine einzige Sprachfunktion in einem gegebenen Sprechereignis feststellbar. Jakobsons Weg, mit dieser Problematik fertig zu werden, besteht in der Annahme, daß alle Typen von Sprachfunktionen stets *zusammen* gegenwärtig sind. Mithin ist in seiner Sichtweise ein gegebenes Sprechereignis durch eine je besondere Hierarchie von Sprachfunktionen gekennzeichnet.

Es gibt einleuchtende Beweise für die Gültigkeit dieses Ansatzes. Die expressive Sprachfunktion (angezeigt vielleicht durch den Tonfall) kann z. B. die Darstellungsfunktion überlagern, und es gibt interessante Beispiele für das versteckte und doch wirkungsvolle Ausspielen dieser Überlagerung. So mag z. B. die zehnjährige Tochter protestieren: »Aber ich hab doch nur gesagt, daß...« und dabei genau denjenigen Tonfall zum Ausdruck bringen, der gerade zuvor als Beleidigung aufgefaßt worden war. Die protestierende Tochter nimmt mithin für ihre Rechtfertigung die bevorrechtete Stelle in Anspruch, die in unserer westlichen Kultur der Darstellungsfunktion zugeschrieben wird. Unsere kulturelle Sichtweise steht jedoch mit den harten Tatsachen im krassen Widerspruch, falls der niederländische Linguist de Groot recht hat. Mit seinem »Gesetz der beiden Ebenen« behauptet de Groot (1949), der expressive Stellenwert schlage immer durch, falls die darstellende und die expressive Bedeutsamkeit einer Mitteilung miteinander im Widerstreit lägen. Ein derartiger Konflikt wurde auch von Sapir (1931) angemerkt, und er liegt als allgemeinster Sachverhalt Batesons Konzept der Beziehungsfalle, des Verwikkeltseins in in sich widersprüchlichen Doppelbindungen, zugrunde, in die viele der Kinder verstrickt sind, die schizophren werden. Gerade der Konflikt zwischen verschiedenen Sprachfunktionen läßt jedoch daran zweifeln, daß alle Mitteilungen in Form einer Hierarchie von Sprachfunktionen analysiert werden können – und zwar in *dem* Sinne, daß eine Funktion dominant ist. Das entscheidende Charakteristikum mancher Sprechakte könnte ein Gleichgewicht – ob nun ein harmonisches oder konfliktgeladenes – zwischen mehr als einer einzigen Sprachfunktion sein. Wenn das aber eine Möglichkeit ist, dann darf die Interpretation eines jeweiligen Sprechereignisses ihre Aufgabe keineswegs darauf beschränken, Sprechakte lediglich je einer der sieben Typen von Sprachfunktionen zuzusprechen.

Das bringt uns auf ein zweites Problem: nämlich auf die Beziehung der je besonderen Funktionen zu den konstituierenden Faktoren des Sprechereignisses. Obwohl in einer vorläufigen Weise Typen von Funktionen als Beziehungsstücke zu Faktorentypen dargestellt worden sind, sind die Relationen zwischen diesen beiden Hauptseiten des Sprechereignisses noch komplexer. Tatsächlich wäre es ein großer Fehler, wollte man die aktuelle Situation dahingehend analysieren, daß ganz einfach jeder Faktorentyp lediglich einen einzelnen festen Funktionstyp bestimme.

Hier ist der Punkt erreicht, an dem ein ethnographischer Ansatz sich vielleicht von demjenigen unterschiedet, der von Jakobsons skizziert wurde. Jakobsons Werk stellt für Anthropologie und Linguistik einen entscheidenden Fortschritt dar. Es regt das Interesse zur Beschäftigung mit Sprachfunktionen an, denen in den letzten Jahren nur sporadische Aufmerksamkeit gewidmet wurde; es sprengt die Beschränkung der meisten Funktionsschemata auf zwei oder drei Sprachfunktionen (etwa auf die darstellende, die expressive und die konative bzw. direktive)[9], und es stellt in Rechnung, daß alle Merkmale einer Mitteilung an allen Sprachfunktionen beteiligt sein könnten. Aber hinsichtlich der Beziehung zwischen Funktionen und Faktoren des Sprechereignisses stellt Jakobson fest:

»Jeder dieser sechs Faktoren legt eine unterschiedliche Funktion der Sprache fest. Aber: obwohl wir sechs Grundaspekte der Sprache unterscheiden, könnten wir kaum sprachliche Mitteilungen finden, die nur eine einzige Funktion erfüllen. Die Unterschiedlichkeit von Mitteilungen liegt nicht im Monopol der einen oder anderen dieser verschiedenen Sprachfunktionen je nach Mitteilung, sondern in der unterschiedlichen hierarchischen Anordnung der Sprachfunktionen untereinander je nach Mitteilung. Die sprachliche Struktur einer Mitteilung hängt hauptsächlich von der in ihr vorherrschenden Sprachfunktion ab.« (Jakobson 1960, S. 353).

Aber die Meinungsverschiedenheit zwischen unserem ethnographischen Ansatz und dem von Jakobson ist möglicherweise auch nur eine der Formulierungen, weil Jakobson im Anschluß an seine erste globale Behauptung festellt, daß »festlegen« nicht das richtige Wort sei und daß eher noch jeder Funktionstyp brennpunktmäßig »ausgerichtet« bzw. »zentriert« sei auf einen je gegebenen Faktor. Eine derartige Sichtweise schließt die Beteiligung mehr als eines Funktionstyps an einem Faktorentyp von Sprechereignissen nicht aus. Ganz gewiß ist es zweifelhaft, ob die besonderen Funktionen des konkreten Falles jemals unter ausschließlichem Bezug auf nur einen einzigen Faktor des formalen Schemas von Sprechereignissen definiert werden können. Die Definition scheint stets zwei oder mehr Faktoren (bzw. Auftretensfälle oder Klassen von Auftretensfällen innerhalb eines Faktorentyps) einzubeziehen.

Von daher muß etwa auch die expressive Funktion der Merkmale einer Sprechsituation in bezug auf die Darstellungsfunktion definiert sein. Das zeigt sich insbesondere an der sog. »phatischen Funktion«. Diese Funktion, die Malinowski als Herstellung und Aufrechterhaltung der »phatischen Gemeinschaft« bezeichnete, kann als eine Unterart der expressiven Funktion des Sprechens aufgefaßt werden – eine Unterart, die im Wechselgespräch reziprok realisiert wird: wenn etwa Hausfrauen Geschichten über ihre Kinder austauschen oder Anthropologen über ihre Felduntersuchungen.

Aber die Jakobsonschen Anspielungen auf die phatische Funktion deuten sogar noch auf eine weitere Vermischung der Sprachfunktion hin. Die phatische Funktion schließt nämlich als grundsätzlich expressive Funktion nicht nur die Darstellungsfunktion (z. B. die plaudernde Darstellung einzelner Vorgänge in Geschichten) ein, sondern nach Jakobson obendrein noch und in erster Linie die Kontaktfunktion, d. h. die Beziehung auf den Mitteilungskanal. Nachdem Jakobson in seinem Aufriß der Sprechsituation einen Faktor des »Kontaktes, eines physischen Mitteilungskanals und einer psychischen Verbindung zwischen Anredenden und Angeredetem« aufgezeigt hat, »der beide Parteien instandsetzt, in

Kommunikation einzutreten oder zu bleiben« (S. 353), ordnet er diesem Kontaktfaktor »Mitteilungen« zu, »die in der Hauptsache dazu dienen, Kommunikation einzuführen, aufrechtzuerhalten oder abzubrechen. Außerdem wird mit ihrer Hilfe geprüft, ob der physische bzw. psychische Mitteilungskanal auch ordnungsgemäß arbeitet wie z. B. in der Frage: ›Hallo, hören Sie mich?‹ Schließlich zieht so der Sprecher die Anteilnahme des Gesprächspartners auf sich, oder er versichert sich so dessen fortgesetzter Aufmerksamkeit.« Durch derartige sprachliche Bezüge auf den (physischen und psychischen) Mitteilungskanal wird nach Jakobson für die entsprechende Kommunikationssituation die »phatische Gemeinschaft« zustande gebracht (»diese Einstellung auf die Kontaktfunktion oder – in Malinowskis Worten – auf die phatische Funktion« (S. 355). Nun scheint mir allerdings die psychische Verbindung zwischen Kommunikationsteilnehmern deutlich unabhängig von der Art und dem Zustand des Übertragungskanals zu sein. Sie läßt sich eher mit den Gesprächsteilnehmern selbst in Beziehung bringen. Mitteilungen, die Kommunikation zustande bringen, aufrechterhalten oder abbrechen sollen, brauchen ein Gemeinschaftsgefühl weder zu intendieren noch hervorzurufen. Es kann nämlich durchaus einen ungestörten Übertragungskanal geben, ohne daß sich ein Gemeinschaftsverhältnis entwickelt. Die Lösung dieses Problems besteht wahrscheinlich darin, die Bezüge auf »einen physischen Kanal« und eine »physische Verbindung« so zu verstehen, daß die beiden zwei der hauptsächlichen Untertypen der Kontaktfunktion kennzeichnen. (Thomas Sebeok hat in bezug auf die Analyse des Übertragungskanals und des Kontaktes auch die Wichtigkeit des Faktors Geräusch aufgezeigt.) Auf jeden Fall muß die phatische Gemeinschaft, sofern ihre Herstellung und Aufrechterhaltung eine Funktion des Sprechens im Verhalten der zu untersuchenden Gruppe ist, empirisch identifiziert werden, und auf die Besonderheiten hinsichtlich der Gesprächsteilnehmer und Situationen muß Rücksicht genommen werden. Gerade wenn die phatische Gemeinschaft eine universale Einrichtung der menschlichen Gesellschaft ist, unterscheidet sie sich beträchtlich in den Gelegenheiten ihres Auftretens und in ihrem Stellenwert von Gruppe zu Gruppe, und ethnographisch kann sie keineswegs von einer konkreten Situation ganz einfach als das eindeutige Gegenstück lediglich eines einzigen Faktors der Sprechsituation abgelesen werden.

Noch schlagender für die Nichteindeutigkeit der Beziehungen zwischen Sprechfaktoren und Sprachfunktionen ist der Fall des Sprechfaktors der Mitteilungsform. Die Mitteilung als solche, d. h. als System von sprachlichen Formen, kann nicht – wie das Jakobson behauptet – direkt oder eindeutig mit der poetischen Funktion des Sprechens in Verbindung gebracht werden. Die Beziehung zwischen einer gedruckten Mitteilung und einem Empfänger (nicht einem Angesprochenen), der als Korrekturleser handelt, ist ein klarer und offensichtlicher Fall einer Sprachfunktion, die mit der Mitteilungsform verknüpft ist. Und je stärker der Korrekturleser seine Reaktion auf die Mitteilungsform vom Interesse an der Beschäftigung mit jedem anderen Aspekt, insbesondere dem darstellenden Inhaltsbezug, scheidet, desto besser. Aber noch weiteres läßt sich gegen Jakobsons Argumentation sagen. Jedes Interesse an einer anhaltenden Beschäftigung mit dem poetischen Aspekt der Mitteilungsform muß diesen mit anderen Faktoren in der Sprechsituation in Beziehung bringen. Die Anwendung einer lautlichen Substanz ist nur in Verbindung mit dem jeweiligen darstellenden Inhaltsbezug interpretierbar. Die Phoneme in der Ausdrucksverbindung: »das Summen unzähliger Bienen« legen typische Bienenlaute lediglich in Verbindung mit dem Gegenstand nahe, der durch die Bedeutung des Wortes »Summen« angezeigt wird. (Die Popesche Textstelle: »Der Klang der Laute muß als ein Echo des Bedeutungssinnes erscheinen.« umschreibt unsere Feststellung treffend.) Außerdem haben neuere Arbeiten über Kriterien für die stilistische Analyse als grundlegend herausgestellt, daß der stilistische Wert eines Merkmals von dessen Wahrnehmung im Rahmen eines abgegrenzten sprachlichen Kontextes abhänge (Riffaterre, 1959). (Und Jakobson hat im Anschluß an seine allgemeineren Ausführungen über die Beziehungen zwischen Sprachfaktoren und Sprachfunktionen erklärt, daß die Bezeichnung »poetisch« nicht falsch verstanden werden dürfe. Im Rahmen seines Aufordnungsschemas für Sprachsituationen brauche die »poetische« Sprachfunktion nicht unbedingt Dichtung zu betreffen, sondern schließe jeden Fall ein, in welchem eine schwerpunktmäßige Einstellung auf die Mitteilung als solche bestehe. Denn in diesen Fällen werde die Mitteilung vom Gesichtspunkt der sprachlichen Form zu einem Selbstwert. Die eigentliche Dichtung wäre nach dieser Überlegung Jakobsons lediglich ein zentraler Untertyp der poetischen Sprachfunktion, und das Korrekturlesen wäre vielleicht als ein unwichtigerer Nebentyp der poetischen Sprachfunktion zu bezeichnen.)

Allgemein läßt sich sagen, daß eine Mitteilung bzw. ein Merkmal innerhalb einer Mitteilung eine besondere Verhaltensfunktion lediglich für besondere Klassen von Teilnehmern an einer Sprechsituation hat – Klassen, die genau spezifiziert werden müssen. Ein Sprechakt könnte für jemanden, der nichts von der verwendeten Sprache verstehe, direktive, aber nicht darstellende Funktion haben. Umgekehrt rühren viele Mißverständnisse von Situationen her, in denen die darstellende Seite der Mitteilung verstanden wird, nicht jedoch ihr expressiver oder direktiver Stellenwert, weil der Empfänger nicht die konventionellen Einvernehmenszusammenhänge bzw. den expressiven oder direktiven Kode des Sprachgebrauchs für diese Kommunikationssituation kennt. Kurz gesagt: Sprachfunktionen müssen in Kontexten des Kommunikationsvollzugs definiert werden.

Die Verteilung der Sprachfunktionen macht eine der Hinsichten deutlich, in denen das Sprechen ein System konstituiert. Wenn die Sprechökonomie einer Gruppe im Sinne der gegenseitigen Abhängigkeit verschiedener Faktoren in Sprechereignissen formuliert wird, dann konstituiert ein derart konzipierter Sprechhaushalt ein *einfaches* System. Die Feststellung, nicht alle Faktorenkombinationen seien möglich bzw. die Faktorenkombinationen seien nicht zufallsverteilt, sondern von Regeln gesteuert, ist hierfür ein Beispiel. Um allerdings ein *funktionales* System konstituieren zu können, dürfte die begriffliche Konzeption von Sprechökonomien nicht mehr nur darauf beschränkt sein, die Sprechökonomien als Struktur ihrer Teile bzw. Faktoren zu analysieren. Das System der Sprechökonomie müßte dann so konstruiert sein, daß die variablen Werte einiger der Teile bzw. Faktoren der Sprechsituation als Bedingung festlegen, ob eine bestimmte Eigenschaft G im System auftreten wird oder nicht. Die Teile bzw. Faktoren der Sprechsituation können dann einer Veränderung unterworfen sein, und wenn kein Gegeneinfluß die Veränderung kompensiert, wird die Eigenschaft G nicht weiter auftreten. Wenn sich einige (oder einer) dieser Teile bzw. Faktoren der Sprechsituation innerhalb bestimmter Grenzen verändern, dann werden sich die anderen Teile bzw. Faktoren in die entsprechenden Gegenrichtungen und so weit verändern, als sie die »Anfangsveränderung« kompensieren können, und so wird dann die Eigenschaft G erhalten. Falls sich jedoch einige (oder einer) dieser Teile bzw. Faktoren über gewisse Grenzen *hinaus* verändern, dann wird die Kompensation unmöglich, und die Eigenschaft G wird nicht länger auftreten. Wenn die Bedingungen der Veränderung innerhalb bestimmter Grenzen erfüllt sind, dann können die Teile bzw. die Faktoren des Systems »funktional« in Hinsicht auf G genannt werden. (Nagel, 1953; 1956. Ich bin Francesca Wendel Cancian an dieser Stelle verpflichtet.)

Es ist einfach zu sehen, wie Phoneme ein funktionales System konstituieren. Die Veränderung im Bereich eines Phonems wird nämlich kompensiert durch die Veränderung in einem anderen Phonemenbereich, so daß der phonologische Unterschied aufrechterhalten bleibt. Eine derartige Interpretation des phonologischen Systems erfreut sich in der Linguistik verbreiteter Bekanntschaft, und in der Tat sollte die phonologische Theorie wie etwa in der Formulierung von André Martinet (1955) auch in der Anthropologie als ein Musterbeispiel einer strukturell-funktionalen Theorie des Wandels besser bekannt sein. Die Interpretation des Sprechens im strukturell-funktionalen Bezugsrahmen ist eine Aufgabe, der man sich noch nicht allgemein gestellt hat. Für jede Sprachfunktion im Verhalten einer Gruppe können die sieben verschiedenen Faktoren der Sprechsituation (Sender, Empfänger usw.) als Zustandskoordination angesehen werden, deren Werte innerhalb bestimmter Grenzen variieren, um die Sprachfunktion aufrechtzuerhalten.

Kommunikation kann als ein Sammelbegriff für die meisten der spezifischen Sprachfunktionen angesehen werden oder als eine sehr allgemeine Funktion aus eigenem Recht. Wenn Kommunikation als eine Eigenschaft aufgefaßt wird, welche die Interaktionspartner in einer spezifischen Leistung aufrechtzuerhalten versuchen oder nicht, dann können wir zu der Sichtweise kommen, daß Kommunikation in der Tat von den variablen Werten in den übrigen Funktionsdimensionen abhängig sein dürfte. Diese Betrachtung könnte auch im Hinblick auf eine ganze Ortsgesellschaft durchgeführt werden: ein Beispiel ist die Analyse der Aufrechterhaltung oder des Verlustes der wechselseitigen Verständlichkeit zweier Dialekte. Aber wir wollen uns auf die Betrachtung einzelner Sprechereignisse beschränken. Die Mitglieder einer Gruppe hegen Auffassungen und Erwartungen hinsichtlich der Verteilung der Sprachfunktionen innerhalb der verschiedenen Sprechsituationen. Und insofern verschiedene Sprachfunktionen gleichzeitig in einer Sprechsituation vertreten sind, ist die Hierarchie in ihren Beziehungen untereinander Gegenstand von Erwartungen. Diese Erwartungen können jeden Stellenwert von formalen kulturellen Normen bis zur Projektion individueller Bedürfnisse aufweisen. Wenn sich zwei Personen treffen und die Sprechsituation je vom Standpunkt unterschiedlicher Hierarchien von Sprechfunktionen aus erfassen, die miteinander im Widerstreit liegen, dann wird die Kommunikation zusammenbrechen oder die Gesprächsteilnehmer werden einander stillschweigend unvorteilhaft einschätzen, bis eine gegenseitige Anpassung erfolgt.

Oder nehmen wir die Beziehung zwischen der expressiven und der darstellenden Sprachfunktion – beide Sprachfunktionen nicht zu eng verstanden. Eine Gruppe von Frauen mag z. B. über persönliche Erfahrungen mit Kindern plaudern. Wenn eine neu hinzukommende Frau auf exakter Information besteht, dann versäumt sie es, die Dominanz der expressiven oder phatischen Funktion in der Kommunikationssituation zu erfassen. Ein höfliches Nachfragen ist zwar angemessen, nicht aber die beharrliche Aufforderung zum Aufweis von Fakten. Oder umgekehrt könnte eine Gruppe von Frauen über Kinder in Begriffen der Verhaltenswissenschaft diskutieren. Wenn nun eine andere Frau rein assoziative und biographische Bemerkungen über ihre eigenen Kinder dazwischenwirft, dann macht sie den Fehler, die Dominanz der Darstellungsfunktion nicht zu erfassen. Zwar sind Belege angebracht, aber nicht Anekdoten, die für die Sichtweise und die Theorie, welche die Frauen austauschen, gegenstandslos sind. In beiden Fällen läuft die Mißachterin des besonderen Charakters der kommunikativen Situation Gefahr, von der Kommunikation ausgeschlossen zu werden oder unter ähnlichen Umständen links liegen gelassen zu werden. Ein beachtlicher Umfang interpersonalen Verhaltens kann unter ähnlichen Gesichtspunkten untersucht werden. Allgemein gesprochen sind Fälle, in denen die Kommunikation zusammenbricht oder in denen diese schwierig wird, ein guter Beleg für das Vorhandensein von Regeln oder Erwartungen über das Sprechen, und es herrschen in derartigen Fällen Meinungsverschiedenheiten über die Hierarchie der situationsgegenwärtigen Sprachfunktionen vor.

Schauen wir auf unsere Ausführungen zurück, so haben wir drei Seiten der Sprechökonomie umrissen: die Sprechereignisse, ihre konstitutiven Faktoren und verschiedene Typen von Sprachfunktionen. Jede der drei aufgezeigten Seiten ist eine besondere Sichtweise auf das Gesamt des sprachlichen Verhaltens, und eine vollständige Beschreibung jeder einzelnen dieser drei aspektuellen Seiten muß teilweise unter Einbeziehung der beiden anderen erfolgen. Ein Ansatz in dem von uns entwickelten Bezugsrahmen dürfte gleichermaßen brauchbar sein, wenn das Forschungsinteresse eine kultur- und gesellschaftsvergleichende Erforschung des menschlichen Verhaltens ist, die Untersuchung des für eine besondere Gruppe typischen Verhaltens oder die Analyse des je verschiedenen Verhaltens von Individuen innerhalb einer Gruppe.

IV Sprechen in der Sozialisation

Nun möchte ich im folgenden versuchen, über die Rolle des Sprechens in der Sozialisation einen Überblick zu gewinnen. In einer Hinsicht ist diese Rolle ein Teil des Objektbereiches der deskriptiven Analyse von der Art, wie wir sie vorgeschlagen haben. In einem anderen Sinne geht es bei dieser Rolle um die Frage, wie neue Ergänzungselemente in das immer schon bestehende und immer weiter fortlaufend funktionierende Erwachsenensystem des Sprechens eingeführt werden. Welche Perspektive auch immer gewählt wird – und wir wechseln diese in normalen Betrachtungen häufig genug –, es lohnt sich, die Rolle des Sprechens in der Sozialisation als besonders wichtiges Forschungsinteresse auszusondern. Denn sie wurde im Rahmen von Betrachtungen unter vergleichender Perspektive bisher vollständig vernachlässigt. Aber auch bei der Erforschung des Verhaltens singulärer Gruppen wird der Rolle des Sprechens in der Sozialisation bei weitem zu wenig Aufmerksamkeit gewidmet. Und außerdem läßt sich anführen, daß die verschiedenen Einflußrichtungen und Wirkungen des je nach Familie und Situation unterschiedlichen Sprechens in der Sozialisation wahrscheinlich einem Großteil der Unterschiedlichkeiten im individuellen Erwachsenenverhalten zugrunde liegen. Untersuchungen darüber, wie das Kind die Sprechfähigkeit erwirbt, haben sich auf die Frage konzentriert, wann und wie der Sprachkode für die Ausübung der den Gegenstandsgehalt darstellenden Sprachfunktion beherrscht wird. Viel zu wenig solcher Untersuchungen haben unter Anleitung der modernen Linguistik gestanden. Denn diese hätte sie darüber aufklären können, worin nun eigentlich die strukturelle Natur dessen besteht, was das Kind lernt. Immerhin kann man aber sagen, daß die Zahl linguistisch informierter Studien über diese Fragen im Ansteigen begriffen ist.

Angemessene Untersuchungen darüber, wie das Kind die Befähigung zur Ausübung der *anderen* Funktionen des Sprechens erwirbt, sind dagegen in der amerikanischen Linguistik und Anthropologie mehr oder weniger unbekannt geblieben. Allerdings hat in jüngster Zeit die Forschungsarbeit russischer Psychologen über die direktive Sprachfunktion Aufmerksamkeit gefunden (Luria 1959, Luria und Judovich, 1970). Die russischen Forscher betrachten den kindlichen Erwerb der Sprechfähigkeit (des »zweiten Signalsystems«) in Interaktion mit Erwachsenen als grundlegend dafür, daß und wie das Kind Kontrolle über sein eigenes Verhalten und über sein Weltbild entwickelt. Ihre experimentelle Forschungsarbeit hat gezeigt, daß die Entwicklung der Befähigung, einen Ausdruck zu verstehen (die Entwicklung der gegenstandsbezogenen Sprachfunktion), nicht zu ihrer automatischen Konsequenz die Befähigung hat, angemessen zu reagieren – d. h. die Befähigung, das eigene Verhalten durch das Verstehen des Gesprochenen anleiten zu lassen. Die Beherrschung der direktiven Funktion des Sprechens entwickelt sich unabhängig und stufenweise in den ersten Jahren des Lebens. So reagiert vor der Altersschwelle von eineinhalb Jahren das Kleinkind auf eine sprachliche Bitte, einen Spielzeugfisch herzubringen, dadurch, daß es den gewünschten Gegenstand aufnimmt und übergibt. Aber es ist nicht zu dieser Leistung in der Lage, wenn ein anderes Spielzeug (sagen wir: ein Kätzchen) näher liegt, und zwar zwischen dem Kind und dem Fisch. Es wird sich zwar zunächst dem bezeichneten Objekt zuwenden, aber die direktive Funktion des Wortes nur so lange als Richtschnur des eigenen Verhaltens durchhalten, bis die externe Situation (nämlich die Spielzeugkatze) dazwischentritt. Ist das geschehen, wird es das störend in den Verhaltensablauf hineingeratene Spielzeug aufgreifen und dem danach Fragenden anbieten. Falls im Alter von drei bis dreieinhalb Jahren das Kleinkind die Aufgabe erfüllen soll, einen Ball in einer bestimmten Weise zu drücken, dann wird es nicht die notwendige Kontrolle über seine eigenen Reaktionen gewinnen, wenn ihm einfach sprachliche Instruktionen im vorhinein gegeben werden. Wenn sich das Kleinkind jedoch selbst die geeigneten sprachlichen Anweisungen gibt, dann wird es Erfolg haben.

Auf der gerade angesprochenen Altersstufe wird sich der Erfolg jedoch nur auf positive Befehle hin einstellen. Falls sich das Kleinkind selbst den Befehl gibt: »Laß das, den Ball zu drücken!« dann wird es an dieser Selbstaufforderung nicht nur scheitern, denn es ist nicht nur unfähig, damit aufzuhören, den Ball zu drücken, es wird im Gegenteil sogar den Ball noch stärker drücken. Erst auf der Altersstufe von vier bis viereinhalb Jahren wird der negative sprachliche Befehl »Laß das, ihn zu drücken!« tatsächlich eine hemmende Wirkung bekommen – jedenfalls gemäß der Feststellung dieser russischen Untersuchungen.

So hängt die Ausbildung der direktiven Funktion des Sprechens im beträchtlichen Maße von der Entwicklungsreife ab. Und ihre autogenetische »Ausreifung« ist zumindest teilweise unabhängig davon, wie die Beherrschung der gegenstandsbezogenen Sprachfunktion von der Entwicklungsreife abhängt. Wie auch hinsichtlich einer anderen wichtigen Sprachfunktion, nämlich der expressiven Funktion des Sprechens, deuten Beobachtungen darauf hin, daß ihre Aneignung ziemlich früh einsetzt. Der expressive Gebrauch der Intonation und andere Merkmale gehen möglicherweise der Beherrschung der gegenstandsbezogenen Sprachfunktion voraus. Kurz gesagt, die drei hervorstechendsten Typen von Sprachfunktionen (die gegenstandsbezogene, die expressive und die direktive) scheinen sich in der Kindheit in teilweiser Unabhängigkeit voneinander und in je verschiedener Beziehung zum Reifeprozeß zu entwickeln.

Außerdem scheint es so zu sein, daß die Beherrschung dieser Sprachfunktionen auf den verschiedensten Stufen des Erziehungsprozesses und im Erwachsenenleben Unterschiede aufweist. Die grundlegenden Muster der gegenstandsbezogenen Sprachfunktion, nämlich die Grundmuster der Grammatik und des Wortschatzes, werden selbstverständlich als Voraussetzungen für die Aufrechterhaltung von Kommunikation überhaupt von allen normalen Menschen geteilt. Andererseits gibt es natürlich auch Unterschiede hinsichtlich des Grades, in dem die Instrumente für den Vollzug der gegenstandsbezogenen Sprachfunktion beherrscht werden. Aber die gegenstandsbezogene Sprachfunktion scheint von wesentlich starreren Verhaltensmustern gelenkt zu werden als die anderen Sprachfunktionen; die übrigen Sprachfunktionen weisen mithin größere individuelle Variabilität auf. Individuen unterscheiden sich z. B. beträchtlich in der Beherrschung von

Intonationsmustern in unserer Gesellschaft. Mancher lernt niemals die richtige Intonation für die Ankündigung eines Witzes; und mancher, der in seiner Studienzeit als Bestandteil eines Musters schneller und schlagfertiger Antwort eine bestimmte Intonation gelernt hat, trägt diese in seinem späteren Leben in Situationen, in denen diese Intonation dazu führt, jede Unterhaltungssequenz zum Erliegen zu bringen. Und wenn wir unseren Betrachtungshorizont von der gewöhnlichen Aufmerksamkeitsspannweite linguistischer Beschreibungen auf das volle Repertoire konventionell-schablonenhafter Sprachgewohnheiten ausdehnen, nämlich auf die sich wiederholenden sprachlichen Gewohnheiten und die situationsbezogenen Redewendungen des alltäglichen sprachlichen Verhaltens, dann sind die Unterschiede in der individuellen Beherrschung der Sprachfunktionen sogar noch viel offensichtlicher. Die Auswirkungen dieser Unterschiede reichen von sozialem Unbehagen bis zum Ausschluß aus wesentlichen Gebieten menschlicher Aktivität bzw. bis zum totalen Versagen in ihnen, falls jemand hinsichtlich der erwähnten sprachlichen Gebräuche unwissend oder ungeschickt ist. Oder wenn auf der anderen Seite jemand in ihnen erfahren ist, dann wird er in bestimmte Gebiete sozialer Aktivität als vollwertiger Partner mit hineingenommen und hat in ihnen Erfolg. Aus derartigen Sachverhalten mögen sich Konsequenzen für die Durchführbarkeit von Psychotherapien je nach Beherrschungsgrad der wichtigsten Sprachfunktionen ergeben. Die erwähnten Unterschiede können sogar ganze Subkulturen kennzeichnen und voneinander trennen – Subkulturen, die in Grundmustern dieselbe Sprache teilen.[10]

Das Interesse an Unterschieden im individuellen sprachlichen Verhalten führt zur Beschäftigung mit Unterschieden hinsichtlich der Rolle des Sprechens in der Sozialisation – und über die Beschäftigung mit Unterschieden in der individuellen sprachlichen Sozialisation zum Interesse an Unterschieden, die bezüglich der sprachlichen Sozialisation zwischen Gruppen bestehen: gleich ob zwischen Subkulturen oder ganzen Gesellschaften. Die erwähnten russischen Psychologen weisen mit Nachdruck darauf hin, daß die vitalen Funktionen des Sprechens in Interaktion mit Erwachsenen erworben werden. Aber sie scheinen nicht in Betracht zu ziehen, daß und wie unterschiedliche kulturelle Muster der Interaktion Konsequenzen für ihre Experimentiernormen haben. Diesen Mangel an Vorsicht teilen sie mit den meisten übrigen Autoren, die sich mit der Beziehung zwischen Sprache und Sozialisation beschäftigt haben. Wenn nämlich Autoren auf die Wichtigkeit der Sprache in der Sozialisation hinweisen, dann geschieht das gewöhnlich nur in einer unverbindlich-allgemeinen Weise.[11]

Die Rolle des Sprechens in der Sozialisation sowie der Kontext des frühkindlichen Erwerbs von Sprache können in jedem Aspekt der Musterbildung von Sprechereignissen, von Faktoren dieser Sprechereignisse und von Sprachfunktionen individuelle und gruppenmäßige Unterschiede aufweisen. Einige Arten solcher Variationsmöglichkeiten können in einer Auflistung von Fragen und andeutenden Anmerkungen hervorgehoben werden. Die Fragen in dieser Liste haben sich mit dem Sprechmaterial und den verfügbaren sprachlichen Ressourcen zu befassen; mit den Prozessen, auf die man gewöhnlich bei der Erforschung der Persönlichkeitsausbildung Wert legt; mit sozialer Struktur und Organisation; und mit kulturellen Werten und Wissensbeständen.

Was sind die kognitiven und expressiven Gestaltungsmittel, über welche die linguistischen Kodizes einer Ortsgesellschaft verfügen? Wie groß ist der Anteil an diesen Gestaltungsmitteln, der für Kinder beherrschbar ist und in welcher Reihenfolge werden die einzelnen Teilelemente verfügbar? Bei den Nune gibt es nur wenig Begriffe für sexuelle Sachverhalte und das Hauptwissen über diese Sachverhalte wird durch Beobachtung und Erfahrung erworben. Wenn es in einer Ortsgesellschaft mehr als einen linguistischen Kode gibt – welcher wird zuerst erlernt, falls überhaupt mehr als einer in der Kindheit erlernt wird? (Bei den Chontal von Oaxaca lernen die Kinder im Elternhaus zuerst eine »Fremdsprache«, nämlich Spanisch, und Chontal und einige andere Aspekte der einheimischen Kultur erst später im Jugendalter.) Weiter kann man fragen: Gibt es in der untersuchten Ortsgesellschaft eine besondere Kindersprache? Falls es sie gibt – was ist ihr Inhalt? (Ist die Kindersprache in ihrem Inhalt gegenstandsbezogen, expressiv oder direktiv?) Gibt es Wortspiele – und vielleicht auch Wortspiele, die metasprachlich sind, indem sie die Aufmerksamkeit auf den Kode als solchen lenken? (Weil der Art und Weise, wie das Kleinkind die Beherrschung der Personalpronomina erwirbt, sehr viel Bedeutung beigemessen worden ist – und den sprachlichen Mitteln für den Selbstbezug überhaupt – sollten die sprachlichen Gestaltungsmittel für den Selbstbezug für eine nähere Untersuchung ausgewählt und vorgenommen werden.) Schließlich kann man die wichtige Frage stellen: Was sind die sprachlichen Gewohnheiten, die einem Kind beigebracht werden oder die das Kind erwerben kann?

Eine sprachliche Routine ist eine sich häufig wiederholende Folge sprachlichen Verhaltens, ob allgemein als selbstverständliche Schablone anerkannt oder nicht (mithin im letzteren Fall also eine persönliche Eigenart). Das Muster einer sprachlichen Routine kann augenfällig und konkret sein. Das ist der Fall in markant abgehobenen Einzelsequenzen wie in der Aufeinanderfolge der Zahlwörter von eins bis zehn, in der Aufeinanderfolge der Wochentage, in der Abfolge der Buchstaben im ABC oder in wechselgesangartigen Aneinanderreihungen sprachlicher Teilstücke, wie sie uns in vielen Kinderspielen, aber auch in Erwachsenenspielen und Zeremonien begegnen. Das Muster einer sprachlichen Routine mag aber auch nicht offen auf der Hand liegen – dann nämlich, wenn es nicht konkret ist, sondern aus einer gewissen regelmäßigen Aufeinanderfolge von Gefühlsimpulsen oder von thematischen Gegenstandsbezügen besteht. Verhaltensmaßregeln können dadurch in Worte gekleidet werden, daß man mit auf den Weg gibt: »Dann sagt er..., und dann sagst du...«. Aber oft sind Verhaltensmaßregeln auch nicht eine Angelegenheit der exakten wörtlichen Vorformulierung. (In der Magie und in Anweisungen von seiten übernatürlicher Helfer ist gerade das natürlich oft der Fall.) Schließlich kann das Muster einer sprachlichen Routine auch formal sein wie etwa in einem Limerick. Zuweilen ist auch Rückkoppelung in das Muster einbegriffen, und die Musterbildung der sprachlichen Routine mag dann einem Baumdiagramm mit seinen Verästelungen als alternativen Wahlmöglichkeiten ähneln. (Eine »gute Masche« oder ein Verkaufsgespräch kennt alternative Wege, auf denen dasselbe Ziel erreicht werden kann.)

Ein großer Anteil am sprachlichen Verhalten besteht in der Tat aus sich wiederholenden Mustern, d.h. aus sprachlichen Routinen. Bisher war jedoch die linguistische Beschreibung der Tendenz nach auf die sprachlichen Routinen mit einer offensichtlichen Struktur beschränkt und hat für diejenigen Sprachgewohnheiten, die ein implizites Muster aufweisen, keine gründlichen Untersuchungen angestellt. Die Analyse sprachlicher Routinen schließt die Ausmachung idiomatischer Einheiten ein. Aber das sind nicht nur Grußformeln und ähnliches, sondern die gesamte Breite derjenigen Ausdrücke, die für ein Individuum, eine Gruppe oder eine ganze Kultur als selbstverständliche Schablonen Bedeutung erlangen. Die linguistische Bedeutung ist dazu im Gegensatz gewöhnlich auf Redewendungen beschränkt, die lediglich die Länge von Wortverbindungen aufweisen. Derartige Redewendungen müssen schon aus einfacher lexikographischer Notwendigkeit heraus unabhängig in einem Wörterbuch als lexikalische Einheiten aufgeführt werden, denn ihr Gegenstandsbezug ist nicht von ihren Teilelementen her voraussagbar. (Ein Beispiel wäre: »kick the bucket« – »ins Gras beißen«.) Und sogar hinsichtlich völlig gegenstandsbezogener Kategorien wie derjeniger der Orts- und Personenbezeichnung ist eine sorgfältig durchgeführte Beschreibung des Status und der Bildung von Redewendungen selten (siehe Hoijer, 1948, S. 182f für ein gutes Beispiel).

Nun aber auch zu den übrigen Sprachfunktionen. Natürlich sind die in der linguistischen Analyse bisher fast völlig vernachlässigten Konventionalisierungen von Redewendungen als schablonisierte sprachliche Selbstverständlichkeiten im Rahmen der *nicht*-gegenstandsbezogenen Sprachfunktionen ebenfalls wichtig für das Verhalten und die Persönlichkeitsbildung. So gibt es gewohnheitsmäßige Ausdrucksformen, die im Bereich der metasprachlichen und kontextbezogenen Sprachfunktion zu konventionellen Schablonen geworden sind. Aber besonders interessant sind hier die gewohnheitsmäßigen Ausdrucksformen mit direktiver oder expressiver Funktion. Wenn ein Kind im Spiel Erwachsenenrollen nachahmt wie ein kleines Mädchen mit seiner Puppe, dann kann das viele der schablonenhaft konventionalisierten sprachlichen Verhaltensfolgen seiner Familie aufdecken. Diese sprachlichen Verhaltensfolgen sind in den entsprechenden Alltagssituationen immer wieder aufgetaucht, bis sie in einem gewissen Sinne die Situation »benennen« bzw. »für diese stehen« und eine Bedeutung expressiver oder direktiver Art erlangen, die nicht von ihren konstituierenden Teilelementen her voraussagbar ist. Eine Mutter mag sich selbst dabei ertappen, daß sie ihrem Kind gegenüber Ausdrücke benutzt, die ihre eigene Mutter schon ihr selbst gegenüber verwandte. Und das mit Schrecken, weil sie sich als Kind schwor, diese Ausdrücke – selbst Mutter geworden – niemals mehr zur Anwendung zu bringen.

Anzahl und thematisch erfaßter Bereich derartiger Redewendungen unterscheiden sich zwischen Individuen, Familien und Gruppen. Idiomatische Redewendungen im engeren Sinne (»idioms« mit einer Länge unterhalb der Satzebene) und sprachliche Routinen überhaupt spielen auf der sprachlichen Seite dessen, auf das Lantis (1960) als »vernacular culture« (etwa: »einheimisch-alltägliche Kultur«) die Aufmerksamkeit lenkt, eine erhebliche Rolle. Die »einheimisch-alltägliche Kultur« besteht aus der Bewältigung tagtäglicher Situationen, und ihre sprachliche Seite ist wesentlicher Bestandteil im Sprachkunstwerk, in der mündlichen Darbietung von Mythen, in gesungenen Epen, in vielen Reden und Vorträgen. Der Text der (umfassenderen und mehr impliziten) sprachlichen Routinen bleibt nicht identisch von einer Darbietung zur nächsten, aber die allgemeine Abfolge ihrer wesentlichen Elemente ist mehr oder weniger konstant, und der größte Teil ihres sprachlichen Gehaltes stammt aus einem Standardrepertoire. Sprachliche Gewohnheiten füllen die strukturellen Leerstellen, die »Plätze« eines Sprechvorganges, wie Wörter die Leerstellen eines Satzes füllen. (Das Vorhandensein einer Sprechgewohnheit kann man hin und wieder dann herausbekommen, wenn der Sprecher plötzlich von sich selbst feststellt, daß er sich nicht mehr in Kommunikation befindet. Von sprachlichen Abfolgen, die er sich als prompt verfügbare Prägungen angeeignet hat, kann sich herausstellen, daß sie keinen Wert als konventionell-selbstverständliche Sprachschablonen für eine neue Zuhörerschaft haben, die um eine analytisch-sezierende Interpretation von etwas ringt, das lediglich als Formel oder Etikett intendiert war.) Die Aneignung von konventionell-schablonenhaften Abfolgen sprachlicher Teilelemente – und zwar sowohl der idiomatischen Redewendungen im engeren Sinne als auch der sprachlichen Gewohnheiten ganz allgemein – stellt im Leben des einzelnen einen nicht abreißenden Prozeß dar, und gerade hierin liegt ein Gutteil ihrer theoretischen Interessantheit begründet. Denn diese sprachlichen Abfolgen liegen in einem beträchtlichen Ausmaß genau in der Übergangszone zwischen persönlicher Eigenart und Kultur. Sie decken die hartnäckige Anstrengung auf, das menschliche Verhalten in Muster zu gießen und mit Voraussagbarkeit zu versehen. Einige sprachliche Abfolgen werden als Schablonen für eine Person oder eine Gruppe »idiomatisch«, weil sie einen denkwürdigen Neuigkeitswert besitzen (vgl. Hockett, 1958, S. 304ff). Aber eher noch werden sprachliche Abfolgen zu Routinen, weil sie als situationsangemessen oder gar als dringendes Bedürfnis empfunden werden. Die meisten solcher

Abfolgen erreichen keine allgemeine Verbreitung und Dauerhaftigkeit. Aber einige würden dann gerade auch ihren Wert verlieren, da sie lediglich als Unterscheidungsmerkmale oder als Privatsprachen für wenige Eingeweihte intendiert sind oder Gefallen finden.

Wenn man sich nun den Prozessen zuwendet, die der Ausbildung der Persönlichkeit zugrunde liegen, so lassen sich folgende Fragen stellen. Welche Rolle spielt das Sprechen im »Erziehungshaushalt«, mithin in der Ausbalancierung von Bestrafung und Belohnung und zwar als Alternative zu physischen Einwirkungen wie dem Umarmen oder dem Verabfolgen von Schlägen sowie als Alternative zu Akten des Entzuges oder Gebens solcher Dinge wie Süßigkeiten? Auf welcher Stufe der psycho-sexuellen Entwicklung kommt erzieherischer Druck hinsichtlich von Sprechvorgängen ins Spiel, falls überhaupt? Wie intensiv ist dieser Druck? Autobiographisches Material von Studenten aus Ghana enthüllt große Kindheitsangst hinsichtlich des Sprechens. Wann gelangt Sozialisationsdruck hinsichtlich solcher Leistungen zum Einsatz, daß sich das Kleinkind von der Mutterbrust entwöhnt, selber zur Toilette geht, selbst ißt und ähnliche Vorgänge beherrscht – das im Vergleich zur sprachlichen Entwicklung des Kindes? In einigen Gruppen geschieht das erst dann, wenn die erzieherischen Forderungen sprachlich erklärt werden können, in anderen früher. Wann und aus welchen Ursachen heraus treten Stottern und andere Sprechdefekte auf, falls überhaupt? Es gibt Belege dafür, daß das von bestimmten Arten des Sozialisationsdrucks abhängt, die in einigen Gruppen nicht vorkommen und bei den Pilagá vielleicht eher charakteristisch für Mädchen als für Jungen sind. (Bei uns ist das umgekehrt.) Falls eine Gruppe zweisprachig ist, tauchen dann Sprachdefekte in beiden oder nur in einer Sprache auf? Wie groß ist das Verdienst, welches das Sprechen an der Übertragung von Fertigkeiten und sozialen Rollen hat? Bei manchen Gruppen, wie etwa bei den Kaska in Kanada, hat die Sprache in dieser Beziehung kaum Bedeutung. Und hinsichtlich der Kindersprache: erleichtert oder verzögert diese die Aneignung der für das Erwachsenenalter typischen Sprechmuster? Und weiter: Ist das Sprechen eine Quelle von Freude, d. h. von oralem und vielleicht auch von erotischem Genuß? Daß manche Sprachen außerordentlich reich an einem Vokabular sind, das Lautsymbolismen aufweist, und andere ziemlich arm – das legt die Feststellung nahe, daß es von Sprache zu Sprache und von Sprachgemeinschaft zu Sprachgemeinschaft ein unterschiedliches Vergnügen an der lautlichen Substanz der Sprache gibt.

Schließlich wollen wir die Beziehung zwischen Sprache und Sozialisation vom Standpunkt des sozialen Systems aus anreißen. Vom Gesichtspunkt des sozialen Systems einer Gruppe aus betrachtet: Wie dringt das Sprechen in die Defintion der Rollen ein, die von Kindern erlernt oder beachtet werden? In welcher Weise bestimmt oder spiegelt das die Art und Weise wieder, wie das Sprechen als Fähigkeit erworben wird? Wie bedeutsam im Verhältnis zu anderen Interaktionsvorgängen ist das Sprechen innerhalb von aggressiven Rollen wie derjenigen des Kriegers? Oder innerhalb der Rollen des Schamanen oder des Priesters? (Vielleicht findet die Rolle, die das Sprechen in der Interaktion mit den Eltern spielt, eine Entsprechung in der Rolle, die das Sprechen in der Interaktion mit Feinden oder mit dem Übernatürlichen spielt.) In welcher Weise beeinflussen Residenzregeln, Heiratsregeln und ähnliches die strukturelle Gestaltung des Haushaltes, in welchem das Kind das Sprechen lernt? Indem derartige Regeln die Anzahl und das relative Alter der Kinder beeinflussen, haben sie auch darauf Einfluß, bis zu welchem Grade die Kinder die Fähigkeit zur Beherrschung der Erwachsenensprechmuster erwerben. Es gibt Belege dafür, daß Einzelkinder das Sprechen (im Sinne der Erwachsenensprache) am schnellsten beherrschen, ungefähr gleichaltrige Kinder weniger schnell und Zwillinge am langsamsten. Zwillinge und etwa gleichaltrige Kinder haben die Möglichkeit, untereinander ihren eigenen Sprachkode zu entwickeln und sich weitgehend darauf in der Binnenkommunikation zu verlassen. Eine andere Frage: Wenn in einer Ortsgesellschaft Vielsprachigkeit vorherrscht, werden dann die Rollen und Situationskontexte, in denen die einzelnen Sprachen gesprochen werden, voneinander getrennt gehalten? Wenn letzteres der Fall ist, dann wird das Kind die unterschiedlichen Sprachen wahrscheinlich ohne tiefgreifende Verwirrung erlernen. Sofern aber nicht, können Schwierigkeiten in der Persönlichkeitsentwicklung auftreten. Gibt es in einer Ortsgesellschaft Situationen und Rollen, innerhalb derer es notwendig ist, zwischen den verschiedenen Sprachen zu übersetzen? Wenn derartige Situationen mit »eingebautem Übersetzungszwang« nicht existieren, dann kann das Kind durchaus die unterschiedlichen Sprachen sehr gut für sich beherrschen, ohne überhaupt die Fähigkeit zur Übersetzung zwischen ihnen zu erwerben. Solche gesellschaftlichen bzw.

»äußeren« Faktoren haben viel mit den Auswirkungen der Vielsprachigkeit auf die Persönlichkeit, einschließlich ihrer kognitiven Struktur, zu tun. Weiter kann man fragen: In welchen Situationskontexten ist es Kindern zur dringenden Aufgabe gemacht zu sprechen, in welchen verboten und in welchen erlaubt? Welcher Anteil am Gesamt der Verhaltenskontexte in einer sozialen Gruppe erlaubt die Gegenwart und das Sprechen der Kinder? Ein russischer Besucher in Frankreich war erstaunt, daß sich die Kinder seines Gastgebers bei Tisch still verhielten; russische Kinder wären gemaßregelt worden, falls sie sich *nicht* an der Unterhaltung mit dem Gast beteiligt hätten.

Die Werte und Wissensbestände der Gruppe durchdringen natürlich alle diese Beziehungen zwischen der Sozialisation und dem Sprechen. Was sind die Wissensbestände hinsichtlich der Teilnahme von Kindern an Sprechvorgängen? Einige Gruppen glauben, daß Neugeborene in der Lage sind, Sprechvorgänge zu verstehen. Die Ottawa glaubten, daß das Schreien der Kleinkinder Bedeutungen in sich trägt, und sie hatten Spezialisten, um dieses zu interpretieren. Die Tlingit glaubten, daß das Gerede von Frauen die Ursache von Konflikten unter Männern sei, und deshalb legte man dem weiblichen Säugling ein Amulett in den Mund, um es schweigsam zu machen. Wird es gefordert, daß die Kinder Fertigkeiten in und Interesse am Sprechen erlangen? Wird das belohnt, unbeachtet gelassen oder vielleicht sogar unterdrückt? Die Ngoni im Njasaland hegen eine hohe Wertschätzung für Sprechvorgänge und glauben, daß sie unverzichtbarer Teil eines wahren Ngoni-Charakters sind. Deshalb auch flößen sie diese Wertschätzung sorgfältig ihren Kindern ein, und sie bewahren sie sich im Erwachsenenalter. Die bemerkenswerte Befähigung ghanaischer Studenten in Europa zur Vielsprachigkeit spiegelt vielleicht ähnliche Werte in ihrer eigenen ghanaischen Kulturen wieder. Welche Werthaltungen bringt man der einen bzw. den verschiedenen Sprachen, die man spricht, entgegen, und wie werden diese Werthaltungen in der Sozialisation vermittelt? Wir haben darauf hingewiesen, daß die Hopi-Tewa sehr stolz auf ihre eigene Sprache sind und die Ost-Cherokee nicht. Auf das Problem der Zweisprachigkeit von Kindern, die mit ihren Eltern nach Amerika eingewandert sind, ist hingewiesen worden als eine Schwierigkeit, die auf dem mit der nicht-englischen Sprache verbundenen Unterlegenheitsgefühl beruht. Das Interesse an vortrefflichen Leistungen im Sprechen scheint über die ganze Welt verbreitet zu sein, aber das Ausmaß dieses Interesses und seine Erscheinungsformen weisen Unterschiede auf. Einige Gruppen tolerieren eine nachlässige Aussprache, andere nicht. Und falls es eine besondere Kindersprache gibt: nimmt man dann von ihr an, daß sie einfacher als die Erwachsenensprache ist? In Wirklichkeit kann sie in ihren Leistungen und ihren Formen genauso schwierig sein wie deren Entsprechungen in der Erwachsenensprache, und sie kann dann die latente Funktion haben, das Erlernen der Erwachsenenformen durch das Kind zu verzögern.

Weiter: Inwieweit gelten die Feststellungen der Kinder als überzeugende Gesprächsbeiträge mit Hand und Fuß? Welches Ausmaß und welche besondere Art von intellektueller Bewußtheit hinsichtlich des Sprechens herrscht im untersuchten sozialen System vor? Welche ethnotheoretisch-alltagsweltlichen konzeptionellen Vorstellungen (folk conceptions) metasprachlicher Art kann man beobachten? Sie schlagen sich in Wörtern für linguistische Merkmale nieder oder in Umsetzungen dieser Merkmale in besondere Figuren, wie sie in Spielen und nichtsprachlichen Einsatzmedien für Sprechvorgänge zur Anwendung gelangen. Nachbardialekte können sich in dieser Hinsicht unterscheiden, wenn etwa die eine Gruppe der Mazateken die Töne ihrer Sprache auch für die Umsetzung in einen Pfeifkode verwendet, während die andere Gruppe, die Gruppe der soyaltepischen Mazateken, gerade das nicht tut. Bloomfield (1927) hat für die fehlerhaften und manchmal sogar schädlichen ethnotheoretisch-alltagsweltlichen Vorstellungen über Sprache in unserer eigenen Kultur falsche Verallgemeinerungen verantwortlich gemacht, die von Beobachtungen über das Erlernen des *Schreibens* ausgehen – einem im Verhältnis zum weithin unbewußten Erlernen des *Sprechens* entwicklungsmäßig späten und bewußten Vorgang. Die Werthaltung und Wissensbestände bezüglich des Sprechens oder auch hinsichtlich einer Sprache können durchaus mit den Hauptinstitutionen einer Gesellschaft verwoben sein, und sie können dann sehr ausführlich und sorgfältig ausgearbeitet sein. Aber es ist auch möglich, daß sie nicht mehr als oberflächliche Randerscheinungen sind.

V Schlußfolgerungen

Das Sprechen kann in einer Theorie menschlichen Verhaltens nicht übergangen werden – oder gar in einer speziellen Theorie über das Verhalten einer besonderen Gruppe. Aber ob wir nun den Blickpunkt auf die kognitive, die expressive oder die direktive Rolle des sprachlichen Verhaltens oder auf die Rolle des Sprechens in der Sozialisation richten – wir finden nur eine geringe Anzahl von deskriptiven Studien, die eine »ethologische« Analyse des Sprechens im sozialen Kontext darstellen. Natürlich gibt es eine Menge von Untersuchungen, die in der einen oder der anderen Weise linguistisch sind. Aber entweder wird der Sprechvorgang als selbstverständlich vorausgesetzt und als ein Mittel für andere Untersuchungszwecke verwendet, oder nur besondere Arten des Sprechens (oder Schreibens) werden einer Betrachtung für wert befunden. Über das Sprechen als eine Aktivität unter anderen Aktivitäten, über die eigenständigen Muster und Funktionen des Sprechens gibt es nur wenig Forschungen. Es gibt zwar Teilstücke von Daten und Anekdoten und eine Anzahl von begrifflichen Schemata, die eine richtige Seite anrühren, aber es gibt keine gezielt angelegten Feldstudien oder systematischen Theorien. Die Betrachtungsperspektive solcher Untersuchungen war nicht geeignet, das Sprechen als gesellschaftliche Aktivität eigenen Rechtes in den Gesichtskreis zu bringen.

In diesem Mangel liegt die Ursache für das hohe Maß an Sterilität begründet, die einem guten Teil der anthropologischen Diskussion über Sprache und Kultur Abbruch getan hat. Die Beziehung zwischen Sprache und Kultur scheint ein Problem zu sein, das immer dann auftaucht, wenn ein nachdenklicher Anthropologe eine umfassende Zusammenschau von Kultur oder Verhalten zu konstruieren versucht; doch gewöhnlich verebbt die Diskussion ohne jeden entscheidenden Lösungsansatz. Wir können Sprache und Kultur zum Vergleich gegenüberstellen und versuchen, Ähnlichkeiten und Unterschiede abzuschätzen. Oder wir können versuchen, irgendwie Gesichtspunkte für die Auffassung zu gewinnen, daß eine Methode oder eine Modellkonstruktion, die sich für die Analyse von Sprache bewährt hat, auch für die Erforschung von Kultur funktionieren wird. Darüber hinaus können wir nach einer rosigen Zukunft Ausschau halten, in der Vergleiche möglich sind, die jeden Punkt im Bereich der Sprache mit jedem Punkt im Bereich der Kultur eindeutig in Beziehung setzen, sobald erst einmal alle kulturellen Teilsysteme fein säuberlich erforscht worden sind. Schließlich können wir dazu neigen, das Problem umzudefinieren oder in Teilprobleme aufzuspalten. – Ich selbst habe nicht die Absicht, Sprache aus dem Haus der Kultur auszuweisen; ein Vorschlag mit dieser Konsequenz ist vor einigen Jahren sehr rasch zurückgewiesen worden. Aber nachdem derartig nachdenkliche Forscher die Sprache in die Kultur hineingenommen haben, sind sich viele von ihnen nicht sehr klar darüber, was sie mit der so integrierten Sprache überhaupt anfangen sollen (außer vielleicht, sich selbst in Erinnerung zurück zu rufen, daß einige unserer klügsten Freunde Linguisten sind: selbstverständlich hegt fast jeder Anthropologe eine allgemeine Hochachtung gegenüber der professionellen Linguistik).

Ich möchte nicht den Anschein erwecken, Anstrengungen wie die oben umrissenen zurückweisen zu wollen. Insbesondere ist viel von der Fragestellung zu gewinnen, welche Eigenschaften der Sprache allgemein kulturell sind und welche nicht. Die Suche nach formalen Analogien zwischen der Linguistik und anderen analytischen Systemen kann sich als erhellend erweisen, und einige Anwendungserweiterungen einer im Stil linguistischen Methodologie auf andere Bereiche der Kultur erscheint ziemlich vielversprechend. Im letzteren Falle würde ich die Linguistik als einen Wegweiser dafür ansehen, qualitative Mathematik in die Anthropologie einzuführen. Aber Erfolge in diesen Forschungsrichtungen werden keine endgültige Lösung für den Kern des Problems bringen, in welcher Beziehung Sprache und Kultur zueinander stehen. Dieses Problem wird uns weiter beunruhigen, und zwar aufgrund der unangemessenen Begriffe, in denen es gewöhnlich gestellt und angegangen wird. Solche Begriffe verhindern eine endgültige Lösung, sofern wir uns eine derartige Lösung als eine allgemeine Theorie der Kultur oder des Verhaltens vorstellen – eine Theorie, welche die kulturellen bzw. verhaltensmäßigen Erscheinungen, die wir als linguistisch ansehen, mit den übrigen, d. h. nicht-linguistischen, integrieren kann. Die Schwierigkeit besteht darin, daß wir versucht haben, Sprache – beschrieben im großen und ganzen als ein formales Isolat – mit Kultur in Beziehung zu setzen, wobei Kultur weithin ohne Bezug auf Sprechvorgänge umrissen wurde. Wir haben versucht, die eine selektive Abstraktion mit einer anderen in Beziehung zu setzen. Dabei haben wir vergessen, daß vieles, das Bezug auf die Stellung des Sprechens im Verhalten und in der Kultur hat, in keinen der beiden separaten analytischen Bezugsrahmen aufgenommen worden ist. Diese apartsetzende Sichtweise war für den Dualismus zwischen zwei völlig unterschiedlichen und sich dennoch gegenseitig stützenden Sichtweisen verantwortlich: im großen und ganzen wurde das Sprechen als Beleg entweder für den formalen sprachlichen Kode oder aber für den nicht sprachlichen Rest der Kultur angesehen.

Warum mußten sich die Dinge so entwickeln? Die Nichtbeachtung des Sprechens scheint für viele Forscher – so glaube ich – aufgrund einer Reihe von Arbeitshypothesen hinnehmbar zu sein. Vom Sprechen als solchem wurde angenommen, es sei ohne System; seine Funktionen wurden als universale Konstanten angesehen; dem Gegenstand der linguistischen Beschreibung wurde unterstellt, mehr oder weniger homogen zu sein; und es war eine implizite Gleichsetzung im Schwange, daß die jeweilige Sprache mit der jeweiligen Kultur identisch sei. Aber vielleicht sollten wir diese Arbeitshypothesen – gerade weil sie so irreführend waren – in eine explizite Form bringen.

a) Die Beziehung zwischen Sprache und Sprechen wurde nach Art der Relation aufgefaßt, in der sich die Form einer Figur von ihrer Grundfläche abhebt. Im Endergebnis wurden so Struktur und Musterbildungen als die mehr oder weniger exklusive Eigenschaft der Sprache angesehen (man denke an den Gegensatz zwischen *langue* und *parole*). Falls man das Sprechen allein als physische Erscheinung nimmt, dann liegt in dieser Sichtweise eine gewisse Wahrheit. Die qualitativ unter sich abgegrenzten diskreten Einheiten des linguistischen Kode bewahren gegenüber der ununterbrochenen Variation der Sprachrealisationen im Strom des Sprechens ihre Kontur. Aber wenn man das Sprechen als ein soziales Phänomen betrachtet, dann liegt der Fall anders. Gleich der Sprache ist auch das Sprechen strukturiert, funktioniert als ein System und kann durch Regeln beschrieben werden.[12]

b) Die Funktionen des Sprechens waren für die Forschung lediglich hinsichtlich derjenigen Eigenschaften von Interesse, die (zu Recht oder zu Unrecht) als universal beurteilt wurden. Oder falls doch Unterschiede von Interesse waren, dann waren dies unter Anleitung Whorfscher Gedankengänge Unterschiede im Inhalt des Kode und nicht Unterschiede im Sprechen selbst. Sprechen als eine Variable in der Erforschung der Sozialisation wurde weitgehend ignoriert. (Das Sprechen wird im Abschnitt über »Oral Behavior« im Artikel »Socialization« des »Handbook of Social Psychology«, Child 1954, noch nicht einmal erwähnt.)

c) Die deskriptive Methode hat sich jeweils lediglich mit einer einzigen Sprache oder gar einem einzigen Dialekt beschäftigt. Dieses Untersuchungsobjekt wurde isoliert betrachtet und als weithin homogen unterstellt. Man hat dabei sehr viel Gewicht auf die Klarheit und die Eleganz der Resultate gelegt und oft eine Bereitschaft dafür gezeigt, den Gegenstand der Aufmerksamkeit einzuengen, um dieses ästhetische Zeil zu erreichen. Es war durchaus üblich, daß als Forschungsgegenstand lediglich ein einzelner oder eine Überlappung von wenigen Idiolekten gewählt wurde: die Verhaltensgewohnheiten eines einzelnen oder einiger weniger Individuen. (Und obendrein noch wurden diese Individuen allein in ihren Rollen als Sprecher, nicht als Empfänger berücksichtigt.) Lästige Daten wurden oftmals aus der Betrachtung ausgeschlossen, sofern sie als Lehnworte aus anderen Sprachen oder als Elemente eines anderen Sprachstils ausgemacht werden konnten. Die Idealvorstellung vom homogenen Forschungsobjekt war eine Perspektive, von der aus man Sprachphänomene ganz im allgemeinen in den Blick nehmen konnte. Unter diesem Gesichtswinkel erscheinen viele Sprechphänomene lediglich als Variation innerhalb der Grenzen des idealisierten homogenen Ausgangsobjektes oder als seine Abwandlung, und verantwortlich für diese »kleinen Unterschiede« waren dementsprechend vielleicht die Persönlichkeit des Sprechers, seine soziale Schicht oder die Sprechsituationen.

In jüngster Zeit findet eine umfassendere Konzeption des Gegenstandes linguistischer Forschungsaufmerksamkeit immer mehr Zustimmung – und zwar aufgrund des Interesses an der Beschreibung zweisprachiger Individuen und zweisprachiger sozialer Situationen, des Interesses an einer vereinheitlichenden Strukturbeschreibung verschiedener Dialekte, an den Beziehungen zwischen der Standardsprache und den umgangssprachlichen Spielarten einer Sprache und an ähnlichen Fragen. Aber die meisten dieser Arbeiten bleiben an die Konzeption einer einzelnen Sprache als vornehmlichem Forschungsinteresse und als Ort für Strukturbildung gebunden. Gleason z. B. hat Interesse für »verallgemeinernde Aussagen über linguistische Variation als einem kennzeichnenden Merkmal von Sprache« gezeigt. »Hier« – so Gleason –

»ist die Grundlage für einen zweiten Typ von linguistischer Wissenschaft« (1955, S. 285ff). Aber dieser zweite Typ von linguistischer Wissenschaft wird als gänzlich statistisch angesehen, im Gegensatz zur qualitativen Vorgehensweise der deskriptiven Linguistik. Die Möglichkeit für einen zweiten Typ von linguistischer Wissenschaft, der strukturell wäre, wird nicht erfaßt.

d) Natürlich ist die Existenz und die Wichtigkeit von Vielsprachigkeit niemals geleugnet worden. Aber die Verwendung rein linguistischer Einheiten in der ethnologischen Klassifikation, eine vorherrschend kulturell und nicht gesellschaftlich ausgerichtete Sichtweise, eine singularisierende Einstellung – all das hat ein Denken begünstigt, das die jeweilige Sprache mit der jeweiligen Kultur gleichsetzt (»eine Sprache = eine Kultur«).

Die wissenschaftsgeschichtlichen Quellen der gerade beschriebenen Arbeitshypothesen können hier nicht aufgespürt werden. Allerdings können wir immerhin den Hinweis geben, daß solche Leitsätze ein durchaus einleuchtender Bestandteil der Linguistik und Anthropologie über ihre Entwicklung in den letzten zwei Generationen hinweg sind. Ein dringendes Anliegen der beiden Disziplinen bestand darin, Irrtümer über primitive Sprachen zurückzuweisen und der Gleichwertigkeit aller Sprachen sub specie scientiae Geltung zu verschaffen – und dieses Anliegen stand im Einklang mit der relativistischen Botschaft der Kulturanthropologie. Funktionsunterschieden zwischen Sprachen nachzugehen – das dürfte zumindest dem Anschein nach den Ethnozentriker in seiner Meinung bestärken und seinen Wünschen entgegenkommen. Ein anderes Anliegen bestand darin, die Autonomie des formalen linguistischen Kode als eines legitimerweise selbständigen Gegenstandes der Untersuchung sicherzustellen. Dieser Gegenstand sollte von Rasse, Kultur, Geschichte und Psychologie losgelöst betrachtet werden, und für seine Analyse sollten geeignete Methoden entwickelt werden. Die Komplexität und das Faszinierende dieser Aufgabe ziehen die Aufmerksamkeit vom Sprechen ab und konzentrieren letztere auf die Regelmäßigkeiten des Kode, und nicht alle Variationen können zugleich in Angriff genommen werden. – Teilstücke des grundlagentheoretischen Hintergrundes der anthropologischen Forschungssituation sind weiter oben unter Abschnitt d) angedeutet worden. Wir sollten hier ergänzen, daß immer dann, wenn die Gleichsetzung einer jeweiligen Sprache mit ihrer jeweiligen Kultur – d.h. die Gleichung: eine Sprache = eine

Kultur – begrifflich aufgelöst wurde, dieses immer nur vom Standpunkt der Annahme einer historischen Unabhängigkeit der beiden Bereiche voneinander geschah und weniger im Hinblick auf eine komplexe soziale *Inter*dependenz zwischen – z. B. – verschiedenen Sprachen in einer einzelnen Kultur.

In der gegenwärtigen Situation ist es wünschenswert, die Annahmen a) bis d) zu verwerfen. Als Bezugsrahmen neuer Arbeitshypothesen sollte man statt dessen folgende Annahmen machen: 1. Das Sprechen einer Gruppe bildet ein System. 2. Sprechen und Sprache weisen von Kultur zu Kultur Unterschiede in ihren Funktionen auf. 3. Die Sprechaktivität einer Ortsgesellschaft ist der Hauptgegenstand der Forschungsaufmerksamkeit. Eine deskriptive Grammatik beschäftigt sich mit dieser Sprechaktivität in *einem* Bezugsrahmen; eine Ethnographie des Sprechens im entsprechenden *anderen* Bezugsrahmen. Da zunächst einmal die Ethnographie des Sprechens die Sprechaktivität in ihrer Totalität in den Blick nimmt, muß ihr Bezugsrahmen denjenigen der deskriptiven Grammatik als spezielleren einschließen. (Das läuft auf eine Entsprechung (3b) zur Feststellung (3a) hinaus, daß die Sprechaktivität Hauptgegenstand des Forschungsinteresses sein sollte.) Die Anzahl der linguistischen Kodizes, die in die Ethnographie des Sprechens einer bestimmten Gruppe als Forschungsobjekte eingeschlossen sind, muß empirisch bestimmt werden.

Nichts, was hier gesagt wurde, sollte als Versuch angesehen werden, die Bedeutung von Linguistik und Philologie in ihrer gegenwärtigen Praxis herabzusetzen. Malinowski, der einer Ethnographie des Sprechens ähnlich in der Intention, aber unterschiedlich in der konkreten Verwirklichungsform das Wort redete, behauptete von sich selbst, er fühlte sich den linguistischen Standarddisziplinen gegenüber in der Schuld, behandelte diese Disziplin aber in concreto als grauen Altersstaub angesichts des frischen Grüns, mit dem sich die Feldforschung befassen könne. Für jede wissenschaftliche Forschungsanstrengung, die sich mit dem Sprechen beschäftigt, sind jedoch die linguistischen Disziplinen unverzichtbar, und Malinowskis Bemühungen verfehlten teilweise deshalb ihr Ziel, weil es ihnen an der Einbeziehung moderner Linguistik mangelte.

Die Anthropologie ist auf die linguistischen Disziplinen angewiesen und sollte sie fördern. Was ich befürworte, ist eine Einstellung, in der die Anthropologie eigene Interessen und Bedürfnisse entdeckt und diese kultiviert. Obwohl sie notwendigerweise Gebrauch von linguistischen Theorien und Methoden macht, sollte sie ihre eigenen ethnographischen Fragen über das Sprechen stellen und diese zu beantworten versuchen.[13]

Vielleicht stehen wir an der Schwelle zu einer Periode, in der bahnbrechende Studien über das Sprechen in vielen Disziplinen zur Durchführung gelangen. Der frische Impetus der Psychologie in diese Richtung ist ein Punkt, der eine solche Vermutung unterstützen könnte. Und die Anthropologie bietet eine besondere Gelegenheit und weiß sich in besonderer Weise verantwortlich für eine vergleichende Erforschung der Musterbildungen und Funktionen des Sprechens. Letztere sind ein grundlegendes empirisches Problem für eine besondere Wissenschaft vom menschlichen Verhalten – eine Teilwissenschaft, für die ich die Bezeichnung »Ethnographie des Sprechens« vorschlagen möchte.

Anmerkungen

0 Diesen Aufsatz möchte ich Roman Jakobson widmen. In großzügigem Stil hat er Zeit gefunden, ihn mit mir zu diskutieren, und seine kritischen Kommentare haben zu vielen Verbesserungen geführt. Das gilt auch in Anbetracht des Umstandes, daß ich an manchen Stellen meiner eigenen Nase zu folgen hatte. Gerade hinsichtlich persönlich geprägter Überlegungen möchte ich ganz deutlich zum Ausdruck bringen, wieviel ich der Anregung durch seine Ideen verdanke. Sein Werk ist der Anthropologie ein Vorbild dafür, wie sie einen breiten und integrierenden Ansatz zur Erforschung von Sprache entwickeln könnte.

1 Zur Wiederbelebung der Dialektologie vgl. Gumperz, 1961; zur Evolution von Sprache und Kultur vgl. Hymes, 1961c; zur semantischen Typologie der Sprachen der Welt vgl. Hymes, 1961a; zur Sprachkunst vgl. Hymes, 1960a. Derartige Entwicklungen werden ein Anknüpfen an die Arbeit der etablierten linguistischen Disziplinen erforderlich machen, die einen Großteil der wesentlichen empirischen Daten erarbeiten und über deren Qualität Rechenschaft ablegen können.

2 Mahl (1959) hat einen »instrumentellen Aspekt der Sprache« diskutiert, der von der Psychologie noch nicht genügend berücksichtigt werde. Er nimmt in Anspruch, daß gegenüber dem Repräsentativ-Modell (das sich auf die kognitive Ebene beziehe und auf Lexikon und Grammatik

ausgerichtet sei) »das Instrumental-Modell das allgemeinere und gültigere für den Zweck ist, vom Sprachverhalten auf emotionale Zustände zu schließen«. (S. 90) Außerdem sei das instrumentelle Modell enger auf das Verhalten bezogen als das repräsentationale. Gegen diese Einschränkung von Mahl läßt sich jedoch vorbringen, daß gerade auch ein kognitiver Ansatz an den Auswirkungen einer aus Sprechvorgängen geschöpften symbolischen »Landkarte« auf das Problemlösen, Planen und ähnliches interessiert sein dürfte. Weil ein solcher kognitiver Ansatz mit dem Sprechen als »werkzeugverwendendem« Verhalten befaßt ist, kann er auch im gleichen Maße »instrumentell« genannt werden. Indem Mahl das Signalisieren emotionaler Zustände durch Sprechvollzüge aufdeckt, beschäftigt er sich mit dem, was von mir im folgenden »expressive Funktion« genannt werden wird. Und indem er auf die Auswirkungen dieses Signalisierens auf das Verhalten des Interaktionspartners hinweist, befaßt er sich mit dem, was im folgenden »direktive Funktion« genannt werden soll. Mahls Verwendung des Begriffs »instrumentell« umfaßt mithin den Gehalt unserer beiden Termini. Ich schätze insbesondere deshalb Mahls Analyse hoch ein, weil er darauf besteht, »die situationellen und/oder die nichtlexikalischen Mitteilungskontexte in die Analyse einzubeziehen« (S. 105). Das bedeutet jedoch faktisch, daß er für die Analyse von Sprechereignissen im Rahmen bestimmter psychologischer Erkenntnisabsichten etwas einer Ethnographie des Sprechens Gleichwertiges fordert.

3 Hall (1959) ist besonders lesenswert. Von Details abgesehen besteht mein einziger Vorbehalt gegenüber Hall darin, daß die zehn primären Mitteilungssysteme, die drei Ebenen der Kultur, die drei Komponenten in Mitteilungen, die drei grundsätzlichen Typen von Mustern und die aus hundert Kategorien bestehende Landkarte der Kultur von Hall offener als »nur« heuristisches Instrument hingestellt werden sollten. Insbesondere die zehn primären Mitteilungssysteme scheinen nur eine bequeme und zweckdienliche heuristische Aufteilung zu sein, nicht jedoch eine im biologischen Substrat verankerte Struktur. Die Komponenten und Arten von Mustern (Ordnung, Auswahl und Kongruenz) scheinen eine gültige, aber nur begrenzt mögliche Extrapolation eines linguistischen Modells darzustellen. Verschiedene solcher Extrapolationen, insbesondere die von Hall und Trager (1953), von Jakobson (1960), von Pike (1967) und von Uldall (1957) haben zur Zukunftsperspektive einer systematischen ethnographischen Integration von Sprechen und Handeln beigetragen, aber keine der Extrapolationen ist bisher zu einem greifbaren Ergebnis gekommen. Der von Hall und Trager entwickelte Bezugsrahmen von Komponenten (Set, Isolat, Muster) konvergiert in bemerkenswerter Weise mit dem trimodalen Bezugsrahmen (hinsichtlich eines Manifestations-, eines Bedeutungs- und eines Verteilungsmodus) von Pike (1967, Kap. 5 und 6).

4 Aberle (1960) steht auf dem Standpunkt, daß sich Sprache als unangemessenes Modell für die Untersuchungen über das Beziehungsfeld zwischen Kultur und Persönlichkeit erwiesen habe. Denn das Sprachmodell beinhalte lediglich zwei grundlagentheoretische Kategorien, nämlich Individuum und sozial geteiltes kulturelles Muster. Demgegenüber sei eine dritte grundlagentheoretische Kategorie erforderlich: das kulturelle System, an dem Personen teilhaben, das sie jedoch nicht sozial teilen. In Begriffen von Aberle ausgedrückt, muß ich feststellen, daß das Zwei-Kategorien-Modell auch für linguistische Untersuchungen unangemessen ist. Die Ethnographie des Sprechens beinhaltet zusätzlich die Kategorie des »Sprechens« und diese ist äquivalent mit Aberles Kategorie des »Kultursystems«.

5 Hinsichtlich dessen, was nun an Erörterungen folgt, bin ich am unmittelbarsten Roman Jakobsons Darstellung der Faktoren und Funktionen des Sprechens verpflichtet (vgl. Jakobson, 1960). Jakobson identifiziert sechs Faktoren und entsprechende Funktionen des Sprechens. Außerdem bin ich in hohem Maße Kenneth Burke (1945, 1951, 1968), Kenneth L. Pike (1967), Sinclair (1951) und Barker und Wright (1955) verpflichtet.

6 Die Erscheinungen, die Voegelin als »ungezwungenes« bzw. »nachlässiges« im Gegensatz zu »nicht-ungezwungenem« Sprechen bezeichnet, gehören in diesen Zusammenhang. Voegelin (1960) sieht die Notwendigkeit für einen empirischen und allgemeinen Ansatz, der alle Formen des Sprechens in einer Ortsgesellschaft erfaßt. Er erörtert die Variation der Anzahl und Arten von Sprechformen von Ortsgesellschaft zu Ortsgesellschaft und die situationellen Einschränkungen hinsichtlich ihrer Anwendung. In Voegelins Erörterung wird das »ungezwungene« Sprechen als eine residuale, unmarkierte Kategorie behandelt, obwohl die Annahme zwingend ist, daß alle Sprechvollzüge irgendeine positiv markierte Ebene oder Stilschicht zum Ausdruck bringen. Und gerade diese positiv gekennzeichneten Züge des Sprechverhaltens müssen entdeckt werden. Voegelin dagegen stellt die verallgemeinernde Behauptung auf, daß weder formales Einüben in der Sozialisation noch ein spezialisiertes Interesse zur flüssigen Beherrschung des ungezwungenen Sprechens beitrügen. Urteile über die Flüssigkeit im ungezwungenen Sprechen würden von den Gesellschaftsmitgliedern nicht gefällt. Die Bewertungen hinsichtlich der Flüssigkeit des Sprechens bei den Menomini (Blomfield 1927) und den Crow (Lowie 1935) zeigt allerdings, daß diese Implikation der Kategorie des ungezwungenen Sprechens irreführend ist. Tatsächlich müßten in manchen Gruppen die meisten Äußerungen, geht man von Voegelins Begriffen aus, als »nicht-ungezwungen« klassifiziert werden, denn in ihnen wird ein intensives Training des Sprechens betrieben und auf die Flüssigkeit des Sprechvorgangs Wert gelegt (wie bei den Ngoni von Nyassaland oder Gruppen in Ghana).

7 Jakobson zieht die beiden letzten gerade angesprochenen Faktoren – bei ihm als kontextuelle und referentielle Einstellung angesprochen – zu einem einzigen Faktor zusammen (vgl. Jakobson 1960, S. 353). Um mein *deskriptives* Interesse an den Faktoren des Sprechereignisses deutlich genug zum Ausdruck kommen zu lassen, vermeide ich an dieser Stelle den mit (vieldeutigen) theoretischem Gehalt befrachteten Ausdruck »Kontext« als Faktorenbezeichnung. Statt dessen bleibe ich beim Terminus »Schauplatz« (vgl. Barker und Wright 1955) mit den Ausdrucksalternativen »Szene« (Burke 1945) und »Situation« (Firth 1935 im Gefolge von Malinowski). Als Faktoren der Sprechsituation unterscheide ich Schauplatz und Gesprächsgegenstand (topic), weil dieselbe Feststellung trotz identischem »ökologischem« Schauplatz des Sprechens eine unterschiedliche Bedeutsamkeit als je selbständige semantische Größe haben kann – abhängig davon, ob die Feststellung z. B. als reine Gedächtnisprobe oder bereits als Sprechakt der geprobten Theateraufführung geäußert wird. In einer Hinsicht geht es bei dem Für und Wider der gesonderten Berücksichtigung von Kontext und Gegenstandsbezug einfach um die Frage, was man an im tatsächlichen Sprechen realisierten Faktoren des Sprechereignisses zu inventarisieren hat, wenn man den Sprechhaushalt einer Gruppe beschreiben will. Schauplätze und Gegenstandsbezüge scheinen mir allerdings in anderer Hinsicht auch ohne Ansehung des konkreten Falles, d. h. in universalistischer Perspektive, zwei offensichtlich unterschiedliche Listen von möglichen Faktorenrealisierungen zu beinhalten, und zwar Listen von Faktorenrealisierungen auf derselben Ebene wie Listen von Anredenden, Angesprochenen, Kanälen usw. Anders ausgedrückt: die systematischen Fragen »Wer sagte es?«, »Zu wem sagte er es?«, »Welche Wörter benutzte er?«, »Telefonierte oder schrieb er?«, »Äußerte er sich in Englisch?«, »Worüber sprach er?« und »Wo sagte er es?« scheinen mir sämtlich auf derselben Theorie- und Beschreibungsebene zu liegen.
Allerdings gerade in bezug auf die Funktionen des Sprechens kann ich es zugegebenermaßen nicht vermeiden, Jakobsons Terminus »Kontext« zu benutzen. Ich stimme Jakobson zu, daß die Referenzfunktion des Sprechens den Kontextbezug impliziert (wie ein schon ausgeführter Abschnitt klarmacht). Aber ich finde keine Schwierigkeiten darin, die Funktionen des Sprechens jeweils im Bezug auf mehr als einen einzigen Faktor der Sprechsituation zu definieren. Ich stimme mit Jakobson auch in der Auffassung überein, daß in gewisser Hinsicht alle Aspekte des Sprechereignisses Aspekte des Kontextes sind. Ich habe mich jedoch zugleich auf den Standpunkt gestellt, daß alle Merkmale des Sprechereignisses im Bezugsrahmen *jedes* der als universal unterstellten Faktoren der Sprechsituation betrachtet werden können. Diejenige Betrachtungsebene, auf der alle Merkmale des Sprechereignisses Aspekte des Kontextes sind, vermischt sämtliche Merkmale in allen Faktoren-

dimensionen miteinander und nicht nur Kontext- und Referenz-Merkmale. Und die Betrachtungsebene, auf der die übrigen Merkmale, d. h. die Merkmale außerhalb des Beziehungs- und des Kontext-Aspektes voneinander unterschieden sind, differenziert – so scheint es – auch genausogut die Merkmale des Kontext- und des Beziehungsaspektes. Das zeigen, so hoffe ich, illustrierende Beispiele – insbesondere Beispiele aus der Belletristik. Wenn ein Satz in seinem Bedeutsamkeitsgehalt nicht auf den Referenz-Aspekt beschränkt ist, dann verstärkt z. B. die Umstellung des Verses »And seal the hushed casket of my soul« (etwa: »Und versiegele das stille Behältnis meiner Seele«) aus dem Anfangsteil des Sonetts »To sleep« an dessen Schluß – das Manuskript zeigt, daß genau das Keats unternahm – die Wirkung des Verses und seinen Beitrag zum Gedicht, obwohl die Umstellung nicht die Bedeutung (Referenz) des Verses verändert.

8 Snell (1952) versucht, alle linguistischen Merkmale einschließlich von Teilaspekten des Sprechens und grammatischer Kategorien in Bühlers (1965, S. 2) Klassifikationssystem der drei Typen von sprachlichen Funktionen, nämlich in die Funktionsklassen der »Auslösung«, »Kundgabe« und »Darstellung« (bei Snell entsprechend: »Wirkungs-, Ausdrucks- und Darstellungsfunktion«; in der hier vorgeschlagenen Terminologie entsprechen dem die direktive, die expressive und die referentielle Sprachfunktion), einzuordnen. Das mag dann sinnvoll sein, wenn es um die Kodierung des Persönlichkeitsausdrucks im Sprechen geht. Von dieser vielleicht sinnvollen Anwendung abgesehen ist Snells linguistische Basis aber zu eng auf den indoeuropäischen Sprachbereich eingeschränkt, die Kategorisierung wird schon a priori vor dem Durchgang durch das empirische Material vollzogen, und nur drei Funktionen in einem allgemeinen und dem Anspruch nach umfassenden Modell des Sprechereignisses sind nicht hinreichend. Snells Werk ist als interessant, allerdings nicht überzeugend rezensiert worden (vgl. Winter 1953).

9 Wenn ältere Arbeiten mehr als zwei oder drei Funktionen des Sprechens unterscheiden, dann wird gewöhnlich einer der drei genannten Funktionstypen weiter ausdifferenziert. Ogden und Richards (1960) zählen fünf Funktionen des Sprechens auf, aber ihr Hauptinteresse richtet sich auf die Intentionen des Sprechers, und ihre Ausdifferenzierung des Funktionskatalogs findet im Rahmen der expressiven Funktionsklasse statt.

10 Vgl. die Forschungsarbeit, die neuerdings (1962!) von Basil Bernstein unternommen wird. Bernstein stellt zwei Sprechweisen, die formale und die öffentliche, gegenüber. Die formale sei mit der englischen Mittelschicht, die öffentliche mit der englischen Unterschicht verbunden. Bernstein kommt zu folgenden Ergebnissen: Die beiden unterschiedlichen Sprechweisen entstehen, weil die beiden Sozialschichten

unterschiedlichen Nachdruck auf die Beherrschung des Sprachpotentials legen. Sobald der unterschiedliche Nachdruck (insbesondere in der Primärsozialisation) zum Zuge gekommen ist, führen die resultierenden Sprechweisen die Sprecher immer stärker auf unterschiedliche Typen der kognitiven Ausrichtung auf Objekte und Personen hin. Das drückt sich wiederum in unterschiedlichen Leistungsergebnissen im Rahmen von sprachlichen Intelligenztests aus, auf die sprachliche Ausdifferenziertheit subjektiver Intentionen und auf andere Weise.

11 George Herbert Mead ist ein Beispiel. Ein anderes Beispiel für die nur unverbindlich-allgemeine Weise der Behandlung der Rolle, die das Sprechen in der Sozialisation spielt, ist A. Irving Hallowell, dessen bestandsaufnehmender Grundsatzartikel »Culture, Personality, and Society« feststellt: »Eine notwendige Bedingung für Sozialisationsprozesse in der menschlichen Gesellschaft ist das Lernen und der Gebrauch der Sprache. Aber unterschiedliche Sprachen sind in dieser Hinsicht funktional äquivalent, und die eine Sprache ist hinsichtlich der Sozialisationsfunktion mit jeder anderen gleichzusetzen, weil das menschliche Sprechen einen gewissen gemeinsamen Nenner aufweist.« (Hallowell 1953, S. 612).

12 Da die Unterscheidung zwischen »la langue« und »la parole« gewöhnlich die grundlagentheoretische Voraussetzung impliziert, daß nur »la langue« Struktur habe, wies Pike (1967, S. 536) diese Unterscheidung zurück. Ich folge Pike in der Annahme, daß auch »la parole« Struktur hat, aber ich nehme entgegen Pike an, daß die Unterscheidung zwischen »la langue« und »la parole« mit Nutzen aufrechterhalten werden kann. Innerhalb des Pikeschen Systems selbst könnte das mit der Unterscheidung von »langue« und »parole« Gemeinte vielleicht als ein Unterschied in der Aufmerksamkeitsausrichtung und Aufmerksamkeitsschwelle behandelt werden.

13 Jakobson bringt in diesem Zusammenhang den bekannten Ausdruck »Soziologie der Sprache« ins Spiel, und er besteht darauf, daß die erkenntnisleitenden Fragestellungen der Sprachsoziologie nicht aus der Linguistik verbannt werden können und dürften. Linguistik und Soziologie sollten in der Tat ein derartiges interdisziplinäres Feld entwikkeln. Dieselbe Anstrengung sollte allerdings auch die Anthropologie (zusammen mit der Linguistik) unternehmen, denn für die Entwicklung einer kulturvergleichenden Perspektive ist ihr Beitrag ganz entscheidend. Ich stelle das an dieser Stelle hauptsächlich nur deshalb fest, um zu einem solchen Beitrag erst noch zu animieren. Außerdem erwarte ich, daß ein großer Anteil dieses Beitrages von jenen jungen Anthropologen erbracht werden wird, welche die Ethnographie als eine stolze intellektuelle Disziplin ansehen und für die Termini wie »Ethnographie«, »ethnoscience« und »Ethnotheorie« bedeutsame und prestigegeladene Begriffe sind. Daher auch der Ausdruck »Ethnographie« in

meinem eigenen Slogan der »Ethnographie des Sprechens«. Was den Ausdruck »Sprechen« in ihm anbelangt, so spiegelt er eine theoretische Neigung wieder, die ich hoffe, in Kürze weiter explizieren zu können, wenn ich meine Überlegungen mit einigen anderen Ideen, einschließlich einiger von Talcott Parsons, in Verbindung bringe. Besonders unzufrieden bin ich darüber, an dieser Stelle nicht mehr über das Werk von Firth sagen zu können. Erst als dieser Aufsatz schon längst zum Druck überfällig war, entdeckte ich, daß Firth bereits vor mehr als einer Generation (1935) in klarer Weise das allgemeine Problem der Faktoren und Funktionen des Sprechens aufgeworfen hatte. Auf weiten Strecken bin ich lediglich zu einer Betrachtungsweise gekommen, wie sie bereits in seinen Schriften, die unglücklicherweise zu wenig gelesen werden, zu finden sind. Allerdings unterscheide ich mich von seinen Begriffsbildungen in zahlreichen Punkten. (Vgl. Firth 1935, 1950; und Bursill-Hall 1960.)

Perspektiven für eine (Ethno-)Linguistische Theorie[1]

Einleitung

An den Anfang dieser Abhandlung stelle ich als Motto zwei Zitate:

> Mein Hauptanliegen in diesem Kapital war es, dem Leser zu zeigen, daß Sprache nicht unbedingt das ist, was die einseitige Beschäftigung mit Wörterbüchern und den üblichen Grammatiken uns glauben machen könnte, sondern eine Menge von Gewohnheiten oder habituellen Handlungen, und daß jedes Wort und jeder Satz, der gesprochen wird, eine komplexe Handlung eines Sprechers ist. Die Mehrzahl dieser Handlungen ist durch das bestimmt, was er in vorausgegangenen ähnlichen Situationen getan hat, und dies wiederum richtete sich im wesentlichen nach dem, was er habituell von anderen gehört hatte. Aber in jedem einzelnen Fall, außer wenn er bloße Formeln anwendet, muß der Sprecher diese Gewohnheiten abwandeln, um einer neuen Situation gerecht zu werden und etwas auszudrücken, was zuvor in jedem einzelnen Detail nicht so ausgedrückt worden war. Er kann daher nicht nur ein Sklave der Gewohnheiten sein; vielmehr muß er dieselben immer wieder abwandeln, um sie sich wandelnden Bedürfnissen anzupassen – und im Laufe der Zeit kann das zu neuen Variationen und neuen Gewohnheiten, mit anderen Worten zu neuen grammatischen Formen und Gebrauchsweisen führen. Die Grammatik wird also zu einem Teil der Sprachpsychologie oder der psychologischen Linguistik. Allerdings bedarf die Grammatikforschung nicht nur in dieser Hinsicht der Ergänzung und Reorientierung, wenn sie Pedanterie und Dogmatismus, die notorischen Laster so vieler Grammatiker, vermeiden will. Dies ist jedoch der Gegenstand der folgenden Kapitel (Jespersen, 1925: 29).

> Die adäquate ethnographische Beschreibung der Kultur (Goodenough, 1957) einer gegebenen Gesellschaft setzt eine detaillierte Analyse des kommunikativen Systems und der kulturell definierten Situationen voraus, in denen alle relevanten Distinktionen dieses Systems vorkommen (Conklin, 1962: 119).

Mein Hauptanliegen mit dieser Arbeit ist es, Jespersens Bemerkungen einen Hinweis auf die explizit ethnographische Dimension im Sinne Conklins hinzuzufügen. Dabei kann ich nicht umhin, einige Aspekte psychologischer und philosophischer Forschungsergebnisse über Sprache und Denken sowie solche anderer Disziplinen zu berühren, und damit Probleme anzuschneiden, für deren Lösung ich nicht kompetent bin, deren Umgehung das Thema jedoch nicht gestattet. Wo diese Probleme anderweitig – wenn auch vielleicht nicht in der formalen Linguistik und in der Ethnographie – allseits bekannt und möglicherweise auch abgedroschen sind, bitte ich meine Naivität zu entschuldigen; diesem Risiko setzt man sich mit der Berücksichtigung relevanter Fragen immer aus. Wenn es echte Probleme sind, sind die Vorstellungen, die in bezug auf sie in der gegenwärtigen linguistischen und ethnographischen Forschung entwickelt werden, vielleicht der Mühe wert, und sei es nur um der Verbesserungen willen, die sie provozieren.

Die Parenthese im Titel dieser Arbeit und die beiden ihr vorangestellten Zitate sollen die allgemeine, ihr zugrunde liegende These andeuten, nämlich daß *jede konsequente linguistische Theorie notwendigerweise eine Theorie ist, die ethnographische Voraussetzungen macht*. Das heißt, jede linguistische Theorie, die diese Bezeichnung verdient, formuliert notwendigerweise nicht nur Annahmen über Sprachsysteme, sondern auch über ethnolinguistische Systeme, über die partielle Abhängigkeit zwischen Eigenschaften (wie auch immer eng definierter) sprachlicher Systeme einerseits und den Charakteristika derer, die sie anwenden, sowie den Bedingungen ihres Gebrauchs andererseits. Im Titel kommt also eine Haltung zu dem vorgegebenen Thema,* »Die Rolle der linguistischen Theorie für die Erforschung kognitiver Systeme«, zum Ausdruck.

Die Rolle der linguistischen Theorie

Sich über die Wichtigkeit der linguistischen Theorie zu verständigen ist einfacher als darüber, was sie eigentlich ist. *Linguistic theory* kann im Englischen zweierlei bedeuten: Sprachtheorie und der Teil

* Gemeint ist das Thema des Sonderheftes des *American Anthropologist*, in dem diese Arbeit zuerst veröffentlicht wurde. [Anm. d. Hg.]

der Sprachtheorie, der von professionellen Linguisten gepflegt wird. Bezüglich dieser beiden Interpretationsweisen zeichnet sich eine historische Entwicklung ab.

Eine umfassende und vielseitige Sprachwissenschaft florierte grob gesagt im ausgehenden 19ten und beginnenden 20sten Jahrhundert unter der gemeinsamen Ägide der »Philologie« und der diachronischen Forschung. Männer wie Meillet und Jespersen haben in jüngster Zeit die Breite des Bereichs ihrer Interessen und theoretischen Anstrengungen exemplifiziert und ihre Vorstellungen mit gegenwärtigen Strömungen in Soziologie, Psychologie etc. verbunden. Auf diese Position folgt eine andere, die zwar den Anspruch auf einen großen Geltungsbereich nicht aufgab und ihn sogar in anderem Gewand neu formulierte, die aber dennoch nicht nur unter ihren Anhängern, sondern auch bei ihren Gegnern kraft einer Dialektik der Gegensätze, durch die die einen zu viel von der alten und die anderen zu viel von der neuen Perspektive ablehnten, an vielen Stellen dazu führte, daß das tatsächliche Arbeitsgebiet der Sprachtheorie, wie sie von Linguisten betrieben wurde, eingeschränkt wurde. Die Leitmotive dieser Position, deren große Vorreiter de Saussure und Sapir waren, hießen »Synchronie« und »Immanenz und Autonomie der sprachlichen Form«.[2] Aus ihrer Sicht schien die »Philologie« mit »Diachronie« und schriftlichen Texten identisch zu sein und »Linguistik« mit »Synchronie« und der gesprochenen Sprache. Obwohl sich de Saussure, Sapir (1929) und einige ihrer Nachfolger wie Jakobson (1962a), Hockett (1948) und Greenberg (1948) eines weiten Anwendungsbereichs des neuen Ansatzes und seiner engen Beziehung zu Fragen in diversen anderen Fächern bewußt waren, wurde es in einigen Kreisen modern, sich mehr darüber auszulassen, womit die Linguistik nichts zu tun hat, als darüber, womit sie etwas zu tun hat. (In einem bestimmten Stadium ließ man es zu, daß der Eindruck entstand, sie habe nichts mit Bedeutung und nichts mit Kultur zu tun.) Eine wirkungsvolle Zusammenarbeit mit anderen Fächern, die sich mit Sprache beschäftigen, hat sich in dieser Zeit nicht entwickelt und konnte in dieser Atmosphäre wahrscheinlich nicht entstehen.

Gegenwärtig erleben wir wieder eine aktive Durchdringung und ein Zusammenspiel der Theoriebildung in der Linguistik und in anderen Fächern, und es wird immer deutlicher, daß sich die linguistische Praxis ohne Auseinandersetzung mit philosophischen, psychologischen und (das zu zeigen ist der Zweck dieser Arbeit) ethnographischen Fragen nicht weiterentwickeln kann.

Der Status der Linguistik als wissenschaftliche Disziplin

Dieses Thema soll im folgenden unter besonderer Berücksichtigung der Anthropologie noch etwas ausgeführt werden. So allgemeine Fragen und implizite oder explizite Antworten auf sie hatten stets einen Einfluß auf die Linguistik, vor allem im Bewußtsein ihrer wichtigsten Theoretiker; und die Wichtigkeit der Linguistik für solche Fragen ist immer wieder betont worden. Gelegentlich jedoch, wie etwa in der jüngsten Entwicklungsphase der amerikanischen Linguistik, haben die Konzentration auf neue Methoden und die Ideologie, unter deren Vorzeichen diese entwickelt wurden, gemeinsam bewirkt, daß die Idee einer unabhängigen Linguistik an Anziehungskraft gewann. Daß die Linguistik u. a. zur Philosophie, Psychologie und Kulturanthropologie etwas beizusteuern hat, wurde teilweise zugestanden und teilweise nicht; von letzteren wurden jedoch sicher keine Beiträge zur Linguistik erwartet. Wenn man nun zwischen Unabhängigkeit und Autonomie (etwa im Sinne der Etymologie dieser Wörter als »nicht abhängig sein von« im Gegensatz zu »Herr im eigenen Haus sein«) einen Unterschied machen kann, dann ist die Vorstellung von der Unabhängigkeit der Linguistik 1. charakteristisch für die Hauptströmung linguistischer Theorienbildung dieses Jahrhunderts und 2. ist es diejenige Vorstellung, der ich entgegentreten will.

Historisch gesehen ist die Linguistik – vielleicht notwendigerweise – eine intellektuell oftmals abgeleitete und immer mit anderen Fächern interdependente Disziplin, deren Hauptmotivationen und Interessen ihre Quellen außerhalb ihrer selbst in Philosophie, Geschichte, Literatur, Psychologie und manchmal in Soziologie und Anthropologie haben. (Einige Beispiele werden in Hymes (1963a) erörtert; exemplarisch ist die Begründung der Sozialpsychologie durch Lazarus und Steinthal und Bloomfields sukzessive Abhängigkeit von Wundt und Weiß.) Insbesondere und im Gegensatz zu der immer wieder vorgebrachten, ins Reich der Mythologie gehörigen Ansicht sind die Prinzipien und Bedingungen legitimer linguistischer Methoden und Ziele in der jüngsten Theorieentwicklung in Amerika nicht aus den Erfahrungen mit der Feldarbeit oder sonstigen Eigenschaften des Materials hervorgegangen, obgleich diese gelegentlich zu ihrer Durchsetzung beitrugen; vielmehr sind sie zum größten Teil Ideen, Ansichten und allgemeinen Tendenzen zu verdanken, die von außen in die Linguistik eingedrungen sind. (Dieses Argument läßt sich verallgemeinern; die amerikanische Entwicklung wird in Hymes (1963a: 84f.) dargestellt.) Chomskys Werk ist in dieser Hinsicht nur ein besonders eklatantes Beispiel aus neuester Zeit.

Drei Gründe für die besondere Rolle der linguistischen Theorie

Mit den Ausführungen des vorausgegangenen Abschnitts wird weder die Autonomie normaler linguistischer Arbeit bestritten noch ihre bedeutsame Wirkung auf andere Disziplinen. Hier besteht eine Wechselwirkung, die eine ganze Menge über die Rolle der linguistischen Theorie aussagt. Ebensowenig geht es darum, die linguistische Theorie zu reduzieren oder in einer anderen Theorie aufgehen zu lassen. Vielmehr möchte ich kurz auf drei Faktoren eingehen, die zu der besonderen Rolle, die die linguistische Theorie zweifellos spielt, beitragen: ihr Material, ihre Methoden und die Bedeutsamkeit ihres Gegenstandes.

Das Material. Innerhalb des Kanons der Humanwissenschaften erschienen Sprache und Sprachwissenschaft oft als ein besonders begünstigtes Gebiet, als eine Quelle von Beispielen, Inhalten und Methoden. Der besondere Charakter sprachlichen Materials als Beispiel und Inhalt zugleich war es, der Boas dazu veranlaßte, die Linguistik wieder als wesentlichen Teil der Kulturtheorie einzusetzen, und damit eine frühere Auffassung, nach der die Spezialisierung ihrer Techniken sie von der Ethnologie trennte, zu revidieren. Ähnliche Erwägungen wirken sich heute auf die wiederbelebte Rolle der Linguistik in der Ethnographie aus (wo neue Methoden, die die Kapazität früherer Generationen von Ethnographen übersteigen, zum Bestandteil der normalen Ausbildung werden). Boas Entdeckung des kognitiven Unbewußten (nach Lévi-Strauss, 1958: 26–28, 308) in seiner Beziehung zur Sprache (das er vom psychoanalytischen Unbewußten unter Hinweis auf dessen Nutzlosigkeit für die Erklärung grammatischer Kategorien strikt abhob) läßt sich in der Behauptung zusammenfassen, daß sprachliche Materialien für die Kulturtheorie deshalb von entscheidender Bedeutung sind, weil sie dem Bewußtsein am wenigsten zugänglich und daher die unverfälschtesten Manifestationen des Wirkens kultureller Prozesse sind.

Diesem theoretischen Vorzug entspricht ein praktischer: nämlich daß ein für viele Zwecke geeignetes linguistisches Korpus sehr viel einfacher zu gewinnen ist als Korpora vielleicht aller anderen Gebiete. Dieser Vorzug kann sogar insofern trügerisch sein, als daß ein begabter Informant die sprachlichen Normen einer ganzen Gemeinschaft so genau wiedergibt, daß man dazu verleitet wird, soziolinguistische Phänomene und viele Probleme der Zuverlässigkeit und Gültigkeit außer acht zu lassen. Die Tatsache, daß die in einem einigermaßen großen Korpus enthaltenen Vorkommen und Kontexte sprachlicher Einheiten oft ausreichen, um das phonemische, morphologische und einige Aspekte des syntaktischen Systems in hinlänglich genauer Annäherung beschreiben zu können, kann dazu führen, daß strukturelle Relationen, die Kontexten und Gebrauchsweisen in ihrem natürlichen Vorkommen eigen sind, vernachlässigt oder nicht erkannt werden. Ja, die relative Einfachheit, mit der sich sprachliches Material für Untersuchungszwecke isolieren läßt, hat wahrscheinlich in der gesamten Geschichte des westlichen Denkens eine wesentliche Rolle gespielt. Die praktischen Vorteile haben oft genug theoretische Schwierigkeiten mit sich gebracht.

Wie auch immer die Relevanz und der Status sprachlicher Phänomene für kulturelles Verhalten im einzelnen beurteilt wird, daß ihnen ein recht wichtiger Stellenwert zukommt, ist offensichtlich und wird meist vorausgesetzt. Zudem kann man zu so vielen anderen Dingen (manchmal nur oder am besten) über sprachliches Material Zugang kriegen, daß die allseitige praktische Bedeutung der Linguistik für die Erforschung fremder Kulturen (im Unterschied zu der ihr zugeschriebenen theoretischen Bedeutung oder den Methoden, mit denen sie arbeitet) leicht einzusehen ist. Linguistik und Sprache sind für die Ethnographie ebenso unentbehrlich wie unzulänglich; die Gründe dafür könnte niemand auf prägnantere Weise namhaft machen als William Carlos Williams (1946:34):

> Die unbestimmte Präzision der Ereignisse
> im Wechselspiel mit der Sprache,
> die sie immerfort übertreffen...

Die Methoden. Der Anspruch auf den speziellen Status linguistischer Methoden hat eine lange Geschichte, aber er wurde in den verschiedensten Zusammenhängen geltend gemacht. Als die exakteste aller Disziplinen wurde die Linguistik sowohl in der diachronischen Forschungstradition des 19ten Jahrhunderts (Hermann Paul) als auch in der synchronischen unseres Jahrhunderts (Jakobson, Lévi-Strauss, et al.) bezeichnet; sie galt sowohl als Verbindungsglied zwischen Natur- und Humanwissenschaften (Hockett, 1948 im Rekurs auf Boas; Bloomfield u. a.) als auch als Garant dafür, daß nicht die einen auf die anderen reduziert werden (Cassirer; Sapir; Lévi-Strauss, 1945).

Wenn darauf hingewiesen wird, daß die Sprachtheorie für andere Fächer eine Quelle wissenschaftlicher Strenge und ein methodologisches Beispiel war, sollte jedoch nicht übersehen werden, daß das diesbezügliche Publikum häufiger aus Anthropologen als aus Vertretern anderer Disziplinen bestand. Dies hing zum großen Teil mit der Rolle zusammen, die sprachliche Materialien selbst als Beispiele und Inhalte in der Anthropologie spielen, sowie mit der Aufnahmebereitschaft der Anthropologen für Methoden der qualitativen Datenauswertung, und schließlich mit dem Umstand, daß sie den Gegenstand der Linguistik, die Sprache, als mit kulturellen Daten im allgemeinen verwandt akzeptierten.

Dabei wirkte die Linguistik im wesentlichen durch ihre Verfahren und nicht durch die im einzelnen erzielten Ergebnisse beispielhaft. Die Bemühungen, direkte Entsprechungen sprachlicher Einheiten in anderen kulturellen Materialien zu finden, haben zum Glück nachgelassen. Sie konnten kaum zum Erfolg führen, da sie auf zu mechanische und oberflächliche Weise nach Äquivalenten (z. B. »kulturellen Phonemen«) suchten und an dem Produkt statt an dem ihm zugrunde liegenden System und seinen Prinzipien ansetzten. Natürlich kann man die Sprache und andere Aspekte der Kultur gleichermaßen als Zeichensysteme betrachten; um dies aber auf stichhaltige Weise tun zu können, bedarf es keiner Analogien, sondern einer gemeinsamen analytischen Grundlage (vgl. S. 113 f.). Daß Pike (1954–1960) nach einem interessanten Ansatz zur empirischen Ausdehnung der linguistischen *Methodologie* auf kulturelles Verhalten im allgemeinen (1954) darauf zurückfiel, Analogien zwischen sprachlichen und sozialen Einheiten herzustellen, ist eine große Enttäuschung. Allerdings wurde Pikes ursprünglicher Ansatz auf sehr vielversprechende Weise in der Analyse rituellen Verhaltens angewendet (Mayers, 1959). Der glossematische Versuch einer konsistenten Verallgemeinerung der linguistischen Methodologie auf alle kulturellen Bereiche (Uldall, 1957) scheint seit dem frühzeitigen Tod Uldalls nicht weiterverfolgt worden zu sein. Weitere Modelle finden sich bei Hall (1959) und Hockett (1962).

Obwohl spezielle Parallelen, methodologische Anleihen und Extrapolationen im Endeffekt marginal bleiben, kann die Bedeutung der konkreten Erfahrung mit linguistischen Methoden und Analysen zumindest für die Anthropologie kaum überschätzt werden. Der Grad der Exaktheit im Umgang mit qualitativen Daten; die erfolgreiche Aufdeckung und Beschreibung struktureller Regularitäten in scheinbar ungeordneten Verhaltenseinheiten; die von der Linguistik gesetzten Ziele und methodischen Ansprüche – all dies läßt die Linguistik nicht nur immer häufiger zum Bestandteil des ethnographischen Handwerkszeugs werden, sondern trägt auch zu einer Überdenkung der Ethnographie selbst und zu einer Verjüngung der Kulturtheorie bei. Der Einfluß kann von der in Yale entwickelten Theorie der komplementären Distribution über Jakobsons distinktive Merkmale bis zu Chomskys Generativer Grammatik verfolgt werden (obwohl das vor 1954 von Goodenough entwickelte Kriterium für die Analyse der Kultur (1957) als zu Chomskys Kriterium für die Bewertung von Grammatiken parallel und von diesem unabhängig, wenn auch vielleicht der Linguistik im allgemeinen verpflichtet anerkannt werden muß).

Zwei Einschränkungen sind dabei jedoch nicht zu übersehen. Erstens war die Linguistik als Quelle methodologischer Strenge und Anregung so etwas wie eine Zwischenstation, die für die Anthropologie in den Vereinigten Staaten aufgrund der besonderen historischen Beziehung zwischen beiden wichtig war, ohne deshalb die einzige oder beste Quelle formaler und qualitativer Methoden zu sein (vgl. French, 1963). In gewissem Sinne läßt sich die Entwicklung der strukturalistischen Linguistik und ihres Einflusses auf die Anthropologie als halbempirisches und halbtheoretisches Ringen mit einem Gegenstand beschreiben, der sich selbst besonders der Erschließung mit einigen Begriffen der Logik und der endlichen Mathematik anbietet. Einigen gegenteiligen Behauptungen zum Trotz hat diese Wechselwirkung nicht zu einer vollständigen Algebraisierung geführt; und wenn man nur dies angestrebt hätte, wäre es auch sehr viel sinnvoller gewesen, sich direkt an der Mathematik statt an der Linguistik zu orientieren. Vermutlich war es genau diese inkonsequente Mischung aus Formalismus auf der einen Seite und vertrauten Materialien und Interessen auf der anderen, der die Linguistik ihren einflußreichen Platz im anthropologischen Denken verdankte. Gegenwärtig erleben wir ein unmittelbares Eindringen der Logik in die linguistische Theorie (vgl. Postal, 1963; 1964), aber wie sich das auswirken wird, ist noch nicht abzusehen.

Zweitens ändert sich das Bild, wenn man sich von der Linguistik als Beispiel für andere der Linguistik als Theorie ihres Gegenstandes zuwendet. Wenn man (was mir unabdingbar zu sein scheint) davon ausgeht, daß die linguistische Theorie nicht nur eine Theorie dessen ist, was Linguisten tun, sondern vielmehr und vor allem eine Theorie über die Natur der Sprache, dann muß ihre Interdependenz mit anderen Disziplinen akzeptiert und die Vorstellung von ihrem Primat (außer als *primus inter pares*) aufgegeben werden, wenn sie ihre für die Erforschung des Denkens und der Kultur im allgemeinen potentiell bedeutende Rolle wirklich wahrnehmen will.

Die Abhängigkeit von anderen Verhaltenswissenschaften ist besonders augenfällig, wenn Behauptungen über die Natur sprachlicher Phänomene nicht als Produkte linguistischer Arbeit, sondern unter Bezugnahme auf postulierte (wenn auch vielleicht empirisch unerforschte) Fähigkeiten natürlicher Sprecher als im menschlichen Leben gegebene Phänomene aufgestellt werden. Wenn es beispielsweise um den Spracherwerb geht, kann der Sprachtheoretiker natürlich darstellen, was seinem Verständnis von der Sprache gemäß als erworben erklärt werden muß. Um seinen Behauptungen Nachdruck zu verleihen, muß er sich jedoch u. U. auf die »erfinderischen Experimente« des Psychologen verlassen. Auch die ethnographische Validierung semantischer Analysen liefert zahlreiche Beispiele. Viel zu oft haben sich linguistische Theorien und Beschreibungsformen mehr mit dem Verhalten von Linguisten befaßt als mit demjenigen der Sprachbenutzer.

Ganz allgemein gilt, daß zur Entwicklung einer adäquaten Theorie der Sprache als Teil kulturellen Verhaltens inklusive ihrer transkulturellen kognitionsspezifischen Funktionen Perspektiven, Methoden und Materialien nicht nur in der Theorie der Sprachbeschreibung, wie sie von Linguisten praktiziert wird, zu suchen sind, sondern auch in Psychologie, Soziologie, Anthropologie, ja, in der Literatur und in allen anderen Disziplinen, die über systematische Kenntnisse des Funktionierens der Sprache verfügen. Nicht zufällig und ganz zu Recht zitiert z. B. Wygotski (1964) zur Unterstützung einiger wichtiger Argumente Tolstoi, Dostojewski und Stanislawski. Zur Relevanz der Literatur als Disziplin siehe das Vorwort zu Burke (1962) und Duncan (1962). Chomskys Arbeit z. B. hat auf einer neuen Ebene ein Zusammenspiel von Philosophie, Psychologie, Linguistik und Mathematik veranlaßt. Unsere Hoffnung muß sich darauf richten, daß die im Entstehen begriffenen Forschungsrichtungen in der ethnographischen Semantik und der Soziolinguistik gleichermaßen ergiebig sein werden (vgl. Hymes, 1964c).

Die Bedeutsamkeit des Gegenstandes. Die vielen Aspekte der Bedeutung der Sprache für den Menschen und die Kultur sind hinlänglich bekannt. Man braucht sich nur, was etwa die Anthropologie betrifft, Abhandlungen von Greenberg (1948), Hockett (1948) oder Sapir (1929, 1933) anzusehen oder, speziell im Hinblick auf die Kognition, diejenigen von Cassirer (1923), Church (1961), Wygotski (1964) oder Whorf (s. Carroll, 1956), um nur einige zu erwähnen, oder solche allgemeinen Überblicksartikel wie die von Saporta (1961) und Hymes (1964a). In diesem Abschnitt will ich die Bedeutsamkeit der Sprache sozusagen von ihrer Kehrseite betrachten.

Es ist eine echte Ironie, daß die Bedeutsamkeit, die der Sprache von der allgemeinen Anthropologie zuerkannt wird, dieselbe von dem wichtigsten und charakteristischsten Beitrag, den sie zu einer allgemeinen Sprachtheorie leisten könnte, abgehalten hat. Zwar hat die Anthropologie dadurch, daß sie unausgesetzt die Wichtigkeit der Sprache für die Entwicklung des Individuums und den Fortbestand von Gesellschaft und Kultur verfocht, die Falle, die speziellen Charakteristika der menschlichen Sprechtätigkeiten zu ignorieren, umgangen. Dabei neigte sie jedoch bei der Betonung der Wichtigkeit der Sprache zu einer etwas stagnierenden Wiederholung von Plattitüden uund Lobgesängen, und es fehlte das Format, das die Erforschung dieser Wichtigkeit entweder in bezug auf die Sprache im allgemeinen oder, auf komparatistischer Basis, in bezug auf Einzelsprachen ermöglicht hätte. Einer der Gründe hierfür scheint in den Bemühungen um die Zurückweisung der verfehlten Vorstellung vom minderwertigen funktionalen Status sogenannter »primitiver« Sprachen zu liegen, die zur allgemeinen Leugnung jeglicher funktionaler Unterschiede zwischen Sprachen überhaupt führte (vgl. Sapir, 1933). Ein anderer Faktor, der ebenfalls dazu beitrug, war die (in einem synchronischen Kontext stehende) monolithische Annahme der Homogenität innerhalb einer Sprache und einer Kultur, der Trennung von Sprachen und ihrem Inhalt sowie der Gleichung: eine Sprache = eine Kultur. Nicht daß man so offenkundige Tatsachen wie Heterogenität, Vielsprachigkeit und indivuelle Unterschiede der Sprachfähigkeit geleugnet hätte; sie fanden schlicht und einfach keinen Eingang in irgendeine anthropologische Theorie über die Natur der Sprache und ihre kulturelle Funktion. Es gibt daher Untersuchungen über kulturelle Unterschiede hinsichtlich der Wichtigkeit und Strukturierung von Verhaltensweisen, die mit dem Geschlechtsleben, der Entwöhnung, der Magie und nahezu allen anderen Aspekten der Kultur, die man anführen könnte, zu tun haben, sowie allgemeine Theorien zu ihrer Erklärung, die im Dienst der als genuine Aufgabe der Anthropologie geltenden Analyse von Ähnlichkeiten und Unterschieden menschlicher Kulturen entwickelt wurden. Nur für die Sprache gibt es keine derartigen Theorien. Als eine der wichtigsten Aufgaben der Anthropologie steht daher die Entwicklung einer Theorie an, die man die vergleichende Ethnographie der Kommunikation nennen könnte und die sich zum Teil mit der unterschiedlichen Rolle beschäftigt, die Sprachen und Sprachverhaltensweisen für Sozialisation, Persönlichkeitsentwicklung, zwischenmenschliche Interaktion, Gesellschaftsstruktur und kulturelle Werte und Überzeugungen spielen.

Um diesen Punkt zu verdeutlichen, könnte man sagen, daß die Anthropologie vorübergehend die heuristische Frage stellen muß, wie *un*wichtig Sprache, eine bestimmte Sprache oder bestimmte Sprachfunktionen in einer gegebenen Situation sein können. (Die Rolle, die diese Frage im Zusammenhang mit den gegenwärtigen retrospektiven Spekulationen über die Evolution der Sprache spielt, wird in Hymes (1964c) angedeutet.)

Hinsichtlich der Beziehung zwischen der Rolle der linguistischen Theorie und der der Sprache beigemessenen Bedeutung könnte man also sagen, daß einige Strömungen in Anthropologie und Psychologie einen Schritt hinterher hinken. In der Psychologie mußten »nicht-spezifische Beschreibungen menschlicher Sprechtätigkeit« (Tikhomirov, 1959) zurückgewiesen werden, damit die linguistischen Erkenntnisse über die strukturellen Eigenschaften der Sprache aufgenommen werden konnten. Und in der Anthropologie muß man jetzt über globale (wenn auch spezifische)Beschreibungen menschlicher Sprechtätigkeit hinausgehen, damit die linguistische Theorie einen angemessenen Beitrag zum Verständnis der funktionalen Eigenschaften der Sprache leisten kann.

Zusammenfassung und Ausblick

Die interkulturelle Untersuchung kognitiver Prozesse zieht sich wie ein Faden durch die Geschichte der Erforschung des Menschen. Sie ist damit beschäftigt, auf die eine oder andere Art die Frage zu stellen, ob wir alle auf die gleiche Weise denken oder nicht. Die Linguistik hat der Beschäftigung mit dieser Frage ganz unabhängig von den je herrschenden Ansichten niemals fern gestanden; angefangen mit der Entwicklung von Strukturtypologien im 19ten Jahrhundert (W. von Humboldt, Schleicher, Steinthal, Brinton, Powell u. a.) über die spezielle Beschäftigung mit grammatischen Kategorien in diesem Jahrhundert (Wundt, Durkheim und Mauss, Cassirer, der frühe Bloomfield, Sapir u. a.) und die komplexer formulierten Interessen an den Beziehungen zwischen Lexikon, Struktur und *Weltanschauung* (Triers und Weisgerbers »Felder«, Whorfs »Redeweisen« und vielleicht Radcliffe-Browns »komparative Epistemologie« und dergl.) bis zu der erneuten Aufmerksamkeit, die neuerdings den Implikationen einer allgemeinen Kognitionstheorie ethnischer Taxonomien als solchen geschenkt wird (vgl. Wallace, 1961a: 141–144, 172, 1961b; Wallace und Atkins, 1960: 78ff.; und Lévi-Strauss, 1962a, b, der sich zum Teil auf Arbeiten von Conklin, Frake, Goodenough und Lounsbury stützt). Auch die Entwicklung von Chomskys linguistischer Theorie muß man ehrlicherweise als bewußten Versuch zur Erklärung kognitiver Prozesse im allgemeinen ansehen; obwohl dieser Aspekt der Theorie innerhalb der linguistischen Literatur nicht im Mittelpunkt der Aufmerksamkeit stand, ist er in vielen anderen Gebieten eine Quelle des Interesses. (Natürlich macht jede deskriptive linguistische Theorie irgendwelche Behauptungen über kognitive Prozesse – worin ein Grund dafür zu sehen ist, weshalb die partielle Abhängigkeit der Linguistik von der Psychologie nur schaden kann, wenn sie unkritisch hingenommen wird (vgl. Wells, 1954).)

Daß die Linguistik bei der Erforschung kognitiver Prozesse und ihrer Entwicklung auch weiterhin eine Rolle spielen wird, scheint also sicher zu sein; angesichts der geschichtlichen und gegenwärtigen Veränderungen der linguistischen Theorie selber ist jedoch weniger sicher, in welchem Umfang und mit welcher Interessenausrichtung sie diese Rolle wahrnehmen wird. Es wurden drei Faktoren genannt (S. 102–108), die zu der besonderen Rolle beitragen, derer sich die Linguistik speziell dort erfreut, wo es sich um die Erforschung kognitiver Prozesse bei Völkern anderer Kulturen handelt: die bequeme Handhabbarkeit sprachlicher Materialien (die ihnen schlechter, uns jedoch besser zugänglich sind); der Präzisionsgrad linguistischer Methoden und Ergebnisse, der den Bedürfnissen des Feldforschers nach einer praktischen Kontrolle der Sprache die Attraktivität der Verfahren hinzufügt, die zwar weniger streng und formal als diejenigen der Mathematik sind, ihnen aber mehr ähneln als die meisten anderen Verfahren, die bei der Erforschung kultureller Verhaltensweisen im Feld zur Anwendung kommen; und drittens die allgemein anerkannte, aber unterschiedlich aufgefaßte kulturelle Bedeutsamkeit der Sprache selbst.

In der obigen Diskussion dieser Faktoren ist gelegentlich etwas Unzufriedenheit angeklungen. Es ist schwierig, gleichzeitig großen Enthusiasmus und tiefgreifende Unzufriedenheit zum Ausdruck zu bringen, in meiner Auffassung von der Rolle der linguistischen Theorie verbinden sich jedoch beide. Die Linguistik bietet in der Tat günstige Bedingungen für die Erforschung einiger Aspekte der menschlichen Denkfähigkeit, die für deren richtiges Verständnis entscheidend sind; aber wenn die Linguistik ihre Behauptungen und Ergebnisse nach außen vertreten soll, gewinnt man den Eindruck, daß viele der in den Augen anderer Verhaltenswissenschaften elementarsten Vorsichtsmaßnahmen bezüglich Datenauswahl, Zuverlässigkeit und Gültigkeit völlig außer acht gelassen werden. Ähnliches gilt für Fragen des tatsächlichen Funktionierens und der Rolle der Sprache im menschlichen Leben (in die von Vielen Fragen der semantischen Analyse eingeschlossen werden). Gerade dort wo es interessant wird, muß man sich, wie es scheint, wegen der Analyse und der empirischen Daten oft an die Philosophie, Psychologie, Soziologie oder Anthropologie wenden. Ja, viele der nach meinem Dafürhalten vordringlichen kognitionstheoretischen Probleme der Linguistik sind nach der normalen Definition der Linguistik ethnographischer und psychologischer Natur. (Jakobson ist da eine löbliche Ausnahme.)

Diese Situation ist nicht neu, und schon von manchen Linguisten beklagt worden (vgl. das Motto zu Jespersen (1926) oder Meillet

(1925, Kap. X): »Necessité de précisions nouvelles«). Was die Linguisten da tatsächlich beklagen, scheint mir das gemeinsame Resultat (a) der der Linguistik aufgrund der Tradition und der Werte unserer Kultur immer wieder zugeschriebenen isolierten Rolle und (b) der Leichtigkeit, mit der sich sprachliche Daten (in geschriebener Form) isolieren lassen, zu sein. Außerdem scheinen sie eine Theorie der Sprache und nicht der Linguistik anzustreben, eine Theorie, die sich gleichermaßen auf menschliche Tätigkeiten und Texte als deren Produkte gründet, eine Theorie, die die wesentliche Funktion der Sprache für die menschliche Handlungsfähigkeit anerkennt, ohne auf die Behandlung ihrer spezifischen Merkmale zu verzichten. Offenbar nehmen alle allgemeinen Sprachtheoretiker »im Laufe ihrer Karriere irgendwann einmal« (Stevens, 1947: 28, »Le Monocle de mon Oncle«) diese Position ein. Eine so umfassende Theorie kann man je nachdem als »Linguistik« bezeichnen oder als eine Art Verbindung von Linguistik, Psychologie, Anthropologie und anderen Disziplinen, oder man kann ihr einen allgemeineren Namen geben, unter dem die »Linguistik« und andere Disziplinen subsumiert werden.

In einem entsprechend weiteren Kontext läßt sich die Linguistik historisch und vielleicht auch theoretisch gesehen offenbar nach Maßgabe zweier allgemeiner Gesichtspunkte lokalisieren. Vereinfacht gesagt, ist nach dem einen der menschliche Geist die Grundlage der Integration und nach dem anderen das soziale Handeln. Cassirers Philosophie der symbolischen Formen (1923) repräsentiert ersteren und Malinowskis Forderung nach einer ethnolinguistischen Theorie und sein Buch *Coral Gardens and Their Magic* (1935) letzteren. Der erstgenannte Gesichtspunkt leistet der Betonung interdependenter Funktionen und/oder Produkte der kollektiven Arbeit des menschlichen Geistes Vorschub: Sprache, Mythos, Kunst, Religion, Wissenschaft und dergleichen, wobei er nach ihrem gemeinsamen Ursprung und/oder Gemeinsamkeiten zwischen ihnen sucht. Der zweite Gesichtspunkt leistet der Betonung von Struktur und Kontext sozialen Handelns Vorschub, wobei er auf die Einheit der Abgeschlossenheit von Handlungen und Ereignissen als Ausgangspunkt der Forschung und als Interpretationsrahmen ausgerichtet ist.

Häufig wird die Verfolgung des einen Gesichtspunkts triftigen empirischen Ansprüchen des jeweils anderen nicht gerecht (einige gegen Cassirer und Malinowski vorgebrachte Kritik ist von dieser

Art). Andererseits wäre jedoch die Unterstellung der ausschließlichen Vertretung eines der beiden Gesichtspunkte oft willkürlich. Natürlich bietet sich z. B. Saussures Konzeption der Linguistik als Teil der Semiotik, einer allgemeinen Wissenschaft von Zeichen oder symbolischen Systemen, für die Weiterentwicklung, die sie unter dem ersten Gesichtspunkt von Hjelmslev erfahren hat, von selbst an; ihre Weiterentwicklung unter dem Vorzeichen von Kommunikation und Austausch durch Lévi-Strauss (1958: 326 ff., 350) kann sich jedoch nach beiden Richtungen verzweigen, je nachdem ob Systeme kommunikativer Handlungen oder die ihnen zugrunde liegenden Kodes fokussiert werden. Lévi-Strauss selber scheint sozusagen zu den Produkten und dem menschlichen Geist zu neigen, und weniger zu den Handlungen. Das bezeugt seine Grußansprache vor der Konferenz von Anthropologen und Linguisten 1952 (Lévi-Strauss *et al.* 1953). Natürlich können wir auch solche Theorien, in denen den Behauptungen beider Forschungsrichtungen ein Platz eingeräumt wird (z. B. die »kollektiven Repräsentationen« und die »soziale Morphologie« von Durkheim und Mauss (wie in Parsons *et al.* 1961: 1065–1068) oder Parsons Konzeptionen von Strukturerhaltung, Integration, Zielrealisierung und Anpassung (Parsons *et al.* 1961: 38 ff), wobei jedoch nach wie vor Uneinigkeit über den relativen Status und die Natur der Verbindung zwischen beiden bestehen kann.

Im großen und ganzen haben die Theorien, die dem, was man den Inhalt nennen könnte (den »kollektiven Repräsentationen« und den Funktionen und Produkten des menschlichen Geistes), eine besondere Stellung oder Wichtigkeit zuerkennen, der Sprache und der Linguistik vermehrt Aufmerksamkeit geschenkt; und trotz der (aus der Durkheim-Meillet-Tradition erwachsenen) französischen Bemühungen dieses Jahrhunderts, eine genuine Sprachsoziologie zu begründen und ihrer verfrühten Proklamation durch Mills (1940c: 469–473, 492–497) waren es diese Theorien, um die sich die Anstrengungen, der Linguistik einen Platz in einem allgemeineren Rahmen zuzuweisen, zentrierten.

Im allgemeinen hat es nicht den Anschein, daß es diesbezügliche Divergenzen oder die Notwendigkeit einer zwanghaften Entscheidung geben müßte. Aber derartige Fragen können an dieser Stelle natürlich nicht entschieden werden. Im Zusammenhang dieser Abhandlung können und sollen jedoch Erwägungen aus der

Perspektive der Beziehung zwischen Linguistik und Kulturtheorie vorgetragen werden. Ihnen wende ich mich jetzt zu.

Sprachtheorie und strukturale Ethnographie

Es ist eine überraschende Beobachtung, daß zwei führende Vertreter der anthropologischen Kulturtheorie, Kluckhohn und Lévi-Strauss, die beide über das Werk von Jakobson von der linguistischen Theorie der Prager Schule beeinflußt wurden, in die gleiche interessante Sackgasse geraten sind. Während Taylor Kultur gemäß seiner berühmten Definition aus dem 19ten Jahrhundert als menschliche Kultur im umfassendsten Sinn verstand, die allgemein alle vom Menschen in der Gesellschaft erworbenen Fähigkeiten beinhaltete, gelangten sowohl Kluckhohn als auch Lévi-Strauss zu einer auf strukturellen Kontrasten innerhalb dieser Sphäre beruhenden Definition (Kluckhohn, 1959: 247; Lévi-Strauss, 1960: 629 f.). Während Taylor ein Merkmal, solange es unter die allgemeine Definition fiel, auch dann als kulturell akzeptieren konnte, wenn es sich in allen Gesellschaften fand, konnten Kluckhohn und Lévi-Strauss dies auf der Grundlage ihrer Darstellung logischerweise nicht. Nach ihren Definitionen müssen die Merkmale distinktiv für eine bestimmte Kultur sein.

Von der allgemeinen Unterscheidung *zwischen* einem kulturellen Bereich und anderen Bereichen, wie z. B. dem biologischen, bis zu der Bedingung der Distinktheit zwischen verschiedenen Kulturen *innerhalb* des kulturellen Bereichs selbst, hat der Begriff der Kultur in der Tat einen langen Weg zurückgelegt. Und dies scheint im Denken beider Männer auf einen Einfluß der strukturalistischen Linguistik jener Zeit zurückzuführen zu sein.[3]

Keiner von beiden zieht alle Implikationen dieser Definition für die menschliche Kultur als ganze (im Hinblick darauf, wie nach ihrer Maßgabe tatsächlich universelle Merkmale kulturellen Inhalts zu behandeln sind) in Betracht, aber beide finden einen Weg, sie erfolgreich auf Einzelkulturen anzuwenden, indem sie den Standpunkt des anthropologischen Beobachters menschlicher Kulturen als einer Ganzheit einnehmen. Kluckhohn (1959: 247) schreibt:

Von Kultur können wir im strengen Sinne nur dort sprechen, wo es zwei oder mehr objektiv mögliche und funktional wirksame Methoden oder

Mittel der Bedürfnisbefriedigung (z. B. in bezug auf Unterkunft, Auswahl und Zubereitung der Nahrung oder die Entwöhnung) gibt und wo eine gegebene Gruppe unter einer Anzahl alternativer Möglichkeiten, die – aus der Perspektive des Beobachters – alle offenstehen, einem Weg, das Ziel zu erreichen, auf konsequente und konventionalisierte Weise den Vorzug gibt.

Und, nachdem er de Saussure zugute gehalten hat, die richtige Definition der Sozialanthropologie vorausgesehen zu haben, als er die Linguistik als Teil einer noch zu schaffenden Wissenschaft, der Semiologie, vorstellte, die das Leben der Zeichen im Herzen des sozialen Lebens zum Gegenstand habe, bemerkt Lévi-Strauss (1960):

On peut se demander si tous les phénomenes, auxquels s'intéresse l'anthropologie sociale, offrent bien le caractère de signes . . . l'outillage, les techniques, les modes de production et de consommation? Objects, non à des signes – le signe étant selon le célèbre definition de Pierce, »ce qui remplace quelque chose pour quelqu'un.« Que remplace donc une hache de pierre, et pour qui? . . . Enfin, l'intention exhaustive, qui inspire nos recherches, en transforme très largement l'objet. Des techniques prise insolément peuvent apparaître comme un donné brut, heritage historique ou résultat d'un compromis, entre les besoins de l'homme et les contraintes du milieu. Mais, quand on le situe dans cet inventaire général des sociétés que l'anthropologie s'efforce de constituer, elles ressortent sous un nouveau jour, puisque nous les imaginons comme l'équivalent d'autant de choix, que chaque société semble faire (langage commode, qu'il faut depouiller de son anthropomorphisme) parmi des possibles dont on dressera le tableau. En ce sens, on conçoit qu'un certain type de hache de pierre puisse être un signe: dans un contexte determiné, il tient lieu, pour l'observateur capable d'un comprendre l'usage, de l'outil different qu'une autre société emploierait aux mêmes fins.

Dès lors, même les plus simples techniques d'une quelconque société primitive revêtent le caractère d'un système, analysable dans les terms d'un système plus général. La manière dont certains éléments de ce système ont été retenus, d'autres exclus, permet de concevoir le système local comme un ensemble de choix significatifs, compatibles ou incompatibles avec d'autres choix, et que chaque société, ou chaque période de son développement, s'est trouvé conduite à opérer.

Lösung I. Wie ich selbst gezeigt habe (Hymes, 1961a), kann ein Ansatz wie der gerade von Lévi-Strauss skizzierte unter günstigen Bedingungen und unter einer historischen Perspektive durchaus zu wertvollen Schlußfolgerungen über kognitive Einstellungen und

Stile führen. Das kognitive System des Forschers *ad hoc* als Surrogat für den Nachweis der Existenz und der Gültigkeit bestimmter struktureller Kontraste innerhalb eines Systems zu behandeln ist jedoch etwas anderes. Wenn die Begriffe des strukturellen Kontrasts und des Systems überhaupt etwas bedeuten und nicht nur als eindrucksvolle Synonyme von »verschieden« und »gemeinsam entdeckt« dienen sollen, muß eine Lösung wie die oben skizzierte als trügerisch angesehen werden. Selbst auf der Ebene der Strukturanalyse eines gegebenen Systems bieten sich der kognitiven Interpretation, wie Burling (1964) gezeigt hat, erhebliche Schwierigkeiten, die aus den zahlreichen theoretischen Möglichkeiten alternativer Analysen resultiert, wenn die Entscheidung für eine Alternative allein dem Forscher überlassen bleibt. Es ist offenkundig, daß der erste Schritt zur Lösung des Problems, eine strukturelle Grundlage zu finden, sowohl was Steinäxte als auch was Phoneme betrifft, darin besteht, sich ausschließlich auf strukturelle Kontraste innerhalb eines Bereichs eines einzelnen Systems zu beziehen, in dem sich die kognitive Basis empirisch überprüfen läßt.[4] Kurz gesagt, dieses Ergebnis der durch eine partielle Assimilation der Linguistik beeinflußten Kulturtheorie deutet auf die Notwendigkeit einer sehr weitgehenden Verallgemeinerung und Anwendung der linguistischen Methodologie hin, wie sie in der ethnographischen Forschung von Conklin (1962, 1964), Frake (1961, 1962), Goodenough (1956, 1957) und anderen gegenwärtig praktiziert wird. Dazu gehört zunächst ganz einfach, daß man den Grundprinzipien sowohl der strukturalistischen Linguistik[5] als auch (mit einigen Verschiebungen der Schwerpunkte) denjenigen der Sprache der Informationsverarbeitung entsprechend bestimmte kulturelle Systeme und in ihnen das Prinzip des Kontrasts zwischen den Elementen von als funktional relevant ausgewiesenen Rahmen als Arbeitsgrundlage annimmt (vgl. Neisser, 1962: 56 f. zur Rolle dieses Prinzips für die Erforschung kognitiver Prozesse, außerdem Mackay, 1962 und Galanter und Miller, 1960; siehe auch (den 1952 geschriebenen) Artikel von Lévi-Strauss, 1958 zu seiner sehr frühen Inkorporation in die Sozialanthropologie). Ein Augenblick der Überlegung läßt erkennen, wie weitreichend und allgemein dies Prinzip sein kann, das alle Bereiche des menschlichen Verhaltens umfaßt, die normalerweise in der Analyse von Sprache und Kultur enthalten wären. Schwierigkeiten bereitet in der Tat nicht das mittlerweile allgemein bekannte Prinzip, sondern seine Anwendung und die dafür erforderliche Bestimmung der für den Einzelfall relevanten Mengen und Komponentenalternativen.

Dieses methodologische Prinzip kann mit dem Prinzip des neuen ethnographischen Ansatzes verbunden werden, nämlich daß der Analysegegenstand nicht im voraus zu kategorisieren ist, sondern die Kategorien für seine Beschreibung induktiv zu gewinnen sind (nach der *emischen* Analyse von Pike, 1954). Man muß sagen »kann damit verbunden werden«, denn in der Praxis waren diese beiden Prinzipien ziemlich unabhängig voneinander, obwohl sie (oft genug unter dem Begriff »Strukturanalyse«) für identisch gehalten wurden. Die tatsächliche Praxis muß mit Hilfe eines durch zwei sich überschneidende Dimensionen definierten Gitters näher bestimmt werden (vgl. Hymes, 1963a: 80). Diese Dimensionen sind: 1. der Grad, in dem die Modelle des fraglichen Systems induktiv anstatt *a priori* gerechtfertigt werden müssen; und 2. der Umfang, in dem die Analyse nach inneren Relationen und generativen Regeln sucht, anstatt einen »taxonomischen« oder »oberflächenbezogenen« Ansatz zu verfolgen (über die diesbezügliche Neigung einiger amerikanischer Linguisten vgl. Gauthier, 1960; zu ihren Grenzen aus einer Perspektive, Postal, 1964).

Wenn wir unser Verständnis dessen, was »Strukturanalyse« ist, auf den jeweils ersten Begriff der beiden Dimensionen (die (1) emische Analyse (2) innerer Relationen und Regeln) stützen, und ihre Anwendbarkeit nur durch die Feststellbarkeit funktional relevanter Mengen kontrastierender Komponenten in gegebenen Fällen beschränkt ansehen, bleibt uns immer noch die Aufgabe, die Natur dieser Fälle zu beschreiben.

Zweierlei muß in diesem Zusammenhang deutlich gemacht werden. 1. Um das emische Prinzip des ethnographischen Ansatzes konsequent anwenden zu können, müssen wir auf der ethnographischen Ebene eine *a priorische* Bestimmung des Analysegegenstandes mittels vergleichend deskriptiver Kategorien ablehnen, die als eher ethnologische Begriffe eigentlich einer anderen Ebene unserer Theoriesprache angehören (Goodenough, 1956). Wir können nicht im voraus die Religion von der Magie, die Sprache von der Kultur eines bestimmten Volkes abgrenzen (vgl. Hockett, 1962).

Wir könnten den Gegenstand unserer Analyse also einfach allgemein »kulturelles Verhalten« nennen (Sharp, Ms. b). Wenn wir uns jetzt aber dem zweiten Punkt zuwenden, so fehlt diesem Gegenstand noch immer eine geographische Einordnung und ein Name wie z. B. die Insel Truk oder die Truk-Kultur. Mir scheint, daß es notwendig und auch auf natürliche Weise möglich ist, eine derartige Abgrenzung empirisch zu rechtfertigen; die Gründe hierfür betreffen das Wesen von Kultur und Kulturgeschichte sowie den ethnographischen Ansatz. Für die gegenwärtigen Zwecke können wir davon ausgehen, daß eine gegebene Gemeinschaft irgendwie auf befriedigende Weise abgegrenzt werden kann. Das Programm einer allgemeinen, die Linguistik integrierenden Theorie kann dann einfach als *Strukturanalyse des kulturellen Verhaltens einer Gemeinschaft* bezeichnet werden. Eine solche Analyse ist die unerläßliche Grundlage aller anderen Analysen und Interpretationen; ob diese nun auf die (im engeren, demographischen Sinne) sozialen Aspekte der Gemeinschaft gerichtet sind oder auf die psychologische Matrix des Verhaltens eines oder mehrerer Individuen; auf die natürliche Umwelt als einer ökologischen Matrix oder auf eine vergleichende und theoretische Analyse einer anderen Ebene zwischen den Komponenten kulturellen Verhaltens selber oder zwischen einer oder mehreren (u. U. allen) Komponenten einer oder mehrerer (u. U. aller) Gruppen.

Vielleicht sollte erwähnt werden, daß nicht alles menschliche Verhalten kulturell und nicht alle Universalien des menschlichen Verhaltens strukturell bedingt sind. Nach dem hier vertretenen Standpunkt beschäftigen wir uns bei der Erforschung der Struktur kulturellen Verhaltens mit den Ergebnissen des Zusammenspiels der Bedingungen des menschlichen Lebens, und zwar sowohl mit den den Menschen umgebenden als auch den ihm innerlichen. Kulturelles Verhalten ist ein Produkt, das sowohl Spuren der materiellen Notwendigkeit als auch des *esprit humaine* aufweist. Anders als Lévi-Strauss (1958: 28) und andere wie etwa Cassirer glauben machen wollen, ist es nicht nur die Aufprägung einer Form durch letztere auf den Inhalt der ersteren. Noch ist es, anders als Lenin (um ein berühmtes Beispiel zu nehmen) und andere glauben machen wollen, nur ein Reflex ersterer in letzterem (die vulgärmarxistische oder materialistische Einstellung zu den Verhaltenswissenschaften kommt mit schöner Klarheit in Lenin (1943: 418–422) »Was die ›Freunde des Volkes‹ sind und wie sie die Sozialdemokraten bekämpfen« zum Ausdruck). Nach der hier vertretenen Konzeption ist die Struktur kulturellen Verhaltens in einem gewissen Sinn eine Mischung oder ein Produkt, dessen Vektoren, wie man sagen könnte, der historische Materialismus und der historische Idealismus in ihrer einfacheren Form sind.

Wie der vorherige Abschnitt zeigt, verbirgt sich hinter der einfach genannten Bezeichnung »Strukturanalyse des kulturellen Verhaltens einer Gemeinschaft« eine Vielfalt von Fragen bezüglich Theorie und Methode. Ich kann diesen Abschnitt nur beschließen, indem ich erstens weiter verdeutliche, wie die Linguistik zu einem Ausweg aus der Kluckhohn und Lévi-Strauss zugeschriebenen Sackgasse beitragen könnte, und indem ich zweitens zwei Bedingungen aufzeige, welche die Linguistik stellen muß, wenn sie sich erfolgreich auf ein solches Unternehmen einlassen soll, sowie zwei weitere Bedingungen, die zu erfüllen sie bereit sein muß.

Lösung II. Die im vorausgegangenen Abschnitt erörterte Ansicht Kluckhohns und Lévis-Strauss' schien in doppelter Hinsicht verkehrt zu sein: wegen der fragwürdigen Gültigkeit nur auf der vergleichenden Imagination des Forschers beruhender Strukturen; und wegen der unvollständigen Logik, die dem Umstand, daß ein Merkmal sowohl kulturell (strukturbezogen) als auch universell ist, als kontradiktorisch ausweist. Wenn die in bezug auf den ersten Punkt gegebene Antwort, daß Strukturen durch Kontrastierung innerhalb einzelner Systeme zu gewinnen seien, akzeptiert wird, bleibt noch die zweite Schwierigkeit, die sich wie eine Form des strukturellen Relativismus (auf komparatistischer Basis) ausnimmt, der neben den antikomparistischen, mit Malinowski assoziierten, funktionalen Relativismus zu stellen ist.

Wir wollen diesen zweiten Punkt für einen Augenblick bis zur Absurdität überspitzen. Wenn man allein auf der negativen Funktion des Kontrasts beharrt, würde das heißen, daß es nicht eine menschliche Kultur gab, bevor es nicht deren zwei gab, sowie einen Beobachter, der sie zur Kenntnis nimmt. Überall dort, wo uns nur eine Möglichkeit für eine Handlung oder ein Objekt bewußt ist, kann die- oder dasselbe nicht Bestandteil eines Zeichensystems sein; kulturellen und strukturbezogenen Status erlangen sie vielmehr (rückwirkend?) erst durch eine Erfindung oder dadurch, daß uns eine Alternative bewußt wird.

Wie absurd das wäre, zeigt sich deutlich an einem linguistischen Beispiel. Allein aus der Kenntnis, daß Aspiration in der Aussprache einer Gesellschaft und Glottalisierung in der einer anderen vorkommt, könnte kein Linguist deren kulturellen Status erschließen, obwohl er sich beide ohne weiteres *comme l'équivalent ... de choix* vorstellen könnte. Er müßte die Rolle jedes der Phänomene im funktionalen Kontext innerhalb beider Systeme kennen.

Andererseits könnte der Linguist, wenn er Jakobson folgt, auf der Grundlage der Kenntnis des strukturellen Status jedes Merkmals neue Schlüsse über die Struktur ziehen. Aus der Tatsache, daß sich die Merkmale, wenn sie niemals im strukturellen Kontrast innerhalb eines einzelnen Systems vorkommen, gegenseitig ausschließen, ließe sich ihre *Identität* als alternative Manifestationen ein und desselben Merkmals auf einer höheren, vergleichenden Ebene ableiten (wobei ihre Motiviertheit vorausgesetzt wird; vgl. Anm. 5). Methodologisch verstanden ist Jakobsons Konzeption der distinktiven Merkmale eine brillante Demonstration dafür, wie strukturalistische Perspektiven und Prinzipien sowohl auf der Ebene der einzelnen Systeme als auch auf der des Systemuniversums zur Anwendung kommen können (vgl. Jakobson und Halle, 1956; Jakobson, 1962b *passim*; Jakobsons Kommentare in Greenberg, 1963: 210–212; in bezug auf grammatische Kategorien vgl. Whorf, 1945). Nicht nur können Merkmale einzelner Systeme zugleich strukturbezogen und universell sein (wie z. B. die Distinktion konsonantisch/nichtkonsonantisch); auf der Ebene der Universalien können vielmehr auch neue strukturelle Merkmale und Relationen festgestellt werden, die sich (dank der komplementären Distribution zwischen verschiedenen Sprachen) durch Verschmelzung ergeben, wie in dem eben erwähnten phonologischen Beispiel, oder als etwas, was in Form von Verallgemeinerungen oder Implikationen zu Tage tritt und den vorausgegangenen hierarchischen Angaben zugrunde liegt. Hierfür einige grammatische Beispiele: »Alle Sprachen haben Pronominalkategorien, die mindestens nach drei Personen und zwei Numeri differenziert sind«; »Wenn in einer Sprache die Kategorie des Genus vorhanden ist, gibt es auch die Kategorie des Numerus«; »Keine Sprache, die keinen Dual hat, hat einen Trial«; »Keine Sprache, die keinen Plural hat, hat einen Dual« (Greenberg, 1963: 90; Universalien # 42, 27, 34. Vgl. Jakobsons Kommentar zu dem Buch, pp. 212–214 und zu den drei Feststellungen, pp. 209 f.).

In diesem methodologischen Zusammenhang muß darauf hingewiesen werden, daß die vergleichende oder universelle Ebene sowohl von den identifizierenden als auch von den kontrastiven Eigenschaften struktureller Merkmale innerhalb des Systems abhängt, denn ohne sie wäre eine vergleichende Identifikation unmöglich. Z.B. könnten wir den Inhalt der Unterscheidung zwischen der Klasse der Nomina und der der Verben nicht interkulturell untersuchen, da deren Elemente in verschiedenen Sprachen in unterschiedlicher Weise ›Gegebenheiten‹ und ›Ereignissen‹ zugeordnet sind. Die jeweilige Invariante zu erkennen ist eine Voraussetzung dafür, die Variation zu untersuchen. Auf der Grundlage eines radikalen strukturellen Relativismus, der darauf beharrt, daß »Sprache nur aus Unterschieden besteht«, wäre es also nicht nur unmöglich, Universalien zu erkennen, sondern zudem wären einige Merkmale einzelner Systeme ihrerseits weniger verständlich und weniger gut erforschbar. Bezüglich eines Verbsystems, das wie z.B. das des Marathi (Indien) nur mit einem Genus Verbi ausgestattet ist, haben einige Strukturalisten geltend gemacht, daß der fehlende Kontrast mit einem anderen Genus die normale Benennung der Kategorie des Marathi als »Passiv« verböte. Man müsse sich darauf beschränken, daß es im Marathi ein Genus Verbi gebe, Punkt. Aus der Perspektive zweier Strukturebenen, einer universellen und einer deskriptiven, kann man jedoch feststellen, daß die Kategorie des Marathi Charakteristika aufweist, die den Kriterien für das »Passiv« in anderen Sprachen entsprechen, und auf diese Weise nicht nur den Namen, sondern auch weitergehende Möglichkeiten einer transkulturellen Untersuchung der Kategorie Passiv aufrechterhalten. Der Fehler in der Argumentation des radikalen Strukturrelativisten ist hier, daß er übersieht, daß wir bei einer Sprache, die einen Kontrast zwischen zwei Genera Verbi macht, wissen, welches wir Aktiv und welches wir Passiv nennen. Wir verfügen also über ein identifikatorisches Wissen auf einer allgemeinen Ebene, und es wäre töricht, uns in einigen Fällen darauf zu stützen, um es dann, wenn wir auf ein System wie das des Marathi stoßen, zu leugnen. Dies gilt sowohl für die Kategorie des Genus Verbi als auch allgemein.

Solche Ergebnisse wie sie hier bezüglich der Erforschung von Sprachuniversalien angeführt wurden, sind der Sozialanthropologie und der vergleichenden Ethnologie natürlich nicht fremd, und in mancher Hinsicht könnte die Linguistik von ihnen lernen. Aber vielleicht stellt die in der Linguistik gegebene Strenge und Deutlichkeit bei der Unterscheidung zwischen der Ebene des Einzelsystems und der des transkulturellen Vergleichs ein nützliches Vorbild und ein Versuchsgelände für die Anthropologie im allgemeinen dar – immer vorausgesetzt, daß das Modell richtig verstanden wird. (Eine etwas andere Auffassung von den wechselseitigen Beziehungen, die mehr an der Transformationsgrammatik orientiert ist, wird von Householder (1961) dargestellt; vgl. dazu Jespersen, 1925).

In diesem Abschnitt haben wir uns mit einem Aspekt des immer wiederkehrenden Problems der Beziehung von Ethnologie und Ethnographie (in bezug auf die Begriffe des vorausgegangenen Abschnitts) beschäftigt. Die Auffassung von Lévi-Strauss, die hier wegen der Priorität, die sie der vergleichenden Perspektive bei der Bestimmung des Inhalts einzelner Fälle einräumt, kritisiert wurde, ist mit der häufig in der amerikanischen Anthropologie vertretenen Ansicht verwandt, nach der es einen Gegensatz zwischen den mit Wissenschaftlichkeit und Objektivität gleichgesetzten komparatistischen Kategorien und den mit »bloßer« Beschreibung gleichgesetzten Einzelfällen gibt, und erstere weiter zu entfalten und auszubauen sind, während eine zu starke Betonung der Rolle letzterer als unwissenschaftlich verdächtigt wird. Die Verwandtschaft zwischen beiden Auffassungen ist von etwas seltsamer Art, weil Lévi-Strauss die gerade beschriebene Rolle des komparatistischen Ansatzes strikt ablehnt. Wir haben hier vielleicht ein äußerst plastisches Beispiel der Schwierigkeit vor uns, ein durchgehendes und konsequentes Gleichgewicht zwischen Ethnologie und Ethnographie, zwischen dem Komparativen und dem Deskriptiven aufrechtzuerhalten. Es besteht ständig die Gefahr, daß sich die Vorstellung von der Beziehung zwischen beiden zu einer starren Schablone verfestigt, wo beide voneinander getrennt sind und u. U. der einen Priorität über die andere eingeräumt wird, während sie doch aufeinander bezogen in einer Art dialektischen Beziehung zu entwickeln sind.

Die diesbezüglichen Schwierigkeiten in der jüngsten amerikanischen Anthropologie scheinen im wesentlichen zwei Ursachen zu haben. Die eine ist ein schon bei den alten Griechen (vgl. Bock, 1956) geltender Lehrsatz, nachdem ein Individualereignis nicht als Topos oder angemessene Quelle einer Gesetzesaussage dienen kann, ein Lehrsatz, der im anthropologischen Kontext teilweise dergestalt interpretiert wird, daß man die einzelnen Gesellschaften oder Kulturen trotz aller Betonung des Systems, wenn von Theorie die Rede ist, wissenschaftlich als ungeteilte Atome betrachtet. (Gegen diese Auffassung vgl. Lévi-Strauss, 1958: 27 f., 307 f., 315 ff.; unangesehen der hier zum Ausdruck gebrachten Meinungsverschiedenheiten sind diese Seiten sowie viele andere Schriften von Lévi-Strauss für das ganze Thema des strukturellen Ansatzes und der transkulturellen Forschung von entscheidender Bedeutung). Eine derartige Auffassung leistet der Beschränkung der Beschreibung auf vorgeschriebene Richtlinien Vorschub und führt manchmal dazu, daß die Verbindung zwischen Beschreibung und Theorie nicht mehr hergestellt werden kann oder will. Eine weitere Quelle von Schwierigkeiten ist das immer wiederkehrende Mißverständnis zwischen einer Generation, die sich auf ihre einstmals neuen Kategorien festgelegt hat, und einer neuen Generation, für deren Erfahrungen sich die alten Kategorien wiederum ganz und gar ungeeignet erweisen.

Spannungen zwischen den Generationen begleiten uns immer, nicht aber wissenschaftstheoretische Positionen, jedenfalls nicht als dominierende Methode, und die im vorigen Absatz zuerst beschriebene scheint an Einfluß zu verlieren. Die Hauptgefahren für die strukturelle Ethnographie in der Zukunft sind nicht neu: Sie bestehen in den verschiedenen immer wiederkehrenden Möglichkeiten des Auseinanderfallens oder Ungleichgewichts von Vergleich und Beschreibung, Theorie und Praxis und von Allgemeinem und Konkretem. Nur unsere Wachsamkeit, keine allgemeine Strategie, kann uns sowohl vor der Skylla einer zwar peinlich genauen aber irrelevanten Praxis als auch von der Charybdis einer relevanten aber zweifelhaften Theorie bewahren. Wie in jeder anderen anthropologischen Disziplin, die dazu berufen ist, sowohl Unterschiede als auch Ähnlichkeiten in der menschlichen Gattung, die Interrelationen zwischen »den anderen« und »uns selbst« zu interpretieren, bedarf es in der strukturalen Ethnographie einer Dialektik, in der weder Fakten noch Kategorien für sich selbst sprechen, und in der die Suche nach Strukturen niemals von der Suche nach dem Konkreten getrennt wird.

Mehr als einmal hat sich Lévi-Strauss zur Unterstützung der Suche nach Strukturen auf das analytische Beispiel von Marx berufen wie in der folgenden Entgegnung auf seine Kritiker (1958: 110):

C'est donc Marx lui-même qui nous invite a dégager des systèmes symboliques, sous-jacents à la fois au language et aux rapports que l'homme entretient avec le monde. »Seule l'habitude de la vie journalière nous fait croire qu'il est banal et simple qu'un rapport social de production prenne la forme d'un objet.«

Mais, à partir du moment où de nombreuses formes de la vie sociale – économique, linguistique, etc. – se présentent comme des rapports, la voie s'ouvre à une anthropologie conçue comme une théorie générale des rapports, et à l'analyse des sociétés en fonction des caractères différentiels, propres aux systèmes de rapports qui les définissent les unes et les autres.

In diesem Zusammenhang ist es vielleicht sinnvoll, Lévi-Strauss' Bemerkung durch den Gesichtspunkt zu ergänzen, an den Moore (1957: 123) erinnert, daß nämlich das Wesentliche in Marx' Methode in der systematischen Suche nach dem Konkreten gegenüber seiner periodisch auftretenden Verschleierung bestehe. Wahrscheinlich ist es das, was Lévi-Strauss mit seiner Insistenz auf der Priorität und Angemessenheit struktureller Analysen von Einzelfällen bezweckt: einerseits die strukturalistische Auffassung, nach der die paradigmatische oder qualitative Analyse jeder quantitativen Analyse vorausgehen oder zugrunde liegen muß (in den Begriffen Lévi-Strauss: mechanische vs. statistische Modelle), und andererseits der dialektische Gesichtspunkt der Einheit der Gegensätze (der sehr deutlich in Lenins »Über Dialektik« dargestellt wird) dergestalt, daß auch die Analyse des einfachsten und gewöhnlichsten Phänomens alle relevanten allgemeinen Elemente zumindest im Keim sichtbar werden lassen sollte und könnte. In jedem Fall ist die Konkretheit der Universalien sozusagen die Handelsware, mit der die Anthropologie als eigenständiges Fach sich behaupten oder fallen muß. (Es ist mir klar, daß diese Behauptung etwas kryptisch ist; sie kann jedoch an dieser Stelle nicht weiter ausgeführt werden. Für eine Behandlung dieser Interdependenz des Universellen und des Konkreten mit weitreichenden Implikationen verweise ich auf Diamond, 1963.)

Bedingungen der Integration: Es wurde bereits festgestellt, daß es zwei Forderungen gibt, die die Linguistik stellen muß, und zwei weitere, die sie bereit sein muß zu erfüllen, wenn sie erfolgreich in eine allgemeine Theorie der Strukturanalyse kulturellen Verhaltens integriert werden soll.

Die erste ist die die Anerkennung einer zugrunde liegenden Kontinuität und Gemeinsamkeit im kulturellen Verhalten selber voraussetzende Kongruenz und Anschließbarkeit zwischen der Linguistik und dem breiteren Forschungsfeld. Die vorausgegangene Erörterung zeigt einige Möglichkeiten zur Erfüllung dieser Bedingung auf (des weiteren vgl. Hymes, 1962a; 1963b). Lévi-Strauss gibt eine entsprechende Explikation strukturaler Analysen (1958,

1962b), und die Transformationsgrammatik arbeitet an ihren eigenen, auf das gleiche Ziel gerichteten Darstellungsformen.

Die zweite Bedingung ist, daß die Besonderheiten der linguistischen Analyse (grammatische Kategorien, syntaktische Relationen, Intonationskonturen, Kollokationen, usw.) im Auge behalten werden und daß die Erforschung ihres Bereiches im Dienst verschiedener Funktionen und Komponenten des kulturellen Verhaltens ein wesentlicher Teil des integrierten Ansatzes ist.

Das Entscheidende an dieser zweiten Forderung ist, daß man im Zuge der Erweiterung des Analysebereiches und Fokus zur Einbeziehung des kulturellen Verhaltens im allgemeinen sowie der in Soziologie, Anthropologie, Psychologie und dergl. verwendeten analytischen Kategorien die besonderen linguistischen Methoden, die anderen Zwecken dienen, nicht aus dem Blick verlieren darf. Zumindest in der Anthropologie herrschte die Neigung, bei der Erforschung kulturellen Verhaltens eine Zweiteilung vorzunehmen, wo zwischen der Untersuchung des normalen Gegenstands linguistischer Beschreibung und der Untersuchung der Ziele, Zwecke, Kontexte und Institutionen, bezüglich deren die Sprache eine Rolle spielt, unterschieden wurde. Die Quintessenz ist, daß die eine auf die kommunikativen Mittel, die andere auf die kommunikativen Zwecke gerichtet ist, wobei beide von der jeweils anderen Seite abstrahieren, und den Beziehungen zwischen dem »wie« und dem »was« wenig Aufmerksamkeit geschenkt wird. Eine derartige Situation ist vielleicht einer theoretischen Position angemessen, nach der Sprache und Kultur als getrennte, zueinander parallele Kategorien anzusehen sind, die unabhängig voneinander analysiert werden müssen, und deren Beziehungen untereinander – falls es überhaupt welche gibt – erst durch einen Vergleich *post hoc* entdeckt werden können. Dies ist jedoch nicht die hier vertretene Position, und sie wird niemals zu einer richtigen Integration führen. Lévi-Strauss (1958: 97) weist in diesem Zusammenhang auf den Fehler hin, einen Teil mit einem Ganzen zu vergleichen. In jedem Fall könnte nach diesem Ansatz ein großer Teil der tatsächlichen Wechselbeziehungen zwischen der Sprache und dem Rest der Kultur überhaupt nicht erfaßt werden, da sie im Rahmen keiner der beiden Blickrichtungen auftauchen würden (vgl. Hymes, 1962: 44–48).

Weiterhin muß die Begrenzung der Subkategorie Sprache (oder Sprachverhalten) im Hinblick auf das verfügbare Repertoire an

Kommunikationsformen *empirisch* (und *emisch*) bestimmt werden. Diese Begrenzung kann sich von Gemeinschaft zu Gemeinschaft unterscheiden, ebenso wie die funktionale Belastung der einzelnen Kommunikationsformen. Dies gilt natürlich, wenn es um die Lokalisierung der unbegleiteten Sprache zwischen verschiedenen Genres und Kommunikationsformen geht, von denen einige die Sprache mit anderen Verhaltensmodalitäten verbinden. (Ein interessanter aber *apriorischer* Versuch einer Typologisierung einer der Dimensionen findet sich in List, 1963). Die gleiche Perspektive, die die strukturellen Grenzen, die Kontrastdimensionen und die distributionelle und funktionale Relevanz bestimmt, wird vielleicht deutlicher sichtbar, wenn es um die eine Menge von Subkodes innerhalb einer Sprache oder um eine Menge nebeneinander auftretender Sprachen geht. Die Elemente derartiger Mengen können, wie man weiß, in recht verschiedenen kognitiven, expressiven u.a. Mustern miteinander oder mit anderen Kommunikationsmodi und dem Schweigen in Beziehung treten, so daß die Beschreibung genau genug sein muß, um festzustellen, daß z.B. auf dem Markt Griechisch, im Tempel Hebräisch und zu Hause Spanisch gesprochen wird (wie es in bestimmten jüdischen Gemeinden der Fall war, die vor einigen Generationen aus Spanien nach Griechenland gekommen waren). Aus den Arbeiten von Ferguson, Gumperz, Haugen, Weinreich und anderen wissen wir über derartige Dimensionen von Sprachgemeinschaften Bescheid. Weniger vertraut sind wir mit einer gründlichen Anwendung eines solchen strukturalen Ansatzes auf jede Ebene eines Kommunikationssystems; die Anerkennung der Notwendigkeit hierfür nimmt jedoch zu. Andernfalls ist man dazu gezwungen, anzunehmen, daß die für alle Gemeinschaften der Welt charakteristische Vielfalt spezifischer sprachlicher Mittel und die verschiedenen Muster ihrer Verteilung ohne Funktion entstanden sind und aufrechterhalten werden.

Die erste der beiden von der Linguistik zu erfüllenden Bedingungen ist, daß sie die Integration nicht nur dadurch anstreben muß, daß sie den Blick nach außen (d.h. von der Sprache auf die anderen Teile der Kultur) lenkt, sondern auch nach innen (d.h. von den anderen Teilen der Kultur auf die Sprache). Die meisten Integrationsbemühungen linguistischerseits waren Expeditionen oder Ausfälle von einem für sicher gehaltenen Terrain aus. Solange dies so bleibt, werden mit großer Wahrscheinlichkeit nur die Integrationsmöglichkeiten erkannt werden, die zu vorgegebenen linguistischen Theorien passen; diejenigen Möglichkeiten, die eine Modifikation der linguistischen Theorie erforderlich machen würden, bleiben unbemerkt. Im wesentlichen läuft die Bedingung also darauf hinaus, daß die Linguistik die Totalität der Kommunikationsgewohnheiten und deren nicht linguistisch definierte Einheiten zum alternativen Ausgangspunkt nimmt: Gemeinschaft, Persönlichkeit, Kommunikationsereignis oder Situationskontext ersetzen den homogenen Kode als Bezugsrahmen.

Die andere Bedingung ist vielleicht etwas gefälliger: Sie verlangt, die Kluft zwischen den Ergebnissen linguistischer und anderen kulturwissenschaftlichen Analysen dadurch zu überbrücken, daß die Sprachanalyse syntagmagisch auf größere Einheiten, auf die Struktur von Texten und Routinen als Bestandteile kommunikativer Repertoirs ausgedehnt wird, und paradigmatisch auf den ganzen Bereich aller neben der Sprache in Sprechhandlungen vorfindlicher Phänomene. Verschiedene Arbeiten in dieser Richtung wurden bereits oder werden gegenwärtig durchgeführt. Eine Möglichkeit der Darstellung dieser Forderung besteht in der Ausdehnung des Bereichs der in der Analyse zu berücksichtigenden Faktoren und Funktionen von Sprechereignissen. Eine Alternative hierzu ist das Argument, daß die von Chomsky und anderen Anhängern der Transformationstheorie (z.B. Postal, 1963, 1969; Katz und Fodor 1962, 1963) gesteckten Ziele einer empirischen Sprachtheorie, wenn sie sich einmal der Forderung nach einer Erklärung der Fähigkeiten und Begabungen des Sprachbenutzers geöffnet haben, kaum dergestalt eingeschänkt werden können, daß lediglich grammatische (und lexikographische) Fähigkeiten im engeren Sinne herausgelöst aus ihrem Gebrauchskontext zugelassen werden. Auf diese Argumente wird zurückzukommen sein.

Zusammenfassend kann festgehalten werden, daß die Linguistik der transkulturellen Kognitionsforschung viel zu bieten hat. Diese Feststellung ist jedoch zweideutig: Schon jetzt hat sie ihr viel zu bieten, und sie wird ihr künftig noch sehr viel bieten müssen.

Die Lage der Linguistik im engeren Sinne

Die Diskussion in diesem Abschnitt konzentriert sich auf die deskriptive Linguistik, und zunächst auf den Teil der Aufgabe der Beschreibung sprachlicher Gewohnheiten, der mit der Grammatik zu tun hat. Im Mittelpunkt steht der transformationelle Typ einer generativen Grammatik, zuerst einmal im Hinblick auf ihren Platz unter anderen Typen von Grammatiktheorien und dann im Hinblick auf ihre Konzeption von den Zielen der Sprachtheorie und die Implikationen einer solchen Konzeption für einen ethnolinguistischen Ansatz. Diese Implikationen werden im dritten Teil dieses Abschnitts weiter verfolgt, wo verschiedene Vorschläge darüber vorgetragen werden, was es linguistisch zu beschreiben und in kognitiver Hinsicht zu erforschen gilt.

Zur Einschätzung der Transformationsgrammatik

Die gegenwärtige Lage in der Linguistik. Bezüglich der Transformationsgrammatik nimmt sich die gegenwärtige Situation wie das perfekte Beispiel einer wissenschaftlichen Revolution als Übergang von einem Forschungsparadigma zu einem anderen und dem damit einhergehenden, auf der Konversion der fraglichen Wissenschaftlergemeinschaft beruhenden Wandel der Weltanschauung aus (zur Analyse wissenschaftlicher Revolutionen vgl. Kuhn, 1962 (dt. 1967) und Collingwood, 1940: Kap. VI, XXIV). Wenn man jedoch nicht nur die transformationellen Protagonisten, sondern das ganze Spektrum linguistischer Forschung beachtet, ergibt sich ein komplizierteres Bild. (Vgl. sowohl zur Revolution als auch zur Komplexität: Lounsbury, 1962; Wells, 1963; Joos, 1961).

Entgegen allem Anschein und der Behauptung einander ablösender methodologischer Ansprüche auf Angemessenheit und Gefolgschaft ist das Fach weder von der Transformationsgrammatik völlig überrollt worden (wie es manche Transformationalisten in unterschiedlicher Mischung aus Ungeduld, Verachtung und revolutionärem Eifer gern wahr hätten), noch ist es auf den klassischen Mythos vom Kampf zweier Opponenten, dem neuen und dem alten, reduziert worden. In manchen Erörterungen wird das Spektrum auf zwei Grammatiktypen, den transformationellen und den Phrasenstrukturtyp, reduziert (am ausführlichsten und eindrucksvollsten in Postal, 1964); eine solche Auffassung ist jedoch aus zwei Gründen verfehlt. (1) Sie wird nicht der gesamten Bandbreite grammatischer Theorien gerecht; vielmehr kämpft sie einen auffallend amerikanischen Kampf und läßt verschiedene Strömungen des europäischen Strukturalismus in anderen Ländern außer acht. Selbst innerhalb der amerikanischen Forschung scheint sie neue Entwicklungen in anderen Forschungsrichtungen nicht immer anzuerkennen. (Eine scharfe Kritik der grammatischen Vorstellungen des englischen Linguisten Halliday wurde in das veröffentlichte Buch aufgenommen; die hiesige Diskussion beruht auf einer präpublizierten Fassung.)(2) Sie schenkt dem Umstand zu wenig Beachtung, daß die Linguistik eine Reihe sehr verschiedener Aufgaben außer der Aufzählung aller und nur der grammatischen Sätze einer Sprache zu erfüllen hat, obwohl diese eine Aufgabe äußerst wichtig und alles, was aus ihrer Erfüllung folgt, von großem Wert ist und obwohl das transformationelle Modell, wie es gegenwärtig formuliert ist, nicht für alle Aufgaben gleich gut geeignet ist. Tatsächlich ist der transformationsgrammatische Ansatz, wie Wells (1962) sehr sorgfältig gezeigt hat, ein Paket, zwischen dessen teils linguistischen, teils philosophischen Eigenschaften nur partiell eine notwendige Verbindung besteht; dieser Eindruck jedenfalls entsteht dadurch, daß sich dieser Ansatz im Zuge seiner Verbreitung an der einen Stelle ausdehnt, während er an einer anderen zerfällt, und daß seine ursprünglichen Verfechter es, wie Hill sagt, »zulassen, daß ihre Techniken und Ergebnisse von einer umfassenden Wissenschaft von der Sprache einverleibt werden« (Hill. 1962: 444).

Die gegenwärtige Lage in der Linguistik ist durch Expansion und vielfältige Aktivitäten seitens mehrerer amerikanischer und europäischer Schulen gekennzeichnet. Die Konfrontation zwischen Transformationalisten und neo-bloomfieldschen Verfechtern der Phrasenstrukturgrammatik ist zu einem gewissen Grade, soweit er die amerikanische Linguistik betrifft, ein Familienkrach zwischen den Generationen (wobei seine Bedeutsamkeit durch diesen Hinweis auf seine soziologischen Aspekte in keiner Weise geschmälert wird). In diesem Zusammenhang seien nur kurz folgende andere Richtungen erwähnt: der verstorbene J. R. Firth und die Londoner Gruppe von Halliday (1961), Robins, Allen u. a. und der ebenso scharfzüngige wie unabhängige Kritiker Bazell (1954, 1962); die schottische Gruppe um McIntosh (1961); die Prager Schule in und außerhalb von Prag, Garvin (1963b) resp. Jakobson (1957, 1959, 1960, 1962); Stankiewicz (1962), Lotz, Sebeok u. a.; die wichtigen holländischen Linguisten Reichling (1961, 1962), de Groot (1962), Uhlenbeck und Ebeling (1960); die unabhängige Forschungsrichtung von Benveniste, Guiraud und Martinet in Frankreich; von Hjelmslev und der Glossematik beeinflußte Arbeiten wie die von Didrichsen, Holt, Spang-Hannsen u.a. (vgl. Uldall, 1957); die tagmemische Schule von Pike (1954, 1962), Longacre (1960), Elson, Pickett, Waterhouse (1963) u.a., die nach wie vor mehr Material für eine grundlegende transkulturelle Erforschung der Sprache entwickelt und produziert als jede andere einzelne Gruppe; der gegenwärtig von Lamb entwickelte stratifikationale Ansatz; Garvin (1960, 1962, 1963a), der auf wiederum andere, selbstbewußt unabhängige Weise eine Verfeinerung und Weiterentwicklung der deskriptiven Theorie innerhalb der Tradition der anthropologischen Linguistik vertritt; und schließlich natürlich Hill, Hockett, Joos und Trager sowie einige andere, die ohne irgendeine bestimmte Theorie voranzutreiben, weiterhin unbeirrt linguistische Analysen betreiben.

Durch dieses Forschungsspektrum wird unser Wissen über sprachliche Strukturen, wie man sagen könnte, entlang vieler miteinander verbundener Stränge sowohl durch theoretische und methodologische Verfeinerung und Innovation als auch durch die Anwendung strukturaler Analysen auf immer mehr verschiedene Phänomene erweitert. Dadurch werden im übrigen zahlreiche Informationen und Erkenntnisse über die Stellung der Sprache im sozialen Leben zusammengetragen, die trotz ihrer Verschiedenheit und obwohl sie sehr verstreut und nicht immer explizit sind, von unverzichtbarem Nutzen sein werden, wenn einmal die Ethnographie der Kommunikation auf allgemeiner Grundlage in Angriff genommen wird.

Die Transformationsgrammatik als Bezugspunkt. Angesicht dieses Forschungsspektrum bleibt jedoch zu konstatieren, daß sich die Transformationsgrammatik als Bezugspunkt der Diskussion in der linguistischen Theoriebildung etabliert hat. Und obwohl man nicht vergessen darf, daß die Linguistik und ihre Ziele (nicht einmal im Hinblick auf Grammatik und Beschreibung) mit transformationeller Linguistik und deren Zielen gleichzusetzen ist, ist doch die Stellung der Transformationstheorie als Bezugspunkt ebenso verdient wie angemessen, speziell im Bezug auf kognitionstheoretische Belange.

Zunächst muß, vor allem weil ein großer Teil dieses Abschnitts aus Kritik und Kommentaren transformationalistischer Ansichten besteht, explizit festgestellt werden, daß niemand Chomsky und seinen Kollegen mehr verpflichtet ist, als diejenigen, die sich mit ihnen auseinandersetzen können. Alle Kritik an gegenwärtigen Darstellungsformen und jeder noch so deutliche Hinweis auf frühere Vorwegnahmen und Darstellungen ähnlicher Art ändern nichts an der Tatsache, daß es Chomsky war, der die freie und fruchtbare theoretische Diskussion dieser Tage innerhalb der amerikanischen Linguistik ausgelöst hat. (Die Trostlosigkeit der davor herrschenden Umstände, speziell was kognitionstheoretische Interessen anlangt, dokumentiert in einer Übersicht Joos (1957) mit einer angeblichen Geschichte der deskriptiven Linguistik in Amerika, in der erfolgreich so gut wie jede Arbeit von bleibendem Interesse – mit der bemerkenswerten Ausnahme von Hockett – und vieles von dem, was anthropologischer oder europäischer Herkunft ist, übergangen wird.)

Außerdem der Erwähnung wert ist, daß Chomskys theoretische Ansichten die deskriptive Linguistik mit fundamentalen Problemen der geistigen Entwicklung in Beziehung gesetzt haben, wobei er eine wirkungsvolle Kritik an einem zu beschränkten Ansatz geltend machte und zugleich grundlegende Vorschläge mit Implikationen vor allem bezüglich möglicher Universalien der geistigen Entwicklung entwickelte. Seitens der Linguistik hat dies kein anderer in jüngster Zeit getan.

Etwas »Vorgeschichte« zur gegenwärtigen Lage. Wie die meisten Revolutionen kündigte sich auch die transformationalistische Revolte durch vorausgehende Unruhen aus. Chomsky, Halle und andere fanden sich selbst in den Werken bestimmter bedeutender Sprachwissenschaftler von vor drei Generationen wie Otto Jespersen oder Antoine Meillet wieder, oder in nur eine Generation zurückliegenden Werken wie Bloomfields »Menomini Morphophonemics« (1936) oder Sapirs »The Psychological Reality of the Phoneme« (1933), die beide Ähnlichkeiten mit der transformationellen Behandlung der Beziehung zwischen Morphemen und ihren Erscheinungsformen aufweisen. Das Interesse reicht auch bis zu einigen frühen deskriptiven Arbeiten zurück, die unter Sapir von Männern wie Stanley Newman ausgeführt wurden. Die Rehabilitierung von Sapirs deskriptiver Arbeit im Bewußtsein des inneren Kreises der amerikanischen Linguisten ist ein großes Verdienst von Chomsky und seiner Gruppe.[6]

Ein noch näher liegender Vorläufer, der gleichwohl nicht als solcher akzeptiert wird, ist Pike mit seiner Kritik an der vorherrschenden deskriptiven Praxis während der vierziger und frühen fünfziger Jahre (Pike, 1947, 1952, 1954). Die transformationalistische Ablehnung von Entdeckungsverfahren als eines automatischen, von der Phonologie ausgehenden, in einer Richtung ablaufende Algorithmus wird in Pikes »häretischer« Forderung nach grammatischen Voraussetzungen und seinem zyklisch-aufsteigenden Verfahren bereits vorweggenommen. Pikes erste tagmemische Darstellungen (1945) waren jedoch von gleicher Machart wie die von Bloomfield abgeleiteten segmentierenden oder taxonomischen Modelle, und obwohl seine hierarchischen Darstellungen sehr viel differenzierter und angemessener waren als die Reduktion von Strukturen auf ihre distributionellen Manifestationsformen in der Kodifizierung von Harris (1951), erregte die Herausforderung des transformationellen Schemas mehr Interesse und hat – ein gutes Beispiel für die obigen Ausführungen – die weitere Entwicklung von Pikes tagmemischen Ansatz selbst beeinflußt (Pike, 1960, 1962).

Ein vor allem für transkulturelle kognitive Untersuchungen interessanter Vorläufer ist Whorf. Theorien aller Bereiche sprachlicher Strukturen sind als Theorien über etwas, was Sprachbenutzer erlernen und benutzen, für die Kognitionsforschung von Bedeutung. Besonders einschlägig ist jedoch die semantische Struktur, und Whorf hat im Rahmen der semantischen Beschreibung Probleme aufgegriffen, die heute im Rahmen von Transformationen verfolgt werden. Seine Präzedenz in diesem Bereich wird vermutlich großenteils deshalb ignoriert, weil seine kontroversen Ansichten über den Einfluß der Sprachstruktur auf die Weltanschauung [im Original deutsch, Anm. d. Ü.] die Aufmerksamkeit von seinen Beiträgen zur Entwicklung der Beschreibung sprachlicher, speziell semantischer Strukturen abgelenkt haben, die vorangetrieben wurden, als der Hauptstrom des amerikanischen Deskriptivismus die Semantik ignorierte, ja, sich von ihr weg bewegte.

Semantische und syntaktische Strukturen sind so miteinander verflochten, daß sich eine einfache und allgemein akzeptierte Trennung zwischen beiden kaum vornehmen läßt, und in der Linguistik hat, was von manchen als die Pflege der einen unter dem Vorzeichen der anderen angesehen wird, eine lange Tradition (vgl. Hymes, 1963: 95). So etwa verhält es sich mit Whorf gegenüber der Transformationsgrammatik. Er erforschte die kognitiven Implikationen von Strukturen der Hopisprache mit Hilfe von Tests, die im wesentlichen denjenigen der generativen Grammatik glichen, und erprobte Sätze, die sich aus seinem Verständnis der Grammatik ergaben, sowie die Gründe dafür, daß manche Sätze für seinen Informanten unakzeptabel waren (s. Carroll, 1965: Einführung). Zum Vergleich die folgende Feststellung von Householder (1962b: 32): »Generative Grammatiken werden auf zweierlei Weise getestet: 1. durch den Versuch der Generierung einiger ganz bestimmter Sätze, und 2. durch die Zufallsgenerierung einer großen Vielfalt neuer Sätze.« Während ein Transformationalist die Zurückweisung von Sätzen unter Bezugnahme auf die Grammatikalität interpretiert (es sei denn, der Informant ist ein anderer Linguist, in welchem Fall die Ablehnung u. U. als Täuschung abgetan wird), erforschte sie Whorf im Hinblick auf kognitive Einstellungen.

Was die deskriptive Theorie selbst betrifft, so ist Whorfs Begriff des *Kryptotyps* z. B. der Klasse der englischen Verben, die im Gegensatz zu allen anderen das Präfix »un-« zulassen, tatsächlich ein Begriff für die semantische Charakterisierung von Distributionsbeschränkungen von der Art, wie sie von den Transformationalisten zu dem Begriff der grammatischen Restriktion assimiliert werden.

Whorf hat also, kurz gesagt, in beiderlei Hinsicht Strukturtypen von bemerkenswerter Genauigkeit oder »Feinheit« (Halliday, 1961) auf semantisch heuristische Weise untersucht, Strukturen, die auch von Transformationalisten (und von anderen: vgl. McIntosh, 1961) als für eine angemessene Beschreibung wesentlich betrachtet werden und die einige der schwierigsten Probleme der Abgrenzung der Grammatiktheorie mit sich bringen (sowohl intern, was die Abgrenzung des Kodes gegenüber Lexikon und semantischer Struktur betrifft, als auch extern gegenüber Situationskontext und nichtsprachlicher Strukturierung des Verhaltens). Es muß sich zeigen, ob sich der transformationalistische Ansatz in seiner gegenwärtig praktizierten Form im Lichte vollständiger Beschreibung und Erklärbarkeit der Strukturen der Sprache und der Fähigkeiten ihrer Benutzer als adäquat erweist oder ob nicht vielmehr (was ich vermute, und was die unten zu beschreibende Kritik nahelegt) ein Teil des jetzt von der Transformationsgrammatik beanspruchten Bereichs nicht abgetreten zu werden braucht bzw. gemeinsam mit semantischen Beschreibungen der Whorfschen Art zu bearbeiten sein wird.

Eine derartige Beobachtung führt uns zu den Ursprüngen der Schwierigkeiten mit der Transformationsgrammatik in ihrer gegenwärtigen Praxis, wie sie von zuverlässigen Kritikern gesehen wird.

Zwei Arten der Kritik. Es gibt zwei Arten der Kritik an der Transformationsgrammatik, die der Beachtung wert sind. Die erste bestreitet die Notwendigkeit, transformationelle Relationen der Chomsky-Leesschen Art anzunehmen, um die Phänomene zu behandeln, die die Transformationsgrammatik besonders hervorgehoben hat, bzw. die empirischen Ziele einer generativen Grammatik zu erreichen (einem Grammatiktyp, zu dem auch die Transformationsgrammatik gehört; vgl. z. B. Halliday (1961) sowie einige andere englische Linguisten (W. Haas et al.), Lounsbury (persönliche Mitteilung) u. a.). Insoweit als der strittige Punkt lediglich die Zulässigkeit eines bestimmten Aussagetyps ist, kann die transformationalistische Position durch die Rehabilitierung der mit Sapir assoziierten »prozessuralen« Darstellungsform im wesentlichen als akzeptiert gelten, wie auch durch die explizite Befürwortung in Form eines Postulats im Bloomfieldschen Duktus, das von einem Anhänger Bloomfields aufgestellt wurde (Hill, 1962a: 345): »Die Beziehungen zwischen Äußerungen können in Form von Manipulationen dargestellt werden.« Insoweit er jedoch die speziellere Form der Adäquatheit bestimmter syntaktischer Darstellungsarten betrifft, bleibt er kontrovers; während er von transformationalistischer Seite als Prinzip des formalen Modellierens verfochten wird (vgl. Postal, 1964), bleibt die Frage auf der praktischen Seite hinsichtlich der jetzt verfügbaren empirischen Ergebnisse offen (vgl. Hills (1962b), Householders (1962) und Schachters (1962) Kritiken von Lees (1960), die dem Versuch alle wohlwollend gegenüber stehen; besonders zu beachten sind die von Schachter und Householder beobachteten Schwierigkeiten bei Nominalkomposita, die im einzelnen von Hill dargestellen diesbezüglichen Probleme mit Verben und Adjektiven und die von Householder aufgezählten, von verschiedenen Modellen generierten fehlerhaften Sätze).

Die zweite Art von Kritik richtet sich dagegen, daß der transformationelle Ansatz zu mächtig ist oder in dem Sinne versucht es zu sein, als er die unterscheidenden Charakteristika bestimmter Ebenen, Bereiche und Phänomenarten verwischt oder verdunkelt. Besonders auffällig ist die Beziehung der transformationsgrammatischen Theorie zu folgenden Kategorien: Phonologie, Lexikon, Semantik und Situationskontext. Die erste betrifft die Beziehung zwischen den fundamentalen Ebenen von Laut und Bedeutung, d.h. die allgemein bekannte doppelte Artikulation der Sprache; alle anderen betreffen, grob gesagt, die Beziehungen zwischen grammatischen Regeln der transformationellen Art und anderen Fakten und Erklärungen des Vorkommens und Kookkurrierens grammatischer Elemente.

Ferguson hat auf ebenso faire wie detaillierte Weise die Einwände gegen das Ausmaß dargestellt, in dem die Transformationsgrammatik die Phonologie der Grammatik als Anhang einverleibt und dadurch die durch Tradition und Erfahrung bestimmte gegenseitige Autonomie von beiden auf ein Minimum reduziert. Er kommt zu dem Schluß, daß die bedeutenden Bemühungen um eine phonologische Beschreibung im transformationellen Rahmen zwar interessant und verdienstvoll sind, jedoch bei einem Vergleich unter dem Gesichtspunkt der Zwecke, um derentwillen man phonologische Beschreibungen heranzieht, schlecht abschneiden, und daß »eine synchronische Analyse, die Phonologie und Grammatik zu einem einzigen ordentlichen Paket verschnürt, nicht nur die gegenwärtige Situation verfälscht, sondern auch ein diachronisches Verständnis unmöglich macht« (Ferguson, 1962; 298).

Einige Wissenschaftler haben die offenkundig übertriebene Ausdehnung des Begriffs der syntaktischen Beschränkung für die Erklärung von Phänomenen kritisiert, die entweder nach anderen Erklärungen verlangen oder falsch dargestellt und auf redundante Weise erklärt werden. Hier geht es vor allem um die Feinheiten der Musterproduktivität von Kollokationen oder das gemeinsame Vorkommen von Elementen in bezug auf alternative Bezugsrahmen und Erklärungen, die einschlägig sein könnten; insbesondere den lexikalischen und etymologischen (Schachter, 1962; McIntosh, 1961; Hill, 1962b; Halliday, 1961), die freie Distribution und andere Selektionsfaktoren (Bazell, 1962) sowie das Lexikon und den Situationskontext (Reichling, 1961). Die Konzeption des Lexikons als Anhang der Grammatik hat eine bis auf Bloomfield (1933) zurückgehende Geschichte im amerikanischen Deskriptivismus und stellt einen der Hauptpunkte der Kontinuität zwischen Bloomfield und der transformationalistischen Methode dar. Eine solche Konzeption wirkt sich sowohl auf die semantische Beschreibung als auch auf die Beschreibung einiger Ableitungsrelationen zwischen Elementen aus. Die Ergebnisse der unabhängigen Untersuchung von Lexikon und Kollokation, von Kongruenzregeln (Joos, 1958) und Kollokationsmustern (McIntosh, 1961; Malkiel, 1959a) und von den strukturellen Beziehungen zwischen paradigmatischen und Ableitungssystemen (vgl. Stankiewicz, 1962) können einen eher davon überzeugen, daß ein großer Teil der nicht-phonologischen Seite der Sprachstruktur – und dazu gehören auch für den Kognitionstheoretiker interessante Bereiche – sich gegenwärtig nicht auf adäquate Weise transformationell behandeln läßt; ein Bereich der Sprache also, dessen sich die Transformationalisten eher auf gewaltsame, voreilige und rücksichtslose Weise zu bemächtigen (oder entledigen?) scheinen, als ihn auf »natürliche« und »erhellende« Weise zu erkunden.[8] Stankiewicz (1962: 2) rückt den Gesichtspunkt der Anwendbarkeit, obwohl er sich dabei mehr auf die Bloomfieldsche Linguistik bezieht, ins rechte Licht:

> Der Erfolg der strukturalen Linguistik hängt von der Erweiterung ihres Blickwinkels, der Entdeckung der verschiedenen Regularitätstypen, die ein Sprachsystem ausmachen, und der Überwindung scheinbarer Antinomien ab. Jede Reduktion der Komplexität der Sprache auf ein zu einfaches Schema und einen einzigen Strukturmodus läuft Gefahr, ihre tatsächliche Organisation zu verstellen oder über einige der fundamentalen Probleme der Sprache hinwegzugehen.

Mit dieser Feststellung wird der folgende Absatz vorweggenommen. In diesem Zusammenhang sei noch einmal darauf hingewiesen, daß durch die Aufzeigung der Grenzen nicht die Transformationsgrammatik allein bekrittelt wird, denn es ist keineswegs klar, ob es irgendeinem anderen Ansatz gelungen ist, die Komplexität der strukturellen Beziehungen, auf die Stankiewicz hinweist, in einer befriedigenden allgemeinen Theorie sprachlicher Systeme zu integrieren.

*Die Ziele der linguistischen Theorie und die Fähigkeiten des native speaker**

Indem es der Transformationsgrammatik gelungen ist, sich selbst zum Brennpunkt der Debatte um die linguistische Theoriebildung zu machen, hat sie eine Reihe miteinander in Beziehung stehender

* Im Vergleich mit allen gängigen deutschen Äquivalenten ist die Übernahme von »native speaker« als Terminus noch das kleinere Übel (Anm. d. Ü.).

Auffassungen von der Natur einer solchen Theorie ins Zentrum der Diskussion gerückt. Zwei davon sind nicht nur für die linguistische Theorie im engeren Sinne von besonderer Wichtigkeit, sondern auch bezüglich ihrer Einordnung in eine ethnographische Perspektive. Die erste ist, daß Beschreibung selber eine theoretische Tätigkeit ist, und die zweite, daß das Ziel einer solchen Beschreibung die Explikation von Fähigkeiten ist, die den Benutzern des Beschreibungsgegenstandes innewohnen, und daß das Ergebnis der Analyse dementsprechend für dieselben akzeptabel sein muß (Chomsky, 1957: Abschnitt 6.1). Um zwei neuere Darstellungen von Anhängern des transformalistischen Ansatzes zu zitieren:

Eine vollständige wissenschaftliche Beschreibung einer Sprache muß in erster Linie ein Ziel verfolgen: Sie muß die Fähigkeit eines *native speaker*, in dieser Sprache Äußerungen hervorzubringen, erklären und explizit machen (Halle, 1962: 64).

Das Ziel einer Theorie einer gegebenen Sprache muß die Explikation der Fähigkeiten und Kenntnisse sein, die die Sprachperformanz eines normalen *native speaker* betreffen (Katz/Fodor, 1962: 218).

Die Beziehung zur strukturalen Ethnographie. Keine dieser beiden Ansichten ist völlig neu; aber der Nachdruck, mit dem beide zusammen zum Zentrum der linguistischen Diskussion gemacht werden, ist es, und hierfür sind wir Chomsky zu Dank verpflichtet. Die Auffassung, daß eine Beschreibung eine Theorie sei, ist ein Teil der in der Linguistik vollzogenen Verschiebung der Aufmerksamkeit von der Validierung der Verfahren zur Validierung der Ergebnisse. Indem sie den wissenschaftlichen Status der Beschreibung anstrebt, verleiht sie dieser zugleich mehr Flexibilität und Bedeutung. Besonders hilfreich ist eine solche Auffassung für den neuen ethnographischen Ansatz, weil sie dessen Interesse an der Validität ethnographischer Beschreibungen unterstützt. Entgegen der Neigung, die Beschreibung auf das Material der Theorie zu reduzieren (wobei Theorie mit vergleichender Ethnologie identifiziert wird), wurden nach der neuen Ansicht die Rollen zumindest in bezug auf eine Stufe der anthropologischen Methodologie vertauscht, so daß der vergleichenden Ethnologie die Rolle einer vorläufigen Voraussetzung der Beschreibung zugewiesen wird. Dies kann zu einer Vereinheitlichung einer allgemeinen methodologischen Konzeption für die Sprachbeschreibung und die Beschreibung kulturellen Verhaltens im allgemeinen führen und dadurch zu einem wesentlichen Fortschritt gegenüber den Bemühungen um die Suche nach Oberflächenparallelen bzw. gegenüber der Neigung, in der Beziehung zwischen beiden Seiten einen grundlegenden methodologischen Unterschied zu sehen (z.B. Voegelin und Harris in Aufsätzen zwischen 1945 und 1952).

Die Auffassung, daß das Ziel der Beschreibung die Explikation von Fähigkeiten der Benutzer einer Sprache ist, kommt dem wahrhaft strukturalistischen Ansatz entgegen, der sich mehr dem Kode widmet, der Nachrichten zugrunde liegt, als diesen selbst. Tatsächlich hat ein großer Teil der deskriptiven Linguistik als ihren Gegenstand Textkorpora angesehen. Sicher sind derartige Konzeptionen in stärkerem oder geringerem Maße denen der Transformationalisten zuzurechnen, je nachdem welche Rolle sie der Ermittlung der Kriterien zuschreiben, die für die Abschließung von Materialsammlung und Analyse heranzuziehen sind, sowie den Methoden zur Behandlung spezieller deskriptiver Probleme. Auch die für die transformationalistische Auffassung so zentrale Fähigkeit, neue Äußerungen hervorzubringen und zu verstehen, haben viele Linguisten auf der Ebene der allgemeinen Theorie anerkannt; sei es, wie vielfach geschehen, im Kontext der Unterscheidung der menschlichen Kommunikation von der anderer Lebewesen oder deskriptiv bei der Unterscheidung zwischen dem Inhalt der Grammatik und dem des Lexikons (z.B. Jespersen, 1925) oder einfach in bezug auf die bekannten Tatsachen von Sprachveränderung und Innovation. Für diese Fähigkeit gab es die verschiedensten Bezeichnungen, die häufig auf die Produktivität oder die Offenheit des Systems Bezug nehmen, und in der Literatur der amerikanischen Linguistik und Anthropologie wird sie seit dem zweiten Weltkrieg immer wieder angeführt.[9] Dennoch ist es Chomskys Verdienst, eine eher allgemeine Beobachtung über die Natur der Sprache herangezogen und aus ihr Konsequenzen, ja, sehr radikale Konsequenzen für das Wesen linguistischer Beschreibung abgeleitet zu haben. Was den prätransformationalistischen Darstellungen wie z.B. der von Wells (vgl. Anm. 9) zitierten von Rusell fehlt und was den Unterschied für die deskriptive Theorie ausmacht, ist die Beachtung, die dem *Projektionsproblem* geschenkt wird (vgl. Katz und Fodor, 1963): Der Sprecher einer Sprache kann nicht nur allein auf der Grundlage seiner Kenntnis der Wortbedeutungen und der syntaktischen Regeln (implizit neue) Sätze verstehen, sondern er kann aufgrund seiner Kenntnis einer endlichen Menge von Regeln eine *unendliche Menge* derartiger Sätze verstehen.

Eine solche Auffassung vom Gegenstand einer deskriptiven Theorie ist wiederum für einen adäquaten ethnographischen Ansatz sehr hilfreich und verträgt sich gut mit der von Goodenough (1956, 1957) formulierten allgemeinen Bedingung für ethnographische Beschreibung, daß es eine solche Beschreibung nämlich prinzipiell ermöglichen sollte, sich als Mitglied der fraglichen Kultur richtig zu verhalten. Goodenoughs Bedingung läßt sich ohne weiteres dahingehend interpretieren, daß bezüglich des kulturellen Verhaltens im allgemeinen die Explikation von Fähigkeiten gefordert wird, wie sie die transformationalistische Theorie in bezug auf sprachliches Verhalten zu explizieren trachtet.

Absicht und Wirklichkeit. Die Formulierung der Ziele einer Theorie ist eine Sache, der Gebrauch, den man von ihnen macht, eine andere. Das Lob, das der Transformationstheorie hinsichtlich ersterer zu zollen ist, muß relativiert werden, wenn wir uns jetzt letzterem zuwenden.

Die gerade zitierten Ansichten lenken die Aufmerksamkeit nicht nur über das wahrnehmbare Verhalten hinaus auf das ihm zugrunde liegende System, sondern weiterhin auf die Dynamik des in Aktion befindlichen Systems selber. Sie unterwerfen jede Theorie (einer einzelnen Sprache oder der Sprache im allgemeinen) dem doppelten Test, die Fähigkeiten des Sprachbenutzers im Prinizp und in der Praxis explizieren zu können. Gegenwärtig scheinen die transformationalistischen Anstrengungen nur auf den ersten Test ausgerichtet zu sein. Es wird argumentiert, daß andere Theorien die vom *native speaker* gezeigten Fähigkeiten der Projektion aus prinzipiellen Gründen nicht explizieren können, während die Transformationstheorie dazu in der Lage ist. Sehr wenig Aufmerksamkeit wird hingegen der Adäquatheit der Theorie im Hinblick auf die Praxis geschenkt, sowohl was die Überprüfung der Ergebnisse einer transformationalistischen Theorie einer Sprache an dem Gebrauch, den die Sprecher von den fraglichen Fähigkeiten machen, betrifft, als auch im allgemeinen was die exakte Erforschung des Bereichs der Fähigkeiten anlangt, über die die Sprachbenutzer im Hinblick auf Transformationen und auch sonst verfügen, sowie deren Entwicklung. (Whiteley (1960) verwendet den Begriff der »Folgerungsrelation« auf eine Weise, die eine Perspektive für die ethnographische Erforschung der Frage, welche Sätze die Sprecher einer Sprache als von anderen abgeleitet akzeptieren, andeutet.) Wenn das allgemeine Ziel und seine Bedingungen durch die Bezugnahme auf den muttersprachlichen Gebrauch der Sprache einmal gesetzt sind, wird diesem muttersprachlichen Gebrauch fast ebenso wenig Beachtung geschenkt wie in manchem früheren deskriptiven Ansatz. Das Hauptinteresse gilt dann internen Eigenschaften des transformationellen Modells, insbesondere seiner Einfachheit (Eleganz). Vor allem bei einer Theorie, deren Ziel es ist, Erklärungen zu liefern, muß man jedoch in diesem Zusammenhang an Bazells Argument (Anm. 4) für den Primat der Erklärung über die Redundanzfreiheit (die oft als Kriterium der Einfachheit zitiert wird) erinnern und Galanter und Millers (1960: 277) verwandte Unterscheidung zwischen den Bedingungen, die an ein Modell, und denen, die an eine Theorie zu stellen sind, geltend machen: Ein Modell muß die Daten beschreiben, und eine Theorie muß den Gegenstand erklären. Wenn die Transformationsgrammatik ihr allgemeines explanatorisches Ziel einmal formuliert hat, scheint sie ihr Interesse genau wie alle ihr vorausgegangenen Theorien, die lediglich deskriptive oder »taxonomische« Ziele verfolgten, auf die Entwicklung eines Modells zur Datenbeschreibung einzuengen.

Hieraus ergeben sich zwei miteinander in Beziehung stehende Kritikpunkte, die gegen die transformationalistische Praxis als einer Explikation der (kognitiven) Fähigkeiten von Sprachbenutzern vorzubringen sind:

(1) Von den drei in der Linguistik zumindest seit Morris Swadeshs »The Phonemic Principle« (1934) für eine Beschreibung anerkannten Kriterien der Einfachheit, der Konsistenz und der Vollständigkeit räumt die transformationalistische Praxis ersterer in wesentlichen Punkten den Primat ein und nimmt im allgemeinen bei allen dreien eine der genannten Reihenfolgen entsprechende Gewichtung vor. In diesem Punkt schließt sie sich einer großen Tradition in der Linguistik an, die sich auf einen bedeutenden, vielleicht den bedeutendsten Grammatiker, Panini, berufen kann (dessen Credo war, daß es ihm wichtiger sei, eine Silbe seiner Grammatik zu retten, als einen Sohn zu haben). Abgesehen von der von Wells problematisierten Frage nach der Existenz überhaupt eines befriedigenden Einfachkeitskriteriums geht es hier darum, daß die Einfachheit ein Kriterium ist, auf das sich der Forscher nur dann zur Befriedi-

gung *seines* geistigen Planes berufen darf, wenn seine Anwendung nicht auf Kosten des Forschungsziels geht. Wenn nun das Forschungsziel die Erklärung von Fähigkeiten des Sprachbenutzers ist und wenn wir dieses Ziel ernst genug nehmen, empirische Kenntnisse darüber erlangen zu wollen, was diese Fähigkeiten sind, scheint es nur sinnvoll zu sein, das tatsächliche Verhalten von Sprachbenutzern (besser: von Mitgliedern einer Sprechgemeinschaft) nach Belegen zu untersuchen, so daß, wenn eine Entscheidung getroffen werden muß, eine der alternativen Darstellungen den von ihnen befolgten Gewohnheiten entspricht. Vorläufer eines solchen Ansatzes finden sich bei Sapir. Gegenwärtig von Interesse sind in dieser Hinsicht einerseits die Arbeiten von Lisker, Cooper (Lisker *et al.* 1962) und Liberman in der experimentellen Phonetik und andererseits diejenigen von theoretisierenden und praktizierenden Feldforschern wie Pike und seinen Kollegen. (Interessant ist Liskers Verweis auf Voegelin (1959) bezüglich der Notwendigkeit einer Reaktion des Informanten (Lisker *et al.* 1962: 85, Anm. 8). Wie Hoijer (1958) gezeigt hat, ist die Rolle, die der Reaktion des *native speaker* als Kriterium linguistischer Beschreibung eingeräumt wird, eng mit dem Interesse an einer Integration von Sprache und Kultur bzw., im hiesigen Kontext, mit der Integration von linguistischer und ethnographischer Beschreibung verbunden. Durch die Aufmerksamkeit, die den Reaktionen des *native speaker* geschenkt wird, wird die Präferenz der Linguisten für logische Einfachheit auf zweierlei Weise unterlaufen: 1. Sie deutet u. U. auf eine Darstellung hin, die vom Standpunkt des Linguisten oder dem der Grammatik als ganzer aus betrachtet nicht die einfachste ist; 2. kann sie ihn zur Anerkennung der Existenz oder Relevanz von Phänomenen zwingen, welche ihn sein Sinn für Einfachheit (oder Konsistenz, was in gewisser Hinsicht auch eine Art von Einfachheit ist) lieber hintanstellen ließe. Die Stoßrichtung eines großen Teils der deskriptiven Linguistik war die Beseitigung von Phänomenen, die die nach der Konzeption des Linguisten vorausbestimmte Einfachheit und Konsistenz zu stören schienen. Die transformationalistische Praxis hat tendenziell den gleichen Weg eingeschlagen; indem sie sich auf den Sprachbenutzer beruft, scheint sie jedoch eher der Vollständigkeit Vorrang einzuräumen, in dem Sinne, daß die Erklärung der Gesamtheit der Fähigkeiten und Begabungen des Sprachbenutzers den anderen beiden Kriterien Bedingungen auferlegt, und nicht umgekehrt.

(2) In ihrer gegenwärtigen Form nimmt sich die Transformationsgrammatik in ihren Behauptungen über die Existenz bestimmter kognitiver Eigenschaften von Sprachbenutzern manchmal ebenso zirkulär aus wie Whorfs Theorie. In einigen Fällen hat Whorf kognitive Eigenschaften postuliert, deren Existenz nur durch linguistische Eigenschaften belegt wurde, aus denen sie erschlossen worden waren. Ganz ähnlich scheint die Transformationsgrammatik in der Lage zu sein, die Explikation bestimmter Fähigkeiten, Begabungen und Gewohnheiten zu behaupten, deren Existenz durch nichts anderes bewiesen wird als durch die Explikation selber. So wie sie hier steht, ist diese Behauptung nicht ganz fair, ebensowenig wie die entsprechende Behauptung über Whorf; sie unterstreicht jedoch das empirische Problem.

Das empirische Problem hat zwei Aspekte: den der Fähigkeiten im allgemeinen und den spezielleren einzelner Gewohnheiten.

Es könnte nun sein, daß eine Beschäftigung mit dem empirischen Problem für die gegenwärtige Praxis der Transformationstheorie irrelevant ist (dieses Argument gilt dann für deskriptive Theorien allgemein). Daß sie sich auf bestimmte Fähigkeiten und Begabungen konzentriert, ist vielleicht wirklich nur eine zweckmäßige Spezialisierung, der auf angemessene Weise durch die Erarbeitung der ergänzenden, komplementären Theorien zu begegnen ist, die notwendig sind, um die Explikation der verschiedenen Fähigkeiten und Begabungen allgemein zusammenzufassen, die in der menschlichen Sprachbeherrschung und in ihrem Gebrauch zutage treten. Daß die Transformationstheorie noch nicht viel getan hat, um die Gültigkeit der speziellen, von ihr unterstellten Gewohnheiten beim Konstruieren von Sätzen zu überprüfen, ist vielleicht nur die richtige Strategie, die der Ausarbeitung einer Theorie, die für die Sprache in ihrer Gesamtheit komplex genug ist und auf einer empirischen Grundlage steht, die genügend stark eingegrenzt ist, um die Durchführung dieser Arbeit zu gestatten, den Vorrang gibt und darauf vertraut, daß die Überprüfung der Ergebnisse auf einer breiteren Basis diese nur bestätigen wird, wie es sich zum Teil schon beim Englischen und nicht nur bei ihm, sondern auch bei den strukturellen Universalien gezeigt hat, die aufgrund der Analyse des Englischen und einiger anderer Sprachen postuliert worden waren.

Meiner Meinung nach wird die Beschäftigung mit den experimentellen und ethnographischen Aspekten des Empirieproblems nicht nur zu einer Ergänzung der Erklärung von Fähigkeiten, Begabungen und strukturellen Universalien einerseits und der Bestätigung der gegenwärtigen Analyse des Englischen andererseits führen. Ich glaube vielmehr, daß sowohl die eine als auch die andere dadurch revidiert würde. Insbesondere ist, wie mir scheint, offenkundig, daß die Transformationstheorie in ihrer gegenwärtigen Form, sowohl was die Sprache im allgemeinen als auch was einzelne Sprachen betrifft, sich (1.) als für das ganze Spektrum der vom Sprachbenutzer eingesetzten kognitiven Fähigkeiten und Kenntnisse in einer Weise als unzulänglich erweisen wird, die eine partielle Revision der Darstellung grammatischer und semantischer Kenntnisse erzwingt, und sich (2.) bezüglich der Angemessenheits- und Akzeptabilitätsurteile, die die Sprecher einer bestimmten Sprache tatsächlich fällen, als inadäquat herausstellen wird (siehe unten).

Trotz ihrer Vorzüge verlangt die transformationalistische Darstellung also, kurz gesagt, sowohl nach Ergänzung als auch nach Modifikation. Um eine ethnographisch adäquate Darstellung zu geben, muß die volle Bandbreite der von Sprachbenutzern bewiesenen Fähigkeiten empirisch und interkulturell untersucht werden. Für die Transformationstheorie gilt das gleiche wie für viele Sprachtheorien: Annahmen über den Gebrauch der Sprache sind für die Theorie von grundlegender Wichtigkeit; sie werden aber weder in der eigenen Sprache noch interkulturell empirisch überprüft. Aus anthropologischer Sicht können und sollten derartige Annahmen jedoch überprüft werden. Im folgenden Abschnitt werden einige Überlegungen hierzu vorgetragen.

Zu einer Ethnographie der Kommunikation

Als Ausgangspunkt kann uns die recht allgemeine Formulierung von Katz und Fodor (1962: 218) dienen, die hier noch einmal zitiert sei: »Das Ziel einer Theorie einer gegebenen Sprache muß die Explikation der Fähigkeiten und Kenntnisse sein, die die Sprachperformanz eines normalen *native speaker* betreffen.«

Dieselben Autoren präsentieren auch »eine hinreichende Bedingung, um zu bestimmen, wann eine Sprecherfähigkeit ein geeigneter Gegenstand einer synchronischen linguistischen Theorie ist... *Wenn Sprecher über eine Fähigkeit verfügen, die es ihnen ermöglicht, die Struktur jedes beliebigen Satzes aus der unendlichen*

Menge der Sätze einer Sprache ohne Bezugnahme auf Informationen über den Äußerungskontext zu begreifen, und ohne daß es dabei eine wesentliche Variation zwischen einzelnen Sprechern gäbe, dann ist diese Fähigkeit der eigentliche Gegenstand einer synchronischen linguistischen Theorie« (1963: 173 f.: Hvhb. der Autoren).

Diese Formulierung ist bewundernswert klar und einschlägig und in der anschließenden Erörterung der Frage, »Was liegt jenseits des deskriptiven Bereichs einer semantischen Theorie« (1963: 176 bis 181), werden einige Fragen aufgeworfen, die für die Orientierung einer ethnolinguistischen Theorie entscheidend wichtig sind.

Es ist einerseits fraglich, ob die in diesem Aufsatz vorgestellte ethnolinguistische Perspektive eine linguistische Theorie nach Maßgabe des zweiten Zitats sein kann; andererseits ist auch fraglich, ob sich das erste Zitat auch auf eine ethnolinguistische Theorie erstrecken soll, was mir jedoch der Fall zu sein scheint. Beim zweiten Zitat ist es vielleicht zum Teil nur eine Frage der Formulierung, da die Feststellung nur in Form einer hinreichenden und nicht als notwendige Bedingung getroffen wird, was impliziert, daß die Autoren auch noch andere mögliche Bedingungen für den Gegenstand einer synchronischen linguistischen Theorie ins Auge fassen; und viele Wissenschaftler würden diese Formulierung zwar als Definition eines Typs linguistischer Theorien akzeptieren, jedoch die Existenz einer weiteren deskriptiven Wissenschaft von der Sprache zugestehen, selbst wenn diese als »Bindestrichdisziplin«, etwa als Ethno-Linguistik, ausgewiesen wird (vgl. Jakobson in Greenberg, 1963: 219). Teilweise handelt es sich jedoch auch um eine substantielle Frage. In vielen linguistischen Arbeiten wurde genau diese Voraussetzung gemacht, daß Äußerungskontexte und signifikante Variationen zwischen Sprechern ausgeschlossen sind, und es ist nicht überraschend, daß ihr von den Philosophen, die sich an der gegenwärtigen amerikanischen Linguistik orientieren, der Vorrang (wenn vielleicht auch keine Exklusivität) eingeräumt wird. Außerdem scheinen Katz und Fodor mit den von ihnen gezogenen Grenzen einer Semantiktheorie und dadurch, daß sie die Möglichkeit einer von ihnen jüngst so genannten »vollständigen Theorie der Selektion von Äußerungskontexten« (1963: 179; vgl. 1962: 215: »die die Bedingungen zur Bestimmung von Sprechakten nicht systematisieren kann«) bestreiten, gleichermaßen auch die Möglichkeit einer strukturellen Theorie kulturellen Verhaltens zu leugnen (im Gegensatz z. B. zu Lounsbury, 1956: 189: »Auch die Pragmatik ist einer strukturalen Analyse zugänglich.«); semantischen Analysen, wie sie von Conklin, Frake u. a. an exotischen Sprachen wie z. B. dem Subanum durchgeführt werden, und die naturgemäß auf Informationen über Äußerungskontexte angewiesen sind, scheinen sie den Status einer linguistischen Theorie abzusprechen; schließlich scheinen sie auch – was nur ein marginaler aber typischer Punkt ist – die Notwendigkeit zu leugnen, das Futur des Wishram Chinook in eine Theorie dieser Sprache einzubeziehen.

Zu meinen eindringlichsten Erinnerungen gehören die langen Nächte, in denen ich im Sommer 1956 im Rainbow Café am Rande des Warm-Springs-Reservats in Oregon Bier trank und mir das Gehirn damit zermarterte, mir Äußerungskontexte vorzustellen und sie Philip Kahclamet mitzuteilen, damit er entscheiden konnte, ob ein bestimmtes Verb ins Futur gesetzt werden konnte. Seine unausgesprochene Meinung war dabei, daß es solche Formen (die im Wishram mit Sätzen äquivalent sind) nur geben könnte, wenn es sicher war, daß die fragliche Handlung geschehen würde. Um seine Fähigkeiten als kenntnisreichster und bester Sprecher des Wishram unter Beweis zu stellen und die Akzeptabilität oder Nicht-Akzeptabilität der Hervorbringung solcher Formen zu beurteilen, mußte er Gewißheit über den jeweiligen Äußerungskontext haben. Nur wenn kein Zweifel über den Kontext bestand, fuhr er mit der Beschreibung fort. (Die Beziehung zwischen Interpretation und Kontext behandelt Reichling (1961) in einer Kritik an der Transformationstheorie.)

Es gehört zu den normalen anthropologischen Erfahrungen, daß das Verstehen und Akzeptieren von Sätzen sowohl eine kulturelle als auch eine im engeren Sinne linguistische Frage ist und daß diese Prozesse interessanterweise interkulturelle Variationen aufweisen. Was für »Informationen über Äußerungskontexte« gilt, trifft in einer derartig »immanenten« Beschreibung einer linguistischen Theorie auch auf andere Begriffe und Annahmen zu. Was als unwesentliche Variation und wer als normaler Sprecher gilt, ist teilweise eine kulturelle Frage und wiederum Gegenstand interkultureller Variation relativ zu den Einstellungen, Werten und sozialen Strukturen einzelner Gemeinschaften. Die Fähigkeiten der Sprecher einer Sprache haben also, kurz gesagt, eine ethnographische Dimension, die von einer kommunikationszentrierten Ethnographie zu beschreiben ist, und nicht gefahrlos als interkulturell invariant unterstellt werden kann. Die den empirischen Fakten innewohnenden Schwierigkeiten nehmen sich oft quantitativ gering aus, sind jedoch qualitativ von entscheidender Bedeutung, und wenn man einmal angefangen hat, nach ihnen zu suchen, werden sie immer zahlreicher (vgl. Maclay und Sleator, 1960; Hill, 1961; und Andreyev, 1962: 192 zur Variation und Akzeptabilität von Transformationsergebnissen. Als Alternative zu der Auffassung, daß sich die Zahl der Grammatiken z. B. des Russischen der Zahl der Sprecher des Russischen annähert, zeigt sich für Andreyev in der Variation eine statistische Dimension der Sprache.) Der Sinn dieses Aufsatzes ist es, die Variation unter dem Gesichtspunkt zu betrachten, daß sie teilweise, vielleicht hauptsächlich, das Vorhandensein anderer Regelarten impliziert, die sich auf die Reaktionen auswirken – eine Ansicht, die auch von Jakobson (1962a) vertreten wird. (vgl. auch Miller und Isard, 1963: 224–226.)

Im allgemeinen ist hier die »emische« Perspektive (Pike, 1954 bis 1960) der strukturellen Ethnographie (die auch als »Ethnowissenschaft«, »Ethnotheorie« und »Neue Ethnographie« bekannt ist) Goodenoughs, Conklins, Frakes u. a. einschlägig. Eine richtige Erklärung der Fähigkeiten der *native speaker* muß in Begriffen gegeben werden, die innerhalb der betreffenden Gemeinschaft relevant und gültig sind. Wenn das Kriterium der Fähigkeit mit Akzeptabilitätstests in Verbindung gebracht wird, wie es sehr zu deren Vorzug in der Transformationstheorie praktiziert wird, führt kein Weg an den ethnographischen und interkulturellen Dimensionen vorbei. Phänomene und Methoden, die zur expliziten Interdependenz zwischen Kontext und linguistischem Beschreibungsgegenstand führen würden, können vielleicht so lange auf recht plausible Weise beiseite geschoben werden, wie es sich um die Frage handelt, was der *Linguist* als Bestandteil des Beschreibungsgegenstands akzeptiert. Das Kriterium der Akzeptabilität verlangt jedoch wie die Methodologie der strukturalen Ethnographie im allgemeinen, daß danach gefragt wird, *was die Mitglieder einer Sprechergemeinschaft als Bestandteil des Beschreibungsgegenstands akzeptieren.*

Insbesondere erscheint es schwierig, wenn nicht unmöglich, eine ethnographisch motivierte Unterscheidung zwischen der Akzeptabilität der Produkte einer Generativen Grammatik – *die, wie man sich erinnern muß, teilweise für Sprecher und Hörer neu sind* – und der Akzeptabilität von Variationen und Innovation zu machen. Beide Arten der Bedingung der Akzeptabilität wirken zusammen, und wer Grammatikalität erforscht, untersucht *nolens volens* den gleichen Gegenstand wie derjenige, der soziale Dialekte oder die »dynamische Synchronie« erforscht. Für den Ethnolinguisten bestimmt sich die Akzeptabilität in einer gegebenen Gemeinschaft nicht nur nach einer Satztheorie, sondern auch nach einer Theorie über Sprechakte und Äußerungskontexte. Hinzu kommt, daß kein Sprechakt und kein Äußerungskontext, nicht einmal ein experimenteller, in dieser Hinsicht neutral und als solcher privilegiert ist (vgl. McIntosh, 1961: 326–329; Ray, 1962: 32–35).

Kurz gesagt, *das Kriterium der Akzeptabilität ist ein Verbindungsglied, das eine Beziehung zwischen der internen Strukturbeschreibung und der differentiellen Distribution strukturaler Elemente im sozialen zeit-räumlichen Kontext herstellt.* Man hat es hier mit dem zu tun, was Jakobson (1962 a) »dynamische Synchronie« genannt hat, einer Perspektive, von der in der amerikanischen Linguistik in zunehmendem Maße Gebrauch gemacht wird (vgl. die Artikel und Hinweise in Hymes 1964 a, Teil VII, »Sozialstruktur und Sprechgemeinschaft« unter besonderer Berücksichtigung der sozialen Variation und der gesellschaftlichen Aspekte diachronischen Wandels).

Fähigkeiten und Akzeptabilität

Ich kann an dieser Stelle nicht sämtliche Aspekte der Fähigkeiten und Akzeptabilitätsurteile untersuchen, die unter ethnographischer Perspektive zu Tage treten, sondern lediglich kurz einige von ihnen erwähnen. Da sind zunächst die Fähigkeiten der sprachlichen Produktion und Interpretation, die sich mit paralinguistischen und anderen Ausdruckssystemen verbinden. (Vgl. Hocketts tiefschürfenden Essay (1960); empirische Untersuchungen wie z. B. Bernstein (1962a); Ausblicke auf die Interdependenz sprachlicher und nicht-sprachlicher Ausdrucksmittel und Kontexte z. B. Goffman (1956: 476, 477); bei Lanier (1893: 254–260) findet sich eine frühe aber immer noch unübertroffene literarische Darstellung der kognitiven Bedeutung paralinguistischer Phänomene; van Holk (1962) und Seiler (1962) haben wesentlich zu der Analyse der strukturalen Interdependenz der expressiven Merkmale mit der referentiellen Dimension von Syntax und Grammatik beigetragen).

Weiterhin gibt es Fähigkeiten, die mit dem Verhalten und der Beurteilung der Selbstdarstellung im alltäglichen Leben zu tun haben und mit dem Verhalten in sowohl formellen als auch informellen Situationen und in Beziehung zu unterschiedlich definierten Gruppen. (Einige neuere Hinweise finden sich z. B. bei Akhmanova, 1963; Bernstein, 1962b; Ferguson, 1962; Fischer, 1963; Landar, 1962; Riffaterre, 1961; Schogt, 1961 (in Weiterentwicklung von de Groot, 1948a); Scott, 1960). Die Fähigkeit, die zur Erlernung und Manipulation von Sprechebenen und Stilen gehört, ist ein Teil davon, und das scheint universell so zu sein, denn in keiner Gemeinschaft gibt es nicht mindestens drei Ebenen, wie auch immer sie strukturell definiert und voneinander unterschieden sind (etwa »formell« oder »zeremoniell«; »informell« oder »umgangssprachlich«; »Slang« oder »Jargon«). Mit den Mitteln der Strukturanalyse wird gegenwärtig begonnen, die Voraussetzungen der Erlernung der markierten Ebenen zu klären, obwohl gut dokumentierte Fälle immer noch selten sind.

Einige Fähigkeiten der sprachlichen Produktion und Interpretation sind regelgeleitet, und sie regieren eine hierarchische Struktur von Varianten, haben jedoch gleichermaßen mit statistischer Distribution als Teil der Interaktionssteuerung zu tun (Kucera, 1955: 584 ff., 599; vgl. Bateson, 1963: 9). Zudem gibt es die ebenso eindrucksvollen wie in ihrer Effektivität und in ihren Wirkungen variablen und notorisch kontextabhängigen Fähigkeiten des Kodewechsels und der wechselseitigen Übersetzung zwischen Kodes (die nicht auseinander folgen) (vgl. Jakobson, 1962a: 652).

Bestimmte Probleme ergeben sich bei der Analyse unmittelbar struktureller Merkmale, welche die Einbeziehung sowohl sprachlicher als auch nichtsprachlicher Kontexte verlangen, wenn man ihre Grundlage verallgemeinert, und die daher die Bezugnahme auf Fähigkeiten und Akzeptabilitätsurteile implizieren (z. B. abhängige Sätze (Waterhouse, 1962), Thema-Rhema-Beziehungen (Garvin, 1963b), Kollokationsmuster und Ketten (McIntosh, 1961: bes. 328, 332). Derartige Probleme lenken die Aufmerksamkeit auch auf inter- und intrakulturelle Unterschiede zwischen Gruppen hinsichtlich ihrer Toleranz gegenüber und Pflege von Innovationen sowie hinsichtlich des Ausmaßes, in dem von dem produktiven Potential sprachlicher Strukturen im allgemeinen Gebrauch gemacht wird.

In diesem Zusammenhang ist es nicht überflüssig, darauf hinzuweisen, daß die Mitglieder einer Sprechgemeinschaft die Fähigkeit haben, bestimmte Merkmale und Sätze nicht nur als abweichend wahrzunehmen und zu beurteilen, sondern auch als bezüglich eines Stils, Genres oder Äußerungskontexts, einer Quelle, Funktion oder dergl. positiv ausgezeichnet. Eng hiermit verbunden ist die Fähigkeit, neue Äußerungen innerhalb eines kulturell definierten Genres bewußt als solche zu erkennen und Akzeptabilitäts- und Angemessenheitsurteile zu fällen, durch die deren Verbreitung innerhalb der Gruppe und in der Zeit bedingt wird (ein bestimmtes Genre behandelt Gifford, 1958).

Ein anderer Typ von Fähigkeiten betrifft Sprechakte und sprachliche Routinen (vgl. Hymes, 1962 a: 41 f.) z.B. das Versprechen (Searle, 1971); Vernehmung und Befragung (z.B. Ekvall, 1961: 1, 252; Friedl, 1962: 83–84; Harrah, 1960: 73 ff.; Hilger, 1957: 75; Mills, 1940 a: 440 ff.); Rededuelle (z.B. Friedl, 1962: 83); usw. Natürlich haben Routinen und einzelne Beispiele eines Genres eine erkennbare Struktur bzw. eine Menge von Strukturen. (Sebeok, 1962 ist dafür ein ebenso triftiges wie reichhaltiges Beispiel.) In diesem Zusammenhang sei auf eine Konsequenz des ursprünglichen Tricks hingewiesen, mit dem Katz und Fodor dem sprachlichen Kontext seinen Status als unabhängigen Faktor absprechen konnten. (Wir hatten bereits festgestellt, daß sie die andere Hälfte des Kontexts, die, wie es üblicherweise heißt, nicht-sprachliche (Bühlers *Umfeld*, das das *Symbolfeld* und das *Zeigfeld* umfaßt; vgl. Garvin, 1944), was ihre strukturale Analyse betrifft, auf eine eingeschränkte Möglichkeit reduziert haben.) Der sequentielle sprachliche Kontext wird bei Katz und Fodor (1963: 180) dadurch eliminiert, daß sie (oft verborgene) Satzkonnektoren an den Satzgrenzen postulieren, und somit einen Text oder Diskursabschnitt für die Zwecke der Analyse auf ein einziges Satzkompositum reduzieren. Hieraus scheint sich die Verpflichtung zu ergeben, alle Fähigkeiten zu erklären, die es den Sprechern einer Sprache ermöglichen, in solchen Diskursabschnitten (»Satzkomposita«) Strukturen zu erkennen, so daß sich die Analyse folglich mit den sprachlich manifesten Strukturierungen von Genres, Mythen, Gebeten u. dgl. befassen muß, ob diese nun unmittelbar in Erscheinung treten oder nicht. (Hinsichtlich der Notwendigkeit einer Analyse nicht unmittelbar manifester sprachlicher Strukturen und Invarianten sei auf Mead, 1933: 1 ff. verwiesen; vgl. wiederum Sebeok, 1962 sowohl in bezug auf Strukturrelationen, die gegenüber verschiedenen

Genres invariant sind, als auch auf solche, die einzelsprach- und textspezifisch sind, und ihre Interdependenz mit den Ebenen der Funktion und der Kommunikationssituation.)

Es geht um das Verständnis von Fähigkeiten sowie bestimmter Arten des Unvermögens, die unter linguistischem und ethnographischem Gesichtspunkt schwer zu behandeln sind, aber dennoch real und für das Funktionieren der Sprache im sozialen und politischen Leben wichtig sind. In der Geschichte der westlichen Zivilisation haben sich hiermit zusammenhängende Fragen in verschiedenen Epochen, manchmal auf quälende und dramatische Weise gestellt: das von Murray (1946) in Ausführung eines Spiels von Euripides und in bezug auf Sokrates und Thukydides »Paracharaxis« genannte Mißtrauen gegenüber der Sprache; der Fall des Deutschen in der jüngsten Vergangenheit (vgl. Cassirer, 1946: 283 f.; Höllerer, 1961; Johnson, 1961: 27 ff., Seidel und Seidel-Slotty, 1961). Derartige Probleme führen uns zu denjenigen mit Sprache zusammenhängenden Fähigkeiten und Unzulänglichkeiten, die von so kompetenten Sprachbenutzern, wie es Schriftsteller sind, erfahren und zum Ausdruck gebracht werden (vgl. z.B. was Williams, 1946: 20, über die Leute von Paterson schreibt:

> Die Sprache fehlt ihnen
> sie sterben auch
> incommunicando...,

und Eliot, 1943: 16, in »East Coker« über den Dichter selbst:

> Man versucht, Worte gebrauchen zu lernen, und jeder Versuch ist
> ein ganz neuer Anfang und eine andere Art des Versagens,
> denn man hat nur gelernt, bessere Worte
> für etwas zu finden, was man gar nicht mehr sagen will, oder für eine
> Form, in der man nicht geneigt ist, es zu sagen...).

Wichtig in diesem Zusammenhang ist auch die einerseits befähigende, andererseits fesselnde Rolle der Sprache aus dem Gesichtswinkel der Wissenssoziologie (vgl. hierzu wiederum Mills, 1939; 1940 a, b, c mit Bezug auf Burke, Durkheim, Mannheim, Mead, u.a.; R. Williams, 1958: 357; die Hinweise in Burke, 1962).

Innerhalb der Linguistik selber gibt es neuerdings eine in den verschiedensten Gebieten deutlich werdende Verschiebung des Interesses von der Sprecher- zur Hörer- oder Empfängerseite, die für die Wissenssoziologie von Interesse sein könnte. (Siehe z.B. Ebeling, 1960: 9;, Harrah, 1963; Hockett, 1960: 187; Jakobson, 1962a: 658; Mol und Uhlenbeck, 1959; Riffaterre, 1961: 343). Diese Perspektive hat vorher zwar nicht völlig gefehlt (vgl. Maronzeau, 1921), war jedoch relativ peripher. Der generelle Trend ist, daß Fähigkeiten in zunehmendem Maße in bezug auf den Kommunikationsempfänger als allgemeinerem oder höherem Standpunkt dargestellt werden. Diese Interessenverschiebung unterstützt den ethnolinguistischen Ansatz, da durch sie die größere Vielfalt der sprachlichen Materialien und Kontexte eingeführt wird, die ein Empfänger charakteristischerweise interpretieren kann (im Gegensatz zu denjenigen, die er selbst hervorbringt). Insbesondere wenn wir, wie die Transformationalisten es uns gelehrt haben, danach fragen, wie Mehrdeutigkeiten vom Empfänger gemeistert und interpretiert werden, erkennen wir die Notwendigkeit, außer Syntax und kontextfreier Semantik auch Stile, Sprechebenen und Situationskontexte zu analysieren.

Die hervorstechendsten kognitiven Fähigkeiten sind diejenigen, die mit der semantischen Analyse in Zusammenhang stehen, wobei man nicht vergessen darf, daß alle strukturalen Aspekte der Sprache und des Sprachgebrauchs kognitiv organisiert sind. Jeder Versuch, die ausgezeichnete diesbezügliche Analyse Lambs (1964) oder die hervorragenden, mit zahlreichen Hinweisen versehenen Überblicksartikel von Weinreich (1963) und Ullmann (1951, 1963) hier aus der Perspektive einer bestimmten grammatischen Theorie zu reproduzieren, wäre gänzlich überflüssig.

Es liegt auf der Hand, daß semantische Theorien die Bezugnahme auf Theorien über die Natur des sprachlichen Zeichens notwendig machen und daß *solche Theorien ihrerseits unvermeidlich Annahmen über die Natur von Sprechkontexten und Sprechakten mit sich bringen*. Jakobsons Explikation der grammatischen Kategorien (1957) bindet diese an die Komponenten der Sprechsituation und läßt sich bezüglich ihrer ethnographischen Implikationen ausbauen (vgl. Hymes, 1961a). Auch der von Weinreich (1963: 118) behandelte Grad der Semantisierung in verschiedenen Sprechakten setzt implizite Kenntnisse über Sprechakttypen und mit ihnen korrelierende Funktionen in einer Gemeinschaft voraus, damit für die Begründung einer semantischen Theorie eine möglichst ergiebige Auswahl getroffen werden kann. Die semantische Analyse mit der Analyse von Sprechakten zu verbinden (und nicht, nebenbei bemerkt, beide zu verwechseln: Shwayder, 1961: 34 ff. in Zusammenfassung von Shwayder, 1960; Searle, 1962) heißt, auf die Konzeption einer immanenten semantischen Analyse, nach der Sprache als Struktur zwischen den beiden Polen der phonischen und der semantischen Ebene ohne Sprecher- und Gesellschaftsbezug gesehen wird (eine hervorragende Darstellung dieses Modells gibt Chafe, 1962), zu verzichten; aber eine solche Verbindung ist das notwendige Mittel für diejenigen, die manchmal die Hoffnung auf eine strukturale Analyse aller semantischen Aspekte einer Sprache aufgeben, denn die Sprechsituation liefert einige der notwendigen Anhaltspunkte für die Identifizierung von Kontrasten (vgl. Hymes, 1974c).

Bei der von Kenntnissen über den Inhalt von Sprachen ausgehenden Beschreibung der Fähigkeiten von Sprachbenutzern bestand schon früh die allgemeine Versuchung, vom Inventar her zu argumentieren; ob Sprecher irgend etwas auf eine bestimmte Weise wahrnehmen können oder nicht, hängt davon ab, ob ein bestimmtes Merkmal gegeben ist oder nicht. Die von der Notwendigkeit ausgehende Argumentationsweise, die in der amerikanischen Linguistik und Ethnographie vor allem mit Boas verbunden ist, war jedoch sehr viel fruchtbarer; einige Kategorien und semantische Merkmale muß es geben. »Der eigentliche Unterschied zwischen verschiedenen Sprachen besteht also nicht darin, was und was nicht ausgedrückt werden kann, sondern darin, was von den Sprachen vermittelt werden muß bzw. nicht vermittelt werden darf« (Jakobson, 1959: 140). Diejenige Argumentationsweise, die von der Beschreibung und Untersuchung tatsächlichen Verhaltens ausgeht, wartet noch auf ihre Erprobung. Nicht nur beherrscht kein Sprecher einer Sprache ihren gesamten Inhalt, sondern keinem Sprecher ist auch die Wahl zwischen obligatorischen Merkmalen gänzlich verwehrt, so daß er etwa einem nominalen gegenüber einem verbalen Ausdruck oder einer abgeleiteten gegenüber einer paradigmatischen Konstruktion den Vorzug geben kann (vgl. Stankiewicz, 1962 zur kognitiven Bedeutung einer solchen Auswahl). Daß Auswahl und Ausformung sowohl fakultativer als auch obligatorischer Merkmale innerhalb einer Sprache mit Alter (Weinreich, 1963: 140 f.) und sozialer Gruppe (Bernstein, 1962b) variieren, liegt auf der Hand. Es gilt also noch einen weiten Weg zurückzulegen, um die tatsächlichen Fähigkeiten von Sprachbenutzern zu erforschen, die nicht in Inventaren oder Grammatiken manifestiert werden, sondern in habituellen Mustern verbalen Verhaltens und deren kontextuellen Beziehungen sowohl in als auch zwischen einzelnen Gruppen (vgl. z. B. Bateson, 1960, 1963; Bernstein, 1962a, 1962b; Burke, 1962; Bursill-Hall; Duncan, 1962; Friedl, 1962: 81 bis 84; Hockett, 1960, 1962; Landar, 1962; Longacre, 1960; Lowie, 1917 (besprochen in Hymes, 1962b); Mills, 1939, 1940a, b, c; Steiner, 1956; Underwood und Honigmann, 1947 liefern zahlreiche Beispiele und Anregungen).

Diese miteinander in Beziehung stehenden Fälle sind nur ein Indiz der ethnographischen Dimension. Ja, wenn auch die meisten der angeführten Beipiele normalerweise nicht als Fähigkeiten und Akzeptabilitätsurteile dargestellt werden, sind sie doch augenfällig, und wer sich in der Literatur über eine bestimmte konkrete Situation auskennt, kann noch viele andere hinzufügen. Die exemplarischen Hinweise auf Einzelfälle sind absichtlich ad hoc und unter den verschiedensten Gesichtspunkten ausgewählt, um einen Eindruck von der potentiellen Vielfalt der Quellen zu vermitteln. Das ändert jedoch nichts daran, daß diese potentielle Vielfalt bisher nur sehr wenig für vergleichende Studien und die Theoriebildung ausgenutzt worden sind und von einer systematischen ethnographischen Beschreibung fast gänzlich unberührt sind. Die relativ geringe Aufmerksamkeit, die auch die Beziehungen zwischen Struktur und Funktion und Kontext betrifft, steht, wie mir scheint, selbst in einem historischen, für die Theorie bedeutsamen Kontext.

Arbitrarität und Angemessenheit

Bei der ganzen Sache handelt es sich um die Beziehung zwischen dem Arbiträren und dem Angemessenen. Eine detaillierte Auslotung dieser beiden Begriffe ist hier nicht möglich. Es muß die Feststellung genügen, daß die Konzentration der Linguistik auf eine immanente und autonome Struktur während des größten Teils dieses Jahrhunderts mit der Betonung des arbiträren Aspekts des sprachlichen Zeichens verknüpft war. Leider ist hierbei vielfach das Kind mit dem Bade ausgekippt worden. Die Problematik tritt offener und vielleicht auf allgemeinere Weise zutage, wenn man bedenkt, daß der Beweis der Arbitrarität normalerweise komparativ, *ethnologisch* ist und daß er im genauen Gegensatz zu der Auffassung von der relativen Angemessenheit des sprachlichen Zeichens vorgetragen wird, die für die *ethnographische* Perspektive, d.h. für die »gruppeninterne« Linguistik einer Gemeinschaft charakteristisch ist.

Die Lautsymbolik bzw. die Angemessenheit der Form eines Zeichens (oder einer Botschaft) relativ zu seinem Referenten ist ein prägnantes Beispiel hierfür. Gegenüber der hartnäckigen These von einer natürlichen, nicht-konventionellen Beziehung zwischen Laut und Symbol (z.B. Platos *Kratylos*) wird die Antithese einer völlig arbitären Beziehung dadurch belegt, daß man Beispiele wie »Pferd«, »cheval«, »horse«, »loshad«, »misatim«, etc. anführt. Die Haltung einer übergeordneten komparatistischen Objektivität verstellt uns jedoch den Blick in dreierlei Hinsicht. Erstens hält sie uns von der Untersuchung einer Fähigkeit ab, über die Sprachbenutzer ohne Zweifel verfügen, der Fähigkeit nämlich, die Angemessenheit einer Form relativ zu einem Referenzobjekt zu beurteilen, sowohl was einzelne Zeichen und Botschaften betrifft, als auch deren Vorkommen in Sätzen und Sprechakten. Obwohl es keine notwendige Beziehung zwischen Form und Referenzobjekt zu geben braucht, besteht doch eine solche für den Sprecher, der das Zeichen nicht aus komparatistischem Blickwinkel, sondern als einen unteilbaren, unanalysierten Komplex in seiner Kindheit erlernt. Darüber hinaus gibt es, zweitens, Gründe für die Annahme, daß in die Kommunikationsmuster einzelner Gemeinschaften durch irgendwelche Faktoren eine Komponente der Konvergenz und Universalität eingeführt wird, so daß die Arbitrarität selbst auf der komparatistischen Ebene keine erschöpfende Erklärung ist. Als Synthese ergibt sich hieraus, daß die Möglichkeit der Angemessenheit des Lauts relativ zur Bedeutung, insoweit sie das Verhalten der Mitglieder einer Gemeinschaft affiziert, als Gegenstand empirischer Untersuchung zu betrachten ist. Ein derartiger Ansatz wird drittens zum Verständnis der Prozesse und Resultate der Sprachveränderung in einer Gemeinschaft beitragen, denn die Sprecherurteile über die lautsymbolische Angemessenheit sprachlicher Zeichen stellen unbeschadet aller Anstrengungen der Verfechter der Antithese der reinen Arbitrarität, sie zu ignorieren, ganz offensichtlich einen historischen Faktor dar. Verallgemeinernd läßt sich feststellen, daß ethnographische und komparative Untersuchungen sowohl Unterschiede als auch Universalien aufzeigen können, die für ein Verständnis des Funktionierens der Sprache bedeutsam sind. (Hiermit stimmt Lévi-Strauss (1958: 103–108) im allgemeinen überein; meine eigenen Ansichten wurden zuerst in bezug auf die Poetik entwickelt (vgl. Hymes, 1960 mit weiteren Hinweisen)).

Meines Erachtens gilt für die Beziehung zwischen Zeichen (oder Botschaft) und Kontext, die von einer ähnlichen, wenn auch nicht so deutlich ausgeprägten Geschichte begleitet ist, das gleiche Argument. (Die Geschichte steht mit der Kontroverse über die Beziehung zwischen Form und Inhalt, die konstrastierenden und identifikatorischen Elemente und somit über Methode und Reichweite der strukturalen Theorie in Zusammenhang; Hjelmslev, 1942–43 und 1944 sind hierfür besonders interessant und einschlägig). Wie im Zusammenhang mit den oben diskutierten Fähigkeiten häufig bemerkt worden ist, sind Sprachbenutzer sehr wohl dazu in der Lage, die Angemessenheit eines Zeichens (oder einer Botschaft) relativ zu einem Kontext zu beurteilen. Von einem allgemeinen Gesichtspunkt aus betrachtet dominiert oder durchdringt diese Fähigkeit die übrigen, da jedes Akzeptabilitätsurteil in einer bestimmten Sprechsituation bzw. bezüglich eines bestimmten Sprechaktes gefällt wird, so daß das Urteil durch diesbezügliche Veränderungen beeinflußt werden kann. Oder man braucht sich nur die Funktionsweise der Sprache aus der Perspektive des Kindes anzusehen. Wenn es mit allen und nur den grammatischen Sätzen einer Sprache ausgerüstet wäre, wäre es dennoch kommunikativ hilflos, da ihm die Regeln unbekannt wären, die bestimmen, welche Sätze oder Arten von Sätzen zu benutzen sind, und wann überhaupt keine angebracht sind. (In vieler Hinsicht gewinnt man den besten Überblick über die Funktionsweise der Sprache, wenn man sich ansieht, wie Kinder teils auf einheitliche und teils auf unterschiedliche Weise, teils kraft Veranlagung und teils dank der gebotenen Gelegenheiten die Fähigkeiten und Urteilsgrundlagen so zu meistern lernen, daß durch sie ihr Sprachverhalten als für die Mitglieder einer Sprachgemeinschaft, in die sie nolens volens eingeführt wurden, charakteristisch ausgewiesen wird, und indem man die Werte, Überzeugungen, sozialen und Persönlichkeitsstrukturen, Technologien usw. in Betracht zieht, die auf diese Einführung einwirken.) Auf jeden Fall ist die ethnographische und vergleichende Untersuchung von Angemessenheitsurteilen ein notwendiger Bestandteil einer ethnolinguistischen Theorie, die so zum besseren Verständnis von Unterschieden und Universalien von Sprachfunktionen und Sprachveränderungen beitragen kann.

Bisher herrschte, kurz gesagt, eine Verbindung zwischen dem Begriff der Arbitrarität und einer linguistischen Theorie vor, die an Strukturen ansetzt. Gegenwärtig gewinnt die Verbindung zwischen dem Begriff der Angemessenheit und einer linguistischen Theorie an Boden, die an Funktionen ansetzt. Um Kant und Hokkett (1954: 225) zu paraphrasieren: Funktionen ohne Struktur sind blind, Strukturen ohne Funktion sind steril. Jede ist auf die andere angewiesen, und die ethnolinguistische Theorie auf beide.

Zusammenfassung der Begrenztheiten

Im folgenden will ich die Argumentation über die Begrenztheit einer linguistischen Theorie der Art, wie sie in diesem Abschnitt diskutiert wurde, zusammenfassen.

(a) Eine synchronische Linguistik, die an das gebunden ist, was Vergleich und beobachtbares Verhalten als Fähigkeiten *ohne* Bezugnahme auf Informationen über Äußerungskontexte und *ohne* bedeutsame Variation von Sprecher zu Sprecher anzusehen gestattet, wäre in der Tat eine sehr arme Linguistik, die vielleicht logischen Analysen und der Bestimmung eines Bereichs experimenteller Variablen von Nutzen ist, von der Betrachtung der konkreten Vielfalt sprachlich vermittelten kommunikativen Verhaltens jedoch absehen muß und nicht dazu in der Lage ist, die volle Bandbreite der sich darin manifestierenden Fähigkeiten, Angemessenheitsurteile und Funktionen zu behandeln.

(b) Durch die Setzung ihres Gegenstandes scheint eine derartige Theorie – wenn auch vielleicht unbewußtermaßen – die implizit normative Haltung zu perpetuieren, die lange für die Linguistik charakteristisch war.

(c) Insbesondere werden so unabdingbare Begriffe wie »native speaker«, »normaler Sprecher«, »eine Sprache«, »eine Sprechgemeinschaft« ohne nähere Prüfung vorausgesetzt, wie auch, implizit, bestimmte Typen von Sprechakten und Situationen. Wenn solche Begriffe nicht Bestandteil der linguistischen Theorie sind, müssen sie Teil einer Grundlagentheorie der Linguistik sein. In beiden Fällen ist ihre Untersuchung ethnolinguistischer Natur und stützt sich sowohl auf die strukturale Ethnographie als auch auf die vergleichende Ethnologie.

(d) Weiterhin zieht eine gründliche Untersuchung solcher Begriffe wie die der Fähigkeit und der Akzeptabilität die Beschäftigung mit Äußerungskontexten oder Sprechakttypen und bedeutsamer Variation nach sich. Ohne deren strukturale Darstellung kann eine deskriptive Theorie nur in sehr eingeschränktem Maße als Theorie einer ganzen Sprache oder Sprechgemeinschaft gelten.

(e) Vom Standpunkt einer allgemeinen Theorie der Sprache und ihrer Funktionsweise muß man einfach konstatieren, daß *einige* Funktionen, die Sprachen in Gemeinschaften haben, gemäß dreier in der deskriptiven Linguistik so verbreiteter Annahmen nach einer Analyse verlangen, die sich der Unabhängigkeit vom Kontext, einer einfachen Einheitlichkeit und dem Primat der Organisation über die Referenzfunktion annähert, während das bei *anderen nicht der Fall ist*.

Der deskriptive Rahmen

Um ihren notwendigen Beitrag zur Ethnolinguistik leisten zu können, muß die Ethnographie Beschreibungen von Gemeinschaften liefern, die Sprache und Kommunikation in der Weise fokussieren, wie bisherige Beschreibungen Wirtschaft, Politik, Familie und Verwandtschaftsstrukturen, Religion u. a. fokussiert haben. Trotz aller Erkenntnisse, die auf andere Weise gewonnen werden können, kann nur ein ethnographischer Ansatz die als Grundlage für eine wirklich allgemeine Theorie der Sprache, ihrer Form, ihres Gebrauchs und ihres Wandels notwendige Strukturanalyse funktionierender Systeme leisten.

Unter dem Titel *Ethnographie des Sprechens* habe ich in einer kürzlich verfaßten Arbeit (Hymes, 1962a)* einen Rahmen für die Untersuchung des fraglichen Phänomenbereichs entworfen. Einige der Hauptpunkte können hier noch einmal genannt werden.

1. Ein derartiger Rahmen entspricht in seiner Rolle derjenigen einer phonetischen Tabelle in der Phonemanalyse; er ist ein Instrument für die Feststellung von Phänomenen, die sich für das betreffende System relevant erweisen werden, und wird für eine vorläufige Bestimmung dieses Systems verwendet. Die Klassifikation von Phänomenen in diesem Rahmen ergibt nicht das System, deren Mengen, Elemente und Kontrastdimensionen in bezug auf ihre Relevanz innerhalb des Systems selbst zu suchen sind (vgl.

* Übersetzung in diesem Band (Anm. d. Hg.).

S. 114–118). Während die Liste der Faktoren und Funktionen also die Bestimmung des Bereichs der mit angemessenem Sprachverhalten verbundenen Phänomene erleichtert, läßt sich aus ihr doch keineswegs ablesen, wie die vollständige Analyse eines bestimmten Systems aussehen würde.

2. Ausgangspunkt der Analyse muß die Gesamtheit der Kommunikationsgewohnheiten (oder Kommunikationsperformanzen) in einer Gemeinschaft sein. Nur wenn man von einem solchen Ausgangspunkt ausgeht, kann man die Fähigkeiten und Begabungen auf »natürliche« und »erhellende« Weise behandeln, die die *native speaker*, die ihre Sprache fließend oder auf andere Weise beherrschen, tatsächlich an den Tag legen. Bei den zahlreichen, wahrscheinlich die Mehrheit darstellenden Sprachgemeinschaften, die mehrsprachig sind, leuchtet das unmittelbar ein; daß das Gleiche für alle Gemeinschaften gilt, ist ebenso offensichtlich, wenn man die einem normalen Sprecher jeder beliebigen Sprache zur Verfügung stehenden Mittel als ein gegliedertes System von Subkodes begreift (vgl. Jakobson, 1962a). Außerdem kommt man zu dem gleichen Ergebnis, nicht nur wenn man die Person des Sprachbenutzers betrachtet, sondern auch, wenn man die Frage unter dem Gesichtspunkt der Strukturanalyse eines einzelnen Kodes oder Subkodes angeht. Die Analyse einer Reihe von Voraussetzungen und Verfahren, die dabei zum Tragen kommen, zeigt, daß sich ein konsequenter und gründlicher Ansatz auf eben diese Weise entfalten muß.

3. Drei allgemeine Kategorien scheinen sich als Fokus für die Untersuchung der kommunikativen Performanz (Kompetenz oder kommunikativer Gewohnheiten etc.) anzubieten: Kommunikationsereignisse als solche, die für solche Ereignisse konstitutiven Faktoren und die von ihnen erfüllten Funktionen. Die Ereignisse als solche zu fokussieren hieße, die Terminologie der fraglichen Gemeinschaft für solche Ereignisse aufzudecken, dieselbe in einem semantischen Feld oder in mehreren zu analysieren und die Ergebnisse mit anderen Techniken der Feldarbeit, wie Beobachtung und Interview zu verbinden, um an das der Gemeinschaft eigene System als ganzes heranzukommen. Die für solche Ereignisse konstitutiven Faktoren zu fokussieren hieße, die betreffende Terminologie für Faktoren folgender Art aufzudecken: verschiedenerlei Sender, Quellen, Emittenten; verschiedenerlei Empfänger, Ziele, Adressaten (was nicht das gleiche zu sein braucht); verschiedener-

lei Arten von Botschaften (Äußerungsarten (Frage, Befehl, usw.), Genres, Stile, usw.; verschiedenerlei Kodes (Sprachen, Dialekte, Sprechebenen, Varietäten, usw.); verschiedenerlei Übertragungskanäle (gesprochen, schriftlich, instrumental, gesungen, usw.); verschiedenerlei Themen; auf verschiedenerlei Äußerungskontexte (sprachliche und nicht-sprachliche, Bühlers (*Symbol-* und *Zeigfeld* umfassendes) *Umfeld*, Malinowskis Situationskontext, usw.); sowie wiederum die semantische Analyse mit anderen Techniken zu verbinden, um die Systeme zu bestimmen. Die in solchen Ereignissen erfüllten Funktionen zu fokussieren hieße schließlich, die betreffende Terminologie für solche Typen von Funktionen aufzudecken, die den verschiedenen Bedeutungen der expressiven, identifizierenden, rhetorischen oder metakommunikativen Funktion (nicht in dem Sinne, wie über die Arbeiten Whorfs gesprochen wird, sondern im Sinne der Fokussierung des Kodes), der »kommunikativen«, der referentiellen und der kontextuellen Funktion usw. entsprechen, wobei auch hier die semantische Analyse mit anderen Techniken verbunden werden muß, um das System zu erkennen. Es ist offenkundig, daß die genannten drei Gesichtspunkte ineinandergreifen.

4. Welche Arten von Ereignissen, Faktoren und Funktionen es gibt; was als Exemplar eines jeden von ihnen gilt; was für eine Hierarchie zwischen ihnen besteht; all dies variiert, wie die Antworten auf andere Fragen dieser Art, von Gruppe zu Gruppe. Sowohl die Unterschiede als auch die Übereinstimmungen betreffen die Rolle der Sprache in Gesellschaft und Kultur inklusive ihrer Funktion für die geistige Entwicklung. Die allgemeine Rolle der Sprache kann man preisen bzw. postulieren, aber die Details müssen ethnographisch erforscht werden. Wie die Verwendung aller natürlichen oder sozialen Mittel zeichnet sich auch der Gebrauch der Sprache im allgemeinen wie auch der Gebrauch jeder einzelnen Sprache im besonderen durch interkulturelle Variation aus. Mythen z. B. stellen eine universelle Art der Sprachverwendung dar, deren spezifische kognitive und expressive Funktionen im Leben jedoch variieren und in verschiedenen Gruppen auf unterschiedliche Weise ausgeprägt und für verschiedene Zwecke spezialisiert sind. (Vgl. Cassirer, 1946: 37–52; Bidney, 1953: 293; Lévi-Strauss, 1958: 227–267, bes. 266 f.; Hymes, 1962b, 1964b). Anders ausgedrückt unterscheiden sich verschiedene Gruppen in ihrer Sprechökonomie. Der gegenwärtige Wissensstand der Anthropologie be-

züglich der gerade gestellten Fragen kann als unterentwickelt bezeichnet werden. Wenn sich der Wissensfortschritt auf einem Gebiet – ausgehend vom Prinzipiellen und Exemplarischen über die Typologie zum Messen von Variablen – in drei Stadien einteilen läßt, dann befindet sich die Ethnographie der Kommunikation im ersten Stadium, insofern als aus der ethnographischen Literatur eine ganze Reihe von Beispielen für die bisher entwickelten Prinzipien entnommen werden können. Eine auch nur annähernd adäquate Typologie von Sprechökonomien bzw. von Facetten solcher Ökonomien muß auf ethnographische Untersuchungen warten, in deren Mittelpunkt die Kommunikation steht (so wie in anderen derartigen Untersuchungen die Religion, Verwandtschaftsstrukturen, Werte etc. im Mittelpunkt stehen). Ein kontrollierter Vergleich auf der Grundlage einer Reihe solcher Untersuchungen wird die Aufmerksamkeit auf Variablen lenken, die zu messen relevant und nützlich ist.

Schlußbemerkung

Diese Erörterung repräsentiert ein Übergangsstadium, indem sie den Boden absteckt, der zu bearbeiten ist, und die Grundlagen skizziert, auf denen eine grundsätzliche Kritik der linguistischen Theorien aufbauen kann, ohne aber selbst diese Kritik zu leisten. Auf keinen Fall ist diese Diskussion als Stellungnahme gegen die Weiterentwicklung gegenwärtiger Ansichten über sprachliche Strukturen zu interpretieren, die neue Informationen und Einsichten erbringen. Ihre Bedeutung liegt vielmehr in der Voraussage, daß, wenn wir zu einer befriedigenden »allgemeinen Sprachtheorie gelangen, die eine Theorie der sprachlichen Form und eine Theorie des Sprachgebrauchs als Teile enthält« (Chomsky, 1957: 9.3) – daß dann die Entwicklung des letztgenannten Teils nicht nur eine Erweiterung des ersteren sein wird, sondern in einigen wesentlichen Punkten dessen Reformulierung nach sich ziehen wird.

Der Grund für diese Prognose läßt sich vielleicht am einfachsten als eine allgemeine Erfahrung mit Strukturanalysen in der Linguistik angeben, wie sie von Greenberg (1957: 84 formuliert wird:

»Natürlich gilt für jede sprachliche Ebene, daß wir von ihrer Struktur nicht auf die Funktion schließen können.«

In der Praxis hat die Linguistik eine Vielzahl funktionaler Merkmale außer dem roten Faden der Referenz nur dann zur Kenntnis genommen, wenn sie sich in den Materialien niederschlagen, die in einer Strukturanalyse auf jeden Fall zu behandeln sind. Über einzelne Fälle, in denen z.B. »Männer- und Frauensprache«, Herabsetzung, Vertrautheit, Förmlichkeit, Respekt, u.dgl. den grammatischen Kern oder augenfällige Lexemgruppen affizieren, wurden Artikel geschrieben, und man hat sich darum bemüht, die Sprachen, die man in dieser Hinsicht für bemerkenswert hielt, sowie vielleicht einige Korrelationen mit äußeren Faktoren zu ergründen. Nur selten hat man eine spezielle oder universelle Funktion wie Status- und Rollen- oder Geschlechterdifferenzierung, Herablassung, Respekt oder dgl. genommen, um das Problem von der anderen Seite anzugehen und die verschiedenartigen innerhalb der Sprachgewohnheiten einer Gemeinschaft auf diese Weise organisierten Mittel unabhängig davon zu erforschen, ob diese nun den grammatischen Kern affizieren oder nicht. Größtenteils waren die Forscher daran gewöhnt, nach Funktionen Ausschau zu halten, die mit bereits dargestellten Strukturen korrelieren.

Grundsätzlich sind Funktionen jedoch nicht nur korrelativ und sekundär. Vielmehr ist es einerseits in der Regel der Nachweis funktionaler Relevanz, der das richtige Erkennen von Strukturen gestattet (z.B. Haas, 1959); und andererseits zeigen sich oft neue Gruppierungen und Strukturrelationen, wenn man Strukturelemente im Lichte von Funktionen anderer Ebenen oder Phasen der Analyse betrachtet. Dies ist insbesondere dann der Fall, wenn es sich um eine Funktion einer »höheren« Ebene oder Phase handelt und es um die Auffindung aller Elemente geht, die sie manifestieren bzw. die nach ihrer Maßgabe organisiert und eingesetzt werden. So verhielt es sich mit den Elementen der Phonologie und Morphologie, als diese von den Transformationalisten im Lichte syntaktischer Funktionen überprüft wurden, und mit den Elemeten der Phonologie, Morphologie und Syntax, die von den Stratifikationalisten im Lichte semantischer Funktionen überprüft wurden (s. Lamb, 1964). Neue Relationen treten zutage, die sich mit denjenigen, die man zuvor nur aufgrund der Fokussierung der »niedrigeren« Ebene erkannt hatte, manchmal überschneiden und sie manchmal als falsch erweisen. Das gleiche wird geschehen, wenn all diese Relationen im Lichte eines allgemeinen Gerüsts der von sprachlichen Elementen im kommunikativen Verhalten erfüllten Funktionen überprüft werden.

Um abschließend das Motto umzukehren, mit dem diese Abhandlung begann: Der Geist dieser Ausführungen dient in gewissem Sinne dazu, die Erinnerung an die von Jespersen (1925) vorgeschlagene doppelte Perspektive der Sturkturbeschreibung »von innen nach außen« einerseits und der Funktionsbeschreibung von »außen nach innen« andererseits wachzurufen. Wesentlich ist dabei jedoch, daß letztere nicht nur gemäß der von einer vergleichenden Analyse in der Grammatik anerkannten semantischen und syntaktischen Kategorien konstituiert wird, sondern auch in bezug auf die volle Bandbreite kognitiv organisierter funktionaler Phänomene innerhalb des Bereichs dessen, was hier mit einem aus Conklins (1962: 119) Darstellung abgeleiteten Begriff Ethnographie der Kommunikation genannt wird.

Anmerkungen

1 Der Forschungskommission der University of California, Berkeley, bin ich für die Unterstützung der hier vorgelegten Arbeit verpflichtet und dem American Council of Learned Societies für das Stipendium, das die Entwicklung einiger dieser Arbeit zugrunde liegender historischer Gedanken ermöglicht hat. Für geistige Anregungen bin ich vielen zu Dank verpflichtet; drei sehr verschiedene Männer sollen hier erwähnt werden, deren geistige Unabhängigkeit sie über die Jahre zu einem Teil der Diskussion werden ließ, die diese Arbeit reflektiert: Stanley Moore, David Bidney und Kenneth Burke; John Rowe danke ich dafür, daß er mich durch seine *Autobiographie* mit Collingwood bekannt gemacht hat, und Bob Scholte für Aufsätze von Bateson und Diskussionen über Lévi-Strauss – für die hier gegebene Interpretation trägt er natürlich keine Verantwortung.
Dieser Aufsatz, der aus der Erweiterung und Überarbeitung einer der Merida-Konferenz vorgelegten Version hervorgegangen ist, lag einer Vorlesung an der University of Texas am 18. Februar 1964 zugrunde; mein Dank gilt dem anthropologischen Seminar der Universität für die Einladung, mich an der Reihe »Contemporay Trends in Anthropology« zu beteiligen, sowie dem Linguistic Club und dem Anthropology Club für zwei weniger formelle, von ihnen veranstaltete Diskussionen.

2 Einige Amerikaner erwarten vielleicht, an dieser Stelle auf den Namen Bloomfields zu stoßen, weil sie die extravagante, immer noch wieder-

holte Behauptung kennen, daß er es war, der aus der Linguistik eine Wissenschaft gemacht hat. Bloomfield selber hätte sich wahrscheinlich über die damit implizierte Einschätzung seiner Vorgänger und Kollegen geärgert. Jedenfalls hat sich sein Einfluß, obwohl er während einer Generation für bestimmte Wissenschaftler und Institutionen innerhalb der Vereinigten Staaten von entscheidender Bedeutung war, in größerem zeitlichen und räumlichen Maßstab als im wesentlichen vorübergehend und regional erwiesen. Die speziell ihm zugeschriebenen Ideen haben außer durch die gegen sie vorgebrachten Einwände international nicht in gleichem Maße Aufmerksamkeit gefunden wie diejenigen von Sapir und Chomsky und werden heute außer unter eben jenem Gesichtspunkt auch in den Vereinigten Staaten wenig diskutiert, während manche in der in den letzten Jahren in Amerika zu verzeichnenden zunehmenden Breite und Flexibilität linguistischer Ideen eine »Sapir-Renaissance« erblicken. So z. B. Malkiel (1959b: 133): »Die dramatische Wiederentdeckung Sapirs, die – das läßt sich voraussagen – gerade erst in Schwung kommt, kennzeichnet nicht die Rückkehr zu solchen Oberflächenphänomenen wie dem Mentalismus, der spekulativen Psychologie oder der Poetisierung der Erkenntnis, sondern zu einer breiteren, weniger formalen Auffassung von den Fakten der Sprache, die mit all ihren zentralen wie auch peripheren Dimensionen und Ebenen in die umfassenderen Fakten der Kultur eingebettet sind.« Natürlich war Bloomfield in seinen Gedanken und als Person sehr viel komplizierter, als sein behavioristisches Image vermuten läßt. Was für ihn in mancher Hinsicht ein Stil war, wurde für andere zur Überzeugung. (Bezüglich der herabsetzenden Verwendung des Begriffs »metaphysisch« seitens einiger Bloomfield-Anhänger ist Collingwood (1940, insbesondere Kap. XIV, »Positivistic Metaphysics«) eine interessante Lektüre.)

3 Sie erinnert an de Saussures berühmte These, daß die Sprache nur aus Kontrasten besteht. Tatsächlich hat Saussure wahrscheinlich keine so negative Konzeption der Struktur vertreten, sondern vielmehr eine Auffassung wie die Pikes (1954), für den Merkmale gleichermaßen kontrastiv und identifikatorisch sind (zu de Saussure s. Buyssens, 1949). Sollte de Saussure nicht die letztgenannte Auffassung vertreten haben, hat er sich geirrt. Um das oft zitierte Beispiel des Schachspiels heranzuziehen: die Schachfiguren müssen nicht nur voneinander unterscheidbar sein, sondern auch in ihrer eigenen Identität oder Funktion positiv erkannt werden können, vor allem dann, wenn der Verlauf des Spiels sie einmal ihrer positionsbedingten Identifizierbarkeit beraubt hat. Zu der die identifikatorische oder Wiedererkennungsfunktion betreffenden Entwicklung in Europa siehe Mol und Uhlenbeck (1959), die auf de Groot als denjenigen hinweisen, der 1931 als erster auf sie aufmerksam machte (Mol und Uhlenbeck, 1959: 164).

4 Es ist nicht sicher, daß Lévi-Strauss die in diesem und dem folgenden

Abschnitt vorgebrachten Einwände und die Lösung überhaupt für notwendig hält. In seinen Schriften zeigt sich immer wieder ein Hin-und-her-Schwanken zwischen einzelnen Systemen und allen Systemen als Bezugskontext der strukturalen Relevanz, was wahrscheinlich in einer bestimmten, etwas an Whorf (1942) erinnernden Auffassung von den Grundlagen menschlicher Erkenntnis motiviert ist. Was die Universalität betrifft, so ist klar, daß Lévi-Strauss sie wie Kluckhohn nicht leugnet, sondern vielmehr nach ihr sucht. Hierfür scheint er zweierlei Möglichkeiten vorzusehen. Einmal schreibt er von Kultur als von einem mehrschichtigen, vom Blickpunkt des Forschers abhängigen Begriff; dabei ist eine der Ebenen die universelle, womit wahrscheinlich ein Gegensatz zwischen menschlichen und tierischen Formen impliziert wird, da der Begriff der Kultur unabhängig von der Ebene an den Begriff des Kontrasts (»écarts significatifs«) gekettet bleibt. In einem anderen Kontext führt Lévi-Strauss seine Ansicht vom menschlichen Geist als eines im wesentlichen Inhalt unbewußt mit Formen überziehenden an, um die Auffassung zu rechtfertigen, daß Verallgemeinerung und universelle Gültigkeit auch durch die Analyse eines Einzelfalls erreicht werden kann, wenn dieser richtig ausgewählt und tief genug analysiert wird (1958: 28).
Soweit ich das beurteilen kann, weicht die erste Konzeption der Frage nach dem, was die strukturale Relevanz im Einzelfall ausmacht, aus, und im zweiten Kontext wird eher ein mögliches Ergebnis der Anthropologie bemüht als eine verfügbare Voraussetzung. Die Ebene, auf der die psychische Einheit von Formen oder des kognitiven Unbewußten Geltung hat, ist nicht diejenige der Strukturanalyse des einzelnen, historisch abgeleiteten Systems, sondern wird von dieser vielmehr vorausgesetzt (Wallace und Atkins, 1960); und ich habe, ohne daß es mir gelungen wäre, versucht, zu verstehen, wie die Verallgemeinerung und Universalität, von der Lévi-Strauss spricht, ohne jede numerische Behandlung von Fällen erreicht werden kann, wie er behauptet (vgl. dazu aber weiter S. 118–126).
Zusammenfassend stellen also weder Kluckhohn noch Lévi-Strauss bewußtermaßen ein Paradoxon auf. M. E. ist die Erklärung für die scheinbare Widersprüchlichkeit eine umbemerkte, die Ethnographie betreffende methodologische Unzulänglichkeit, aufgrund deren die Theorien vom Status der Universalien gewisse Lücken aufweisen. Allerdings wird Lévi-Strauss eine methodologische Unzulänglichkeit vielleicht nicht zugeben, während Kluckhohn das, wie ich glaube, getan hätte.

5 Vgl. unter vielen anderen Garvin, 1960; Haas, 1959; Hymes, 1962a: 17f; Ivić, 1962: 49; Jakobson und Halle, 1956; Prieto, 1958: 383. Die Implikationen dieses Prinzips als Grundlage und Rechtfertigung der Theorie der deskriptiven Linguistik sind im europäischen Struktura-

lismus stärker beachtet worden als in neo-bloomfieldschen Arbeiten, in denen fast oder gänzlich ohne Bezugnahme auf die Kovariation von Form und Bedeutung (Garvin, 1960) bzw. auf eine explizite Untersuchung von Funktionen versucht wurde, die Distributionskriterien auszuarbeiten. Haas, 1959 und Bazell, 1954 liefern eine gute Darstellung und Kritik. Vgl. insbesondere Bazells (1954: 135) Feststellung über die Phonologie, die sich verallgemeinern läßt:

> Das Ziel einer linguistischen Analyse ist die Feststellung des minimalen arbiträren Kodes, auf dessen Grundlage die sprachlichen Fakten verstanden werden können. Eine phonemische Analyse ist unbefriedigend, wenn die allophonischen Varianten nicht gemäß ihrer Umgebung *verstanden* werden können; es genügt nicht, daß sie nach dieser Maßgabe *voraussagbar* sind. ... Während das Kriterium der Kommutation oder Nicht-Redundanz mit dem Prinzip der Ökonomie des *Inventars* verknüpft ist, ist das Kriterium der Arbitrarität mit dem Prinzip der Ökonomie der *Erklärung* verbunden. Sicher besteht Einigkeit darüber, daß letzteres wichtiger ist. Wenn eine Reduktion im Inventar dazu führt, daß sprachliche Fakten schwerer zu erklären sind, ist sie nicht nur wertlos, sondern von Nachteil; das Kriterium der Nicht-Redundanz ist kein Kriterium eigenen Rechts; sein Wert in der Phonemik beruht auf dem Umstand, daß das Redundante oft gleichzeitig das Motivierte ist. Sein sekundärer Status tritt immer dann zutage, wenn die beiden Kriterien nicht übereinstimmen.

Was Bazell sagt, ist, daß die Gültigkeit einer Strukturanalyse in ihrer Fähigkeit, die Gewohnheiten der fraglichen Menschen zu erklären, zu suchen ist und nicht in ihrer Fähigkeit, den kognitiven Ansprüchen des Forschers gerecht zu werden. Sein Argument betrifft sowohl die identifikatorische als auch die kontrastierende Natur von Strukturmerkmalen.

6 Vgl. den Ausdruck früherer Verunglimpfung in Joos, 1957 und seine Zurückweisung in Hymes, 1958; sowie die Bedeutung der von Malkiel (1956: 133; s. Anm. 2) antizipierten »Sapir-Renaiccance« für eine adäquate Behandlung der Dynamik der Sprache.

7 Zu den komplexen Gründen für die Wirkung, die Chomsky 1957 im Gegensatz zu Pike in den Jahren 1947–1954 hatte, gehören möglicherweise auch die Zeit, die ein Muster braucht, bis es »erschöpft« ist und bis die Ungeduld der Jungtürken einsetzt; die dramatische Überlegenheit einer radikalen Ablehnung gegenüber dem Revisionismus; das größere Prestige und die größere rhetorische Wirkung mathematisch verkleideter Kritik gegenüber einer Kritik, die auf Erfahrungstatsachen Bezug nimmt und die größere Attraktivität des Rufs nach einer neuen Theorie und Praxis gegenüber einem Plädoyer für die Vereinheitlichung von Theorie und bestehender Praxis; die marginale wissen-

schaftspolitische Stellung eines Wissenschaftlers, der bekanntermaßen mit Missionsarbeit und praktischen Techniken assoziiert ist; und schließlich einige Persönlichkeitsmerkmale (ein Kollege bemerkte, daß man »Arroganz nicht mit Bescheidenheit bekämpfen kann«).

8 Vgl. Malkiel, 1959a: 159f. bezüglich eines anderen Sturkturphänomens und Garvin, 1963b: 15 bezüglich eines speziellen Vergleichs der transformationalistischen Vorgehensweise und derjenigen der Prager Schule: »So behandelt Bach (ein Transformationalist) das für Beneš zentrale Problem der Beziehung eines bestimmten Merkmals der Wortstellung zur Manifestation der kommunikativen Funktion der Sprache nur ganz am Rande.«

9 Diese Feststellung beruht auf meiner persönlichen Kenntnis der Literatur, die auf diesen Zeitraum beschränkt ist, während dieser Zeit jedoch auch eine offensichtliche Zunahme des Interesses an dieser Fähigkeit registriert. Roulon Wells berichtet von einer unter Linguisten bis 1949 wenig beachteten Version des Prinzips, dessen Formulierung er Lord Russell zuschreibt und das er das »Prinzip der abgeleiteten Bedeutung« genannt hat:

> Zu der oben charakterisierten Semantiktheorie hat Russell zumindest einen hervorragenden Beitrag geleistet: die Formulierung eines Prinzips, das ich, da er ihm keinen Namen gegeben hat, das Prinzip der abgeleiteten Bedeutung zu nennen vorschlage. In *Human Knowledge* erwähnt er es nur beiläufig (115f.); in *Inquiry into Meaning and Truth* (1940: 11) formuliert er es folgendermaßen: »Bemerkenswert an einem Satz ... ist, daß wir verstehen können, was er ausdrückt, wenn wir die Bedeutung seiner Wörter und die Regeln der Syntax kennen« (s. auch op. cit. 34, 238, 306, 386f.). Bemerkenswert an diesem Prinzip ist, daß seine explizite Formulierung Philosophen überlassen blieb. Russell hat es bereits 1918 (*Monist* 28.514f.) dargelegt, Eaton 1925 (*Symbolism and Truth* 40) und C.I. Lewis 1946 (*Analysis of Knowledge and Valuation* 75 *et passim*); seine mir bekannten Darstellungen von Linguisten sind demgegenüber vereinzelt und ungenau; K.L. Pike in *Language* 19.79, # 4.16 (1943) und ein obiter dictum von C.F. Hockett in Language 20.254f., das auf die zahlreichen Ausnahmen dieses Prinzips aufmerksam macht. Selbst ein so prinzipienbewußter Linguist wie de Saussure stellt es nicht auf. ... Natürlich ist das Prinzip unausgesprochen praktisch in der Arbeit jedes Linguisten enthalten – sehr ausgeprägt z. B. in Bloomfields Erörterung über Tagmeme (»Language« (1933: 166); und dennoch wird es, obwohl – oder weil? – es zugegebenermaßen so offensichtlich ist, nur selten direkt beim Namen genannt.

Über Sprechweisen

Unser Ausgangspunkt ist die Sprechgemeinschaft als eine Organisation der Mannigfaltigkeit; was wir brauchen sind Begriffe und Methoden, die uns die theoretische Behandlung dieser Mannigfaltigkeit und dieser Organisation ermöglichen. Sehr hinderlich ist für unsere Zwecke, daß die von Linguisten am weitesten entwickelten Organisationsarten die Grammatik als Bezugsrahmen voraussetzen. (Unter Grammatik wird hier das *Genre* der Grammatik verstanden.) Seit ihrer Erfindung im klassischen Altertum wurde die Grammatik durch die Verbindung mit der Analyse einer einzigen mehr oder minder einheitlichen Norm beherrscht. Früher war die Wahl der Norm von sozialen Bedingungen abhängig. Linguistik und Grammatik entstanden nicht, um irgendeine beliebige Sprache oder Varietät zu zerlegen und zu lehren, sondern genau und ausschließlich diejenigen, welche die jeweils anerkannte kulturelle Tradition verkörperten (das Griechisch Homers, das Sanskrit der Veden oder das Chinesisch der konfuzianischen Klassiker). Ebenso wie die Sprache war die Grammatik ein Herrschaftsinstrument. In der jüngeren Vergangenheit wurde die Wahl der Norm oft genug von Faktoren bestimmt, die aus der linguistischen Aufgabenstellung selbst erwuchsen. Obwohl die Klassenlage der Linguisten die Bevorzugung der »Standards« der Schule fördert, gingen auch Erwägungen der Einfachheit, der Klarheit und der Fülle hinsichtlich all dessen mit ein, was immer für die linguistische Arbeit selbst von Vorteil ist. Bei der Ausschließung bestimmter Dinge zeigten sich Linguisten häufig ebenso stur wie Schulmeister. Während allerdings der Schulmeister einige Dinge aus Prestigegründen und aus Pedanterie von der Behandlung ausgeschlossen haben mag, geschah dies bei Linguisten vermutlich am häufigsten im Interesse eines Modells oder eines eleganten Ergebnisses. Die Konsequenzen für die Sprechmuster einer Gemeinschaft als ganzer waren insgesamt jedoch nicht allzu verschieden. Sehr vieles an diesen Mustern kann, wenn es nicht ignoriert wird, lediglich als Abweichung von der privilegierten Darstellung behandelt werden und wird nicht aus eigenem Recht analysiert.

Wenn nun die Mitglieder einer Gemeinschaft selber bestimmte Sprechmuster als abweichend, gemischt, marginal o. ä. klassifizieren, ist das eine signifikante Tatsache; wir wollen jedoch nicht nur auf Grund der Beschränkungen des Modells, mit dem wir die Analyse beginnen, dazu gezwungen sein, bestimmte Phänomene auf diese Weise zu behandeln. Strukturen, die die Mitglieder der Gemeinschaft natürlich und normal finden, wollen wir nicht als unnatürlich einstufen müssen.

Ein Begriff, der sich für einen alternativen Ausgangspunkt anbietet, ist der des Stils. Unser Vorschlag ist es, eine Sprechgemeinschaft als eine Menge von *Stilen* umfassend anzusehen. Mit ›Stil‹ meinen wir dabei nicht primär die eine oder andere Verwendung, die dieser proteische Ausdruck erfahren hat, sondern den grundlegenden Sinn, der sich auf die Art und Weise, etwas zu tun, bezieht. Der Ausdruck muß neutral und allgemein und für jede Art und Weise verwendet werden.

Kürzlich hat Ervin-Tripp (1972) aufbauend auf Arbeiten von Gumperz (vgl. Gumperz 1972: 21) eine Methode, Sprechstile zu behandeln, dargestellt. Was sie erreicht haben, fügt sich ein in die Geschichte dessen, was mit deskriptiven Begriffen in der Linguistik erreicht worden ist. Diese Geschichte stellt sich als eine Folge von Entdeckungen konkreter Universalien dar, dergestalt daß Sprache mit Begriffen beschrieben werden kann, die in bezug auf ein bestimmtes System relevant, aber auf alle Systeme anwendbar sind; mit Begriffen also, die nicht auf einen bestimmten Kontext zugeschnitten sind und die, beiden gerecht werdend, zwischen bestimmten gegebenen Systemen und einer allgemeinen Theorie vermitteln. In der Phonologie waren das Phonem und dann die distinktiven Merkmale derartige Begriffe. In der Morphologie war ein solcher die Verallgemeinerung des Morphems als Begriff, der alle Formative einer Sprache sowie Terme für grammatische Kategorien, Prozesse und Typen umfaßte. Ein großer Teil dieser Arbeit wurde von Boas, Sapir, Bloomfield und ihren Schülern geleistet, und sie hing von der universellen Ausdehnung des Bereichs der zu beschreibenden Sprachen ab. Neuere Beschreibungen auf dem Gebiet syntaktischer und semantischer Analysen zielten in eine ähnliche Richtung, indem sie die Suche nach universalen Aspekten der Grammatik weiter vorantrieben, wobei dies allerdings manchmal auf Kosten spezifischer Systeme geschah. Wir sind jetzt an einem Punkt angelangt, wo der Begriff der Grammatik selbst transzendiert werden muß.

In der jüngeren Vergangenheit wurde diesse Möglichkeit von einer Reihe von Linguisten erkannt (z.B. Whorf, Firth, Harris, Joos) aber ihre Einsichten wurden nicht systematisch weiterverfolgt. (Hierzu sowie zu anderen Punkten dieses Abschnitts vgl. Hymes, 1970.) Stil wurde im Hinblick auf die verschiedensten Ausgangspunkte (Autor, Sprechsituation, Gruppe), nicht jedoch selbst als Ausgangspunkt der Beschreibung angesehen. Oft genug wurde der Begriff »Stil« sehr ad hoc und lediglich deshalb bemüht, um die normale grammatische Analyse zu retten (wie das auch oft mit Rollen- und Statusunterschieden gemacht wird (siehe Hymes, 1970)). Ervin-Tripp hat nun zwei Prinzipien der modernen Sprachforschung, die syntagmatischen und die paradigmatischen Beziehungen, verallgemeinert und von der Bezogenheit auf einen bestimmten Sektor der Grammatik bzw. der Abhängigkeit von einem formalen grammatischen Modell befreit. Sie hat zwei Begriffe entwickelt: *Kookkurrenzregeln* und *Alternationsregeln*. Der Witz hieran ist, daß man all die Merkmale, die sich zur Identifizierung eines Stils zusammenfügen, mit Hilfe zwischen ihnen geltender Kookkurrenzregeln charakterisieren kann und die Entscheidung für einen bestimmten Stil mit Hilfe von Alternationsregeln. Im nachhinein nimmt sich das selbstverständlich aus und ist doch überraschend und befriedigend. Der erste Begriff verleiht den Möglichkeiten des Auswählens und Gruppierens sprachlicher Mittel, die in einer Gemeinschaft tatsächlich gegeben sind, einen systematischen Status. Der zweite befreit die sich daraus ergebenden Stile von der automatischen Verbindung mit einer bestimmten definierenden Situation. Es wird anerkannt, daß Menschen selbst zwischen verschiedenen Stilen auswählen und daß diese Auswahl soziale Bedeutung hat. (Dies ist ein günstiger Ausgangspunkt, um die Behandlung einer Reihe verschiedener Phänomene, die unabhängig voneinander unter Überschriften wie Bilingualismus, Diglossie, Standardsprache vs. Umgangssprache o.ä. behandelt werden, zu integrieren.)

In Ervin-Tripps Untersuchung (1972) werden die genannten Begriffe sehr gut exemplifiziert. Ich will hier in den drei folgenden Abschnitten auf sie aufbauen, indem ich weitere Überlegungen hinsichtlich ihrer Beziehung zur Beschreibung einer Sprechgemeinschaft anstelle: (a) in einen Sprechstil fließt meist mehr ein, als linguistisch identifiziert wird; und (b) der Begriff des Sprechstils verlangt nach Spezifizierung und Ergänzung innerhalb einer Ethnographie des Sprechens. Schließlich ist (c) der Begriff des Stils nicht einfach nur eine Alternative zum Begriff der Grammatik; er ist zudem auf die Grammatik als etwas gesellschaftlich Geformtes anwendbar.

Die zwei elementaren Funktionen

Für amerikanische Linguisten ist seit fast einem halben Jahrhundert die Grundvoraussetzung ihrer Wissenschaft die Annahme, daß sich in einer Sprechgemeinschaft einige Äußerungen in Form und Bedeutung gleichen (Bloomfield, 1933: 144; Swadesh, 1948: 257 Fn. 11; Postal, 1968: 7, 12, 217). Diese Annahme hat es ihnen ermöglicht, relevante Unterschiede von irrelevanten zu unterscheiden und damit die elementaren Einheiten zu identifizieren, deren Beziehungen zueinander eine Grammatik definieren. Eine Begleiterscheinung dieser Annahme war es, daß die relevanten Unterschiede nur von einer bestimmten Art waren. Bloomfield hat das einmal so dargestellt: Wenn ein Bettler sagt, ›I'm hungry‹ und wenn ein Kind, um nicht ins Bett gehen zu müssen, sagt, ›I'm hungry‹, so interessiert sich die Linguistik nur dafür, was den beiden Äußerungen gemein ist und nicht dafür, was sie unterscheidet. Von seinem Standpunkt aus betrachtet gelten die Äußerungen als Wiederholungen. ›You're hungry‹, ›he's hungry‹, ›she's hungry‹, ›it's hungry‹ etc. würden als strukturell bedeutsame Kontraste bezüglich grammatischer Formen gelten. ›It's dungaree‹ (Kattun) (im Reim mit ›hungry‹ ausgesprochen) wäre ein bedeutsamer Kontrast im Hinblick auf Lautmerkmale. ›I'm hungary‹ (im Reim mit ›hungry‹) gesprochen vielleicht von einem Vertreter eines osteuropäischen Landes, wäre ein Beispiel für Homophonie zweier verschiedener Formen (wie bei Beeren und Bären), und würde vielleicht Anlaß zu Überlegungen über kontextuelle Differenzierung, Unterschiede zwischen der geschriebenen und der gesprochenen Form der Sprache und dergleichen geben. Keine dieser Überlegungen würde die Möglichkeit zur Sprache bringen, daß Äußerungen gleicher Form nicht Wiederholungen sind, sondern Kontraste. Dennoch lassen sich Äußerungen unter zwei verschiedenen Gesichtspunkten als in Form und Bedeutung gleich betrachten.

Die zweite Art von Wiederholung und Kontrast in der Sprache wird besonders gut in der Arbeit von Labov (1966) über New York City exemplifiziert. Zum einen Teil stützt sich seine Untersuchung genau auf solche Belege, die zeigen, in welcher Hinsicht sukzessive Äußerungen der gleichen Form und Stellung (unter der einen Perspektive) nicht Wiederholungen, sondern Kontraste sind. Das Vorkommen oder Fehlen der postvokalischen r-Konstriktion innerhalb eines Wortes, ja der Grad der r-Konstriktion, ist in der Sprache New Yorks variabel. Die Variation korreliert einerseits mit dem sozialen Status und andererseits mit dem Kontext. Unter der Voraussetzung gleicher auf die eigene Person gerichteter Aufmerksamkeit unterscheiden sich Sprecher mit unterschiedlichem sozialen Status im Ausmaß der in ihrer Rede vorkommenden r-Konstriktionen. Zwischen Sprechern des gleichen sozialen Status, ja sogar bei ein und derselben Person, zeigen sich Unterschiede je nach dem Grad der auf die eigene Person gerichteten Aufmerksamkeit (in bestimmtem Sinne also je nach dem Grad der Förmlichkeit der Situation). Labov ging in den dritten Stock eines Kaufhauses, das im Hinblick auf die Statusunterschiede zwischen Kunden und Angestellten ausgewählt worden war, und fragte, wo er einen bestimmten Gegenstand finden konnte, von dem er wußte, daß es ihn im nächsthöheren Stock gab. Der Angestellte reagierte dann mit einer Äußerung, in der auch ›on the fourth floor‹ vorkam. Labov sagte ›hm?‹ oder etwas dergleichen, und der Angestellte wiederholte darauf seine Äußerung. Das Maß der r-Konstriktion variierte der Hypothese entsprechend zwischen verschiedenen Kaufhäusern und auch zwischen der ersten Äußerung und der Wiederholung. Bei den wiederholten, vermutlich aufmerksameren Äußerungen gab es mehr r-Konstriktionen.

Den Unterschieden in der r-Konstriktion kommt also ein gewisses Gewicht, eine Bedeutung zu. Sie ist eines der sprachlichen Merkmale, in bezug auf das Sprecher von anderen Sprechern und von sich selbst eingeschätzt werden. Natürlich ist ein derartiges Merkmal nicht einfach eine automatische Manifestierung der Identität eine Sprechers. Es wurde oben ja bereits festgestellt, daß dieses Merkmal bei ein und derselben Person variiert. Es hat eine soziale Bedeutung dergestalt, daß das Vorhandensein der r-Konstriktion bei der Zuordnung eines sozialen Ranges positiv und ihr Fehlen negativ bewertet wird. Allerdings spielt auch hier der ›kreative‹ Aspekt der Sprache mit hinein. Der Grad der r-Konstriktion einer Äußerung kann spontan die Identität des Sprechers enthüllen; oder sie kann die Einstellung des Sprechers zu dem Thema, dem Hörer oder der Situation zum Ausdruck bringen. Der in stärkerem Maße r-lose Stil kann z. B. von einem Politiker verwendet werden, der als ein ›Mann von der Straße‹ seine Solidarität mit dem Wähler vermitteln will. Das ist eine allgemeine Eigenschaft derartiger Merkmale. Babysprache wird eben nicht ausschließlich von oder mit Babys verwendet. Wir haben es mit Merkmalen zu tun, im Hinblick auf die Äußerungen miteinander in Kontrast stehen können. Diese Merkmale sind ebenso Gegenstand bedeutungsvoller Entscheidung wie jene Arten von Merkmalen, die normalerweise in Grammatiken beschrieben werden.

Kurz gesagt, die Sprechstile einer Gemeinschaft setzen sich nicht nur aus den auf unterschiedliche Weise miteinander in Beziehung gesetzten Merkmalen der normalen Grammatik zusammen. In ihrer Komposition gehen Merkmale einer anderen Art ein. Die Kompetenz der Mitglieder einer Gemeinschaft hat mit beiden Arten zu tun.

Diese beiden Arten der Wiederholung und des Kontrasts, d.h. die beiden Merkmalsarten können als ›referentiell‹ und ›stilistisch‹ voneinander unterschieden werden, und ich werde diese beiden Termini häufig als Abkürzungen verwenden. Man muß sehr darauf achten, diese Termini oder irgendein anderes Begriffspaar nicht überzuinterpretieren. Beide Merkmalsarten sind als elementare diakritische Merkmale zu verstehen. Sie beruhen zudem auf zwei komplementären elementaren diakritischen Funktionen, die für sprachliche Mittel konstitutiv sind. Außer der Differenzierung leistet der relevante ›referentielle‹ Unterschied, kraft dessen sich die Wörter ›hungry‹ und ›dung(a)ree‹ bei silbengleicher Artikulation am Wortbeginn unterscheiden, nichts; weder bringt er einen Teil der Bedeutung eines Zustands des Magens (oder der Seele) noch der eines Hosenstoffes zum Ausdruck. Ebenso wird durch den relevanten ›stilistischen‹ Unterschied zwischen einem mit schwacher und einem mit starker *h*-Aspiration artikulierten ›I'm hungry‹ an sich noch nicht die spezielle Bedeutung des Kontrasts zum Ausdruck gebracht. Im Englischen stehen Unterschiede in der Stärke der Aspiration als stilistisches Merkmal zur Verfügung, gerade weil sie nicht als referentielles Merkmal verwendet werden. (Im Gegensatz zum Hindi, wo /pil/ und /phil/ verschiedene Formen im Lexikon wären, handelt es sich im englischen Lexikon um ein und dieselbe Form, die auf unterschiedliche Weise ausgedrückt wird.) Aber der Unterschied in der Aspirationsstärke ist eben genau das, was andere Unterschiede wie Vokallänge oder andere elementare stilistische Merkmale des Englischen auch sind, nämlich elementar. Er steht als Diakritikum für den Gebrauch ebenso zur Verfügung wie die Unterschiede zwischen /h/:/d/, /p/:/b/ etc. Im einen Fall kann er metakommunikativ eingesetzt werden, um eine Bedeutung zu klären: ›I said »phill«, not »bill«‹. In anderen Fällen kann er verwendet werden, um eine Einstellung des Sprechers zum Ausdruck zu bringen – z. B. Emphase um des Nachdrucks, der Feindseligkeit oder der Bewunderung willen etc. Eine weitere Verwendungsmöglichkeit ist die Modifikation der Attribute eines Gegenstandes, über den gesprochen wird in bezug darauf, genau wie groß, stark o. ä. irgend etwas ist; diese Verwendung grenzt an die referentielle Bedeutung von Äußerungen (›Es war groß, ich meine, gro: : :ß‹).

Die letztgenannte Art von Fällen sollte neben einen weiteren gestellt werden. Diejenigen Bedeutungsarten, die wir häufig als stilistisch, expressiv, einstellungsbezogen o. ä. ansehen, werden in manchen Sprachen natürlich oft im Lexikon und in der Grammatik enkodiert. Dort gibt es dann Wörter und Intonationen für den Ausdruck von Gefühlen sowie ›expressive‹ Verfeinerungen in der eigentlichen Morphologie und Morphophonemik (vgl. Ullman, 1953; Stankiewicz, 1954, 1964; Van Holk, 1962). Wenn man sprachliche Mittel unter dem Gesichtspunkt der Kommunikation einer bestimmten Bedeutungsart betrachtet, stellt man fest, daß Merkmale beider Arten, ›referentielle‹ und ›stilistische‹, daran beteiligt sind. Merkmale von der Art, die wir als ›referentiell‹ bezeichnet haben, sind in großem Maße an den Funktionen beteiligt, die man *designativ* und *prädikativ* nennen könnte: die Benennung von Dingen, über die gesprochen wird, und Aussagen über sie. Gleichwohl kann worüber gesprochen wird mit stilistischen Mitteln mitgeteilt werden (›nein, nicht der da, der gro: : :ße‹), und der logische Status und der Wahrheitswert eines Satzes können ganz entscheidend von stilistischen Merkmalen abhängen (Merkmale z. B., mittels derer der Satz als spöttisch und nicht ernst definiert wird). Merkmale von der Art, wie wir sie hier als ›stilistisch‹ bezeichnen, sind in großem Maße an den Funktionen beteiligt, die man *charakterisierend* oder *modifizierend* nennen könnte: der Modifikation von Dingen, über die gesprochen wird und dem Ausdruck dessen, wie das, was über sie gesagt wird, zu verstehen ist. Für die Realisierung dieser Zwecke gibt es allerdings, wie eben schon bemerkt, auch lexikalische und grammatische Möglichkeiten.

Die Situation ist parallel zu der des Lexikons in seinem Verhältnis zur Grammatik. De Saussure schon hat bemerkt, daß eine allgemeine Theorie der Sprache weder auf das eine noch auf das andere beschränkt sein könne, da, was in einer Sprache mit lexikalischen Mitteln, in einer anderen mit grammatischen Mitteln geleistet wird und umgekehrt. Mit den ›referentiellen‹ und ›stilistischen‹ Vektoren der Sprache verhält es sich auf einer tieferen Ebene genauso. Innerhalb eines gegebenen Systems sind die Merkmale und Strukturen beider Arten miteinander verflochten, sie greifen dachziegelartig ineinander, könnte man sagen. Vom Standpunkt eines Systemvergleichs hinsichtlich der von ihnen erfüllten Funktionen müssen beide in Betracht gezogen werden, da uns sonst ein Teil der sprachlichen Mittel einer Gemeinschaft entgeht und mit ihm wesentliche Aspekte einer allgemeinen Theorie.

Nehmen wir z. B. die Aspiration. Auf einer referentiellen Basis allein ist sie keine phonologische Universale: Einige Sprachen haben sie, andere nicht. Stellt man die Untersuchung aber auf eine referentielle und stilistische Basis, wird sie sehr wahrscheinlich von allen Sprachen als konventionelles Ausdrucksmittel eingesetzt. Ja, ich wage die Vermutung, daß sich eine Reihe jetzt nicht als universell anerkannter Merkmale als solche erweisen werden, wenn der stilistische Vektor der Sprache mitberücksichtigt wird. Die erste Frage, die es in bezug auf Merkmale zu stellen gibt, ist dann, ob sie in allen Gemeinschaften konventionelle Mittel sind oder nicht. Ob sie eine referentielle (im Gegensatz zu einer stilistischen) Funktion erfüllen, ist eine *zweite* Frage. Eben weil die referentielle und die stilistische Verwendung innerhalb einzelner Systeme aufeinander bezogen sind, und weil die stilistische Funktion selbst universell ist, ist die Anzahl der Merkmale, die stilistisch verwendet werden, wenn sie nicht referentiell verwendet werden und daher wirklich universell sind, wahrscheinlich beträchtlich.

Weitere mutmaßliche sprachliche Universalien sind u. a. Vokallänge, Reduplikation, Tonhöhenakzent, Syllabierung, Wortstellung sowie solche Eigenschaften wie ein minimales Vokalsystem. Eine rein phonologische, jede Redundanz vermeidende Analyse der Wasko-Sprache z. B. könnte zu einem System von drei Vokalen gelangen. Man kann sich dieser Sprache jedoch kaum auf angemessene Weise bedienen, ohne einen Vokal zu benutzen, der in erster Linie zum Zweck rhetorischer Betonung verwendet wird: das untere vordere æ (wie in ›hätte‹). Im allgemeinen schaltet eine phonologische Analyse, die versucht, Redundanz zu vermeiden und in Sprachen nur Systeme von Differenzen aufzufinden, wesentliche Merkmale der Kommunikation aus. Ein phonologisches Merkmal kann trotz seiner Redundanz bezüglich der möglichst ökonomischen Unterscheidung von Wörtern dazu dienen, normales oder einheimisches Sprechen zu identifizieren und mit seinem Fehlen kontrastieren. (Man versuche einmal, Deutsch ohne die redundante stimmhafte Artikulation der Nasale [m, n, ng] zu sprechen; ein einschlägiger Fall bezüglich des Englischen wird in Hymes 1970 analysiert.) Die Lehnwörter mit ihren phonologischen Besonderheiten, von denen in manchen »ökonomischen« Analysen abgesehen wird, werden in der Sprechgemeinschaft dennoch benutzt. Je weniger »phonemische« (referentielle) Vokale eine Sprache hat, desto größer ist die Wahrscheinlichkeit, daß sie von anderen Vokalen für stilistische Zwecke Gebrauch macht. Kurz: die erforderlichen phonologischen Analysen, die der tatsächlichen phonologischen Kompetenz der Sprecher angemessen sind, werden mehr beinhalten als die Phonologie, die man normalerweise bekommt.

Interessanter Weise ermöglicht der allgemeine Ansatz tiefergehende Verallgemeinerungen sowohl in Einzelfällen als auch in universeller Hinsicht. Zeitweilig wurde in der Linguistik darüber diskutiert, ob die Silbe für die Analyse bestimmter Sprachen notwendig und sinnvoll sei. Ich bin der Meinung, daß die Syllabierung eine Fähigkeit ist, die Bestandteil der Kompetenz der normalen Mitglieder jeder Sprechgemeinschaft ist, daß sie also eine Universale ist. Es wird sich zeigen, daß sich verschiedene Sprechgemeinschaften nicht im Vorhandensein oder Fehlen der Syllabierung unterscheiden, sondern hinsichtlich der Lokalisierung ihrer Rolle. In manchen Gemeinschaften wird sich die Silbe als grundlegend für die normale phonemische Analyse erweisen; in anderen wird man feststellen, daß sie für die Analyse bestimmter Stile wesentlich ist (Stile des Nachdrucks oder der metasprachlichen Verdeutlichung zum Beispiel oder spielerische und künstlerische Stile). Zu der Diskussion über den Status der Silbe ist es möglicherweise nur gekommen, weil die Vorstellung von Struktur und Kompetenz zu eng gefaßt war.

Wenn einmal akzeptiert ist, daß der ›Schlagzeilenstil‹ Teil der deutschen Kompetenz ist (›Mann beißt Hund‹), erscheint die Postulierung von Artikeln in der zugrundeliegenden deutschen Syntax wie in den Chomsky folgenden Ansätzen recht artifiziell. Als elementarer wird man die Beziehung zwischen ›Mann‹, ›beißen‹ und ›Hund‹ erkennen und das Vorhandensein oder Fehlen von Artikeln als eine sekundäre, den Stil der fraglichen Rede betreffenden Frage. Es ist sehr viel unnütze Mühe darauf verwendet worden, den Problemen des Artikels auf einer zu schmalen Grundlage gerecht zu werden. Es ist also im Interesse sowohl von Linguisten im allgemeinen als auch speziell von Soziolinguisten, die doppelte Natur der elementaren diakritischen Funktionen in der Sprache anzuerkennen.

Strukturen und Verwendungsweisen

Sprechstile umfassen, haben wir gesagt, Merkmale und Konstruktionen beider Arten (referentielle und stilistische). Wir wollen nun etwas näher auf den Platz eingehen, den Sprechstile in der Ethnographie des Sprechens einnehmen. Zunächst ist noch eine weitere Unterscheidung zwischen Arten von Funktionen im Sprechen zu treffen. Die beiden elementaren diakritischen Funktionen gehören zu den im Gegensatz zu *Gebrauchsfunktionen* im allgemeinen so genannten *strukturellen Funktionen* (wir folgen hier der Bequemlichkeit halber der üblichen Unterscheidung zwischen Sprachstruktur und Sprachgebrauch). Bei ›strukturellen‹ Funktionen geht es um die Grundlagen verbaler Merkmale und ihrer Organisation, d.h. die Beziehungen zwischen ihnen, kurz um die verbalen Mittel des Sprechens und deren konventionellen Bedeutungen, insoweit diese durch derartige Beziehungen bestimmt sind. Bei ›Gebrauchsfunktionen‹ geht es um die Organisation und Bedeutung verbaler Merkmale in bezug auf nicht-sprachliche Kontexte. Beide hängen miteinander zusammen, aber es ist sinnvoll, sie zu unterscheiden. Wahrscheinlich haben Kookkurrenzregeln mit strukturellen Funktionen und Alternationsregeln mit Gebrauchsfunktionen zu tun. Die Analyse von Alternationsregeln macht mit anderen Worten die Analyse von Komponenten des Gebrauchs im Kontext erforderlich, wie z.B. die einschlägigen Merkmale der Partizipanten eines Sprechereignisses, der Umgebung, des Übertragungskanals usw. (Eine heuristische Analyse der Komponenten von Sprechereignissen findet sich in Hymes, 1972). Bei der Identifikation relevanter Merkmale ist wiederum das Prinzip von Kontrast im Gegensatz zu Wiederholung anwendbar, die Merkmale der Situation sind jedoch nicht sprachlicher Art.

Beziehungen zwischen Strukturen

Durch Kookkurrenzregeln werden Sprechstile auf vollkommen allgemeine und offene Weise definiert. Die wesentlichen Sprechstile einer Gemeinschaft können nicht auf mechanische Weise entdeckt werden, denn man könnte unendlich viele Unterschiede und vermeintliche Kookkurrenzen feststellen. Worauf es ankommt, ist relevante Unterschiede in bezug auf eine kontextuelle Analyse zu entdecken. Zweifellos unterscheiden sich Gemeinschaften hinsichtlich der relativen Wichtigkeit oder ›funktionalen Belastung‹ bestimmter Kontexte oder Kontextkomponenten für die Bestimmung von Stilen. Die Partizipanten oder ihre Rollen können in der einen Gesellschaft die entscheidende Grundlage für eine solche Bestimmung sein, während sie in einer anderen weniger wichtig sind. Das Gleiche gilt für Handlungskontexte, Gruppenzugehörigkeit und institutionelle Schauplätze. Hier zeigt sich natürlich eine Parallele zu den zwischensprachlichen Unterschieden in der relativen Gewichtigkeit semantischer Kategorien als Grundlage der grammatischen Organisation (Tempus, Aspekt, Modus, Person, Form, etc. – ein tentatives Vergleichsschema findet sich in Hymes 1961a). Ebenso wie mit referentiellen Bedeutungen verhält es sich mit sozialen: Man muß von einem allgemeinen Rahmen ausgehen und erwarten, daß bestimmte Arten von Bedeutungen in jeder Gemeinschaft ausgedrückt werden, selbst wenn dies auf unterschiedliche Weise oder in unterschiedlicher Ausführlichkeit geschieht. Die Geschlechterrollen beispielsweise mögen sich im einen Fall in der normalen Grammatik niedergeschlagen haben, während sie in einem anderen eine Dimension konsistent aufgebauter Stile sind, die eine Reihe von Merkmalen umfassen, und in wieder einem anderen Fall an den sprachlichen Ausdrucksmitteln kaum sichtbar sein. Ähnlich können die Funktionen der Deixis und des textuellen Zusammenhalts in verschiedenen Gemeinschaften auf unterschiedliche Weise referentielle und stilistische Merkmale betreffen, u. U. sogar zur wichtigsten Dimension des einen oder anderen Stils werden.

Zusammenfassend können wir feststellen, daß sich Gemeinschaften in Anzahl und Auswahl der für sie wichtigen Sprechstile sowie der prinzipiellen Grundlagen ihrer Abgrenzung unterscheiden. Dies ist eine der wichtigsten und interessantesten Eigenschaften von Gemeinschaften, die beschrieben und mit ihren Ursachen sowie anderen Charakteristika und deren Geschichte in Verbindung gebracht werden muß.

Größere Sprechstile, die an soziale Gruppen gebunden sind, können *Varietäten* genannt werden und solche, die an rekurrente Situationstypen gebunden sind, *Register*. Sprechstile, die an Personen, spezielle Situationen oder Genres gebunden sind, könnten einfach *personale, sitative* und *Genrestile* genannt werden. Eine adäquate Begrifflichkeit läßt sich jedoch nicht im vorhinein festlegen, sie wird sich gemeinsam und in gegenseitiger Beeinflussung mit konkreten Fallstudien entwickeln. Es kann und sollte dennoch etwas mehr über die Beziehungen zwischen Stilarten und stilistischen Merkmalen gesagt werden.

Es sei noch einmal betont, daß Sprechstile keine mechanischen Korrelationen von Sprechmerkmalen untereinander und mit Kontexten sind. Das wesentliche Kriterium eines *signifikanten Sprechstils* ist, daß er außerhalb seines definierenden Kontextes erkannt und verwendet werden kann, das heißt, von anderen Sprechern und an anderen Orten als denen, an die seine Bedeutung typischerweise gebunden ist, oder daß er in bezug auf die Sprecher und Orte mit einem oder mehreren anderen Stilen kontrastiert werden kann. Man kann also Stile ermitteln, die an Kasten, Klassen, Volksgruppen, Religionen, Förmlichkeit, Rhetorik, Predigten oder ähnliches gebunden sind, aber man muß auch darauf achten, wie diese Stile, ihr zitathafter oder selektiver Gebrauch oder Stereotype dieser Stile dazu verwendet werden, um Inhalte von, zu oder über andere Personen und Situationen zu vermitteln. Entsprechend sollte man auch die Aufmerksamkeit in der Kirche nicht auf den Stil der Predigt beschränken, sondern auch auf die Sprechweise vor, nach und gegebenenfalls während der Predigt achten. Vermutlich gibt es in dieser Beziehung habituelle Verbindungen, und diese müssen ermittelt werden. Ein Stil, der zunächst und vor allem in bezug auf eine Gruppe definiert ist, kann auch der Stil bestimmter Situationen oder der tatsächliche oder vermeintliche Stil bestimmter anderer Personen, bestimmter Genres oder Teile von Genres usw. sein. Ein Stil kann in bezug zu dem, was sonst noch passiert, innerhalb seiner definierenden Umgebung in den Vordergrund treten oder an den Rand. Innerhalb von Gemeinschaften kann es über die Zulässigkeit bestimmter Verbindungen oder über deren Bedeutsamkeit bzw. Unwichtigkeit zu Konflikten kommen. (In der Religions-, Literatur- und Theatergeschichte finden sich viele Beispiele dafür.)

Im folgenden will ich mich kurz mit der Skalierung stilistischer Merkmale befassen, besonders im Hinblick auf Genres; denn die Disziplinen, in denen sprachliche Genres untersucht werden – Ethnologie, Literaturwissenschaft, Rhetorik und Stilistik – sind wichtige Erkenntnisquellen für eine allgemeine Sprachwissenschaft, die die stilistische Funktion mitberücksichtigen wird. Zunächst einmal können stilistische Merkmale in der Rede vorkommen, ohne daß dadurch signifikante Stile definiert würden. Ihr Vorhandensein kann der Rede u. U. nur einen bestimmten regionalen Anstrich oder Charakter geben. Ein Sprechen mit sehr vielen derartigen Effekten wird man vielleicht als ›farbig‹ (oder auch als auf störende und scheinbar zwecklose Weise zu farbig) betrachten; relativ große Harmonie kann sowohl sprachliche als auch musikalische Stile auszeichnen, aber das ist eher eine zufällige Note als ein Organisationsprinzip.

Gruppierungsarten stilistischer Merkmale, die einen organisierten Gebrauch darstellen oder eine konventionelle Verwendungsweise definieren, gehen über die schiere Tatsache der Existenz solcher Merkmale hinaus. Zwei Hauptgruppierungsarten fallen dabei besonders auf. Es gibt diejenigen, die alles andere begleiten, und diejenigen, die wiederkehrende Formen definieren. Erstere kann man *stilistische Modi*, letztere *stilistische Strukturen* nennen.

Ein wesentlicher Aspekt stilistischer Modi ist eine Menge von Modifikationen, die der konsistente Gebrauch der Stimme auf eine bestimmte Weise – wie beim Singen, Intonieren, Deklamieren etc. – mit sich bringt. Modifikationen der visuellen Repräsentation der Sprache in Schrift und Druck gehören auch hierher. Was als derartige Modifikation gilt, das darf nicht übersehen werden, ist kulturell definiert. Diejenigen Modifikationen, anhand deren die Rede als auf bestimmte Weise abgefaßt identifiziert wird, liegen mit den begleitend verwendeten Merkmalen, die oben als »farbig« bezeichnet wurden, auf einem Kontinuum. Ein grundsätzliches Problem ist die Auffindung von Beziehungen solcher Kontinua oder Variablen zu qualitativen Urteilen, mit denen die Mitglieder einer Gemeinschaft eine Sprechweise als mit dem Vorhandensein eines Modus oder einer Struktur identifizieren. Ein Triller in der Stimme kann, muß aber nicht als Gesang gelten; ein Pleonasmus, eine bestimmte Artikulationsweise oder ein Fachausdruck können, müssen aber nicht als formale oder gelehrte Rede gelten. Manchmal genügt ein einziges Element, um allem übrigen, das gesagt wird, einen definierenden Rahmen zu geben. Manchmal wird die Definition ausgehandelt, und das Aushandeln selber manifestiert sich in der Häufigkeit, mit der zwischen Merkmalen gewechselt wird, z.B. im Falle eines angebotenen Übergangs von einer förmlichen zu einer informellen Beziehung; manchmal offenbart das Schwanken von Merkmalen zwischen stilistischen Polen eine momentane Inanspruchnahme von Präsuppositionen des einen oder anderen.

Die Wichtigkeit derartiger Merkmale, die normalerweise weder in Grammatiken vorkommen, noch von den meisten Linguisten genau untersucht werden, wird augenfällig, wenn man mit einem ausgefeilten mündlichen Erzählstil konfrontiert wird, in dem so extensiv Gebrauch von derartigen Merkmalen gemacht wird. Bisher haben uns die gedruckten Seiten, von denen die meisten von uns solche Stile kennen, dieser Fähigkeit keine Aufmerksamkeit schenken lassen. Tedlocks Erfahrungen bei der Darstellung von Zuni-Erzählungen (1972) eröffnen hier jedoch eine neue Perspektive. Derartige Merkmale sind u.U. entscheidende Bestandteile der ›Sprechebenen‹, die für die Struktur einer Gesellschaft von zentraler Bedeutung sind. Bei den Wolofs im Senegal gibt es einen fundamentalen durchgängigen Kontrast zwischen ›zurückhaltendem‹ und ›nicht zurückhaltendem‹ Sprechen. Er ist das hervorstechendste Merkmal, das auf der einen Seite die Kaste der Berufsredner, der Grioten, und auf der anderen die Adligen auszeichnet, aber er trifft auch auf andere den Status betreffende Kontraste zu, z.B. zwischen Männern und Frauen oder Erwachsenen und Kindern, ja, er gilt sogar für das Sprachverhalten des einzelnen bezüglich seiner jeweiligen Rolle als Untergeordneter oder Übergeordneter, Bittsteller oder Patron. In Kontraste zwischen stilistischen Modi gehen alle Aspekte sprachlicher Mittel ein, die auffälligsten von ihnen betreffen jedoch den Gebrauch der Stimme. Irvine (MS) faßt diese Dimensionen in folgender Tafel zusammen.

	Hoch	Tief
Tonhöhe	Tief	Hoch
Qualität	Gehaucht	Klar
Lautstärke	Leise	Laut
Relief	Höhenzentrum am Schluß	Höhenzentrum am Anfang
Tempo	Langsam	Schnell

Alle Aspekte sprachlicher Mittel, inklusive diejenigen, die man überhaupt nicht bemerken würde, folgte man nur der Konzeption von Kompetenz als Perfektion, können Bestandteil eines stilistischen Modus sein. In Kayar, einer Gemeinde im Senegal, muß das Oberhaupt des Adels, der Damel, kleine grammatische Fehler machen. Fehlerlosigkeit würde den Eindruck erwecken, als würde der Eleganz des Sprachverhaltens oder dem Sprachverhalten um seiner selbst willen ein Gewicht beigemessen, das für den Vornehmsten der Adligen unangemessen wäre (Irvine, MS.).

Stilistische Stukturen umfassen sprachliche Formen, die nach einem oder nach mehreren definierenden Prinzipien der Rekurrenz und/oder der Entfaltung organisiert sind. Sie haben sozusagen einen Anfang und einen Schluß und ein Muster für das, was dazwischen kommt. Hierher gehören kleinere Genres wie Rätsel, Sprichwörter, Gebete, aber auch kleine Versformen wie z. B. der Zweizeiler und solche Dinge wie Begrüßungen und Abschiedsfloskeln, soweit sie konventionell organisiert sind. Solcherlei Ausdrücke bezeichnet man vielleicht am besten als *Elementar-* oder *Minimal-Genres*. (Sie müssen allerdings nicht unbedingt von geringer Wichtigkeit sein.)

Wir dürfen nicht vergessen, daß man etwas singen kann, was kein Lied ist, und ein Lied präsentieren kann, ohne es zu singen; das heißt, *Modi* und *Strukturen* sind tatsächlich verschiedenerlei Dinge, und die Beziehungen zwischen beiden sind problematisch und müssen in jedem gegebenen Fall aufgedeckt werden. Ferner wäre es falsch, anzunehmen, daß das wesentliche Prinzip einer Sprechform immer die Struktur ist und nie der Modus. Zwar ist es meistens die Struktur, aber eine diesbezügliche Verallgemeinerung würde bedeuten, daß man Form in der Musik nur insoweit anerkennt, als man das Muster der Sonate, des Rondos, die Zwölftonskala oder etwas Ähnliches identifizieren kann. Delius ist ein einschlägiger Fall. Zwar wandte er sich in der Folge des ersten Weltkriegs der Sonatenform zu (leider hört man nie Konzerte oder Aufnahmen, so daß man sie selbst beurteilen könnte), aber in denjenigen Werken, die zum normalen Aufführungsrepertoire gehören, ist das Geheimnis der kompositionellen Ordnung ihm vorbehalten, und ihre Entfaltung ist untrennbar von der Behandlung der Harmonie und der Orchestrierung, d.h. der »(Klang)Farbe«. (Bei der Untersuchung von Sprechstilen wird sich die Terminologie der Musikwissenschaft als wertvolle Hilfsquelle erweisen.)

Beide Arten von Merkmalsgruppierungen, Modi und Strukturen, gehen in komplexe Gruppierungen ein, die als *komplexe Genres* bezeichnet werden können. Z.B. kann das Geschichtenerzählen der Zuni (*telaphanne*) eine förmliche Vortragsweise, eine Vortragsweise, die »gehobenes Sprechen« genannt wird, einen monotonen Singsang mit einer Begleitstimme sowie Passagen konversationeller Ungezwungenheit umfassen (Tedlock, persönliche Mitteilung).

Genres, sowohl minimale als auch komplexe, sind nicht selbst die Aktualisierung eines Genres, das heißt, sie sind nicht selbst Handlungen, Ereignisse oder Sprechtätigkeiten. Sie können als ein ganzes Ereignis vorkommen oder in unterschiedlichen Beziehungen zu ganzen Ereignissen. Die Struktur eines Ereignisses umfaßt u.U. Präliminarien und Nachspiele, sie läßt nur den partiellen Gebrauch oder sogar nur die Andeutung eines Genres zu, usw. Ich will Sprechtätigkeiten als Beziehungen zu Genres ansehen, dergestalt, daß man von einer Sprechtätigkeit sagen kann, daß ihr sprachliches Material (die Genres) berichtet, beschrieben, runtergeleiert, illustriert, zitiert oder dargestellt wurde. In ihrer Totalität umfaßt Sprechtätigkeit nach meinem Erachten die Bereitschaft zur Verantwortlichkeit; d.h., irgend etwas zu tun und seine Bewertung zu akzeptieren.

Natürlich variieren Genres zwischen einfach und komplex und zwischen vage und streng bestimmt bezüglich der Modi und anderer Genres, die sie integrieren, umfassen oder zulassen. Der Roman ist ein einfaches Beispiel; er kann aus Briefen (Richardsons *Pamela*), Versen (Puschkins *Eugen Onegin*) und simulierten Reportagen bestehen, um nur einige Formen zu nennen.

Es wäre sehr verlockend, die Kategorien des Genres und der Sprechtätigkeit zu verallgemeinern, so daß sich alles sprachliche Material einem Genre und alles sprachliche Verhalten einer Art von Sprechtätigkeit zuordnen ließe. Ich vermute jedoch, daß sich Gemeinschaften in dem Maße, in dem das zutrifft, unterscheiden – zumindest im Sinne der Gültigkeit streng organisierter Genres und bewerteter Sprachtätigkeiten (d.h. des sich mit dem Sprechen ›Exponierens‹). Wenn diese Kategorien als allgemeine deskriptive Begriffe gebraucht werden, können diese Unterschiede durch eine zusätzliche Unterscheidung – z.B. *starre Genres* und *totale Sprechtätigkeit* – angegeben werden.

Beziehungen zwischen Gebrauchsweisen

Die Beziehung zwischen Genres und Sprechtätigkeiten ist ein Aspekt der allgemeinen Beziehung zwischen mit Hilfe von Kookkurrenzregeln definierten Stilen und ihren Gebrauchsweisen in den Kontexten einer Gemeinschaft. Zunächst sei noch einmal an den Vorschlag erinnert, als signifikante Sprechstile solche anzusehen, die innerhalb ihres ursprünglichen definierenden Kontextes und darüber hinaus kontrastiert werden können. Dieser Vorschlag hat zweierlei Komplikationen. Der Grad, in dem dies möglich ist, könnte selbst eine Dimension sein, hinsichtlich deren sich Gemeinschaften unterscheiden. Ebenso wie sich Sprechgemeinschaften, historische Epochen und Personen darin unterscheiden, in welchem Maße sie den angemessenen Gebrauch von Wörtern und Phrasen für kontextspezifisch halten, so auch in bezug auf stilistische Merkmale und Strukturen. Ein streng kontextgebundener Stil kann sehr hoch bewertet werden. Andererseits können sich einmalige Stukturen und stilistische Beziehungen bei einer einzigen Gelegenheit ergeben und wegen ihrer Eigenschaften erinnert und geschätzt werden. Trotzdem scheint sowohl die Einschätzung in Verbindung mit einem einmaligen Ereignis neu entstehender Eigenschaften als auch das Erkennen der Angemessenheit eines kontextspezifischen Stils die Fähigkeit zum Vergleich vorauszusetzen. Der Vergleich kann implizit und in der gegebenen Situation nicht so sehr beobachtbar sein; er ließe sich jedoch durch Befragung außerhalb der Situation aufdecken. (Derartige Erwägungen machen deutlich, daß die Konzeption der Soziolinguistik als Methode für die Erhebung ›echter‹ Daten verfehlt ist. Realitätsnahe, beobachtbare Daten sind für die Untersuchung von Stilen, deren Merkmale zum großen Teil unbewußt sind und nicht auf Befehl produziert werden können, von entscheidender Bedeutung; Stile betreffen aber auch zugrunde liegende Fähigkeiten und Urteile, die auf der Sprachkompetenz beruhen.) Um Stilveränderungen behandeln zu können, müssen wir sowohl kontextgebundene Stile als auch neu entstehende Eigenschaften berücksichtigen. Ein Aspekt des Stilwandels ist die Einengung oder Ausdehnung kontextueller Beschränkungen (ähnlich wie die Ausweitung der Verkleinerung des Distributionsbereichs phonologischer oder grammatischer Merkmale) und ein anderer ist die Imitation oder das Nachahmen und die darauf folgende Konventionalisierung neu entstehender Eigenschaften. Die zentralen Gesichtspunkte sind hier jedoch, daß Stile nicht nur beobachtbare Kookkurrenzen und Korrelationen sind, sondern daß sie miteinander kontrastieren und ausgewählt werden können und daß sie nicht nur angemessen oder unangemessen sind, sondern auch bedeutungstragend.

Der Begriff der Alternationsregel führt uns zur Analyse der Kontexte von Sprechstilen; eine solche Analyse ist aber, wie gesagt, sowohl linguistischer als auch ethnographischer und soziolinguistischer Art. Wenn man die Bedeutung von Sprechstilen analysiert, stellt man fest, daß sie Dimensionen wie Partizipanten, Schauplatz, Übertragungskanal u. a. umfassen, durch die ihre Bedeutungen teilweise bestimmt werden. Und es zeigt sich, daß die Analyse der relevanten Merkmale dieser Dimensionen sehr viel mehr berührt als die Alternation von Sprechstilen. Sie erstreckt sich auf Normen sprachlichen Verhaltens und der Interaktion im allgemeinen – auf solche Dinge, wie das Recht auf Sprecherwechsel im Gespräch, akzeptable Möglichkeiten zur Erlangung des Rederechts, ob mehr als ein Sprecher gleichzeitig sprechen darf usw. (Hier können wir uns wiederum an die Terminologie der Musik anlehnen: mit *ripiendo, concertante* und *ritornello* werden Merkmale einiger Sprechereignisse eingefangen.) Sprechstilen und sprachlichen Interaktionsnormen sind bestimmte zugrundeliegende Bedeutungen gemein, Bedeutungen, die Einstellungen und Überzeugungen der Gemeinschaft bezüglich der Sprache und des Sprechens betreffen. Die oben angeführten Stile der Wolof z. B. verkörpern einen Begriff und für die Wolof-Gesellschaft fundamentale Werte, die die ›Ehre‹ (*kerse*) angehen sowie ›eine der grundlegendsten Annahmen der Wolof-Kultur, nämlich daß Sprechen, vor allem wenn man sehr viel spricht, gefährlich und erniedrigend sei‹ (Irvine, Ms.).

Ich kann mich an dieser Stelle nicht mit der Analyse von sprachlichen Verhaltensnormen, Einstellungen und Überzeugungen befassen, aber ich habe andernorts (Hymes, 1972) einige ihrer Dimensionen und einige diesbezügliche Ergebnisse für Typen von Sprechgemeinschaften skizziert. Hier kann ich lediglich den Platz dieses Teils der Ethnographie des Sprechens in seiner Beziehung zum Ganzen unter Bezugnahme auf eine Terminologie für die Teile andeuten.

Wenn ›Ethnographie des Sprechens‹ als Name für das ganze Unternehmen akzeptiert wird, so bezieht sich dieser Name doch nur auf den Ansatz oder den Untersuchungsbereich, nicht auf den Gegenstand der Untersuchung selber. Man kann sich bei den Zuni mit der Ethnographie des Sprechens befassen; was man untersucht ist jedoch nicht in irgendeinem normalen Sinne ›die Zuni-Ethnographie des Sprechens‹. (Was die Zuni bewußtermaßen mit dem Sprechen machen und was sie davon halten, ist zwar wichtig aber nur ein Teil des Ganzen.) Eine Ethnographie des Rechts bei den Zuni untersucht das Zuni-Recht und eine Ethnographie des Sprechens untersucht das Sprachverhalten der Zuni. Ich persönlich würde sagen: *Sprechweisen* der Zuni (*ways of speaking*). [...]*

Unsere bisherige Analyse deutet darauf hin, daß Sprechweisen zwei Teile enthalten, Sprechstile und ihre Kontexte oder Sprechmittel und ihre Bedeutungen. Diese Begriffe sind insofern nur bedingt angemessen, als sie einen Teil dessen, was in Sprechweisen eingeht, nicht unmittelbar evozieren, nämlich die Interaktionsnormen, die über die Stilselektion hinausgehen sowie die Einstellungen und Überzeugungen, die beiden zugrunde liegen. Die Begriffe ›Kontext‹ und ›Bedeutung‹ lassen zudem den Fokus auf ›Stilen‹ und ›Mitteln‹ und scheinen dem zweiten Teil die ihm gebührende Gleichberechtigung und relative Autonomie abzusprechen. Die südafrikanischen Ngoni bspw. haben ihre distinktiven Normen des sprachlichen Verhaltens beibehalten, während sie ihre ursprüngliche Ngoni-Sprache verloren haben; sie betrachten die Aufrechterhaltung dieser Normen nach wie vor als entscheidend dafür, ein echter Ngoni zu sein. (Dieses Beispiel verdanke ich Sheila Seitel.) In diesem Zusammenhang von der Aufrechterhaltung von ›Kontexten‹ oder ›Bedeutungen sprachlicher Mittel‹ bei den Ngoni zu reden, ist offenkundig keine sehr

* An dieser im Einvernehmen mit dem Autor gestrichenen Stelle werden im Original einige terminologische Probleme diskutiert, die im wesentlichen die oft wenig differenzierte Verwendung von »speech« und »language« betreffen. So weist der Autor bspw. darauf hin, daß Edward Sapirs berühmtes Buch *Language* heiße und den Untertitel *An Introduction to the Study of Speech* trage. Die hiermit angesprochenen Probleme gelten für das Deutsche nur bedingt. Deutlich wird jedoch, daß sich die englischen Begriffe *speech* und *language* in ihrer alltagssprachlichen Verwendung nicht völlig mit den deutschen Korrelaten *Sprechen* und *Sprache* decken. (Anm. d. Hrg.)

glückliche Lösung. Gebraucht wird vielmehr ein definitiver Begriff. Die Möglichkeiten, die ich in Betracht gezogen habe, leiden alle außer einer unter dem Mangel, daß sie u. U. mehr implizieren als beabsichtigt ist. Der Begriff ›Sprechweisen‹ wäre auch auf dieser Ebene zweckdienlich; durch den Kontext werden diese beiden Verwendungsweisen jedoch nicht immer zuverlässig unterschieden, zumal im Fall einer neuen Terminologie; und wo es geht sollten wir in der Begrifflichkeit eindeutig sein. ›Muster des Sprechens‹ oder ›Sprechmuster‹, ›Formen‹ oder ›Modi‹ sagen zu wenig oder zu viel oder stehen mit anderen Verwendungsweisen des differenzierenden Worts in Widerspruch. Der Ausdruck, bei dem das nicht der Fall ist, ist *Sprechökonomie* (vgl. Hymes, 1961a). Wir können dann einfach zwischen *Sprechmittel* (unter Einschluß in Stile eingehender Merkmale wie auch von Stilen selbst) und *Sprechökonomie* unterscheiden. Dieses Paar ist strukturell analog aufgebaut, was sich als Gedächtnisstützte auswirken kann. Die beiden Begriffe sind natürlich miteinander verbunden, ja voneinander abhängig (wie gesagt, Bedeutungen liegen in den Beziehungen), und von einem konsequenten Standpunkt aus betrachtet sind die Sprechmittel in der Sprechökonomie einer Gemeinschaft als eine der Komponenten enthalten, die in ihr Beziehungsmuster eingehen. Aber aufgrund der geschichtlichen Autonomie beider Seiten und aufgrund der umfassenden Arbeitsteilung in unserer Gesellschaft zwischen denen, die sprachliche Mittel und denen, die Verhalten untersuchen, ist die Unterscheidung angemessen.

Die Berücksichtigung der stilistischen Komponente der Sprache führt also zu einer Konzeption der Ethnographie des Sprechens, die folgendermaßen dargestellt werden kann:

SPRECHWEISEN

Sprechmittel *Sprechökonomie*

Unsere bisherige Diskussion hat sich stetig von der Grammatik weg auf andere Dinge zu bewegt; aber die Grammatik selbst ist von dem, was diejenigen, die sie benutzen, aus ihr machen, nicht ausgenommen und ist daher in mancher Hinsicht ein Stil.

Nicht nur in heterogenen Situationen kann man einen flüchtigen Eindruck von der konstitutiven Rolle sozialer Faktoren bekommen. Wenn wir von Heterogenität absehen und nur eine einzige Sprache, ja eine einzige Grammatik betrachten, kommt immer noch eine fundamentale soziale Komponente zum Vorschein. Sehen wir uns bspw. die kalifornische Indianersprache Yokuts an, wie sie von Stanley Newman[1] beschrieben wurde.

Newman berichtet, daß die von ihm aufgezeichneten Wörter kurz waren und aus einem Stamm und meistens einem oder zwei – fast nie mehr – Suffixen zusammengesetzt waren. Newman stellt jedoch fest, daß das zugrunde liegende Muster der Suffixe die formale Möglichkeite längerer Sequenzen erkennen läßt. Er berichtet (1964 (1940): 374):

Eine sehr instruktive Übung ... war es, Wörter mit vier oder fünf Suffixen zu konstruieren und die Informanten nach einer Übersetzung zu fragen. Obgleich solche Wörter den grammatischen Regeln gehorchten und von meinem Informanten ohne Schwierigkeiten übersetzt werden konnten, riefen sie bei ihm fast unweigerlich Heiterkeit hervor. Ganz offenkundig waren diese Wörter über die Maßen schwerfällig und umständlich. Für den Einfachheitssinn der Yokuts waren sie grammatikalische Monstrositäten.

Aus Newmans Darstellung scheint zu folgen, daß die langen Wörter nicht abweichend waren (nicht auf abweichende Weise generiert im Sinne von Chomsky, 1965: 227, Anm. 2). Ihre Interpretation stellte keinerlei Probleme dar. Sie hatten den gleichen Grad der Grammatikalität in formalem Sinn wie kürzere Sequenzen, waren jedoch nicht akzeptabel. Allenfalls wiesen sie eine periphere Kennzeichnung als belustigend oder schwülstig auf; aber von Newman werden außer seiner eigenen, unfreiwilligen keine Beispiele derartiger Verwendungsweisen angeführt. In seinem Bericht heißt es weiter:

Obwohl Yokuts-Wörter mit der bemerkenswerten Ausnahme der ›tun‹-Verben (die als sprachliches Eigentum der Kinder betrachtet werden) dazu neigen, lediglich die nackten, verallgemeinerten Umrisse eines Bezugsgegenstandes dazustellen, besitzt die Sprache syntaktische Mittel, um Wörter so zu verbinden, daß ihre Sätze jeden beliebigen Grad notationaler Komplexität und Vielfalt erreichen könnten. Ein Stück von Macaulays Prosa mit seinen langen und verwickelten Sätzen könnte in grammatikalisch korrektes Yokuts übersetzt werden. Das Ergebnis wäre jedoch das nutzlose Konstrukt eines Grammatikers und eine Entstellung des syntaktischen Idioms des Yokuts. Diese Sprache macht von ihren Formprinzipien in der Syntax ebenso sparsam Gebrauch wie bei der Suffigierung (p. 376).

Dieser Beschränkung der Yokuts liegt eine allgemeine Forderung nach strikter Einfachheit zugrunde, ein Wert, von dem ein Kollege festgestellt hat, daß auf ihm auch der Erzählstil der Yokuts beruht. Newman stellt diesen Wert der Yokuts dem seines Erachtens dem Englischen impliziten expressiven Wert gegenüber und plädiert dafür, beiden die gleiche Gültigkeit zuzuerkennen. Englischen Vorstellungen gemäß erscheint der Yokuts-Stil eintönig, ›aber ganz entsprechend können die stilistischen Merkmale des Englischen die Intuition eines eingeborenen Yokuts nicht ansprechen‹ (p. 377). Sapir folgt er darin, jede Sprache als »einer besonderen Kunstform ähnlich anzusehen, insofern als sie mit begrenzten Materialien arbeitet und die stilistischen Zwecke verfolgt, die ständig in kollektiver Anstrengung aufgedeckt werden und worden sind« (p. 377).

Man kann diese die Sprache personifizierende Redeweise ablehnen; die Yokuts-Sprechgemeinschaft ist es, die mit begrenzten Materialien arbeitet und stilistische Zwecke verfolgt. Nichtsdestoweniger wird ein wesentlicher Punkt deutlich. Wenn Grammatik mit dem identifiziert wird, was strukturell möglich ist (so wie Newman das in einem Abschnitt tut, wo er zusammenfassend bemerkt, daß ›sie (die Grammatik) bestimmt, was die Sprache tun kann, nicht aber, was zu tun sie für lohnend hält‹ (p. 372)) oder auch nur mit dem, was möglich und strukturell transparent ist (wie Newmans Wörter mit vier oder fünf Suffixen), dann hat die Sprechgemeinschaft eine Grenze durch das Grammatische gelegt. Formal mögliche Äußerungen werden von der Gemeinschaft auf der Grundlage von allen geteilter Werte, die der Sprache und ihrer narrativen Verwendung gemein sind, als im Sprechen unmöglich beurteilt. Dies ist ein kreativer Aspekt der Sprache, der in der linguistischen Diskussion nicht beachtet wird oder über den man sich hinwegsetzt, wobei das Urteil des Sprechers den Bedingungen formaler Darstellungen geopfert wird. Einen *native speaker* dazu zu bewegen, die Natürlichkeit eines der Newmanschen Wortmonstren anzuerkennen, hieße jedoch nicht, ihn dazu zu bringen, etwas zu sehen, was er vorher nicht anerkannt hätte. Die grammatische Möglichkeit erkannte er sehr wohl, als Newman ihm die

Formen vorlegte. Es liefe also darauf hinaus, seine natürliche Intuition zu verändern. Der springende Punkt ist, daß grammatisches Yokuts nicht das ist, was nach der Grammatik als einem Apparat möglich ist, sondern das, was gemäß den Normen der Yokuts möglich ist. Ohne damit in das Terrain irgendwelcher Schulen oder Pedanten eindringen zu wollen, haben wir hier eine normative Definition dessen, was im Yokuts möglich ist, die am besten als ästhetisch oder stilistisch zu beschreiben ist. Das Yokuts ist schließlich für die Yokuts-Gemeinschaft in eben diesem Sinne das, was sie daraus macht.

Man muß sehen, daß die gleiche Grammatik als formaler Apparat mit unterschiedlichen stilistischen Abgrenzungen vereinbar ist. Die Abgrenzung kann sich innerhalb einer Gemeinschaft und im Laufe der Zeit verschieben. Urteile der Yokuts über Yokuts-Äußerungen könnten sich verändern, ohne daß dies in der formalen Grammatik reflektiert würde. Ganz entsprechend könnten auch verschiedene Gemeinschaften innerhalb des Yokuts-Volks die Abgrenzung an verschiedenen Stellen vornehmen. Rivalisierende Beurteilungen von Äußerungen würden sich gegenüberstehen, wiederum ohne daß dies in der formalen Grammatik reflektiert würde.

Es scheint also, daß die stilistische Dimension in dem, was Yokuts-Sprecher wissen, d.h. in ihrer zugrunde liegenden Kompetenz, einen entscheidenden Platz einnimmt. Dabei geht es in keiner Weise um besondere Sprechstile oder spezifische Komponenten von Situationen; vielmehr geht es um ganz normales Yokuts, was zeigt, daß Grammatik eine Frage des allgemeinen ›Sollte‹ und ›Könnte‹ und somit in sich normativ ist.

Der Fall des Yokuts betrifft Beziehungen zwischen gegebenen Elementen (obwohl man sich vorstellen kann, daß eine solche Beschränkung den Ausbau von Affixen und anderen Mechanismen hemmt und eher das Gegenteil fördert, wie Newman an einer Stelle nahelegt.) Sprachliche Bedeutung selbst kann aus stilistischer Sicht und wiederum unter der Perspektive der Aktualisierung einer Fähigkeit als kreativer Aspekt des Sprachgebrauchs angesehen werden. Stil ist nicht nur eine Frage von anderen als referentiellen Merkmalen oder des selektiven Gebrauchs von Merkmalen beider Arten; er hat auch mit der selektiven Produktion neuer Materialien und der Aufgabe von alten zu tun. Sprachen verändern sich nicht auf gänzlich zufällige Weise; noch büßen sie Strukturen gemäß dem zweiten Gesetz der Thermodynamik ein. Als eine relativ konsistente Menge von Realisierungen der Möglichkeiten der Sprache bleiben sie eher erhalten als eine andere. Und sie haben den Charakter, den sie haben, teilweise auf Grund der Wahl sprachlicher Mittel durch die Benutzer. Man könnte annehmen, daß einige Arten des Wandels, unter ihnen auch die des Lautwandels, aufgrund mit Merkmalen verbundener sozialer Bedeutungen eintreten, dergestalt daß Varianten mit höherem Prestige solche mit geringerem ablösen. Man kann ebenfalls annehmen, daß einige Veränderungen eintreten als Reaktion auf innere Störungen des Gleichgewichts oder inneren Druck sowie kumulative Strömungen, die Veränderungen in eine Richtung sehr viel wahrscheinlicher machen als in eine andere. Einige Veränderungen können jedoch nur als im Laufe der Zeit eintretende Veränderungen in dem verstanden werden, was die Benutzer der Sprache zu sagen für wünschenswert und wesentlich halten. Veränderungen der obligatorischen grammatischen Kategorien einer Sprache oder in deren relativer Verfeinerung sind von dieser Art. Gelegentlich kann man eine gewisse Übereinstimmung (eine ›Verschwörung‹) hinsichtlich des semantischen Charakters scheinbar unabhängiger Veränderungen und Tendenzen feststellen. Ich habe versucht, dies für die Wasko-Sprache zu zeigen (Hymes, 1961a, Abschn. 5), indem ich Belege dafür erbrachte, daß unlängst geprägten Wörtern, jüngsten Veränderungen bei Tempus-Aspekt kennzeichnenden Affixen und Kasusrelationen kennzeichnenden Postpositionen sowie Tendenzen in der Ableitung von Verbalthemen eine bestimmte kognitive Orientierung gemein ist.

Zwei Mißverständnisse sollten unbedingt vermieden werden. Erstens: Die Richtung oder den Stil zu erkennen ist nicht gleichbedeutend damit, eine Interpretation auf wehrloses Material zu projizieren. Es wird nicht unbedingt jedes beliebige Merkmal der Sprache als Beleg herangezogen, sondern solche Merkmale, die erst in jüngster Zeit entstanden sind und die bestimmte Entscheidungen und schöpferische Aktivitäten der Gemeinschaft repräsentieren. Zweitens: Es sind keinerlei direkte Schlußfolgerungen über den Geist der Sprecher möglich. Die Daten sind das Ergebnis von Veränderungen, die für diejenigen, die sie eingeführt und akzeptiert haben, irgendeine psychologische Realität gehabt haben müssen; um ihre psychologische Realität für spätere Sprecher beweisen zu können, bedarf es jedoch sprachunabhängiger Belege. Es ist unwahrscheinlich, daß die Beobachtung von Wasko-Sprechern, die alle mehrsprachig sind und diese Sprache nur selten benutzen, viele Ergebnisse zeitigen würde. Sprachliche Relativität im Sinne Whorfs beruht auf einer fundamentaleren Art der Relativität, derjenigen nämlich der Funktion sprachlicher Mittel. Sprecher verschiedener Generationen demonstrieren möglicherweise das Vorhandensein einer gemeinsamen Grammatik, jedoch ist die Grammatik für den einen u. U. nur irgend etwas, woran er sich erinnert, während sie für den anderen das zentrale sprachliche Instrument für die Organisation von Erfahrung ist.

Es ist nicht ganz uninteressant, darauf aufmerksam zu machen, daß linguistische Rückschlüsse auf zugrunde liegendes grammatisches Wissen in die gleiche Richtung gehen wir Whorfs Rückschlüsse auf die kognitive Organisation der Welt. In beiden Fällen werden auf der Grundlage ausschließlich sprachlicher Daten Aussagen über eine Fähigkeit oder eine Eigenschaft des Sprachbenutzers gemacht. Die sprachlichen Daten sind sowohl Quelle als auch Beleg der unterstellten Eigenschaften. Der Vorwurf der Zirkularität gegen Whorf trifft auch die Grammatikforschung, die formale Analysen mit psychischer Realität ohne unabhängige Tests identifiziert. (Newmans Vorgehen, Sprechern konstruierte Wörter vorzulegen, war ein informeller Test dieser Art.)

Ich behaupte nicht, daß kognitive Stile für die Sprache ohne Bedeutung sind, sondern daß ihre Bedeutung problematisch und beweisbedürftig ist (vgl. Hymes, 1966). Das gleiche gilt für alle Sprechstile und Sprechmittel im allgemeinen. In anderen Lebensbereichen erkennen wir, daß die verfügbaren Mittel das bedingen, was mit ihnen geleistet werden kann. Wir erkennen, daß die zur Verfügung stehenden Werkzeuge das, was produziert wird, beeinflussen, ohne damit das Ergebnis auf die Werkzeuge allein zu reduzieren. Hinsichtlich sprachlicher Werkzeuge herrscht in unserer Kultur irgendwie ein schizophrenes Bewußtsein. Manche glauben, daß sie so gut wie alles determinieren, und manche bestreiten, daß sie überhaupt etwas determinieren. Es drängt sich die Vermutung auf, daß sich hier ein alter Konflikt zwischen ›idealistischen‹ und ›materialistischen‹ Grundannahmen widerspiegelt, wobei Sprache mit der ›idealistischen‹ Seite identifiziert wird, so daß mit der Verteidigung ihrer determinierenden Rolle für eine bestimmte philosophische Position und gegen eine andere argumentiert zu werden scheint. (Eine derartige Sicht der Dinge scheint in der Sowjetunion verbreitet zu sein.) Andere sprechen ohne weiteres von der bedeutenden Rolle der Sprache im allgemeinen, aber niemals über die einzelner Sprachen. Hier hat man es vermutlich mit dem Widerstand gegen die alte Neigung zu tun, bestimmte sprachliche Besonderheiten als nebensächlich zu behandeln, oder mit dem Reflex eines geistigen Klimas, in dem jede explizite Einschränkung der geistigen Freiheit auf Ablehnung stößt. An dieser Stelle muß eine Darstellung meiner Position genügen.

Erstens scheint mir zwangsläufig richtig zu sein, daß die den Sprechern verfügbaren Mittel das bedingen, was sie sprachlich leisten können, und daß diese Mittel zu einem wesentlichen Teil geschichtlich geformt sind. Zweitens ist eine solche Ansicht keine Herabsetzung von Unterschieden; was geleistet werden kann, kann bewundernswert sein.

In diesem Zusammenhang sei darauf hingewiesen, daß Mitglieder einer Gemeinschaft, die ihre Sprache fließend beherrschen, diese Sprache oft genug selber als unzulänglich bewerten. Nicht nur wird häufig eine Sprache oder Varietät für bestimmte Zwecke vorgezogen und eine andere für andere; es ist auch eine Frage der praktischen Erfahrung, wozu die eine und wozu die andere sich tatsächlich am besten eignet. Diese unterschiedliche Eignung hat nichts mit Nachteilen oder Schwächen einiger Gemeinschaftsmitglieder relativ zu anderen zu tun. Sie können sich alle darin einig sein, daß z. B. das Kurdische das Medium ist, in dem sich die meisten Dinge am besten ausdrücken lassen, Arabisch aber das bessere Medium für religiöse Wahrheiten. Die Benutzer der Berbersprache halten vielleicht das Arabische für alle Zwecke für besser geeignet außer für das persönliche, häusliche Gespräch (Ferguson, 1966).[2]

Drittens jedoch existieren diese Unterschiede in den verfügbaren Mitteln und ähnlichen Fähigkeiten auf eine Art und Weise, die Probleme aufwirft. In einiger Hinsicht liegen diese Probleme in der menschlichen Natur, insofern als jeder von uns in einer sich auf unvorhersehbare Weise und ohne unsere Zustimmung und Kontrolle ändernden Welt eine ganz bestimmte Person sein muß. In manch anderer Hinsicht sind die Probleme nur in bestimmten sozialen Systemen und Zuständen begründet und können prinzipiell gelöst werden. Ich bin davon überzeugt, daß die notwendigen sozialen Veränderungen die Kenntnis der tatsächlichen Fähigkeiten und Tätigkeiten erfordern und daß eine Linguistik wie die oben entworfene zu dieser Kenntnis beitragen kann.

Anmerkungen

1 Mit Newmans vorzüglicher, die ausgereiften Methoden Sapirs exemplifizierender Grammatik haben sich seit dem zweiten Weltkrieg ganze Unternehmen beschäftigt, wobei sie in einer Reihe von Aufsätzen und in mindestens einem Buch immer wieder neu formuliert und umstrukturiert wurde. Die hier diskutierte Information wurde jedoch, soweit ich weiß, bisher nicht als für die linguistische Theorie relevant behandelt – Kommentar genug zu der Verminderung der Vielfalt, die in der Linguistik mit dem Niedergang der Sapirschen Tradition einherging, um deren Wiederbelebung wir uns bemühen sollten.

2 Vgl. einen europäischen Fall, der für viele andere repräsentativ ist: »L'accession rapide de l'élite de la société polonaise à l'humanisme, dans la seconde moitié du 16e siècle, posait de façon aiguë le problème des moyens d' expression. Pour les nouvelles aspirations artistiques, seule le latin convenait avec ses ressources de vocabulaire, de syntaxe, de métrique et ses qualités d' abondance et de précision, tandis que les polonais demeurait l' apanage d' un univers spirituel médiéval qui n' avait trouvé jusqu' alors qu' une expression fragmentaire et qui commençait tardivement à prendre un essor encore timide. L' auteur analyse les aspects de ce bilinguisme et son évolution jusqu' à la fin du 16e siècle, evolution au cours de laquelle un humanisme créateur a présidé à l' élaboration de la langue littéraire en Pologne« (Backvis, 1958), vgl. Jones, 1953 über das Englische in der gleichen Zeit.

Ethnographisches Protokollieren

I

Ich möchte mich hier mit der Frage beschäftigen, was die Ethnographie zur zweisprachigen Erziehung beisteuern kann, wobei ich die Auffassung begründen werde, daß sie für eine erfolgreiche zweisprachige Erziehung unverzichtbar ist.

Ein Beitrag, den die Ethnographie leisten kann, betrifft die Planung von Erziehungsprogrammen und die Notwendigkeit von Kenntnissen über die Ausgangslage. Dieser Beitrag zur Ethnographie (*Kenntnisse über die Ausgangslage*) ist vielleicht allgemein bekannt, wird jedoch vernachlässigt. Außerdem gibt es noch zwei weitere Gebiete, auf denen sie in dieser Hinsicht nützlich sein kann. Eines ist die Durchführung von Programmen, die Notwendigkeit, Strukturen und Bedeutungen zu erkennen und zu verstehen, die während der Durchführung eines Programms möglicherweise außerhalb des Klassenzimmers zutage treten. Das andere ist die Bewertung und Rechtfertigung von Erziehungsprogrammen und schließlich der zweisprachigen Erziehung selber. Die letzteren beiden können als *ethnographisches Protokollieren* aufgefaßt werden, Protokollieren der ablaufenden Prozesse einerseits und der Ergebnisse und Konsequenzen andererseits. Beide Arten des Protokollierens verdienen, wie ich im folgenden zeigen will, Aufmerksamkeit.

Ich möchte mit einigen Worten über den Begriff der Ethnographie beginnen. Man könnte sie als eine rein deskriptive und objektive Tätigkeit ansehen, die von einem Außenstehenden durchgeführt wird. Dies ist nicht die Ansicht, die ich vertrete. Zwar muß die Ethnographie deskriptiv und objektiv sein, aber nicht *nur* das. Sie muß von einem Bewußtsein von Werten und Zielen getragen sein und die Beschreibung mit der Analyse, die Objektivität mit kritischer Bewertung in Beziehung setzen. Zweisprachige Erziehung betrifft soziale Veränderungen im Licht bestimmter Ziele. Juristisch ist sie im Hinblick auf das Ziel der Chancengleichheit in der Erziehung definiert. In bezug auf soziale Veränderungen geht es jedoch offensichtlich um mehr; es geht um persönliche Ziele und Verpflichtungen, darum, was Menschen für ihre Lebenschancen und ihre Persönlichkeit halten, und was nach ihrem Willen aus ihnen werden soll. Nicht alle stimmen in den Zielen der Veränderung überein, noch darin, wieviel und welche Art von Veränderung wünschenswert ist. Ein Ethnograph muß die Werte, die hier mitspielen, verstehen lernen und die Gültigkeit dieser Werte für diejenigen, die sie vertreten; und genauso muß er seine eigenen Einstellungen (Einstellungen, die sich vielleicht erst im Laufe seiner Arbeit zeigen) und ihre Gründe verstehen lernen. Kurz gesagt, nur die explizite Beschäftigung mit Werten wird es der Ethnographie ermöglichen, verborgene Quellen der Verzerrung ihrer Ergebnisse zu kontrollieren. Um wirklich nützlich zu werden, muß sie zudem das, was beschrieben wird, mit Zielvorstellungen in Beziehung setzen. Unter Umständen sind bestimmte Ziele mit bestimmten Situationen oder mit bestimmten Mitteln unvereinbar; es kann auch unvorhergesehene innere Widersprüche zwischen Zielen und Mitteln geben. Die Ethnographie ist nichtsdestotrotz eine Methode zur Entdeckung der Gegebenheiten, und sie ist eine äußerst wichtige Methode. Soziale Programme, die sie ignorieren, sind blind; und eine Ethnographie, die Werte und Ziele ignoriert, ist steril.

Die Ethnographie könnte als eine Tätigkeit angesehen werden, die von einem Außenstehenden, einem bezahlten Spezialisten durchgeführt wird. Natürlich setzt sie Ausbildung und Talent voraus, und nicht jeder kann sie durchführen. Aber von allen Formen wissenschaftlicher Erkenntnis ist die Ethnographie die offenste, diejenige, die am ehesten mit einer demokratischen Lebensweise verträglich ist und am wenigsten dazu neigt, eine Welt zu schaffen, in der einige Experten auf Kosten derjenigen, die untersucht werden, das Wissen kontrollieren. Die Techniken der Ethnographie stellen nur eine Verfeinerung der Techniken dar, die von allen normalen Menschen im alltäglichen Leben angewendet werden; ihre Entdeckungen sind normalerweise vermittelbar – manchmal am besten in einer Sprache, die von Nicht-Spezialisten gelesen werden kann. Sie lernt mehr über eine Lebensweise als denjenigen, die sie pflegen, bewußt ist; aber es ist entscheidend wichtig, daß sie das, was diese Menschen bewußter- und unbewußtermaßen von ihr wissen, berücksichtigt. Ein entscheidender Bestandteil der Ethnographie ist das, was den Mitgliedern einer Gemeinschaft in gewissem Sinne schon bekannt ist, das, was sie bewußter- oder unbewußtermaßen wissen müssen, um normale Mitglieder ihrer Gemeinschaft zu sein. Als wissenschaftliches Fach fügt die Ethnographie ein Begriffssystem hinzu sowie Techniken, die die Aufmerksamkeit in bestimmte Richtungen lenken und Beobachtungen auf systematischere Weise miteinander in Beziehung setzen, als es die Mitglieder der Gemeinschaft normalerweise Veranlassung haben zu tun; Techniken, die Beziehungen und Strukturen explizit machen, die von den Gemeinschaftsmitgliedern implizit gelassen werden; und die die Interpretation von Strukturen im Licht komparatistischer Kenntnisse über andere Lebensweisen ermöglichen, zu denen die Gemeinschaftsmitglieder normalerweise keinen Zugang hätten. Die Ethnographie ist, kurz gesagt, eine disziplinierte Methode des Betrachtens, des Fragens, Aufzeichnens, Reflektierens, Vergleichens und Berichtens. Sie vermittelt das, was die Mitglieder einer gegebenen Gemeinschaft wissen und tun, mit den gesammelten, komparativen Kenntnissen darüber, was Mitglieder von Gemeinschaften im allgemeinen wissen und tun.

Ein Mitglied einer Gemeinschaft braucht also nicht nur eine Datenquelle, ein Objekt am anderen Ende des Beobachtungsgeräts zu sein. Er oder sie verfügt bereits über einen Teil des jeweiligen regionalen Wissens, hat Zugang zu Kenntnissen, die für eine erfolgreiche Ethnographie entscheidend sind und hat vielleicht Talent dazu, die wesentlichen Teile auszusondern und zu synthetisieren oder spezielle Informationen über einen Teilbereich. Was ihm oder ihr fehlt ist der andere, disziplinierte Teil der Ethnographie, die in Jahrzehnten destillierten komparativen Erkenntnisse. Diese Vermittlung kann auf vielerlei Weise vor sich gehen und erfordert nicht unbedingt ein Universitätsstudium. Ja, man könnte die Auffassung vertreten, daß ein Erziehungssystem, das einer demokratischen Lebensweise verpflichtet ist, diesen anderen Teil jedem Schüler als ein Recht und als Grundlage der Bürgerrechte verfügbar machen sollte. Dies nicht zu tun, bedeutet, den Bürgern die beste Möglichkeit vorzuenthalten, gesellschaftliche Erfahrung zu verstehen, sich mit ihr zu arrangieren oder sie zu verändern.

Wenn ich in diesem Aufsatz von Ethnographie spreche, gehe ich also davon aus, daß die Person, die diese Tätigkeit ausführt, ein Mitglied der fraglichen Gesellschaft sein kann. Ja, ich bin der Meinung, daß dies bis zu einem sehr großen Ausmaße erstrebenswert ist.[1]

II

Der mögliche Beitrag, den die Ethnographie hinsichtlich der Beschreibung der Ausgangslage einer Untersuchung leisten kann, ist vielleicht allgemein bekannt. Als ich dem Direktor eines Sprachenprogramms einer Großstadt ethnographische Methoden vorschlug, war seine Reaktion dennoch: »Was würden Sie denn wissen wollen?« Die einzige weitere Ausführung war, daß die Menschen dieser Gemeinschaft nicht wollen würden, daß bekannt wird, daß so viele von ihnen Analphabeten sind.

Eine derartige Reaktion legt die Vermutung nahe, daß der Grundgedanke soziolinguistischer Beschreibung und der Ethnographie des Sprechens außerhalb akademischer Hallen noch nicht sehr weite Verbreitung gefunden hat. Vermutlich hat er selbst in ihnen, jedenfalls was pädagogische Einrichtungen betrifft, keine sehr große Verbreitung gefunden. Susan Philips Untersuchung der Beziehung zwischen Schulklassen in Madras, Oregon, und der Kultur des Indianerreservats in Warm Springs wird nicht nur deshalb immer wieder zitiert, weil sie gut ist, sondern auch weil sie fast die einzige ihrer Art ist.

Die meisten Pädagogen werden mit dem Prinzip, daß der Unterricht beim Kind ansetzen muß, übereinstimmen. Nur wenige scheinen jedoch zu sehen, daß Kenntnisse über die Gemeinschaft, aus der das Kind kommt, hierfür eine Voraussetzung sind. Viele Lehrer werden dem *Office of Civil Rights* darin zustimmen, daß formale Tests nicht geeignet sind, die Fähigkeiten und Bedürfnisse von Kindern aufzuzeigen. Sie erkennen aber vielleicht nicht, daß auch ihre eigenen Beobachtungen verzerrt sind und Eindrücke von intellektuellen Fähigkeiten mit solchen der Stimme und der äußeren Erscheinung vermengen.[2] Beobachtungen müssen systematisch gemacht werden und sich auf eine Reihe verschiedener Umgebungen und Aktivitäten erstrecken: das Klassenzimmer, den Schulhof und das Elternhaus. Als einen der Schwerpunkte, auf den sich die Forschung konzentrieren muß, hat man inzwischen die Interdependenz zwischen der Umgebung und der Entfaltung von Fähigkeiten erkannt.

Um beim Kind ansetzen zu können, sind also systematische Kenntnisse über sein *sprachliches Repertoire* in Beziehung zum sprachlichen Repertoire seiner Gemeinschaft erforderlich: die Varietäten der Sprache, die Umstände und Zwecke, an die sie gebunden sind und die Bedeutungen ihres Gebrauchs. Zwischen einzelnen Gemeinden oder Bezirken kann es diesbezügliche Unterschiede geben; daher sind regionale Kenntnisse erforderlich. Man muß auch die Rolle des Sprechens, Hörens, Schreibens und Lesens sowie die jeweilige Bedeutung dieser Aktivitäten in einer gegebenen Varietät kennen. Man muß mit einem Wort über die regional relevanten *Sprechweisen* informiert sein (wobei »Sprechweise« hier als Abkürzung für jede Art des Umgangs mit Sprache verwendet wird). Aus der Perspektive des Schülers stellt die Organisation des Sprachgebrauchs in der Schule nur einen Teil eines systematischen Ganzen dar, und die schulischen Normen können aus dieser Perspektive eine Bedeutung erhalten, die von den Lehrern weder verstanden noch beabsichtigt wird.[3]

Häufig wird die Wahl einer Sprache, einer Varietät, eines Stils, eines Genres oder einer Gelegenheit für den Gebrauch der Sprache unter dem Gesichtspunkt betrachtet, ob sie falsch oder richtig ist. Diese Betrachtungsweise ist sicher unter Lehrern weit verbreitet. Ein entscheidendes Prinzip der Ethnographie ist es, nicht zu vergessen, daß man es mit Elementen von Zeichensystemen zu tun haben kann. Dabei geht es um mehr als richtig oder falsch. Nicht nur die Elemente einer Sprache sind als Zeichen zu verstehen, die Form und Bedeutung verbinden und deren Status sich im Kontrast zu anderen Zeichen zeigt. Jede zu einer Sprechweise gehörende Entscheidung – für eine Sprache, eine Varietät, einen Stil, ein Genre, eine Sprechgelegenheit – vermittelt durch den Kontrast zu anderen, nicht getroffenen Entscheidungen Bedeutung, die zu der Bedeutung hinzutritt, die durch das vermittelt wird, was geschrieben oder gesagt wird. Das gleiche gilt für die Art und Weise des Sprachgebrauchs im Hinblick auf das, was Goffman Ehrerbietung genannt hat (das, was man über die Einstellung zur eigenen Person vermittelt). Viel zu oft wird angenommen, daß die Entscheidung für eine bestimmte Form Ordnung und jede andere Unordnung oder ein Fehlen von Ordnung darstellt. Diese Voraussetzung kann der Entdeckung der tatsächlich vorhandenen Ordnung, des dem sprachlichen Verhalten des Schülers innerlichen Systems im Wege stehen. Wenn man ein derartiges System verändern will, muß man es zunächst erkennen, um das, was mitgeteilt wird, genau interpretieren zu können und zu sehen, was man verändern will. (Dies ist ein Beispiel für die Beziehung zwischen den deskriptiven und den kritischen Aspekten der Ethnographie.)

Dieses Argument gilt sowohl für die Regeln der Sprache als auch für diejenigen des Sprachgebrauchs. Einige weitere Bemerkungen über letztere sollen deren Bedeutung hervorheben.

Die Vorstellungen eines Lehrers oder Lehrplans über die Rolle der Sprache für das Lernen oder über sprachliche Umgangsformen, über richtiges Zuhören, Schreiben, Lesen, die Möglichkeiten, Informationen aufzunehmen und zu geben, im Gespräch Aufmerksamkeit zu erlangen und zu gewähren, werden sich manchmal von anderen diesbezüglichen Vorstellungen unterscheiden, mit denen die Schüler sonst konfrontiert werden. Solche Unterschiede sind eine simple Tatsache. Ob sie aber ein Problem darstellen, hängt von der Definition der Situation ab. Wenn die in einer Schulklasse herrschende Kommunikationsstruktur von allen Betroffenen akzeptiert und respektiert wird, hat sie vielleicht Erfolg – zumindest in dem von den Betroffenen definierten Sinne. (Gleichheit und gesellschaftliche Veränderungen müssen natürlich nicht unbedingt zu ihren Zielen gehören.) Diese Struktur kann jedoch auch bewirken, daß sich das, was gelernt wird, als nur in ähnlichen Umgebungen angebracht einprägt.

In den Schulen ist man sich der Existenz kultureller Unterschiede seit langem bewußt, und in den letzten Jahren hat man begonnen, sich mit ihnen zu beschäftigen, statt sie zu bestrafen. Aber nur allzuoft sind die Unterschiede, deren man sich bewußt ist, die von der Gemeinschaft wahrgenommen werden, nur die allersichtbarsten, die »hohen« kulturellen Symbole und allerstereotypsten Konventionen. Die »unsichtbare« Kultur (um den Titel von Philips Abhandlung zu verwenden), die Kultur der alltäglichen Umgangsformen und der durch Kommunikationsnormen zum Ausdruck gebrachten Rechte und Pflichten, Werte und Ziele wird dabei leicht ignoriert. Während in der Schule religiöse Einstellungen und nationale Sitten respektiert werden, wird gegen eine implizite, interpersonale Beziehungen betreffende zeremonielle Ordnung unter Umständen auf profane Weise verstoßen. Selbst wenn die Schule kulturellen Eigenheiten den gebührenden Respekt zollt, wird sie daher manchmal den Lernerfolg verhindern. Manche Kinder scheinen den schulischen Erwartungen in ihrem Verhalten zu entsprechen, aber in gewissem Sinne konterkariert das den Zweck ihres Dortseins. In Philadelphia zeigten sich einige Englisch-Lehrer zufrieden darüber, spanischsprachige Kinder in ihren Klassen zu haben, da diese so wohlerzogen, d.h. still waren. Der Grund dafür ist, daß die Kinder nicht verstehen, was gesagt wird. Wenn sie (z. B. nachdem sie in eine zweisprachige Klasse gekommen sind) verstehen, was gesagt wird, nehmen sie aktiv am Unterricht teil. Die Gleichsetzung von gut mit still zieht eine weitere von stumm und dumm nach sich. Natürlich können Gemeinschaften sich darin unterscheiden, welche Bedeutung in ihnen dem Schweigen zukommt und bei welchen Gelegenheiten es üblich ist zu schweigen. Das muß man in jedem einzelnen Fall wissen.

Daß es entscheidend wichtig ist, über das regionale Repertoire sprachlicher Varietäten Bescheid zu wissen, ist offenkundig. Im Hinblick auf die deskriptiven Leistungen der Ethnographie kommt der Beschäftigung mit der jeweiligen regionalen Bedeutung und Interpretation des gemischten Gebrauchs spanischer und englischer Formen besondere Bedeutung zu. Natürlich kann das Vorkommen eines Elements der einen Sprache im Kontext der anderen durch den Einzelfall sehr *ad hoc* – z. B. durch die Geläufigkeit eines Wortes oder dadurch, daß man es momentan vergessen hat – bedingt sein. Manche Sprecher finden aber jede Art von Sprachmischung verwerflich, vor allem wenn sie in großem Umfang betrieben wird. Andere betrachten die extensive Mischung als einen speziellen, für bestimmte Situationen und das Gespräch mit bestimmten Personen angemessenen Stil. Sie sehen nicht die Unfähigkeit, die Sprachen voneinander getrennt zu halten, sondern die Kunst, sie miteinander zu verschmelzen – eine Kunst, die gelernt werden muß. Wer Spanisch und Englisch kann, weiß deshalb noch nicht unbedingt, wie man beide zu einem speziellen Stil verbindet. (Ich beziehe mich hier auf Beobachtungen von Eduardo Hernandez.) Was sich also unter dem einen Gesichtspunkt als fehlerhaftes und auszumerzendes Wirrwarr darstellt, ist unter dem anderen eine Kunst, der eine bestimmte soziale Bedeutung eigen ist.

Ohne Kenntnis der individuellen und in der Gemeinschaft herrschenden Normen kann die Bedeutung der Sprachmischung nicht beurteilt werden, aber mit ihrer Kontrolle allein ist es nicht getan. Die Versuchung der beschreibenden Ethnographie besteht immer darin, ohne weiteres vom Verstehen zum Akzeptieren überzugehen. Ethnographie kann jedoch auch kritisch angewendet werden. In Einzelfällen ist sich eine Gemeinschaft u. U. eines bestimmten Aspekts ihres Sprachgebrauchs nicht bewußt und will sich von ihm lösen, sobald ihre Aufmerksamkeit auf ihn gelenkt wird. Es kann auch sein, daß eine Gemeinschaft zu dem Schluß kommt, daß eine

Veränderung der Struktur wünschenswert, ja notwendig ist oder daß sie eine bisher wenig beachtete Struktur plötzlich akzeptiert und hoch einschätzt. Wie dem auch sei, die Ziele zweisprachiger Erziehung sollten von ethnographischen Erkenntnissen geleitet aber von den Betroffenen bestimmt werden. Das schwierigste Problem ist dabei die Analyse und Beurteilung von Informationen, die sich auf die Entscheidung für eine *sprachliche Norm* und ihre Durchsetzung auswirken.

Daß hier ein Problem liegt, ist offensichtlich. So gab es z. B. Klassen, in denen die Schüler, deren Muttersprache Spanisch ist, hinten saßen, während die englischsprachigen Schüler vorne saßen und am besten waren. In West Chester, Pennsylvania, gibt es eine Schule, deren aus Kolumbien stammende Spanisch-Lehrer überzeugt sind, daß sie ihren spanischsprechenden Schülern puertorikanischer Abstammung richtiges (kolumbianisches) Spanisch beibringen müssen, wobei sie die Tatsache, daß diese Schüler dazu in der Lage sind, in Madrid erscheinende Zeitungen zu lesen, ignorieren. (Diese Beobachtung verdanke ich Elizabeth Smith.) In beiden Fällen würde eine andere Norm zu anderen Ergebnissen führen.

Natürlich sind mangelhafte Fähigkeiten in bestimmten Fällen durchaus ein echtes Problem. In puertorikanischen Schulen werden in New York aufgewachsene puertorikanische Kinder benachteiligt sein. In bestimmten Gemeinschaften aufwachsende Kinder werden nicht das ganze Spektrum der Varietäten und sprachlichen Ebenen des Spanischen erlernen, vor allem dann nicht, wenn Spanisch für sie als Sprache des Elternhauses und nicht der Schule Teil einer stabilen mehrsprachigen Situation war. Die diesbezüglichen regionalen Umstände können mit Hilfe der Ethnographie ans Licht gebracht werden. Probleme der Analyse und Beurteilung gibt es auf jeden Fall. An dieser Stelle wird die kritische, komparative Anwendung der Ethnographie wichtig. Es bedarf sowohl der Reflexion als auch der unmittelbaren Beobachtung: Videoaufnahmen müssen ebenso berücksichtigt werden wie die Geschichte und die komparative Erfahrung.

Ich will die Frage der sprachlichen Normen – welche man anwenden, akzeptieren oder aufgeben soll, und wie das geschehen soll – in bezug auf das Englische problematisieren, wobei ich hoffe, daß sich die Analyse auch für die Betrachtung der entsprechenden Fragen im Hinblick auf das Spanische als nützlich erweisen wird. Einige Autoritäten auf dem Feld der zweisprachigen Erziehung haben die Befürchtung geäußert, daß die Versäumnisse der Schulen im Englischunterricht durch den Spanischunterricht fortgesetzt werden. Die verfehlten Vorstellungen, die von Vorurteilen gegenüber Varietäten der englischen Sprache genährt werden, die sich von der in der Schule vorausgesetzten Norm unterscheiden, sind hinlänglich bekannt. Aber läßt sich denn das Problem, Gleichheit zu erreichen, auf derartige Unterschiede reduzieren? Könnte es dadurch gelöst werden, daß man die Unterschiede durch die Eliminierung aller außer einer bevorzugten Varietät beseitigt, oder dadurch, daß man zum Repertoire aller Sprecher eine weitere, allen gemeinsame hinzufügt?

Ich persönlich bin der Meinung, daß ein derartiger Ansatz in den Vereinigten Staaten zum Scheitern verurteilt ist, wenn das Problem tatsächlich als ein Problem der Beseitigung sprachlich bestimmter Ungleichheit definiert wird. Auch wenn sich jeder in den Vereinigten Staaten der von der Mittelschicht gepflegten Variante des Standard-Englisch bediente, würde sich wenig ändern (abgesehen von der kulturellen Verarmung und den Einbußen an den vielfältigen und interessanten Aspekten amerikanischer Lebensformen). Fehler würden auch weiterhin gefunden werden. Wer keine doppelte Negation gebraucht, macht sich vielleicht eines redundanten Gebrauchs von Adjektiven schuldig, und wer die Tempora nicht verkehrt verwendet, dem kann man vielleicht Fehler beim Gebrauch von Adverben oder Konjunktionen nachweisen.

Variabilität und Bewertung von Gebrauchsweisen sind universelle Charakteristika des menschlichen Lebens; hier geht es jedoch nicht um Unterschiede zwischen einzelnen, Unterschiede der individuellen Befähigung, die in jeder Gruppe unvermeidlich sind. Bei ihnen handelt es sich um eine Frage der Begabung. Worum es hier geht, ist hingegen eine Frage der Gruppenzugehörigkeit. Wenn sprachliche Unterscheidung eine in der Kultur tief verwurzelte Methode der Aufrechterhaltung sozialer Unterschiede ist, wird diese Unterscheidung mit großer Wahrscheinlichkeit weiterbestehen bleiben. Wenn sich nicht das Englische von anderen Sprachen abheben wird, dann ein Dialekt des Englischen von anderen Dialekten, ein Stil des Standard-Englisch von anderen Stilen oder irgendeine stilistische Feinheit von anderen. Was Barth für die Grenzen zwischen ethnischen Gruppen gezeigt hat, gilt auch für die Schranken zwischen gesellschaftlichen Schichten: Wenn Grenzen aufrechterhalten werden sollen, können auch spärliche und schwach ausgeprägte Merkmale als Grenzmarkierungen dienen.

Die Vereinigten Staaten sind, so könnte man weiterhin vermuten, kulturell so organisiert, daß fortwährend der Anschein einer »sinkenden Korrektheitsrate« oder eines »Gesetzes des zunehmenden Analphabetismus« erzeugt wird. Nicht nur gibt es eine permanente Reproduktion sprachlicher Minderwertigkeit und eine permanente Erneuerung ihrer Kennzeichen. Ebenso unerschöpflich ist die ständige Projektion des Verfalls. Letztere resultiert aus der Neigung, (ihrerseits unvermeidliche) sprachliche Veränderungen auf jeden Fall als Verschlechterung anzusehen. Aus dieser Sicht können notwendige Unterschiede immer nur verlorengehen und nie neu gewonnen werden. Die Lebendigkeit der Sprache steht unter dem Diktat der Etymologie, was oft auf Kosten der Verständlichkeit geht, die man selbst in Beiträgen der New York Times häufig vermißt, so daß man sich zu der Schlußfolgerung gedrängt fühlt, Sprache sei für die überwältigende Mehrheit der Menschen nichts besseres als ein fauler Trick, um andere an der Nase herumzuführen.

Daß ein Land mit einer so dem »Fortschritt« verpflichteten Ideologie eine so desperate Haltung gegenüber der Sprache einnimmt, ist in der Tat seltsam. Ich vermute, daß hier zwei komplementäre Einstellungen und Interessen wirksam sind: auf der einen Seite ein weitverbreitetes Mißtrauen gegenüber sprachlicher Gewandtheit als Zeichen mangelnder Männlichkeit und institutioneller Übervorteilung und auf der anderen eine Definition sprachlicher Gewandtheit als einer Fähigkeit, über die nur sie verfügt, seitens der Elite. Vielleicht ist so ein seltsames Phänomen wie ein Präsident, der sorgsam darauf bedacht ist, seinem Publikum zu erklären, daß er ein Wort nicht kannte und es im Lexikon nachsehen mußte und gleichzeitig erwartet, daß man ihm die Leitung einer unüberschaubaren Bürokratie zutraut, die ausschließlich von der Herstellung und Manipulation esoterischer Texte lebt, auf das Zusammenwirken dieser beiden Kräfte zurückzuführen.

Natürlich sind dies nur Vermutungen, denn die Rolle der Sprache bei der Aufrechterhaltung der kulturellen Vorherrschaft in den Vereinigten Staaten ist bisher kaum untersucht worden. Der entscheidende Punkt ist – und er führt zurück zu der Rolle der Schulen –, daß die Vereinigten Staaten eine Kultur zu haben scheinen, in der Diskriminierung auf der Grundlage von Sprache endemisch ist. Um innerhalb einer gegebenen Sprache Gleichheit zu erreichen, würde es niemals ausreichen, die Art und Weise, wie die Menschen sprechen, zu ändern. Geändert werden müßte die vermeintliche Bedeutung von Sprechweisen, die Bedeutung, die man ihnen gibt.

In dieser Hinsicht kann man sich kaum des Gedankens erwehren, daß eine latente Funktion der Schule bisher darin bestand, einen Teil der Bevölkerung als minderwertig zu definieren und von dieser Minderwertigkeit selbst zu überzeugen, wobei sie dies auf dem *scheinbar neutralen Boden der Sprache* tat. Die Sprache erscheint so lange als neutraler Boden, wie behauptet werden kann, daß es genau eine maßgebliche Norm gibt und daß die Schule ihre Pflicht erfüllt, wenn sie jedem Zugang zu dieser Norm verschafft. Die Sprache der Norm ist notwendig, und jeder hat die Möglichkeit, sie zu erlernen – etwa in dieser Art wird argumentiert. Ungleiche Ergebnisse können keine Fehler der Schule oder des Systems sein, sie stellen vielmehr ein faires Ergebnis dar, das unterschiedliche Begabungen, Anstrengungen oder Interessen seitens der Schüler reflektiert. Wenn darauf hingewiesen wird, daß einige Schüler relativ zu der in der Schule herrschenden Norm mit ungleichen Voraussetzungen anfangen, werden hierfür entweder die Schüler selbst oder die Gemeinschaften, denen sie angehören mit der Begründung verantwortlich gemacht, daß ihnen eine ordentliche, wenn nicht sogar überhaupt eine Sprache fehle.[4]

Zweisprachige Erziehung stellt insofern die ganze Struktur der Ausbildung in Frage, als sie sich das Ziel gesetzt hat, sprachliche Ungleichheit durch eine Veränderung dessen zu überwinden, was in den Schulen selbst vor sich geht. Wenn sprachliche Diskriminierung jedoch eine tief verwurzelte Methode der Aufrechterhaltung sozialer Unterschiede ist, die in den Erziehungsinstitutionen fest verankert ist, stellt sich die Frage, ob die zweisprachige Erziehung ihrem Einfluß ohne weiteres wird entgehen können. Ich habe die Vermutung geäußert, daß die Form der Aufmerksamkeit, die der Sprache in der Schule entgegengebracht wird, der Aufrechterhaltung der sozialen Stratifikation dient und daß die Gesellschaft, solange sie einer solchen Stratifikation bedarf, vermutlich Mittel und Wege für ihre sprachliche Reproduktion finden wird. Amerika wird vielfach als Land der unbegrenzten Möglichkeiten bezeichnet, aber die relative Verteilung des Reichtums und die Klassenzugehörigkeit ändern sich kaum von Jahr zu Jahr oder von Jahrzehnt zu Jahrzehnt. Daß die Sprache hierbei eine Rolle spielt, ist recht wahrscheinlich. Die Frage, die sich stellt, ist also, ob der Erfolg der zweisprachigen Erziehung darin bestehen wird, daß der Tadel, »Das ist kein Spanisch«, ebenso oft zu hören sein wird wie bislang »Das ist kein Englisch«; und darin, daß Kinder, die eine Variante des Spanischen sprechen, die mit der schulischen Norm nicht übereinstimmt, das Stigma tragen werden, *zwei* Sprachen nicht richtig zu beherrschen. (Es sind Berichte über Lehrer bekannt geworden, die zu einem Kind gesagt haben: »Ich dachte, dein Problem sei es, daß du Spanisch statt Englisch sprichst, und jetzt stelle ich fest, daß du keins von beiden sprichst.«)

Das Problem sprachlicher Normen stellt sich unvermeidlich selbst innerhalb des Bereichs eines etablierten Standards, da in den Vereinigten Staaten die nationalen Standards sowohl des kubanischen, als auch des puertorikanischen und mexikanischen Spanisch sowie die anderer Länder repräsentiert sind. Unvermeidlich stellt es sich auch bezüglich der Beziehung zwischen nationalen und regionalen Standards auf der einen Seite und den anderen Komponenten des sprachlichen Repertoires der spanischsprachigen Bürger dieses Landes auf der anderen. Das Problem der Normen betrifft das sprachliche Repertoire als ganzes. Welche Rolle sollen die einzelnen Komponenten des Repertoires spielen, und welche Haltung soll man ihnen gegenüber einnehmen? Die Ethnographie kann, wie gesagt, für die Informationsbeschaffung, die für die Beurteilung des gegebenen Zustands unerläßlich ist, sehr nützlich sein, und es ist offensichtlich, daß ethnographische Kenntnisse hier wichtiger sind als Fragebogen und Erhebungen. Die Auswertung der durch ethnographische Untersuchungen verfügbar gemachten Kenntnisse ist Angelegenheit der betreffenden zweisprachigen Gemeinschaft. In bestimmten Fällen wird u.U. beschlossen, daß auf der Norm des Standard-Spanisch bestanden werden muß, um die Sprache für die Gemeinschaft zu erhalten. Andererseits ist es auch durchaus möglich, daß andere Gruppen die zweisprachige Erziehung ablehnen und das Spanische nicht mehr als notwendigen Bestandteil beispielsweise der puertorikanischen Identität betrachten, wobei sie in ihrer Entscheidung möglicherweise durch elitäre Entscheidungen bezüglich der Norm innerhalb des Spanischen bestärkt werden.[5]

Es sollte nicht der Eindruck entstehen, daß ich der Meinung sei, jede Bewertung der Sprache und des Sprachgebrauchs beruhe nur auf sozialen Vorurteilen. Worauf es mir ankommt, ist daß derartige Vorurteile die Bewertung verzerren. »Alles ist erlaubt«, ist nicht der richtige Standpunkt, aber es ist auch nicht der Fall, daß es nur eine einzige Norm gibt, die man nicht in Frage stellen kann. Die Existenz einer Norm ist ein gesellschaftliches Faktum; sie steht jedoch nicht jenseits jeder im Licht der Kenntnis anderer Normen durchgeführten kritischen Analyse der Wirkungen, die ihre Ausführung mit sich bringt und der alternativen Relationen, die zwischen sprachlichen Normen und Lebensformen bestehen können.

Natürlich gibt es normative Kriterien, die auf Sprachen und ihre Verwendung anwendbar sind, Kriterien der Klarheit, Eleganz und Prägnanz, der Musikalität, Einfachheit und Wirksamkeit und dergleichen. Die Schwierigkeit ist, daß den einzelnen Kriterien selbst innerhalb einer Gemeinschaft verschiedenes Gewicht beigemessen wird, von den diesbezüglichen Unterschieden zwischen verschiedenen Gemeinschaften ganz zu schweigen. Unterschiede können sich auch bei der Bewertung dessen ergeben, was eine Norm, über deren Wichtigkeit man sich einig ist, erfüllt. Ein großer Teil der Geschichte der Sprachpolitik und der Erforschung sprachlicher Einstellungen, ja, ein großer Teil der linguistischen Forschung selber, kann zu zwei gegensätzlichen Einstellungen gegenüber der Existenz und dem Charakter zweier allgemeiner Normklassen in Beziehung gesetzt werden: der »Standardsprache« und der »Mundart«. Im allgemeinen wirken sich soziale Vorurteile erstens auf die Bereitschaft aus, das Vorhandensein und die Berechtigung einer Norm anzuerkennen, und zweites auf die Bedeutung, die der Befolgung oder dem Verstoß gegen die Norm beigemessen wird. Stellt sich das Festhalten an einem Standard als Eleganz oder als Anmaßung dar, als konsequente Normalität oder als leere Form? Gilt die Pflege einer Mundart als Wiederbelebung einer Sprache oder als Verfall, als natürlich oder als ungehobelt, als Ausdruck der Volksseele oder des Umsichgreifens der Unbildung?

Unterschiede in der Aussprache werden in der ganzen Welt als Dummheit gebrandmarkt; das Nichtvorhandensein grammatischer Merkmale gilt als Mangel an Logik und eine makellose Diktion als Tugend. Eine derartige Bewertung der Sprechweise anderer ist häufig sehr willkürlich. Die Assoziation eines sprachlichen Merkmals mit einem charakterlichen oder einem solchen der Intelligenz liegt im allgemeinen nicht in der Sache selbst, ist nicht universell, sondern ein regionales, abgeleitetes Ergebnis einer Projektion.

Innerhalb der Tradition der eigenen Sprache bewegt man sich vielleicht auf etwas sichererem Boden, wenn man die Sprache derer, die sie teilen beurteilt, er kann jedoch auch nicht sicherer gemacht werden als die Tradition selbst. Man kann andere (und sich selbst) in bezug auf bekannte Normen beurteilen; aber man kann nicht die Normen selber jeder kritischen Analyse entziehen, wenn sie durch ihre eigenen Konsequenzen in Frage gestellt werden. Trotz ihrer Verbreitung und Bekanntheit sind die fraglichen Normen u.U. zweitrangiger Natur und bloße Projektionen. Wir respektieren sie vielleicht nur deshalb, weil wir durch sie so vieles erfahren haben, was mit unserer Kenntnis der Dinge des Lebens und unserer Art sie zu bezeichnen verbunden ist und mit der Genugtuung und der Einsicht, die die Beherrschung einer Norm manchmal gewährt. Dennoch müssen wir die Tatsache akzeptieren, daß ähnliche Erfahrungen in bezug auf Normen gemacht werden können, die wir kaum als solche erkennen können. Die Beherrschung einer Fähigkeit – sei es die Geschicklichkeit im zwischenmenschlichen Umgang oder eine Kunst – setzt Normen voraus. Die Normen selber sind aber, wie ich meine, nicht grundlegend. Grundlegend ist vielmehr das, was die Normen ermöglichen, die Funktionen, die im kreativen, einfallsreichen, anpassungsfähigen und expressiven Gebrauch der Sprache erfüllt werden. Diesen Funktionen können viele verschiedene Normen dienen, und eine gegebene Norm kann u.U. auch so eingesetzt werden, daß sie ihnen entgegenwirkt.

Zu fragen gilt es also nicht, ob die Norm beachtet wird, sondern was durch ihre Beachtung erreicht wird. Ist es erstrebenswert, ein Schuljahr damit zu verbringen, einem Kind Perfektion bezüglich einer peripheren grammatischen Regel beizubringen, wenn das Ergebnis ist, daß das Kind die Norm, zu der diese Regel gehört, als eine Zwangsjacke kennenlernt und dadurch daran gehindert wird, jemals den Versuch zu machen, die Norm auf phantasievolle Weise anzuwenden?

Daß es universelle Eigenschaften sprachlicher Strukturen und Funktionen gibt, die allen normalen menschlichen Wesen gemein sind, ist ebenso unbestritten wie die unvermeidliche Tatsache eines gewissen Grades individueller Begabungsunterschiede. Es ist ebenfalls nicht zu bezweifeln, daß ein gewisses Maß normativer Stabilität für die Möglichkeiten zuverlässiger Kommunikation und die Beherrschung des Ausdrucksvermögens unerläßlich ist; daß die Beherrschung von Regeln ihre phantasievolle Anwendung erleichtern kann, daß ihre Behandlung als Ausweis der Gruppenzugehörigkeit jedoch der phantasievollen Verwendung der Sprache im Wege stehen kann. Die Funktionen der Sprache haben fundamentalen, die Formen instrumentellen Charakter. Es gilt im wörtlichen Sinne: der Buchstabe tötet, aber der Geist macht lebendig.

Natürlich muß es nicht unbedingt das Ziel einer Gemeinschaft sein, kreativen und phantasievollen Gebrauch der Sprache zu ermutigen. Viel mehr Wert wird vielleicht darauf gelegt zu garantieren, daß jeder durch die Art und Weise, wie er spricht und schreibt, genau eingeschätzt werden kann oder nützliche Arbeiten ausführen und Instruktionen, Zeitungen und andere Mitteilungen, derer, bei denen die Fäden der Macht zusammenlaufen, lesen kann. (Es ist nicht uninteressant, daß unsere Gesellschaft das Lesen, eine rezeptive Fähigkeit, und nicht die produktive Fähigkeit des Schreibens als ihr Hauptanliegen definiert.) Sofern jedoch eine Gemeinschaft sowohl sagt als auch meint, daß der phantasievolle und schöpferische Gebrauch der Sprache ein für alle ihre Mitglieder erstrebenswertes Ziel sei, müssen normative und pädagogische Fragen zugunsten einer Betonung der Funktion als primär und der Form als instrumentell entschieden werden. Dabei geht es nicht darum, die eine zugunsten der anderen zu ignorieren, sondern darum, zu erkennen, welche Seite die andere nach sich zieht.

Wenn diese Auffassung akzeptiert wird, ist die Arbeit der Ethnographie ebenso unverzichtbar wie schwierig. Es genügt nicht, festzustellen, welche Varietäten der Sprache wann, wo und von wem gesprochen werden und welche Merkmale der Sprache gemäß welcher Parameter variieren. Vielmehr muß festgestellt werden, zu welchem Zweck und mit welcher Wirkung welche Varietäten der Sprache benutzt und welche ihrer Merkmale aktualisiert werden. Wird mit der Entscheidung für eine Norm gleichzeitig bestimmten funktionalen Möglichkeiten gegenüber anderen der Vorzug gegeben? Es sei in diesem Zusammenhang auf die Lage vieler amerikanischer Indianerstämme hingewiesen, die zwar Englisch gelernt, aber nicht den literarischen Ruhm erlangt haben, der in anglistischen Seminaren gern zitiert wird, während sie ihre eigene reiche literarische Tradition eingebüßt haben. Insofern dies nur als eine Frage der Sprache betrachtet wird, sprechen diese Gemeinschaften jetzt an Stelle einer Indianersprache Englisch. Im Hinblick auf die Funktionen der Sprache ist es für diese Gemeinschaften jedoch eine Verarmung.

Die anstehenden Probleme und Entscheidungen sind kompliziert. Ich kann nur hoffen, gezeigt zu haben, daß die Kenntnisse, derer es für ihre Behandlung bedarf, ethnographischer Natur sind. Dies gilt nicht nur für die Kenntnisse über die Ausgangslage, sondern auch bezüglich des Protokollierens von Erziehungsprogrammen während ihrer Durchführung und ihrer Ergebnisse. Auf beide soll im folgenden noch etwas detaillierter eingegangen werden.

III

Diejenigen, die ein Erziehungsprogramm leiten, profitieren auf jeden Fall von jedem Feedback während seines Ablaufs – wie auch immer es aufgebaut sein mag. Ergebnisse von Tests und anderen Beobachtungen in der Klasse sind ein Anhaltspunkt für den Fortschritt der Schüler. Aber auch bezüglich dessen, was außerhalb der Klasse alleine gelernt wird, können Beobachtungen nützlich sein, denn manchmal zeigen Schüler in der außerschulischen Interaktion in anderen Umgebungen Fähigkeiten, die in Prüfungen nicht zum Ausdruck kommen. Insofern als das Programm auf die allgemeine Entwicklung der Schüler und den Erfolg der Zweisprachigkeit selbst gerichtet ist, ist die ethnographische Beobachtung von entscheidender Bedeutung. Dabei ist eine zentrale Frage, wie Erfolg und Mißerfolg bei der Teilnahme an dem Programm definiert wird, und was es heißt, gute oder schlechte Leistungen zu erbringen.

Zum Teil richtet sich das u. U. nach der Sitzordnung der Schüler in der Klasse oder nach anderen Gruppenzuweisungen. Untersuchungen von Ray Rist, Ray McDermott und anderen haben gezeigt, wie wichtig die Gruppenzuweisungen des Lehrers für Erfolg und Versagen in der Schule und für deren soziale Bedeutung sind.

Ein Teil der Bedeutung, die das Programm für die Schüler und die Gemeinschaft, aus der sie kommen, hat, wird sich in außerschulischer Interaktion herausbilden. Man muß wissen und berücksichtigen, wie die Ziele und Konsequenzen des Programms von der Gemeinschaft wahrgenommen werden und wie es in *peer-groups* und in den Familien diskutiert und beurteilt wird. Obgleich das Programm in Sprachunterricht besteht, wird es auch dazu beitragen, soziale Definitionen und Urteile zu schaffen.

Diese Definitionen und Urteile können für die Durchsetzung der Zweisprachigkeit ebenso wichtig sein wie der formale Unterricht.

Als äußerst hilfreich kann sich die Einrichtung einer regelmäßigen Beteiligung der Gemeinschaft an der Überwachung des Programms erweisen. Aber wir sind alle keine perfekten oder auch nur hinlänglich zuverlässigen Ethnographen unseres eigenen Verhaltens, wenn wir Beobachtungen, Vergleiche und Schlußfolgerungen immer nur *ad hoc* vornehmen. Es wäre daher für die Protokollierung eines Programms während seiner Laufzeit sehr nützlich, wenn eine oder mehrere Personen für ethnographische Beobachtungen und Untersuchungen formell verantwortlich wären, um z.B. Auskunft darüber zu erhalten, was für Gruppen sich außerhalb der Klassen auf Schulhöfen, Spielplätzen etc. bilden; ob sich der Sprachgebrauch im Laufe des Programms außerhalb der Schule ändert und wenn ja, auf welche Weise; ob sich die Gespräche über die Sprache ändern; was über das Programm gesagt wird und über die, die es besonders gut oder besonders schlecht bewältigen. Sogar noch wichtiger ist es, herauszufinden, was in dem, was gesagt wird, *vorausgesetzt* wird, was sich also bezüglich der Verständlichkeit bestimmter Bemerkungen als gemeinsame Überzeugung erweist. (Z.B. daß ein guter Schüler Lehrers Lieblings ist, daß ein schlechter Schüler dumm ist, daß gute oder schlechte Schüler nur aus einer bestimmten Schicht oder Wohngegend stammen oder einen bestimmten familiären Hintergrund haben, usw.)

Ethnographisches Protokollieren braucht keine isolierte Arbeit zu sein. Das Erziehungspersonal des Programms und die Vertreter der Gemeinschaft könnten sich auf sinnvolle Weise daran beteiligen, wenn eine oder mehrere Personen für die Koordination der Informationen verantwortlich wären, eine einführende Orientierung über die notwendigen Beobachtungen gäben und nicht zuletzt darauf achteten, ob sich andere Arten von Beobachtungen anbieten, an die man ursprünglich nicht gedacht hat. Diese Art von Kooperation ermöglicht u.U. einen wesentlich höheren Grad an Zuverlässigkeit. Da der Zweck der ethnographischen Beobachtung die Unterstützung des Programms ist, müssen die Ergebnisse den Beteiligten auf jeden Fall mitgeteilt werden. Sehr viel besser ist es daher, die einschlägigen Informationen in einem permanenten, das Programm begleitenden Prozeß auszutauschen. Ein zusätzlicher Nutzen besteht gegebenenfalls darin, daß die Mitarbeiter des Programms die zur Anwendung kommenden ethnographischen Techniken unter anderen Umständen wieder einsetzen werden können.

Der größte Nutzen kooperativen ethnographischen Protokollierens besteht darin, daß die an dem Programm Beteiligten die denkbar größte Kontrolle über den Verlauf des Programms haben, über seine Erfolge und Mißerfolge und über seine Stärken und Schwächen bezüglich der in es gesetzten Hoffnungen. Da sie aktiv an dem Programm mitarbeiten, werden sie nicht in die Lage kommen, mit Tabellen und Statistiken einer von außen herangetragenen Beurteilung und einer Bewertung der Ergebnisse ihres Programms konfrontiert zu werden, ohne etwas, was nach Maßgabe dieser Bewertung bemerkenswert ist, dazu sagen zu können. Aufgrund der konkreten Kenntnisse über den Ablauf des Programms werden sie sich mit den Prozessen, die irgendwelche in einer formalen Beurteilung auftauchenden Statistiken und Graphiken hervorgebracht haben, auseinandersetzen können. Eine Bewertung, die sich auf krude Zahlen stützt, ist hinsichtlich dessen, was diese Zahlen hervorgebracht hat, auf Vermutungen angewiesen und kann auch darüber nur Vermutungen anstellen, ob diese Zahlen mit Methoden erhoben wurden, die dem Gegenstand angemessen sind. Die Mitarbeiter kooperativer ethnographischer Untersuchungen können von einem Vergleich ihrer gesammelten Beobachtungen und Interpretationen mit unabhängig gewonnenen Zahlen profitieren, indem beide Informationsarten im Interesse einer Vertiefung des Verständnisses miteinander verbunden werden. Numerischen Meßergebnissen kommt jedoch speziell in bezug auf die zweisprachige Erziehung als einen Prozeß gesellschaftlicher Veränderung nur auf dem Hintergrund ethnographischer Beobachtung Bedeutung zu.

All dies wird um so wichtiger, wenn wir an das Protokollieren und die Einschätzung einzelner Programme denken und an den Beitrag, den sie zu der in einigen Jahren vermutlich vorzunehmenden Beurteilung des Erfolgs oder Mißerfolgs der zweisprachigen Erziehung als nationaler Politik leisten werden.

IV

Es ist sehr wahrscheinlich, daß in einigen Jahren der Vorwurf erhoben werden wird, die zweisprachige Erziehung hätte versagt.

Viel Geld ist ausgegeben und wenig erreicht worden – es ist nicht schwer, sich die Argumente auszumalen, die gegen zweisprachige Klassen vorgebracht werden, wenn diese den Rassenintegrationsprogrammen für die Schulen und den Programmen zur Bekämpfung der Armut als Ziel von Resentiments folgen.

Vielleicht ist die politische Macht derer, die die zweisprachige Erziehung unterstützen, groß genug, um dem Druck solcher Angriffe zu begegnen, wenn erst einmal die erste Welle ideeller und finanzieller Unterstützung verebbt ist; und es läßt sich sehr vieles sagen, um den Vorurteilen, die solchen Angriffen zugrunde liegen, den Wind aus den Segeln zu nehmen. Nach dem, was man über Sprachen und ihren Gebrauch weiß, ist klar, daß Zweisprachigkeit ein völlig selbstverständlicher Aspekt einer Gesellschaft sein kann, etwas, das durchaus zu den normalen Fähigkeiten von Individuen gehört. Die Liste zweisprachiger, ja, sogar vielsprachiger Regionen in der ganzen Welt ist zweifellos lang. Und daß Menschen ohne weiteres eine Vielfalt von Sprachen erlernen können, ist so offenkundig, daß die Frage nicht sein kann, ob es möglich ist, sondern wo dies nicht der Fall ist und wodurch es verhindert wird.

Argumenten, die im Mißtrauen gegen die Zweisprachigkeit im allgemeinen begründet sind, kann man also begegnen. Problematischer sind solche, die die Situation der Zweisprachigkeit in den Vereinigten Staaten betreffen. Vermutlich wird es dabei vor allem um zwei Punkte gehen: den Erfolg in der Ausbildung und die politischen Konsequenzen. Was den Erfolg in der Ausbildung betrifft, so ist darauf hinzuweisen, daß einige Jahre kaum genügen werden, um die Konsequenzen generationenlanger Anstrengungen zu überwinden, in den Schulen Einsprachigkeit durchzusetzen. Zudem können Ausbildungsprogramme, soweit ihr Erfolg ein gewisses Maß an vorausgehender Forschung zur Bedingung hat, bisher nur auf sehr spärlichen Erkenntnissen aufbauen. Denn für die Wichtigkeit sprachlicher Vielfalt in diesem Land waren die meisten Linguisten ebenso blind wie jedermann. Auch sie haben so getan, als wäre Englisch allein genug. Auch aus anderen Disziplinen gab es in dieser Hinsicht viel zu wenig Unterstützung. Erst seit jüngster Zeit wird ethnographische Forschung im eigenen Land von einer ernst zu nehmenden Anzahl von Anthropologen für legitim erachtet. Wie man weiß, waren es soziale, politische und rechtliche Prozesse, die die Zweisprachigkeit zu einem wichtigen Problem gemacht haben. Sie haben den Weg gewiesen, und die Forschung hat im großen und ganzen gerade erst begonnen, nachzuziehen. Insoweit als erfolgreiche Programme genaue Informationen über die Ausgangslage und geeignete Methoden für die Beurteilung der kommunikativen Kompetenz der Schüler erfordern, konnten sie sich bisher nur auf sehr beschränkte Erkenntnisse stützen. Es besteht daher die Gefahr, daß die zweisprachige Erziehung beschuldigt wird, versagt zu haben, noch bevor sie richtig erprobt worden ist – wenn ›richtig erprobt‹ bedeutet, Unterstützung durch die hier skizzierten Methoden und Kenntnisse zu erhalten.

In diesem Zusammenhang kann das ethnographische Protokollieren von Erziehungsprogrammen von außerordentlicher Wichtigkeit sein. Auf seiner Grundlage können die Umstände und charakteristischen Merkmale erfolgreicher Ergebnisse auf überzeugende Weise dokumentiert werden, und vergebliche Anstrengungen können im Lichte der Bedingungen des Erfolgs interpretiert werden. Versuchen, die zweisprachige Erziehung in den Vereinigten Staaten insgesamt als Mißerfolg zu diskreditieren, kann man dadurch begegnen, daß man einzelne Fälle betrachtet und genau über sie Bescheid weiß. Eine Voraussetzung hierfür ist Vertrauen in die Art von Erkenntnissen, die die Ethnographie liefert, und die Bereitschaft, die Schlußfolgerungen, die aus kooperativen ethnographischen Beobachtungen und Analysen gezogen werden, zu akzeptieren, wenn sie von den Schlußfolgerungen formaler Tests und numerischer Meßergebnisse abweichen. Gegenüber Statistiken, die unseren eigenen Kenntnissen widersprechen, akzeptieren wir, wie ich glaube, sehr oft die Legitimität unseres eigenen, seiner Natur nach ethnographischen Verständnisses der Dinge. Ich glaube, daß das richtig ist und daß ein solches Vorgehen für eine demokratische Lebensform wesentlich ist, daß es aber notwendig ist, zuzugeben, daß wir das tun. Nur indem das zugegeben wird, kann man über impressionistische Einsichten hinaus zu zuverlässigen Erkenntnissen gelangen, deren ein ethnographischer Ansatz fähig ist.

Ein anderes Argument richtet sich gegen die politischen Konsequenzen der zweisprachigen Erziehung als einen vermeintlich entzweienden Faktor. (In einem Leitartikel der New York Times wurde vor nicht allzu langer Zeit auf Auseinandersetzungen in Quebec hingewiesen als Beweis für die Gefahr, die eine zu weitgehende Zweisprachigkeit mit sich bringt.) Natürlich gibt es hierauf eine allgemeine Antwort: die soziale Bedeutung von Sprachen ist ihnen nicht innerlich, sondern eine Konsequenz ihres Gebrauchs. Wo Sprachen ein Symbol der Teilung sind, sind sie es auf Grund gesellschaftlicher Kräfte, die Menschen auf eine Weise voneinander trennen und einander gegenüberstellen, die mit Sprachgrenzen koinzidiert. Es bedarf dafür gar nicht verschiedener Sprachen, ein einziger Laut genügt, wie das biblische Beispiel der Ermordung derer, die *Siboleth* anstatt *Schiboleth** sagten, zeigt. Andererseits wurde der größte innere Konflikt in der Geschichte der Vereinigten Staaten, der Bürgerkrieg, nicht über Sprachgrenzen ausgefochten. Und es gibt viele Bereiche, in denen die Vielfalt der Sprachen in keiner Weise an gesellschaftlichen Prozessen und Konflikten beteiligt ist. Kurz gesagt, kleine Differenzen können zu Symbolen der Feindschaft werden, während große Unterschiede akzeptiert oder ignoriert werden. Die Ursachen liegen außerhalb der Sprachen.

Selbstverständlich kann eine gegebene Sprachpolitik bestimmten Interessen gegenüber anderen den Vorzug geben. Von denjenigen, die annehmen konnten, daß ihre Sprache die einzig wichtige sei und daß ihre Bequemlichkeit mit dem öffentlichen Interesse identisch sei, wird die zweisprachige Erziehung vielleicht als eine Belastung angesehen. Zu behaupten, Zweisprachigkeit wirke sich entzweiend aus, heißt jedoch nichts anderes, als daß durch sie die ungleiche Verteilung von Rechten und Vergünstigungen sichtbar wird, die man bisher lieber ignoriert hat. Wenn ein Problem angeschnitten wird, das man bisher erfolgreich ignoriert hat, wird das oft »politisch motiviert« oder »konfliktträchtig« genannt, während man die politischen und repressiven Implikationen seiner Mißachtung ignoriert. Auch in dieser Hinsicht kann das ethnographische Protokollieren von Erziehungsprogrammen von großer Wichtigkeit sein. Der ethnographische Ansatz kann bei der Dokumentierung und Interpretation der sozialen Bedeutung von Erfolg und Mißerfolg in der zweisprachigen Erziehung über formale Tests und Erhebungen hinausgehen.

Es ist möglich, daß sich diejenigen, die für die zweisprachige Erziehung arbeiten, in einigen Jahren untereinander über ihre Rolle nicht einig sein werden. Eine Interpretation der Beziehung zwischen solchen Bewegungen und den allgemeinen sozialen Prozessen ist, daß sie eine Phase der Interdependenz zwischen einer

* Vgl. A.T. Richter 12, 6. (Anm. d. Hg.)

expandierenden Weltwirtschaft und regional ausgebeuteten Gruppen repräsentiert. Zum gegenwärtigen Zeitpunkt ist vielleicht noch nicht völlig klar, in welchem Maße die Bewegung für die zweisprachige Erziehung lediglich die Anerkennung pädagogischer Notwendigkeiten ist; Ausdruck einer Phase in der Beziehung zwischen einer Minorität und den in der Gesellschaft herrschenden Kräften; und Ausdruck einer zunehmenden Verpflichtung auf das Ideal einer vielsprachigen, multikulturellen Gesellschaft. Ein Teil der spanisch sprechenden Gemeinschaft wird sich vielleicht für intensiven Englischunterricht als vorzuziehenden Weg zur ökonomischen Chancengleichheit einsetzen, während andere im Interesse der kulturellen Identität für Programme zur Beibehaltung des Spanischen eintreten. Dabei können schichtenspezifische Unterschiede zutage treten.

Nach meiner Überzeugung ist eine vielsprachige Gesellschaft etwas, was man anstreben und pflegen sollte, aber natürlich muß jeder über seine eigenen Interessen befinden. Aber welcher Politik man letzten Endes auch den Vorzug geben wird, man wird wesentlich weisere Entscheidungen fällen können, wenn das ethnographische Protokollieren jetzt zu einem festen Bestandteil der zweisprachigen Erziehung gemacht wird.

Anmerkungen

1 Diesen Gedankengang habe ich in meinen Einführungen zu Hymes, 1974 und Cazden et al. 1972 entwickelt.

2 Vgl. Seligman et al. 1972.

3 Zu »Sprechweisen« vgl. meinen gleichnamigen Aufsatz in diesem Band.

4 Selbst zum gegenwärtigen Zeitpunkt werden neue Zentren zur Förderung der sprachlichen Kommunikation von Kindern aus benachteiligten Familien eingerichtet. Aus den obigen Ausführungen geht hervor, daß sich bezüglich solcher Probleme gewisse Fragen erheben: Welche Normen, inklusive der Normen des Sprachgebrauchs, herrschen in solchen Familien? Woran zeigt sich, daß sie unzulänglich sind? Werden sie als intrinsisch unzulänglich oder als unzulänglich im Verhältnis zu den in den Schulen gemachten Voraussetzungen über die Rolle der Sprache beurteilt? Sind die in den jeweiligen Schulen gemachten Voraussetzungen die

einzig möglichen? Besteht zwischen Schule und Zuhause in den fraglichen Fällen ein Unterschied zwischen Normalität und Subnormalität oder ein Unterschied zwischen zwei verschiedenen Möglichkeiten, etwas zu tun bzw. zwischen zwei Sprechweisen, die beide in ihrer jeweiligen Umgebung normal sind? Stellen die Kulturveränderungsprogramme solcher Zentren etwas dar, was man, wenn davon aus der Sowjetunion berichtet würde, Kulturimperialismus nennen würde? Ist die Veränderung der Kultur in den fraglichen Familien die einzige Möglichkeit? Könnten die Unterschiede nicht toleriert oder die Schulen verändert werden? Dies sind keine rhetorischen Fragen. Es ist durchaus möglich, daß sie von verschiedenen vernünftigen Leuten verschieden beantwortet werden – entscheidend ist, daß sie überhaupt gestellt werden. Angesichts der zahlreichen Unterschiede bezüglich der Rolle, die die Sprache in der Kindererziehung verschiedener Gesellschaften spielt, und des dennoch unfehlbar erfolgreichen Erwerbs der Sprache und der in der jeweiligen Gesellschaft angemessenen Gebrauchsnormen seitens der Kinder erscheint es sehr fragwürdig, daß irgendeine lebensfähige Gemeinschaft sprachlicher Förderungsprogramme für ihre Kinder bedarf, um sich selbst erfolgreich zu reproduzieren. Aber solche Programme können natürlich dazu dienen, eine Gemeinschaft zu verändern oder ihre Kinder von ihr zu entfremden.

5 Die Frage des Verhältnisses von allgemeiner Politik, gesellschaftlicher Schicht und Sprachpolitik wird in einem Aufsatz von Mitgliedern des Centro de Estudios Puertoriqueños diskutiert. Vgl. Atiles et al.

Zum Stand der linguistischen Anthropologie

Es wäre einfacher, ein Buch über den Stand der Entwicklung in der linguistischen Anthropologie zu schreiben, als fünfundvierzig Minuten darüber zu reden. Man kann die zahlreichen Forschungsrichtungen, die hier einen Platz verdienten, kaum erwähnen, geschweige denn ihnen allen gerecht werden. Es ist völlig unmöglich, den Kern der Sache zu berühren, d.h. das, was in den vielleicht mehr als zweihundert Colleges und Universitäten vor sich geht, in denen Linguistik mindestens zum Teil als Bestandteil der Anthropologie unterrichtet wird. Zwei Freisemester und ein Stipendium, um von einer zur anderen zu fahren, in den Cafés mit den Studenten zu reden und die jeweiligen Fakultätsmitglieder betrunken zu machen, das würde vielleicht genügen. Warum nennen Sie das Fach »anthropologische Linguistik« statt »linguistische Anthropologie«? Was fragen Sie Archäologie-Studenten in Prüfungen? Nehmen jemals Linguistik-Studenten an Ihren Kursen teil? Wie denkt Ihr Dekan darüber, daß Linguistik an mehr als einen Seminar angeboten wird? Welche Lehrbücher benutzen Sie? Könnte der Chef Ihres Seminars sie verstehen? Bilden Sie Anthropologie-Studenten aus, um Linguistik zu *betreiben* oder sollen Sie sie nur darüber unterrichten? Ist Ihr Kurs obligatorisch? Wieviele Studenten würden ihn nehmen, wenn sie nicht müßten? Was wissen Ihre graduierten Studenten wirklich über Sprache, wenn sie die Universität verlassen?

Das einzige, was ich tun kann, ist zu zeigen, wie sich die Dinge von einem Gesichtspunkt aus darstellen und zu hoffen, daß das Ergebnis zum Teil eines Dialogs mit anderen, verschiedenen Ansichten wird. Ein derartiger Dialog scheint mir das wichtigste Ergebnis zu sein, das Konferenzen wie diese haben können. In der gegenwärtigen Situation müssen wir den Platz der linguistischen Arbeit innerhalb der Anthropologie bestimmen. Vor fünfundzwanzig Jahren, kurz nach dem zweiten Weltkrieg, wurde diese Frage lebhaft diskutiert. Die Linguistik hatte sich verändert, die Anthropologie war dabei, sich zu verändern, und die Beziehung zwischen beiden mußte neu definiert und in einem gewissen Maße neu gerechtfertigt werden. Heute stehen wir, wie ich glaube, vor einer ebensolchen Situation. Wir müssen mehr tun, als die vielen Arbeitsrichtungen zu begutachten, die von Anthropologen im Zusammenhang mit Sprache verfolgt werden. Wir müssen die grundsätzliche Frage erörtern, was überhaupt die Basis der Linguistik innerhalb der Anthropologie ist.

Linguistische Anthropologie: eine prinzipielle Grundlegung

Ich will den Problemkontext in groben Zügen skizzieren: Dieses Jahrhundert besteht aus drei Abschnitten, zwei vergangenen und einem künftigen. Der erste entwickelte sich vor dem Hintergrund einer Welt, in der die adäquate Beschreibung und die genaue Klassifikation der Völker der Erde die wichtigsten Aufgaben zu sein schienen. Die Sprache wurde als Schlüssel zu beiden angesehen, als Leitfaden der geistigen und geschichtlichen Dinge. Sie war ein selbstverständlicher Bestandteil der Ethnologie. Es war, soweit ich weiß, am Anfang dieses Jahrhunderts, daß aus dem theoretischen Grunde für die Einbeziehung linguistischer Forschung in die Ethnologie plädiert wurde, daß Sprache ein privilegierter Mikrokosmos kultureller Regularität sei. Natürlich hat Boas sich in seiner klassischen »Einleitung« zum *Handbook of American Indian Languages* (1911) dafür eingesetzt. Diese Argumentation wurde zu der Zeit nicht aufgenommen. Für die Anthropologie als ganze spielte ein anderes, praktisches Argument von Boas eine entscheidende Rolle, das die Linguistik als Forschungsmethode betraf. Dank der allgemeinen Konzentration aller Zweige der amerikanischen Anthropologie auf die Erforschung der amerikanischen Indianer – war die Linguistik natürlich von beherrschender und wesentlicher Relevanz wie auch zumindest nominell von allgemeiner Verbreitung. Jeder erlernte die Klassifikation der Indianer in der jeweils anderen Teildisziplin und die Nomenklatur, die damit einherging.

Der zweite Abschnitt kommt nach dem zweiten Weltkrieg. Die Verbindungen zwischen Linguistik und Anthropologie, die sich dem gemeinsamen Fokus auf ein Gebiet verdankten, lösten sich auf, während sich beide Fächer von der Erforschung der amerikanischen Indianer abwandten, und das Land sich in stärkerem Maße international engagierte. In der Linguistik selbst traten Fragen der Formalisierung in den vierziger und fünfziger Jahren in den Vordergrund und überlagerten jedes andere Interesse in den sechziger Jahren fast vollständig. Vielen Anthropologen erschien die Linguistik in dieser Zeit vor allem als Quelle methodologischer Anregungen und als ein Bereich, in dem man sich zu endgültiger Exaktheit und Ergebnissen universeller Reichweite aufschwingen konnte.

Dieser Abschnitt geht zu Ende. In den siebziger Jahren ist die Linguistik zu einer ähnlichen Vielfalt zurückgekehrt, wie sie sie in den Fünfzigern hatte. Einige Grammatiker haben sogar das Ziel formaler Grammatiken für ganze Sprachen im Interesse der Erforschung von Einzelphänomenen aufgegeben. Die Suche nach Verallgemeinerungen hat in zunehmendem Maße eine Reorientierung von *der* Sprache zu Sprach*en* erfahren. Anstelle der Beschäftigung mit einem einzigen universalen Modell der Grammatik findet man den Vergleich von Sprachtypen; an die Stelle der Postulierung formaler Universalien tritt die Untersuchung des Ausdrucks *substantieller Relationen* (wie *Relativisierung* oder *Ergativität*) in einer repräsentativen Auswahl von Sprachen. Solche Aspekte von Sprache und Kommunikation, die von Linguisten in den fünfziger Jahren erforscht wurden, um dann in der ersten Euphorie der Generativen Transformationsgrammatik hintangestellt zu werden, werden sukzessive wieder zugelassen (vor allem dann, wenn sie von Transformationalisten wiederentdeckt werden). Der Rahmen einer allgemeinen Linguistik von der Art, wie sie von einem Sapir oder Jakobson ins Auge gefaßt wurde, rückt wieder in den Blick. Und während einige Linguisten sich weiterhin ausschließlich mit Grammatik befassen, diskutieren andere über Sprechhandlungen, Konversationspostulate und Pragmatik.

Kann man von diesem Trend extrapolieren? Und in wenigen Jahren eine glückliche Zeit prophezeien, in der Linguisten all das tun werden, was man vernünftigerweise von der Erforschung der Sprache erwarten kann? So, daß für eine Linguistik innerhalb der Anthropologie keine Notwendigkeit bestehen wird? Zur Erleichterung vieler Anthropologen vielleicht? Da war immer so etwas von »wir tun es, weil sich niemand anderes darum kümmert« in der Linguistik der Anthropologie: die Sprachen, die keine Sprachen der zivilisierten Welt sind, die Aspekte der Sprache, die nicht Bestandteil eines formalen Modells sind, die Verwendungsweisen der Sprache, die möglicherweise als für die Linguistik gar nicht relevant angesehen werden. Sollte es dann keine vernachlässigten Bereiche mehr geben? Sollten wir also zu dem Entschluß kommen, daß es außer aus Gründen der Pietät und der Amtsdauer keinen Bedarf für Sprachspezialisten in anthropologischen Seminaren, keinen Bedarf also für eine linguistische Anthropologie gibt?

Ich glaube nicht. Es wird immer Dinge geben, die Anthropologen über Sprache wissen müssen und um deren Erforschung sie sich selber werden kümmern müssen. Dieser Umstand liegt in der Natur des Reichtums der Sprache, den vielfältigen Facetten ihrer Verflochtenheit mit dem menschlichen Leben und den daraus resultierenden verschiedenartigen Möglichkeiten, an die Sprache heranzugehen. Die Gesamtheit aller Aspekte der Sprache konstituiert, so könnte man sagen, den *Bereich* der Linguistik, aber dieser Bereich ist immer größer und vielfältiger als jede einzelne Disziplin. Die Linguistik selbst ist zentral und unentbehrlich, und jegliche Erforschung der Sprache, die sie ignoriert, tut dies auf eigenes Risiko. Dennoch hat die Linguistik im strengen Sinne nie für längere Zeit Interessen verfolgt, die über die Grenzen der Grammatik hinausgingen. Die Grenzen dessen, was als Gegenstand der Diskussion und Theorie zulässig ist, reichen sehr weit, und signifikant kann das Material, mit dem man arbeitet, unter unbegrenzt vielen Gesichtspunkten sein. Die Grammatik kann als ein Fenster angesehen werden, das Einblick in Weltanschauungen und Universalien des Geistes gewährt. Aber die Daten, auf denen die Interpretation beruht, bleiben im wesentlichen die der gewohnten Praxis.

Wenn man also fragt, ob es eine »linguistische Anthropologie« geben sollte, kann man zwei grundsätzliche Antworten geben. Die erste ist: die Anthropologie braucht sie. Und die zweite ist: die Erforschung der Sprache braucht sie. Beide Antworten haben ein gemeinsames Element: *Es besteht Bedarf an einer Arbeitsmethode mit sprachlichen Daten, wie sie von Anthropologen gepflegt wird und die darüber hinaus kaum existiert.* Auf einer tieferen und breiteren Grundlage brauchen wir eine Erneuerung desjenigen Verständnisses von Sprache und Linguistik, nach dem diese mehr sind als (nur) Selbstzwecke. Von einem wissenschaftlichen und von einem sozialen Standpunkt aus müssen Sprache und Linguistik als Mittel angesehen werden, Mittel der Wissenschaftler und Mittel derjenigen, deren Sprache die Wissenschaftler untersuchen. Wenn es während des ersten Aufblühens einer autonomen Linguistik und in Übereinstimmung mit den Traditionen unserer Zivilisation angemessen schien, von Sprache UND Kultur zu sprechen, und wenn die Betonung des sozialen Kontextes in den letzten Jahren dazu geführt hat, daß häufiger von Sprache IN der Kultur gesprochen wird, so ist es jetzt tatsächlich einfach geboten, von Sprache ALS Kultur zu sprechen.

Ich will diesen Punkt noch verdeutlichen. Wenn es nur darum ginge, daß Anthropologen über Linguistik Bescheid wüßten, stünde es nicht gut um die Sache der anthropologischen Linguistik. Sie würde auf den pädagogischen Vorteil reduziert, ein Spezialgebiet in den Begriffen bekannter Beispiele einführen zu können. Anthropologen lernen Statistik schneller und bereitwilliger, wenn die Daten nicht mit Agronomie, sondern mit Verwandtschaft und dergleichen zu tun haben, und ebenso würden kulturkundlich motivierte Beispiele beim Studium der Linguistik helfen. Man bräuchte also Fachleute, die sowohl die Beispiele als auch die Fachdisziplin kennten, um beide zusammenzubringen. Das ist zwar wahr, aber nicht gerade eine starke Grundlage für einen Hauptzweig einer Disziplin.

Die wirkliche Grundlage ist, daß es die Sprache betreffende Fragen gibt, die nicht innerhalb der Sphäre dessen beantwortet werden können, was man nur aufgrund seiner Arbeit als Linguist weiß. Solchen Fragen ist die Notwendigkeit gemein, sprachliche Daten in bezug zu Problemen zu interpretieren, die sich in anderen Gebieten stellen. Einige dieser Fragen erfordern die Integration linguistischer und psychologischer Arbeit, eine Integration, die in den vergangenen Jahren sehr gut gediehen ist. Solche Fragen erfordern auch die Integration linguistischer und anthropologischer Arbeit. Jetzt ist vielleicht der Zeitpunkt gekommen, wo sich erweisen muß, ob diese Integration fruchtbar sein wird oder nicht. Sollte sie es nicht sein, wird das meines Erachtens auf eine Vernachlässigung der Dimension der *Geschichte* zurückzuführen sein. Prähistorische Probleme verlangen ganz offensichtlich nach linguistischen Beiträgen, die vielleicht nicht geleistet werden, wenn Anthropologen sich nicht darum kümmern. Natürlich kann man auch bezüglich einer einzigen Art von Daten Fortschritte machen, und manche derartige Arbeiten verdienen es, ausgezeichnet genannt zu werden. Aber Arbeiten, die als Antworten auf große Fragen schließlich überzeugend sind, zeichnen sich durch Integration aus, dadurch, daß sie alles heranziehen, was herangezogen werden kann, alle Arten von Daten und Methoden, die zum Tragen gebracht werden können. Derartige Arbeiten sind es, die man am ehesten bedeutend nennt. Die Schwierigkeiten der Integration von Archäologie, historischer Linguistik, Ethnogeschichte und physikalischer Anthropologie sind ebenso bekannt wie die oberflächlichen Ansätze dazu. Dennoch wären eine mittelamerikanische Archäologie und eine vergleichende Linguistik der Maya-Sprachen, die ihre Entwicklung unabhängig voneinander unendlich fortsetzen würden, nicht zu tolerieren. Ein Versuch, die Ursprünge und den Ausgangspunkt für spätere Modifikationen der Verwandtschafts- und Sozialstruktur der Athapaska zu erschließen, der die linguistische Rekonstruktion der Athapaska-Verwandtschaftsbegriffe ignorierte, wäre willentlich einäugig, ebenso, wie von linguistischer Seite aus betrachtet die Rekonstruktion der Verwandtschaftsbegriffe sowohl unerläßlich als auch unzureichend ist. Heirats- und Handelsbeziehungen, lexikalische Diffussion und grammatikalische Veränderungen unter den Chinook-sprachigen Völkern am Columbia River bilden zusammen gesehen ein konsistentes historisches Bild, ein Bild, das markanter ist als seine einzelnen Teile. Ein Verständnis der Rolle von Jargons und Pidgin-Sprachen im Kontakt zwischen amerikanischen Indianern und Europäern verlangt die Kenntnis sowohl der ethnohistorischen Quellen als auch linguistischer Daten und Theorien. Und dergleichen mehr.

Ebenso wichtig, wenn auch auf weniger offensichtliche Weise, ist die historische Dimension für die Bearbeitung von Problemen kultureller Strukturen, Bedeutungen und Praktiken. Es geht darum, eine spezielle Gemeinschaft oder verschiedene Gemeinschaften übergreifende Verallgemeinerungen unter dem Gesichtspunkt ihrer jeweiligen *Geschichtlichkeit* zu ergründen, das, was aus jeder einzelnen geworden ist und was aus ihnen wahrscheinlich werden wird. Man kann diesen Umstand auch so darstellen: Einige Eigenschaften haben Sprachen und Sprechweisen kraft der Tatsache, daß sie überhaupt Sprachen und Sprechweisen sind; andere haben sie, weil sie Teil der Geschichte und Lebensweise der Apachen, Ashanti oder der Alor sind. Die Kennzeichnung der Person ist eine universelle Kategorie der Sprache, aber die zentrale Rolle der Person im Chinook – die ausufernden semantischen Unterschiede bei der Markierung der Person, der Überfluß Person-markierender und Person-implizierender Positionen der Hauptformklassen, die Tatsache, daß die Hauptformklassen durch ihre Beziehung zur Markierung der Person definiert werden können, die Tatsache, daß, wie Boas feststellte, Markierungen der Person im Chinook obligatorisch sind und Nomina fakultativ dergestalt, daß die Nomina als sekundär erscheinen und nur dazu dienen, pronominale Elemente zu desambiguieren und hervorzuheben – all dies zeugt vom Wirken einer kulturellen Orientierung über lange Zeit und einer sie stützenden Lebensweise. Verbale Interaktionsnormen haben eine universelle Basis, aber die durchdringende Weise, in der Wiederholung eine Sprechhandlung zu einer formalen und öffentlichen macht, die durchdringende Norm, nach der Identitäten an einem bestimmten Punkt im Zyklus eines Jahres, einer Familie oder eines Lebens zu enthüllen und sonst zu verschweigen sind – all dies zeugt von einer Bedeutung des Sprachgebrauchs, die sich im Kontext einer Geschichte als fundamental herausgebildet hat aber nicht notwendigerweise in anderen. Die Herausarbeitung diskursiver Strukturen in Chinook-Erzählungen erfordert die Beherrschung der sprachlichen Daten, aber auch die Kenntnis von Praktiken und Werten; die Syntax der Titel und das Ethos der Endungen sind in der kulturellen Grammatik der Mythen interdependent. (Diese Illustrationen spielen auf Material in Hymes, 1961b, 1966, 1971, 1975, 1977 an.)

In all solchen Fällen, ob es um den Aufbau einer Grammatik, den Charakter von Interaktionsnormen oder um narrative Strukturen geht, muß der Analyse etwas entgehen, wenn linguistische und kulturkundliche Forschung unabhängig voneinander verfolgt werden, wenn Sprache also nicht gemeinsam mit anderen Aspekten der Kultur als Material dessen angesehen wird, was Kluckhohn »historisch geschaffene Lebenspläne« genannt hat.

Die Liste derartiger Probleme ließe sich unendlich erweitern. Wenn die Anthropologie eine Zukunft als integriertes Fach haben soll, oder genauer, als ein Fach mit einer ausreichenden Anzahl spezieller Integrationselemente, die das Ganze rechtfertigen, muß sie mit Sicherheit linguistische Forschung fördern, die Fragen wie diese zu beantworten hilft.

Natürlich könnten derartige Forschungen von Angehörigen linguistischer Seminare unternommen werden, in der Praxis ist es jedoch nicht wahrscheinlich, daß solche Forschung dort gefördert und belohnt wird. Selbst Linguisten in anthropologischen Seminaren finden, wenn sie primär an der Linguistik im strengeren Sinne orientiert sind, die Beschäftigung mit derartigen Problemen meist weniger lohnend als Arbeiten, die ihnen Anerkennung bei Linguisten außerhalb der Anthropologie einbringen.

Man könnte in diesem Zusammenhang einfach die Linguisten kritisieren, aber in diesem Augenblick ist es wichtiger, die Anthropologen zu kritisieren. Im großen und ganzen fehlt den Anthropologen anscheinend eine Konzeption für die Lokalisierung der Sprache und ihrer Erforschung im Dienst der Anthropologie, eine Konzeption dessen, was man mit Karl Teeters glücklicher Wendung die »Anthropologie der Sprache« nennen kann. Anthropologen scheinen die Frage der Sprache nicht ganz zu durchdenken. In jedem Einführungstext ist natürlich von ihr die Rede, aber das ist ganz und gar nicht dasselbe. Sprache und Linguisten sind vielleicht zu fernliegend, um von Interesse zu sein. Das ist wahrscheinlich oft deshalb so, weil die Linguisten und die Linguistik unbesehen akzeptiert wurden; wenn man auf irgend etwas Sprachliches stößt, überläßt man es den Linguisten, so als ob man einen Gegenstand mit einem Fach identifizieren könnte. Oder zumindest kann man sich nicht selbst damit befassen, weil man kein Linguist ist. Oder die Linguistik wird gerade deshalb geschätzt, weil sie anders als andere Zweige der Anthropologie formal befriedigende und exakte Lösungen zu bieten scheint; man nimmt Zuflucht bei der Linguistik oder beneidet diejenigen, die es können. Hier ernten wir die Einstellungen, die von manchem Linguisten kultiviert worden sind, aber auch die Folgen der unglückseligen Konzeption der Anthropologie als eines formalen Zusammenschlusses von Fachgebieten. Eine bürokratische Organisation in einer Zeit der Expansion hatte das vorhersehbare Resultat, Spaltung und Zersplitterung zu belohnen. Teildiziplinen kämpfen um Vorteile und manchmal um ihre Existenz. Probleme der Konzeption werden als quantitative Probleme behandelt; die Notwendigkeit, neue Wege einzuschlagen als die Notwendigkeit, die ausgetretenen nicht zu verlassen. In einem solchen Klima ist es für die Anthropologen allzu einfach, am Vormittag in der Einführungsvorlesung Loblieder auf die Unentbehrlichkeit der Sprache für den Menschen und die Kultur zu singen, und am Nachmittag ihren einzigen Linguisten zur Fakultätskonferenz zu schicken. Einige der bedeutendsten Fürsprecher einer humanistischen Perspektive und einer auf Sprache beruhenden Konzeption finden in ihren eigenen Instituten keine Verwendung für Linguisten. Diese Doppelbödigkeit sollte endlich ein Ende haben. Sollen diejenigen, die in ihren Instituten keinen Bedarf für aktive Linguisten sehen, ihre Theorien über Kultur und Sozialstruktur auf das beschränken, was über sprachlose Institutionen und stumme Akteure ausgesagt werden kann! Und diejenigen, die weiterhin über Sprache reden wollen, sollen sich um die Anthropologie der Sprache kümmern.

Es ist hoffentlich klar geworden, daß ich nicht einer linguistischen Forschung das Wort rede, die in ihrem Charakter zu definieren gänzlich anderen überlassen wird. Natürlich ist es schwierig zu fragen, worauf andere aus sind, wenn man den Kode nicht kennt, und in diesem Fall scheint die in unserer Gesellschaft endemische Unsicherheit in Dingen der Sprache ihr Gegenstück in einer magischen Angst vor der Linguistik zu haben. Und Achtung vor einer Teildisziplin sowie Bescheidenheit auf Gebieten, für die man nicht ausgebildet ist, mögen lediglich als unerläßlicher Bestandteil einer »leben und leben lassen« Beziehung erscheinen. Auf lange Sicht erweist eine solche Haltung jedoch sowohl der Anthropologie als auch der Erforschung der Sprache einen schlechten Dienst. Eine Kritik der Natur linguistischer Forschung von Seiten der Anthropologen wird dringend benötigt. Sie sollten diejenigen linguistischen Forschungsaktivitäten aufspüren, ermutigen und unterstützen, die für die Anthropologie einschlägig sind, *unabhängig davon*, ob diese Forschungsaktivitäten in die gegenwärtige Mode in der Linguistik im strengen Sinne passen. Auf solche Forschungsaktivitäten komme ich weiter unten zurück. An dieser Stelle will ich diesen allgemeinen Standpunkt durch einen Hinweis auf die jüngste Geschichte untermauern. Wenn wir aus der Linguistik der letzten beiden Jahrzehnte etwas lernen können, dann, daß die *Anthropologen es sich nicht leisten können, die Sprache den Linguisten zu überlassen*. Vom Standpunkt der Art von Sprachforschung aus betrachtet, wie sie die Anthropologie und, wie ich meine, auch unsere Gesellschaft braucht, waren die vergangenen fünfzehn oder zwanzig Jahre eine ziemliche Katastrophe. Ein Teil der Schwierigkeit resultiert aus dem Stereotyp, das sich über den Zusammenhang zwischen Tradition und Geschichte linguistischer Forschung und der Anthropologie in den Vereinigten Staaten herausgebildet hat.

Die Wiedergewinnung der Tradition

In den letzten Jahren wurden die der Ethnographie eigenen Arbeitsmethoden von der herrschenden Schule in der Linguistik sehr barsch verworfen. Manche gingen so weit, anzunehmen, daß sich jenseits der Grenzen der Grammatik keine Ordnung auffinden lasse. Die führende Gestalt dieser Schule, Chomsky selbst, hat behauptet, daß es praktisch unmöglich sei, Voraussagen über die Wahrscheinlichkeit zu machen, mit der ein zweisprachiger Sprecher die eine oder die andere seiner beiden Sprachen benutzen wird (1973: 326 f.; cf. Hymes, 1974: 103, Anm. 18). Die Breite (der Kenntnis von Sprachen) wurde als wichtigste Quelle der Theorie durch die Tiefe (des Wissens über die eigene Muttersprache) ersetzt. Und als die Qualität, um die man einen Kollegen beneidet, wurde die Schärfe des Gehörs durch die Reinheit der Intuition ersetzt. Es herrschte die Meinung, Daten gäbe es mehr als genug und gebraucht würde nun eine Theorie. Einigen erschien es vielleicht sogar unmöglich, eine andere als die eigene Muttersprache auf wissenschaftlich relevante Weise zu untersuchen. In einem solchen Klima kam es, wie nicht anders zu erwarten, zu einem rapiden Verfall dessen, was Ethnologen verwertbare Wissenschaft nennen würden. Es wäre eine interessante Frage, wieviele festangestellte Linguisten in den Vereinigten Staaten heute gesprochene Sprache, selbst ihre eigene, transkribieren können (wobei die Unfähigkeit hierzu natürlich jeden daran hindert, irgend etwas zur Erforschung von Stilen und Sprechweisen in der eigenen Gesellschaft beizutragen, von anderen ganz abgesehen). All dies ging einher mit einer Verunglimpfung der anthropologischen Tradition in der Linguistik selber. In der Mitte der sechziger Jahre gelangte eine seltsame Vorstellung von der Entwicklung der amerikanischen Linguistik zu internationaler Verbreitung. Vermutlich wurde sie vielen jüngeren Anthropologen vermittelt. Wenn es eine linguistische Anthropologie geben soll, die diesen Namen verdient, muß diese falsche Vorstellung korrigiert und die tatsächliche Geschichte wiederentdeckt werden. Ich möchte diese Punkte noch etwas näher beleuchten.

Ein Stereotyp

Nach der allgemein anerkannten Darstellung, wie man sie in vielen Lehrbüchern findet, war die amerikanische Linguistik untheoretisch und hat es versäumt, sich mit den wirklich wichtigen Dingen zu befassen: der Syntax, der Bedeutung, den Universalien, dem kreativen Aspekt des Sprachgebrauchs. Zurückzuführen war das auf ein theoretisches Dogma und eine praktische Notwendigkeit.

Das theoretische Dogma war der »Bloomfieldianismus«, die praktische Notwendigkeit die Arbeit mit schriftlosen Sprachen. Bloomfield trat für den Behaviorismus ein; die Anthropologen standen vor der Notwendigkeit, im Feld unbekannte Sprachen aufzunehmen; und das Konvergieren dieser beiden Kräfte erklärte, wie man annahm, eine Linguistik, die an der aller-äußerlichsten, oberflächlichsten Seite der Sprache, ihren Lauten, ansetzte und kaum über sie hinauskam. (Als Entschuldigung der Anthropologen ließ man in nachsichtiger Stimmung u. U. die Dringlichkeit der Aufnahme aussterbender Sprachen gelten.)

An dieser Darstellung ist zweierlei verkehrt: das, was sie zu erklären versucht und die Erklärung selber. Was sie zu erklären versucht, hat mit der Realität nicht viel zu tun. Erstens wird die Ideologie bestimmter Linguisten der vierziger und fünfziger Jahre auf diese ganze Zeit projeziert. Zitate werden aus dem Zusammenhang gerissen und ohne Rücksicht auf ihre Richtigkeit verwendet, z.B. die oft zitierte Bemerkung von Joos, daß sich Sprachen in der Tradition von Boas unbeschränkt voneinander unterscheiden könnten. Die Linguisten der vierziger und fünfziger Jahre, die die für allgemein gehaltenen Positionen nachdrücklich ablehnten, werden ignoriert. Übersehen wird auch der Umstand, daß die berühmtesten Exponenten des behavioristischen Idioms einen mehr literaturwissenschaftlichen Hintergrund hatten; daß die großen anthropologischen Feldforscher unter den Linguisten wie Swadesh und Pike in der Tradition von Sapir auf der Erforschung von Bedeutung und Universalien beharrten; daß die »Bloomfieldianer« Hockett, Wells und Nida auf der fundamentalen Wichtigkeit der Produktivität und des kreativen Gebrauchs der Sprache bestanden (wie Bloomfield selbst in seinem berühmten Aufsatz »A Set of Postulates«); daß Hockett unter allen Grammatiken in *Linguistic Structures of Native America* (Hoijer, 1946) Swadeshs Grammatik der grönländischen Eskimosprache wegen ihrer hervorragenden Behandlung sowohl der Bedeutung als auch der Form pries; etc.; etc.

Wie gesagt, Elemente einer Richtung, die für ungefähr ein Jahrzehnt in den Mittelpunkt der linguistischen Bühne traten, und die auch in ihrer Blütezeit niemals unumstritten waren, werden als repräsentativ für eine fünfzigjährige Geschichte betrachtet. Einen Aspekt dieses Stereotyps will ich etwas genauer analysieren, der speziell die Vergangenheit und die Zukunft der linguistischen Anthropologie betrifft. Es ist die Vorstellung, daß sich die frühere amerikanische Linguistik ausgehend von der Phonologie auf die äußere Seite der Sprache konzentriert hat und daß ein derartiger Ausgangspunkt eine behavioristische Erklärung (die nur die Berücksichtigung beobachtbarer Daten zuließ) und Feldforschung (die von beobachtbaren Daten ausgehen mußte) erfordere. Weder die unterstellten Fakten, die erklärt werden sollen, noch die Erklärung halten einer Überprüfung stand. Erstens und vor allem war die Konzentration auf die Sprachlaute kein amerikanisches Phänomen. Der Fokus der gesamten modernen Linguistik, der europäischen wie auch der amerikanischen, war in den zwanziger und dreißiger Jahren auf der Phonologie. In der Tat zeichnete die Entdeckung und Entwicklung der allgemeinen Phonologie die Linguistik als ein unabhängiges Fach aus. Dieses Fach hatte es vorher nicht gegeben. Das Fehlen einer allgemeinen Wissenschaft der Phonologie erwies sich als das schwache Glied in der Kette der etablierten akademischen Ordnung. Es gab Spezialisten der Phonologien der großen Sprachfamilien, vor allem der Indoeuropäischen, und es gab Phonetiker, die physikalische Laute beobachteten und maßen, aber es fehlte die allgemeine Wissenschaft der phonologischen Struktur von der Sprache als solcher.

Wissenschaftler sehr unterschiedlicher Orientierung – Trubetzkoy, Jakobson, Firth, Uldall, Poe, Martinet, Sechehaye u.a. – fanden sich auf beiden Seiten des Atlantik zur Erforschung dieses Bereichs zusammen; es wurde eine spezielle Sektion der LSA (Linguistik Society of America) gebildet und mit einem internationalen Komitee in Verbindung gesetzt. Sapirs Aufsatz »La Réalité psychologique des phonèmes« von 1933, das darf man nicht vergessen, wurde in einer französischen Zeitschrift veröffentlicht; usw. Behavioristen, Idealisten, Nominalisten, Realisten, Phänomenologen und viele andere ohne klares philosophisches Profil schlossen sich dieser Entwicklung an. Entgegen der Vorstellung, die von der stereotypen Darstellung vermittelt wird, müßten die meisten Wissenschaftler auf dieser Seite des Atlantiks wie auch auf der anderen als »Mentalisten« der einen oder anderen Art eingestuft werden. Was sie miteinander verband, war die Entdeckung einer neuen wissenschaftlichen Welt, einer Welt, in der die Daten einzelner Sprachen Bestandteil einer universellen Methodologie und Theorie werden konnten, einer Welt, die damals so neu und aufregend war wie eine

Generation später die Welt zugrunde liegender Strukturen der Syntax.

Zweitens trug die Entwicklung der Phonologie, was die Anthropologie betrifft, dazu bei, die Linguisten als solche von den Anthropologen zu isolieren. Sicher, die Bloomfieldianer übernahmen die anthropologische Erfahrung mit amerikanischen Indianersprachen als Teil ihres Erbes, und bestanden gegenüber sich immer noch haltenden Vorurteilen auf der Gleichheit aller Sprachen für die Linguistik. Das Gefühl eines von der Neuen Welt ausgehenden neuen Anfangs in der Erforschung fundamentaler Probleme aller Sprachen gab ihnen Auftrieb. Der Empirismus, der von manchen heute als Instrument der Reaktion angesehen wird, war für Bloomfield eine Waffe gegen elitäre Vorurteile. Die Entwicklung abstrakter Einheiten, Repräsentationen und formaler Modelle führten jedoch in einzelnen Fällen auch zu gewissen Spannungen. Boas weigerte sich, seine Orthographie zugunsten neuer, von Sapir und seinen Schülern empfohlener Symbole aufzugeben. In Radins Patwin-Notizbüchern aus den frühen dreißiger Jahren findet sich, soweit ich mich erinnere, der Vermerk »No phonemes!« Männer wie Kroeber und Jacobs sahen ihre Interessen an der Sprache unberücksichtigt. In seiner Grußadresse als neuer Präsident über die Beziehungen zwischen Linguistik und Ethnologie sprach Kroeber 1940 vor der Linguistic Society of America nur über Beziehungen in historischen Forschungen und verlor kein Wort über Strukturen. Als Jacobs, ein Schüler von Boas und eine der Hauptquellen unseres Wissens über mehrere Indianersprachen und Literaturen, 1952 an einer Tagung über die Beziehungen zwischen Linguistik und Anthropologie teilnahm, hat er die ganze Zeit ostentativ kein Wort gesagt. Man könnte in diesem Zusammenhang noch einer ganzen Reihe von Punkten nachgehen; besonders bemerkenswert ist jedoch etwas, was man nicht findet, obwohl man es dem Stereotyp zufolge erwarten sollte. Man findet nicht, daß »Entdeckungsverfahren« aus der Feldarbeit hervorgegangen sind. »Entdekkungsverfahren« ist ein Begriff, der eingeführt wurde, um den vermeintlichen Wunsch der Bloomfieldianer zu kennzeichnen, Verfahren zu entwickeln, die eine Theorie der Sprachkultur in Form eines Algorithmus für die Ermittlung von Strukturen aus Daten konstituiert. Die behavioristische Einstellung der Bloomfieldianer ließ manche von ihnen ihre Theorien tatsächlich in diesem Idiom formulieren. Es erscheint zweifellos plausibel, daß ein derartiges Idiom einen Ursprung in der anthropologischen Beschäftigung mit Sprachen im Feld haben könnte. Tatsächlich verhielt es sich jedoch folgendermaßen: Die Bloomfieldianer selbst haben, während sie ihre theoretischen Begriffe in dem Idiom der auf Daten angewandten Operationen formuliert haben, gewöhnlich solche Formalisierungen von dem unterschieden, was man tatsächlich tat, wenn man an einer Sprache arbeitet; und prominente Feldforscher wie Voegelin, Pike und Swadesh sprachen sich gegen diese Kluft aus. Keine Hilfe, klagte Voegelin; wir brauchen die Einheit von Theorie und Praxis, argumentierte Pike, unsere wirkliche Arbeit habe den Charakter einer spiralförmigen (Rückkoppelungs-)Relation und nicht den einer linearen Folge; irreführende Exaktheit, sagte Swadesh.

Drittens und letztens ist bezüglich der vermeintlichen Verbindung zwischen den Wurzeln des amerikanischen Strukturalismus in der Anthropologie und der Konzentration auf die Phonologie folgendes zu sagen: Der erste große Impuls zur Aufzeichnung amerikanischer Indianersprachen in diesem Jahrhundert erwuchs aus dem Interesse an *Grammatik*. Laute waren ein wesentlicher Teil des Ganzen, im Brennpunkt des Interesses standen jedoch grammatische Kategorien und grammatische Prozesse; die Entsprechungen von Syntax und Semantik, mit denen man sich gleichzeitig im Englischen beschäftigte, in solchen Sprachen wie z.B. Chinook. Der Anstoß hierzu kam natürlich von Boas, der in der Vielfalt und Komplexität amerikanischer Indianergrammatiken eine Chance sah, den Ethnozentrismus der allgemeinen linguistischen Theorie zu überwinden und Einblick in die Funktionsweise des menschlichen Geistes zu gewinnen. Wer die Forschungstradition verstehen will, die ihre Wurzeln in der amerikanischen Anthropologie hat, der lese Sapirs Grammatik des Takelma, die er 1909 als Dissertation verfaßt hat. Er lese die Einführung und die Widmung für Boas, die unerhört akkurate Darstellung produktiver Prozesse und Kategorien, und den Angriff auf die Theoretiker, die bestimmte Prozesse im Griechischen »Flexion« nannten, im Takelma aber »Polysynthese« und nicht erkannten, daß es sich in beiden Fällen im wesentlichen um die gleichen Prozesse handelt, denen man in einer allgemeinen Theorie den gleichen Status zuerkennen muß. Dann weiter, den phantasievollen Gebrauch einer ganzen Generation von grammatischen Analysen amerikanischer Sprachen, der die Kapitel über grammatische Kategorien und grammatische Prozesse im allgemeinen in Sapirs Buch *Language* auszeichnet; das Kapitel über Typologie in diesem Buch von 1921 und die Aufsätze über »Klassifizierung« und die »Endpunkt-Relation« vom Ende des Jahrzehnts. Dann sieht man die Orientierung einer allgemeinen, nach Universalien suchenden Linguistik, die auf dem sorgfältigen Vergleich von Sprachen beruht. Man spürt da die von Boas ins Auge gefaßte Ernte, zu der er eine Generation von Forschern aufgerufen hatte und die zum größten Teil von Sapir eingebracht wurde, und man erkennt, wieso es anthropologisch gebildete Linguisten in den Vereinigten Staaten nicht nötig hatten, von einem *Cours de linguistique générale* zur synchronischen Analyse, der Erforschung der Bedeutung und der Entwicklung einer allgemeinen Theorie angehalten zu werden. In dieser Beziehung ist die anthropologische Beschäftigung mit amerikanischen Indianersprachen wirklich ein Schlüssel zum Charakter der amerikanischen Linguistik im allgemeinen. Die anthropologisch arbeitenden Linguisten interessierten sich für die Geschichte; aber der Natur der Sache entsprechend mußten sie als Grundlage für die historische Arbeit synchronische Beschreibungen erstellen. Alle anthropologischen Interessen an der Sprache – Sprache als Zeugnis der Geschichte, einer Weltansicht oder mentaler Prozesse – konvergieren in der Notwendigkeit synchronischer Analysen. In eine solche Perspektive fügte sich die allgemeine Phonologie bei ihrem Entstehen auf natürliche Weise ein.

Zusammenfassend ist das Bild von der frühen amerikanischen Linguistik, das heute in den meisten Texten vermittelt wird, falsch. Es verdankt sich einer Projektion auf die Vergangenheit, nicht der Untersuchung der Geschichte. Man stößt auf ein scheinbares Problem, und man befragt seine Intuition nach einer wahrscheinlichen Erklärung. (Eine solche Methodologie findet man heutzutage natürlich in vielen Gebieten.) Die vermeintlichen Probleme rühren daher, daß man den für den eigenen Ansatz geltenden Prinzipienkodex nimmt und feststellt, daß der Ansatz, den man ersetzen will, dagegen verstößt. Der Gegensatz wird hochstilisiert, bis der Wechsel des Ansatzes als Revolution erscheint. Der eigene Ansatz ist schließlich so unbezweifelbar richtig, daß es notwendig wird, zu erklären, wieso die Vorgänger eine so offenkundig falsche Position vertreten konnten. Wenn sich die linguistische Anthropologie gut entwickelt, was ich sehr hoffe, werden vielleicht einige unserer Studenten in wenigen Jahren versucht sein, zu erklären, wieso die

Generative Transformationsgrammatik der sechziger Jahre eine so offensichtlich verkehrte Position vertreten konnte. Wahrscheinlich wird man die Konvergenz rationalistischer Ideologie und des Bedürfnisses nach den verfügbaren Formalismen im Kontext eines Gefühls der Notwendigkeit, zu Universalien zu gelangen, anführen. Eine solche Erklärung würde Elemente ansprechen, die man in dieser Zeit tatsächlich finden kann, sie aber auf unzulässige Weise verallgemeinern; auch würde ihr die innere Vielschichtigkeit dieser Zeit entgehen, die Verschiedenheit der Faktoren, die auf sie eingewirkt haben und, was am allerwichtigsten ist, die *langfristige Perspektive*.

In einer kürzlich veröffentlichten Studie haben John Fought und ich versucht, so viel wie möglich von der Geschichte bis zum vergangenen Jahrzehnt richtig zu verstehen (Hymes and Fought, 1976). Der Beitrag, den wir damit zur Anthropologie gemacht zu haben hoffen, beinhaltet aber mehr als das. Für die Entwicklung, die zur gegenwärtigen Situation geführt hat, schlagen wir eine Interpretation vor. Auf diese Interpretation will ich mich im folgenden stützen. Sie ist ein erster Schritt dahin, zu sehen, worauf wir aufbauen müssen, und was wir bauen müssen.

Zu größerer Klarheit

Es gibt zwei Schlüssel zur Klarheit. Der eine hat mit der Richtung zu tun, die die Linguistik in jüngster Zeit eingeschlagen hat, der andere mit den Bedingungen dafür, sie verfolgen zu können. Zunächst zur Richtung: Es ist zwar allgemein üblich, bezüglich der vergangenen Jahrzehnte in der Linguistik von »Revolution« und von der Folge von »Paradigmen« zu sprechen; eine solche Redeweise behandelt jedoch nur die Oberfläche der Ereignisse. Die sich bekämpfenden Parteien teilen ein gemeinsames primäres Interesse an der Sprachstruktur im Gegensatz zu einem primären Interesse an ihrer Geschichte. Die fundamentale Wende in der Geschichte der Linguistik läßt sich am besten als die Wende von den Interessen des »19ten« zu denen des »20sten« Jahrhunderts bezeichnen (obwohl die letzteren, auf die Struktur gerichteten, das Zentrum der amerikanischen Linguistik erst in den vierziger Jahren dieses Jahrhunderts eroberten). Wenn »Paradigma« ein Begriff für die grundsätzliche Veränderung der Problemstellung ist, ist der Unterschied zwischen dem Bloomfieldschen und dem Chomskyschen Strukturalismus kein Unterschied des Paradigmas. Wenn der Unterschied zwischen dem Bloomfieldschen und dem Chomskyschen Ansatz als »paradigmatisch« zu bezeichnen wäre, dann wäre ein Paradigmawechsel kein grundsätzlicher.

Unter dem Gesichtspunkt ihrer Gemeinsamkeit, dem primären Interesse an der Struktur, betrachtet beteiligen sich alle modernen sprachwissenschaftlichen Schulen an dem, was als *langsame Zunahme empirischer Adäquatheit* bezeichnet werden könnte. Das ist der »rote Faden«, der durch die Geschichte zu einem richtigen Verständnis führt. Ausgehend von der Entdeckung konkreter Universalien im Bereich der Laute und der Entwicklung einer allgemeinen Phonologie zogen international in der Linguistik nacheinander Morphologie, Syntax, Semantik und Pragmatik den Fokus der Aufmerksamkeit auf sich. Die Chomskysche Generative Transformationsgrammatik hatte ihren ersten Erfolg als einer mehrerer konkurrierender Ansätze in einem Bereich, den die Linguistik als ganze erreicht und für den sie bereit war: der Syntax. (Ihr Erfolg als Bewegung bei der Eroberung der Disziplin beruhte nämlich auch auf anderen Faktoren.) Untersuchungen im Bereich der Syntax führten mit der Zeit andere dazu, auf die unabhängigen Ebenen der Semantik und sogar der Pragmatik vorzudringen. Als ganze betrachtet kann die Abfolge von der Phonologie zur Pragmatik als eine einzige, wenn auch vielleicht nicht ganz gradlinige Entwicklung angesehen werden. Ein gemeinsames Prinzip struktureller Analyse wurde sukzessive auf immer mehr sprachliche Phänomene ausgedehnt.

In dieser Hinsicht scheint eine gewisse Logik wirksam gewesen zu sein. Wenn man auf der einen Ebene zu einem vorübergehenden Stillstand gekommen war und die Forschung sich darin erschöpfte, immer größere Präzision bezüglich der schon akzeptierten Arten von Einheiten und Beziehungen anzustreben, begann man, die Phänomene dieser Ebene daraufhin zu untersuchen, in welche Beziehungen sie eintraten, wenn man sie vom Standpunkt der nächsten Ebene aus betrachtete. Man erkannte dann neue Beziehungen und neue Arten von Einheiten und Strukturen. Damit etablierte sich eine neue Untersuchungsebene. Nach einer gewissen Zeit wurde wieder ein vorübergehender Stillstand erreicht, und die Forschung erschöpfte sich in Versuchen, innerhalb der Ebene zu größerer Präzision zu gelangen. Dann begann man, die Phänomene dieser Ebene im Hinblick auf ihre Beziehungen zur nächsten

Ebene zu untersuchen ... usw. Solcherart war die Beziehung zwischen den Bemühungen um immer größere Präzision bei der Messung von Sprachlauten nur als Lauten und der Untersuchung von Lauten im Hinblick auf ihre Beziehungen auf einer weiteren, funktional definierten Ebene, der der Phonologie. Die relevanten Eigenschaften eines Lauts und seines Status als Einheit der Sprache können sich diesen Beziehungen gemäß unterscheiden. Der *locus classicus* der Darstellung dieses Prinzips ist Sapirs Buch »Sound patterns of language«. Das von ihm dort angestellte Gedankenexperiment besteht darin, daß er zeigt, daß ein und dieselbe Menge von Lauten zwei verschiedene Phonemmuster und zwei recht verschiedene Mengen von Lauten ein identisches Muster realisieren können. Die Struktur war nicht abhängig von größerer Exaktheit auf der Ebene der Laute, sondern von der funktionalen Relevanz innerhalb eines kulturellen Systems. Sapirs Schlußsatz ist wie ein Epigramm für die darauf folgende Entwicklung in der Analyse sprachlicher Strukturen und für die damit verwandte, von dieser Ansicht beeinflußte Forschung in anderen Bereichen der Kommunikation, der Paralinguistik, der Kinesik und der Proxemik (Sapir, 1925:51 (= Mandelbaum, 1949:45)). Nach der Warnung, »sprachliche Strukturen nicht mit einer bestimmten Methode der Untersuchung sprachlicher Phänomene zu verwechseln«, kommt Sapir zu dem Schluß:

> Tatsächlich ist die gegenwärtige Diskussion eine besondere Illustration der Notwendigkeit, hinter die Sinnesdaten der Ausdrucksarten zu gelangen, um die intuitiv empfundenen und vermittelten Formen zu verstehen, die allein dem Ausdruck Bedeutung verleihen.

Der wesentliche Kern von Chomskys anfänglicher Kritik an anderen syntaktischen Ansätzen kann in diesem Sinne gedeutet werden. Die vorkommenden Morpheme und Sätze waren »Daten«, hinter die man gelangen mußte, um die syntaktischen Formen zu verstehen, die sie bedeutsam machen. Ein und dieselbe Art einer vorkommenden Form konnte drei verschiedene syntaktische Muster darstellen, und zwei recht verschiedene Arten vorkommender Formen das gleiche Muster. (Z.B. die bekannten Beispiele wie »Die Verhaftung des Polizisten war gesetzwidrig« und »Hans scheint/versucht von der Polizei bestochen zu werden«; und die anfängliche Identifizierung von Aktiv- und Passivkonstruktionen.) Die Schule der »generativen Semantik« brachte eine ähnliche

Kritik gegen Chomskys »autonome Syntaxebene« vor. Viele Arbeiten der »Kasusgrammatik«, der »funktionalen Analyse« syntaktischer Phänomene und der Typologie implizieren das gleiche Prinzip. Die Erforschung von Beziehungen zwischen Sprechstilen, von vielsprachigen Situationen und der kommunikativen Interaktion lenkt die Aufmerksamkeit auf Fälle, in denen das Prinzip über die eingeschränkte Konzentration auf einen einzigen Sprechstil oder eine einzige Sprache hinaus ausgedehnt wird. Ein und dieselbe Phonologie kann mehr als eine Sprache repräsentieren, und zwei recht unterschiedliche Mengen phonologischer Gebrauchsweisen eine einzige Syntax. Ein und dieselbe Rede kann in einer Umgebung echte Kommunikation sein und mechanistische Wiederholung in einer anderen (wie bei der Rezitation eines auswendig gelernten Gebets oder sakraler Textpassagen). Ein und dieselbe kommunikative Funktion kann mal mit verbalen und mal mit nicht-verbalen Mitteln zum Ausdruck gebracht werden und manchmal mit beiden zugleich. Ich habe an anderer Stelle versucht, die Konsequenzen dieses Arguments im Detail darzustellen (vgl. Hymes, 1974 vor allem Kap. 8). *Entscheidend ist, daß die Richtung der Entwicklung zu einem Punkt geführt hat, von dem aus sich die nächsten Schritte über die normalen Grenzen linguistischer Arbeit hinaus erstrecken werden* (gerade so wie anfangs bei Sapir immer ein Bereich anvisiert wurde, der mehr umfaßt als die Sprache). Es ist offensichtlich, daß die nächsten Schritte Forschung in dem Bereich von Diskurs, Konversation und Sprechstilen betreffen werden. Aber selbst wenn diese Themen zugelassen werden, werden diejenigen, die eine formale Ausbildung haben, versucht sein, ihre Aufmerksamkeit auf formales Modellieren zu beschränken; diejenigen, die in der intuitiven Beurteilung von Daten ausgebildet sind, werden vor Feldarbeit zurückschrecken; und denjenigen, deren Ausbildung sich in den Begriffen eines bestimmten Forschungsmodells vollzog, werden wichtige Daten und Einsichten entgehen, wieviel Feldarbeit sie auch immer machen. Die langsame Zunahme empirischer Adäquatheit hat die Frage aufgeworfen, wie sprachliche und kommunikative Mittel im allgemeinen organisiert sind; die Frage nach kommunikativen Repertoires auf der einen Seite und nach ihrer Verteilung innerhalb der kommunikativen Ökonomie einer Gruppe auf der anderen. Die Organisation erkennen zu können hängt davon ab, die funktionale Relevanz zu erkennen, und diese beruht ihrerseits auf der Bedeutsamkeit. Man wird also unmittelbar mit den kulturellen Grundlagen von Sprache und Kommunikation konfrontiert. Der Gegenstand der Untersuchung hängt heute also von mehr Faktoren ab, als Linguisten zu entdekken ausgebildet sind.

Abhängigkeit von der Ethnographie

»Ethnographie« ist im Begriff, auch außerhalb der Anthropologie zu einem Modewort zu werden. Bevor wir uns hierfür beglückwünschen, sollten wir jedoch sorgfältig prüfen, was unter diesem Begriff verstanden wird. Ich fürchte, der Begriff »Ethnographie« wird in sehr weitgehendem Maße auf jede Art des Kontakts mit anderen als Informationsquelle angewandt. Der semantische Kontrast wird offenbar darin gesehen, ob man zu Hause bleibt oder hinaus auf die Straße unter die Leute geht. Zweifellos ist die Beobachtung tatsächlich vorkommender, aktualisierter Rede, die Feldarbeit also, von wesentlicher Bedeutung; aber natürlich erschöpft sich ethnographische Arbeit nicht darin, daß man sich im Feld aufhält. Sie betrifft die Erforschung kultureller Muster, wovon das Sprechen ein Teil ist, und bedient sich dabei der akkumulierten komparatistischen Perspektive der Disziplin.

Ohne eine Erneuerung der Integration von linguistischer und anthropologischer Forschung wird die der modernen Linguistik inhärente Entwicklungsrichtung also keine Früchte tragen können. Eine solche Integration würde tatsächlich einen Impuls erneuern, der von Sapir und seinen Schülern und Kollegen ausgegangen war, einen Impuls, von dem sein vor fast einem halben Jahrhundert (1929) entstandener Essay über den Status der Linguistik als Wissenschaft auch heute noch zeugt und der in vielen Beiträgen des seinem Andenken gewidmeten Sammelbandes (Spier, Hallowell, Newman, 1941) durchscheint.

Eine derartige Integration würde die Linguistik natürlich nicht der Anthropologie inkorporieren. Ein Großteil der Linguistik wird genauso weitermachen, wie sie es bisher tat und tun sollte, indem sie sich einzelnen sprachlichen Ebenen, einzelnen Sprachen und Sprachfamilien widmet und zu deren Erforschung beiträgt, ohne mehr vorzugeben. Der Teil der modernen linguistischen Theorieentwicklung, der auf die menschliche Natur und den Spracherwerb gerichtet ist, sieht die Realisierung seiner Ziele notwendigerweise zu einem großen Maße in der Integration linguistischer Forschung mit einem psychologischen Fundament, ein Thema, für das ich nicht kompetent bin. Auch die Soziologie spielt in dem breiteren Feld der Erforschung der Sprache eine zunehmend wichtige Rolle. In der Geschichte des ganzen Jahrhunderts wird in der Tat ein dialektischer Zusammenhang sichtbar. Innerhalb der Ordnung der Fächer sondert sich eine neue Disziplin, die Linguistik, zur Erforschung autonomer allgemeiner Strukturen ab. Die Verfolgung dieses Ziels führt sie schließlich zurück in die gegenseitige Abhängigkeit mit anderen Disziplinen. Ihre Spezialdomäne bleibt die sprachliche Form, aber die wichtigsten Fragen richten sich immer stärker auf Funktionen. Welche Rolle spielen sprachliche Mittel in der Entwicklung von Individuen und Gruppen? Sprachliche Mittel betrachtet man in zunehmendem Maße nicht mehr in Begriffen der Grammatik, sondern unter dem Gesichtspunkt von Werten, Normen, Anpassung und kommunikativem Verhalten. Soziale Faktoren werden nicht mehr nur als kontextuell, sondern als konstitutiv angesehen.

Der notwendige Beitrag der Anthropologie ist das Verständnis, das aus einer ethnographischen Methode im Dienste komparativer Ethnologie resultiert. Dieser Punkt kann nicht genug hervorgehoben werden. Es geht um mehr als die Entdeckung zusätzlicher Muster. Für die Erforschung von Sprechweisen und Sprechgemeinschaften brauchen wir zunächst einmal etwas mehr als nur die Rudimente eines Äquivalents der taxonomischen Grundlage, wie wir sie aus der Erforschung von Verwandtschaftsbeziehungen kennen. Ich glaube, eine solche Grundlage kann und muß im Laufe des nächsten oder der nächsten beiden Jahrzehnte geschaffen werden. Viele sorgfältige deskriptive Untersuchungen sind vonnöten, aber sie müssen von komparativen Prinzipien geleitet sein; die Ethnographie des Sprechens wartet auf ihren Leslie Spier. Unter einer solchen Perspektive ist die linguistische Anthropologie, die Anthropologie der Sprachen, in erster Linie als vergleichende Beschreibung der Organisation von Gruppen im Hinblick auf ihr Sprachverhalten zu verstehen; d.h. im Hinblick auf die Sprechweisen, die eine solche Organisation ausmachen, und ihre Bedeutungen und Konsequenzen für die, die sie haben. Speziellere Interessen an der Sprache finden in einer solchen Konzeption einen Platz. Sie erlaubt es uns, die bedeutende traditionelle Rolle auf andere Kulturen gerichteter linguistischer Forschung innerhalb der Anthropologie mit der großen vor uns liegenden Herausforderung, mit der Erforschung unserer eigenen Gesellschaft, zu verbinden, und so eine Brücke zwischen der Welt zu schlagen, in der die linguistische Anthropologie entstanden ist, und der Welt, in der sie sich arrangieren muß.

Zwei Hauptaufgaben der linguistischen Anthropologie

Die philologische Aufgabe

Ich will die erste Aufgabe die »philologische« nennen, denn das traditionelle Interesse der Anthropologie an Sprachen als Zeugnis von historischen Klassifikationen und Weltbildern hat seine Wurzeln in der philologischen Bewegung des 19ten Jahrhunderts. So gesehen war die Anthropologie die Philologie von Völkern, die keine eigene Philologie hatten. In dieser Hinsicht stehen noch immer viele wichtige Arbeiten aus. Nur einige Themen sollen hier erwähnt werden.

Die Einzelheiten von Sprachklassifikation und Geschichte im traditionellen anthropologischen Bereich eröffnen die Notwendigkeit, Kriterien für den Nachweis von sprachlichen Verwandtschaften und Klassifikationen als Gegenstand empirischer Forschung zu behandeln. Während man derlei Kriterien im indoeuropäischen Bereich als gegeben voraussetzen kann, werden sie bei der Beschäftigung mit der Vorgeschichte als Aspekte einer Grundlage, die noch immer auf ihre Erforschung wartet, problematisch. Sapir, Swadesh und Greenberg hatten diese Frage als erste angeschnitten; seither ist sie jedoch vielfach hintangestellt worden. Diesbezügliche Ergebnisse werden sich schließlich möglicherweise auf weitere Verwandtschaften von Sprachfamilien wie der indoeuropäischen selbst beziehen.

Das allgemeine Problem der für Sprachen geeigneten Klassifikationsarten und der Prozesse sprachlicher Veränderung, die das, was zu klassifizieren ist, hervorbringen, ist eine besondere Gelegenheit für eine linguistische Anthropologie, die auf der komparativen Erforschung von Sprachgemeinschaften und deren Sprechweisen gründet. Die Prozesse und Ergebnisse sprachlicher Veränderung beruhen letzten Endes auf der Organisation von Sprechweisen innerhalb von Gruppen und zwischen ihnen. Die linguistische Forschung neigt dazu, sich mit dem zu befassen, was innerhalb der Sprache selbst beobachtet und formuliert werden kann. Die höchstentwickelten Klassifikationen und Erklärungen sprachlicher Veränderung beziehen sich daher auf genetische Beziehungen und Typologien. Unsere Kenntnisse von den räumlichen Beziehungen zwischen Sprachen und über ihre funktionalen Rollen d.h. über die Klassifikations- und Veränderungsarten, die am unmittelbarsten vom sozialen Kontext abhängen, ist viel weniger weit entwickelt. Aber gerade sie sind es, die für ein Verständnis der gegenwärtigen Welt und ihrer voraussichtlichen Zukunft am wichtigsten sind. Die Kommunikation zwischen den Völkern macht eine wesentliche genetische Differenzierung unwahrscheinlich; typologische Veränderungen sind da vielleicht etwas wahrscheinlicher. Sicher sind die Hauptprozesse sprachlicher Veränderung heute in der gegenseitigen Beeinflussung von Sprachen durch die Integration in größere politische Einheiten und Bereiche sowie in der frei gewählten oder erzwungenen Spezialisierung von Sprachen für bestimmte Aufgaben zu sehen. Im Hinblick hierauf verfügen wir nur über sehr rudimentäre systematische Kenntnisse und Ansätze.

Zu der wiederbelebten typologischen Erforschung von Sprachen kann die anthropologische Tradition ebenfalls einen besonderen Beitrag leisten. Natürlich hat sie teil an dem, was man die »typologisch-generische« Erforschung der Sprachstruktur (Hymes, 1968) nennen kann, und das ist von entscheidender Wichtigkeit: In ihren Bereich gehören systematische Vergleiche und Analysen etwa der Schritte, durch die sich in einer Sprache eine ergativische oder eine akkusativische Orientierung herausbildet; oder der Tendenz, der die deiktischen Elemente einer Sprache von Ortsmarkierungen zu Zeitmarkierungen oder solchen der Gesprächsteilnehmer (Wechselbezug) folgen; oder der Bedingungen, Konfigurationen und Konsequenzen der Entwicklung von Merkmalen, die mit der kommunikativen Funktion der Sprache zu tun haben. Meines Erachtens ist dies die Ebene, auf der die interessantesten berechtigten Verallgemeinerungen über die Sprachstruktur zu finden sind. Dabei sollte man auch den »typologisch-kontrastiven« Ansatz nicht vergessen. Hierher gehören Whorfs Arbeiten über semantische Taxonomien und Redeweisen, und man muß sehen, daß man weder den Sprachdeterminismus verteidigen muß, noch eine Sprachrelativität, die über den Grad an Relativität hinausgeht, der ein integraler Bestandteil ethnographischer Arbeitshypothesen ist, um

Whorfs Arbeiten zu akzeptieren und darauf aufzubauen. In der sorgfältigsten Darstellung seiner Ansichten (in seinem Beitrag zu dem Sapirs Andenken gewidmeten Band) behauptet Whorf nicht mehr, als daß eine Sprache, die lange Zeit Bestandteil einer Kultur war, an der Entwicklung und dem Ausdruck der charakteristischen Ausrichtungen dieser Kultur teilhat.[3] Viele Facetten der derzeitigen Forschung in Syntax und Semantik nähern sich der Whorfschen Annahme. Einzelanalysen von Präsuppositionen, Deixis, Modus, Genus Verbi, von Performativen und von Kasus-Relationen ziehen die Frage nach der kulturellen Welt nach sich, zu der die fraglichen Phänomene gehören könnten. Eine Sprache leistet sozusagen einem bestimmten Gesichtswinkel, einem kognitiven Stil Vorschub. Schließlich sei noch die jüngste Welle der »Ethnopoetik« erwähnt. Brinton hat vor nahezu einem Jahrhundert versucht, etwas in dieser Richtung zu entwickeln, und es gab immer Anthropologen mit einem Gefühl für die literarische Verwendung der Sprache in den von ihnen untersuchten Kulturen. Gegenwärtig gibt es so etwas wie eine Bewegung, und eine Reihe von Arbeiten lassen bekanntes Material in völlig neuem Licht erscheinen. Vieles von dem, was als Prosa gedruckt und untersucht worden war, hat, wie man jetzt erkennt, einen Aufbau, der nur poetisch genannt werden kann. Lévi-Strauss hat gezeigt, daß man aus verstaubten Textsammlungen neue Belege für die Wirksamkeit kognitiver Strukturen herausholen kann. Solche Texte offenbaren, wie man jetzt feststellen kann, u. U. Merkmale literarischer Werke oder persönlicher Stile. (Siehe Hymes, 1976b, 1977.)

Es gibt noch andere Arbeitsrichtungen, die gerade erst begonnen haben, ihren potentiellen Wert für die linguistische Anthropologie zu erkennen und die zu einer Beschäftigung mit Sprechweisen und Sprechgemeinschaften als Kontexten führen. Zunächst ist da die »Ethnowissenschaft« (ethnoscience). Nicht in Formalisierungen und eine einzige Art von semantischen Relationen verstrickt, ist sie als Erforschung aller Arten der Terminologieorganisation konzipiert, wozu die metaphorische (wie sie kürzlich von Rosaldo für das Ilongot analysiert wurde) ebenso gehört wie Kreisläufe wechselseitiger Implikationen (wie Tiwary sie für das Bhojpuri analysiert hat), Ereignisfolgen (wie Agar sie anhand des Drogeneinnehmens analysiert hat), Paradigmen, die sich in Interaktionsleerstellen konstituieren, u. a. m. Eine Theorie des Wortschatzes sollte in der Anthropologie der Sprache eine führende Rolle spielen. In was für einem Wechselverhältnis stehen Sprachtyp, Kulturtyp und ihre jeweiligen historischen und ökologischen Kontexte? Wie kommt es, daß einige Bedeutungen und Begriffe einer Gemeinschaft lexikalisiert werden und andere nicht? Was ist dafür verantwortlich, daß einige Formen lexikalischer Kreativität aktiv sind und andere nicht? Was für volkstümliche Vorstellungen von Wörtern durchdringen das sprachliche Leben einer Gemeinschaft und die Art von Sprachwissenschaft, die sie besitzt? (Eine solche Frage betrifft uns ebenso sehr wie irgend jemand anderen.) Mit der Erforschung einzelner regionaler Konzeptionen und Terminologien für Angelegenheiten der Sprache ist bisher kaum begonnen worden. Die kürzlich von Stross vorgelegte Darstellung der Tztozil-Terminologie für verschiedene Arten des Sprechens zeigt, wie vielschichtig dieser Gegenstand sein kann. Wir brauchen genaue Untersuchungen für einen Bereich verschiedener Fälle, der sich von ganz reichhaltigen zu sehr sparsamen erstreckt, um zu einer Typologie der Fälle und den Dimensionen ihrer Erklärung zu gelangen. Eine solche Untersuchung wird schließlich zur Linguistik selbst als einem speziellen Fall der Entwicklung eines kulturell bedingten Wortschatzes führen. Lexikographie, Ethnographie und Wissenssoziologie haben so gesehen ein gemeinsames Interesse, dem die Anthropologie am besten gerecht werden kann.

Die Art sprachlicher Variation, auf die Labov die Aufmerksamkeit gelenkt hat, ist wiederum außerhalb der städtischen Zentren in USA und Europa kaum untersucht worden. Sankoffs Arbeit in Neu Guinea ist in dieser Beziehung bahnbrechend. Labov hat den Anthropologen einen Weg gewiesen, wie die Erforschung von sozialen Strukturen und Situationskontexten mit Fragen zu verbinden ist, die an eine Theorie des Sprachwandels angrenzen. Einen wesentlichen Beitrag können die Anthropologen mit Fallstudien leisten, in denen sich die Bedingungen von sozialem Status und Kontext von den Orten unterscheiden, die bisher untersucht worden sind, und so sowohl zur Erklärung anderer Gesellschaften als auch unserer eigenen beitragen. Schließlich ist viel von der Aufmerksamkeit zu erwarten, die den Bedingungen und der Struktur theatralischer Darstellungen von Folkloreforschern und Anthropologen geschenkt wird.

Im Zusammenhang mit all diesen verschiedenen Interessen an der Sprache erheben sich Probleme, welche die Analyse sprachlicher Mittel in Beziehung zu kulturellen Mustern erforderlich machen.

Fragen der Veränderung und des Gebrauchs sind gleichermaßen aufs engste mit dem Wissen darüber verbunden, wer was zu wem sagt. Alle diese Interessen müssen sowohl in anderen Kulturen als auch in der kulturellen Welt unserer eigenen Gesellschaft verfolgt werden, wenn die aus ihnen resultierenden Erklärungen und Theorien einen Anspruch auf Allgemeingültigkeit haben sollen. Ja, eine der Rechtfertigungen der traditionell »philologischen« Aufgabe der linguistischen Anthropologie ist, daß sie uns dazu in die Lage versetzt, Facetten des Sprachgebrauchs zu erkennen, die wir sonst für selbstverständlich oder für zu verwirrend, um sie zu erklären, halten würden. Bevor wir uns diesem Thema zuwenden, noch eine Bemerkung über die »philologische« Aufgabe.

Diskontinuitäten

Eine Voraussetzung des Erfolgs philologischer Arbeit ist die Kontinuität. Natürlich ist jede Forschungsrichtung von der Gefahr bedroht, in Diskussionen um die Grenzen des Fachs, die richtige Methode und dergleichen steckenzubleiben und dadurch daran gehindert zu werden, einen Gegenstand oder eine Frage dahin zu verfolgen, wo sie hinführen. Die Rechtfertigung der philologischen Vorgehensweise ist letzten Endes ihre Fähigkeit, Lebensformen zu interpretieren. Trennungen und Diskontinuitäten, die lediglich akademischer Zersplitterung geschuldet sind, vereiteln diesen Zweck. Es gibt noch eine andere Art von Diskontinuität, die ebenfalls gefährlich ist. Manche Aufgaben sind nicht zu bewältigen, ohne daß man sich ihnen jahrelang permanent widmet. Es kann Jahre dauern, bis die Beschäftigung mit einer Sprache oder einer Lebensform dazu führt, daß man die Daten auf ganz bestimmte Weise beherrscht. Wenn man sich auf eine solche Untersuchung einläßt, muß man bereit sein, eine derartige Verpflichtung einzugehen; und andererseits muß eine solche Verpflichtung von den Kollegen respektiert werden. Es gibt keinen Grund, weshalb die Standards in der Anthropologie niedriger sein sollten als die der Philologen, auf die wir nur stolz sein können. Wenn wir solche Standards erreichen wollen, können wir einzelne Arbeiten nicht nur im Hinblick auf die aktuellen Probleme des Fachs bewerten. Außerdem müssen die Möglichkeiten für einen Forschungsbeitrag auf einem Gebiet länger aufrechterhalten werden als eine Forschergeneration. In dieser Hinsicht läuft die Anthropologie in

Amerika Gefahr, jämmerlich zu versagen. Obwohl unsere Disziplin so viel von der Erforschung amerikanischer Indianersprachen profitiert hat, warten wir immer noch darauf, daß auch nur ein einziger Lehrstuhl für amerikanische Indianersprachen eingerichtet wird. Schlimmer noch, vorhandene Stellen werden gestrichen. Die Weise, in der hier versäumt wird, die Beschäftigung mit den amerikanischen Sprachen weiterzuverfolgen, legt nur zu leicht den Verdacht eines rein ausbeuterischen Interesses am Gegenstand und einer Beteiligung an der alten nationalen Gewohnheit des Linguacids nahe. Das mindeste, was man von der linguistischen Anthropologie erwarten kann, ist, daß sie den hier »philologisch« genannten Interessen treu bleibt, die sie hervorgebracht haben.

Die »soziologische« Aufgabe

Die Erforschung unserer eigenen Gesellschaft scheint mit der Erforschung anderer Gesellschaften im Widerstreit zu liegen. Zumindest scheinen das einige unserer Kollegen zu glauben. Dennoch sind die Anzahl der außerhalb der akademischen Mauern beschäftigten Anthropologen, die Interessen der Studienanfänger und das Verhältnis der jeweils zur Verfügung stehenden Stellen ein sicheres Zeichen dafür, daß die Anthropologie entweder die Erforschung unserer Gesellschaft in sich aufnehmen oder verkümmern muß. Auch ist dies nicht nur eine ökonomische Frage. Die große intellektuelle Herausforderung der Anthropologie ist heute, wie mir scheint, das zu werden, was sie immer zu sein behauptet hat, nämlich eine allgemeine, holistische Disziplin, die dazu in der Lage ist, die Gestalt einer Kultur und die Formen, die kulturelle Identitäten annehmen, zu erkennen, wo immer diese auch auftreten, sei es in Neu Guinea oder nebenan; eine Disziplin, die unsere ethnographische Arbeitstradition und die ethnologischen Einsichten, die sie geleitet haben, für die Erforschung der Herausbildung kultureller Form an konkreten Schauplätzen und in Beziehung zu einer Weltgesellschaft einsetzt. (Ich stütze mich hier auf Hymes, 1973, vor allem pp. 22, 55 f.)

Besonders groß sind die wissenschaftlichen Möglichkeiten und die soziale Herausforderung für die linguistische Anthropologie. Die Vereinigten Staaten sind beinahe eine sprachliche *terra incognita*. Die Vielfalt ihrer Sprachen, Dialekte, Varietäten, Stile und Genres ist bisher nur höchst oberflächlich in Augenschein genommen worden. Selbst für die eindeutigen Fälle ethnisch definierter Gruppen gibt es kaum eine Untersuchung des ganzen Repertoires sprachlicher Mittel und der Muster ihres Gebrauchs. Den »klassischen« unter den amerikanischen Indianersprachen wurde zwar die ihnen gebührende Aufmerksamkeit geschenkt und mehr ist immer noch vonnöten, aber um die mundartlichen Dialekte des täglichen Lebens hat man sich weniger gekümmert, und das charakteristische Englisch von Reservatsgemeinschaften ist fast überhaupt nicht untersucht worden. (William Leaps Arbeit ist die große Ausnahme.) Die linguistische Erforschung ethnisch definierter Gruppen hat dazu geneigt, der nationalen Definition zu folgen, nach der man es hier mit einem sozialen Problem zu tun hat, und sich nur auf den Teil des Ganzen zu konzentrieren, der zumeist als Problem angesehen wird. Die schwarzen Amerikaner kannten natürlich seit Generationen eine große Vielfalt von Stilen und Genres des Englischen; konzentrierte Aufmerksamkeit wurde ihnen jedoch erst in der Folge der Bürgerrechtsbewegung geschenkt, und sie richtete sich auf die Sprechweise junger Männer. Die Untersuchung von städtischen Varianten und Wortgefechten [verbal duelling] und die Untersuchung der Fähigkeiten, die beim Predigen und bei karibischen »Teegesellschaften« zum Vorschein kommen, scheinen in verschiedenen Welten zu existieren. (Diejenigen, die am meisten zu einem integrierten Bild der afro-amerikanischen Sprechweisen beigetragen haben, Abrahams und Kochmann, arbeiteten an einem anglistischen und an einem Seminar für Sprache und Kommunikation.) Trotz der jahrhundertelangen Tradition des Spanischen in dem, was jetzt die Vereinigten Staaten sind, ist die erste umfassende Untersuchung der Sprechweisen einer spanisch sprechenden Gemeinschaft gerade erst abgeschlossen worden. Die Anstrengungen, eine Politik für die Ausbildung zweisprachiger Kinder zu formulieren und umzusetzen, müssen daher noch weitgehend ohne Unterstützung durch systematische Kenntnisse vorangetrieben werden.

Wenn die Dinge bei so herausragenden, politisch aktiven Gruppen so liegen, kann man hinsichtlich anderer Gruppen und Situationen nicht viel erwarten. Was die Sprache betrifft, so herrscht in den Vereinigten Staaten noch immer fast ausschließlich die Vorstellung einer regionalen und ethnischen Differenzierung. Bei der Betrachtung von Institutionen und Schichtungen richten sich die allgemeinen Reaktionen nicht auf Muster, sondern auf Korrektheit. Es wird nicht gefragt, welche Rolle die Sprache spielt und wie sprachliche Mittel organisiert sind, sondern ob es richtig oder falsch ist. Außer in einigen neueren Untersuchungen bestimmter Variablen in einigen städtischen Zentren wird fast nirgends darauf eingegangen, daß die Vereinigten Staaten eine Klassengesellschaft sind. Arbeiten, die den Umstand anerkennen, daß die Vereinigten Staaten eine Gesellschaft sind, in der Institutionen und Berufsstände eine wichtige Rolle spielen, stehen noch ganz am Anfang. Daß fortwährende Interaktion und ein festgefügtes Sozialleben zur Auswahl und Gruppierung charakteristischer kommunikativer Mittel führen, ist eine grundsätzliche Annahme. Daß Institutionen und Berufsstände ihre Mitglieder auf solche Weise sozialisieren und daß sich die Ergebnisse auf viele andere auswirken – den Patienten des Arztes, den Klienten oder Zeugen des Rechtsanwalts, die Schüler des Lehrers, die Familien von all diesen – das ist eine Sache der Erfahrung. Allerdings erfuhr die pädagogische Kommunikation in dieser Hinsicht zunehmende Aufmerksamkeit, und auch der Kommunikation im juristischen und medizinischen Bereich wird jetzt ein anhaltendes Interesse entgegen gebracht. (...) Trotzdem bleibt immer noch viel zu tun. Viele Variablen und Muster gibt es zu entdecken, und vieles muß noch gesichtet und geordnet werden. Wahrscheinlich bedürfen so umfassende Ausgangskategorien wie »medizinisch«, »juristisch« oder »pädagogisch« einer weiteren Differenzierung im Hinblick darauf, was derartigen Institutionen und Kontexten gemein ist, was jede einzelne auszeichnet, und was auf andere Aspekte der jeweiligen Persönlichkeiten und Ziele der Partizipanten zurückgeht. Über die interne Differenzierung der einzelnen Institutionen und Berufsstände weiß man bisher wenig; nicht jeder Chirurg ist z. B. in der Lage, das »Büßerhemd« anzuziehen und vor seinen Kollegen Selbstkritik zu üben (ich beziehe mich hier auf eine Untersuchung von C. Bosk). Wenn die Forschung nicht auf die Kommunikation an Institutionsgrenzen zwischen Institutionsangehörigen und Publikum beschränkt bleiben soll, ist teilnehmende Beobachtung unumgänglich. Wir müssen die öffentlichen Begegnungen in den Kontext der vollen Bandbreite von Situationen stellen, in denen Sprache als Mittel der professionellen Identitätsetablierung verwendet wird. Und wir müssen die innerhalb eines Berufsstandes selbst herrschenden Werte und Bewertungen bezüglich der Sprache und des Sprechens verstehen lernen. Jeder kulturelle Teilbereich muß zunächst in seinen eigenen Begriffen analysiert werden, auch wenn die Forschung schon im Hinblick auf eine schließliche Umorganisierung der Ergebnisse durchgeführt wird.

Alle derartigen Forschungsanliegen haben ein gemeinsames wichtiges Problem, das auf die Notwendigkeit einer Unterstützung seitens der Anthropologie hindeutet: Für die Forschung ist die Beherrschung des linguistischen Analyseinstrumentariums unerläßlich, die Ergebnisse werden jedoch nicht unbedingt als Beitrag zur Linguistik angesehen. Als Beiträge zur Linguistik gelten normalerweise Beiträge zu unserem Wissen über etwas, was als Dialekt oder sprachliche Varietät definiert ist; zur Grammatiktheorie als ganzer; oder zu einer ganzen Strukturebene wie Phonologie, Morphologie, Syntax oder Semantik. Die Erforschung der sprachlichen Aspekte von sozialen Rollen, Institutionen und Kontexten fördert aber gewöhnlich etwas zutage, was sowohl mehr als auch weniger ist als das. Mehr, insofern als die zum Vorschein kommenden Konfigurationen nicht auf einzelne Strukturebenen, ja oft nicht einmal auf einzelne Varietäten oder Sprachen beschränkt sind. Denn die Partizipanten bestimmter Sprechereignisse oder die Mitglieder einer Gruppe bilden einen charakteristischen Stil u. U. aus einer Menge von Merkmalen, die teils phonologischer, teils lexikalischer, teils syntaktischer und teils paralinguistischer Natur sind. Ein entscheidendes Charakteristikum kann auch die Art des Wechsels stilistischer Varianten sein. Weniger, insofern als die Gesamtheit der definierenden Merkmale möglicherweise nur einen Teil einer Strukturebene, einer Varietät, eines Dialekts oder einer Sprache betrifft. Manchmal genügen schon wenige Merkmale oder wenige Vorkommen einiger Merkmale, um eine Situation zu definieren oder einen Stil zu kennzeichnen. Solche Entdeckungen sind zwar Beiträge zur Erforschung der Sprache, nicht aber zur Linguistik (jedenfalls nicht im Sinne vieler ihrer Vertreter). Bei ihnen handelt es sich um Entdeckungen, die durch ein Interesse am sozialen Leben und der Sprache als einem sehr wesentlichen Bestandteil motiviert sind. Entdeckungen dieser Art sind in unserer Gesellschaft allerdings sehr rar, weil sie zwischen alle Stühle der relevanten Disziplinen und die Beiträge, die diese zu machen für sich in Anspruch nehmen, fallen. Ein großer Teil unseres gesellschaftlichen Lebens, viele Einsichten in seine Schwierigkeiten und seine Lebenskraft bleiben ebenfalls unbeachtet.

Die Erforschung der geschlechterrollenspezifischen Sprache ist ein einschlägiger Fall. Vor ungefähr einem Jahrzehnt habe ich zum erstenmal die Geschlechterrollen für theoretische Argumente herangezogen. Zu dieser Zeit gab es über die sprachlichen Unterschiede zwischen Männern und Frauen nur einige Artikel für eine Handvoll von Sprachen, in denen sich solche Unterschiede auf den Ebenen (Phonologie, Morphologie) durchgesetzt hatten, mit denen die Linguisten umzugehen gewohnt waren. Wenn aber die Sprache überhaupt eine soziale Rolle spielt, steht zu vermuten, daß ein so universeller und fundamentaler Rollenunterschied wie der zwischen den Geschlechtern überall durch Auswahl und Gruppierung sprachlicher Merkmale zum Ausdruck kommt. Nur konnte man solche Muster nicht erkennen, wenn man das soziale Leben aus der Perspektive der Grammatik betrachtete. Man bemerkt sie erst, wenn man die Sprache vom sozialen Leben aus betrachtet. Jetzt, wo die Frauenbewegung die Geschlechterrollen zu einem wichtigen Problem hat werden lassen, gibt es auf einmal zahlreiche Untersuchungen der sprachlichen Begleiterscheinungen dieser Rollen. Dieser Fall belegt auf exemplarische Weise die Behauptung, daß einige sprachliche Gebrauchsmuster erst erkannt werden, wenn von einem sozialen Ausgangspunkt nach ihnen geforscht wird.

Ein sozialer Ausgangspunkt kann z. B. ein soziales Problem sein. Typischerweise ist das auch so gewesen, wie in den letzten Jahren in den Vereinigten Staaten (Black English, Bilingualismus, Geschlechterrollen). Ein derartiger Ausgangspunkt ist zwar wichtig, aber seine Bedeutung hat auch ihre Grenzen. Wenn das öffentliche Interesse an dem Problem nachläßt, kann u. U. auch die Forschung zurückgehen. Möglicherweise wird auch durch die Art und Weise, wie sich das Problem öffentlich darstellt, die Aufmerksamkeit nur auf einen Teil des Ganzen gelenkt. Andere, gleichfalls wichtige Probleme sind vielleicht nicht ins öffentliche Bewußtsein vorgedrungen und bleiben daher unerforscht. Wenn die Forschung kumulativ und repräsentativ sein soll und wenn die Forscher nicht nur ihr Mäntelchen nach dem Wind hängen sollen, brauchen wir einen umfassenderen Überblick. Die komparatistische Perspektive kann dabei sehr hilfreich sein. Sie kann uns helfen, Strukturen und Probleme zu erkennen, die im Leben unserer Gesellschaft nicht in den Vordergrund treten und unserem kulturell beschränkten Blick entgehen. Und sie kann uns helfen, Strukturen und Probleme in einen wissenschaftlichen und politischen Kontext zu stellen, um dadurch schließlich sowohl für die Wissenschaftler als auch für politisch mobilisierte Gruppen von Nutzen zu sein (wenn man wie ich daran glaubt, daß erfolgreiche Politik von der sozialen Realität ausgehen muß).

In der Anthropologie ist die komparatistische Perspektive das A und O, dennoch sieht sie sich hier einer zusätzlichen Schwierigkeit gegenüber. Wenn die Vereinigten Staaten einfach eine Konstellation voneinander verschiedener Kulturen wäre, deren jede von der Art ist, wie man sie in der »philologischen« Tradition zu untersuchen gewohnt ist, wäre die Aufgabe nicht so schwierig. Eine solche Untersuchung ist keineswegs einfach und kann Jahre dauern; sie kann jedoch unter der Voraussetzung durchgeführt werden, daß die Suche nach Strukturen zum Erfolg führen wird. Bei der geduldigen Erforschung anderer kultureller Traditionen stoßen wir nicht deshalb auf Strukturen, weil wir besonders intelligent sind, sondern weil Generationen dafür gelebt und daran gearbeitet haben, Strukturen zu erzeugen, die Sprache, Literatur, Religion, Skulptur, den Regeln des Umgangs und der Küche eine ganz bestimmte Form und ein Verhältnis zueinander verleihen. Bei der Untersuchung unserer eigenen Gesellschaft oder von Gesellschaften wie der unsrigen können wir demgegenüber nicht so sicher sein, daß die Suche nach Strukturen erfolgreich sein wird. Wenn ein kohärentes Muster in einer kulturellen Tradition Zeit und Unabhängigkeit erfordert, ist es nicht sehr wahrscheinlich, daß man in den Gruppen, zu denen wir und andere Mitglieder unserer Gesellschaft gehören, deutlich ausgeprägte Formen finden wird. Sie haben unbeständige Grenzen, eine kurze Lebensdauer und nur bedingte Unabhängigkeit. Der Drang zur Ausbildung charakteristischer Formen ist vielleicht universell, und er kann unter uns ebenso wirksam sein wie in jeder anderen menschlichen Gesellschaft; seine Realisierung bleibt aber oft potentiell, fragmentarisch, torsohaft und wird manchmal sogar ganz vereitelt. Die Realisierung einer Form wird sich immer wieder an den Veränderungen der Vektoren der sozialen Anpassung, Herrschaft und Manipulation und an der Bildung und Auflösung von Gruppen orientieren. In unserer Gesellschaft wird man eher kulturelle Welten in *statu nascendi* als Kulturen vorfinden, Welten, die oft nur halbfertig sind und sich gegenseitig überschneiden. In gewissem Sinne herrschen die Bedingungen der Kreolisierung in der modernen Welt überall.

Wahrscheinlich gibt es überall den Drang zur Überlieferung von

Erfahrung, zur Gestaltung von Erfahrung in erzählerischer Form und zur Identifikation mit bestimmten Ausdrucksformen; das Bedürfnis nach einigen charakteristischen Umgangsformen, die zeigen, daß man eine Szene betritt oder verläßt, zu der man dazugehört; irgendeinen persönlichen Kalender, auf dem anders als auf dem öffentlichen die Dinge eingetragen sind, die persönlich bedeutsam sind; einen Jahreszeitenzyklus nach eigenem Entwurf und Wunsch; fromme Verrichtungen und Gegenstände der Verehrung auf Fensterbänken, Schreibtischen oder Schminkkommoden – alles Bestandteile einer kulturellen Welt; denn, wie Sapir sagte, ihnen allen ist gemeinsam die Kommunikabilität, die Potentialität der Mitteilbarkeit.

Die Entdeckung in solchen Zusammenhängen existierender Strukturen macht es erforderlich, vom sozialen Leben auszugehen, von der Relevanz zur Identität, Gruppenzugehörigkeit und dergleichen. Die Akkumulation komparativer Kenntnisse kann dabei eine große Hilfe sein. Gegenwärtig besteht die Neigung, entweder vermeintlich universelle Prinzipien des Sprachgebrauchs zu postulieren (Konversationspostulate, Redebeitragsfolgen, Gesprächsabschnittseröffnungen oder Abschlüsse, usw.) oder Kontraste in bezug auf ganze Kulturen aufzuzeigen. Keiner der Ansätze wird den bisher bekannten Tatsachen gerecht. Man könnte etwa annehmen, daß der soziale Rang und die geschätzten sprachlichen Fähigkeiten mit einander korrelieren; bei den Wolof besteht zwischen beiden jedoch eine inverse Relation. Man könnte auch annehmen, daß die Verpflichtung auf die Relevanz der Information eine wesentliche Voraussetzung von Gesprächen ist; die Malagassen sehen die Welt jedoch anders. Irgendeine Grußform oder ein öffentliches Signal scheinen unabdingbar zu sein, um die Eröffnung eines Gesprächs oder das Eindringen in die Privatsphäre eines anderen zu kennzeichnen; aber als meine Frau ihre Sahaptin-*Freunde in Warms Springs fragte, »Was sagt ihr, wenn jemand an die Tür klopft?« antworteten sie lachend, »Das muß ein Weißer sein.«

In verschiedenen Bereichen unserer eigenen Gesellschaft finden sich partielle Entsprechungen all dieser Phänomene: z. B. wenn eine angesehene Persönlichkeit des öffentlichen Lebens mit einem Stil identifiziert werden will, der weniger Prestige genießt; wenn

* Indianerstamm aus dem Nordwesten der USA (Anm. d. Hg.)

eine berufliche Stellung die Fähigkeit voraussetzt, die ungewollte Herausgabe relevanter Informationen zu vermeiden; oder wenn man die Ungezwungenheit genießt, ohne zu klopfen eintreten zu dürfen. Die Position der Entsprechungen in der Gesamtkonfiguration ist jedoch eine andere. Für hohe Beamte ist es kein Ideal, ein Desinteresse an korrekter Sprache zu pflegen (wie traditionellerweise für den König der Wolof); noch ist es eine explizite Norm alltäglicher Interaktion, daß die Mitteilung relevanter Informationen zu vermeiden ist, weil man damit u. U. Verantwortung auf sich nimmt (wie bei den Malagassen); Grüße, die Besuche und andere grenzüberschreitende Beziehungen definieren, sind nicht durch Restriktionen bezüglich besonderer Gelegenheiten markiert (wie traditionellerweise bei den Sahaptins).

Eine komparative Typologie von Sprechweisen, ihrer Komponenten, Dimensionen und Konfigurationen, kann uns helfen, ethnozentrische Vorurteile zu vermeiden und die Ausdifferenzierung von Strukturen in dem Leben, das uns umgibt, klarer zu erkennen. Von entscheidender Wichtigkeit ist derartige komparatistische Arbeit auf jeden Fall, wenn wir von der Analyse einzelner Fälle zur Analyse der Bedingungen kommen wollen, die ihnen zugrunde liegen.

Schlußfolgerungen

Die zweite Aufgabe oder Seite der linguistischen Anthropologie, die Erforschung unserer eigenen Gesellschaft, kann die »soziologische« genannt werden. Ich habe hier Möglichkeiten ihrer Verbindung mit der »philologisch« genannten Seite vorgeschlagen und will jetzt noch kurz eine dritte Aufgabe erörtern, die durch beide zusammen ermöglicht wird. Wir können sie die »kritische« Aufgabe nennen. Hiermit meine ich die Reflexion auf unsere eigene Praxis, die kritische Analyse unseres Verhältnisses zur Gesellschaft und unserer Gesellschaft selbst.

Die Reflexion unserer eigenen Praxis als Anthropologen kann uns dazu führen, die Voraussetzungen zu überprüfen, die wir selbst hinsichtlich der Sprache und ihres Gebrauchs machen. Welche Erkenntnisse entgehen uns auf Grund der Genres und Stile, auf die unser eigener Sprachgebrauch beschränkt ist? Speziell, wie können die Vorzüge schriftlicher Äußerungen, wie wir sie in Lyrik und

Prosa finden, anthropologischer Erklärung zugänglich gemacht werden? Oder ist das nicht nötig?

Die Reflexion unseres Verhältnisses zur Gesellschaft könnte uns dazu veranlassen, den Sprachgebrauch zu untersuchen, der ein uneingestandener Bestandteil von Sozialisation und Mitgliedschaft unseres Berufsstandes ist. In welchem Maße verdankt er sich der Gesellschaft und Kultur, in der sich unsere Arbeit vollzieht, und ist weniger ein Reflex der Notwendigkeiten der Arbeit selbst?

Die Reflexion über unsere Gesellschaft kann die Frage nach ihrer Einschätzung der Sprache eröffnen. Welche Rolle spielt sprachliche Korrektheit bei der Aufrechterhaltung kultureller und politischer Herrschaft? Warum ist die Geschichte von Sprachpolitik und Praxis in Schulen, Kirchen und öffentlichen Institutionen so wenig erforscht und so wenig bekannt? Was gilt es da zu verbergen oder zu vergessen? Ist die Schaffung eines Gefühls sprachlicher Unsicherheit eine latente Funktion der Schulen, so daß man die meisten Menschen glauben machen kann, sie hätten gleiche Chancen gehabt und aus eigenem Verschulden versagt? Wenn in den Vereinigten Staaten jeder nur Englisch und das in irgendeiner Standardvariante spräche, würden nicht die Elite, die Schulen und andere immer noch Unterschiede finden, um sich selbst und alle anderen davon zu überzeugen, daß die Sprache verkommt und die Mehrzahl der Sprecher sie nicht richtig zu benutzen versteht? Was für ein Theater würde es geben, wenn sich eine der Minoritätengruppen des Landes anschickte, eine andere Sprache als Englisch durchzusetzen? Wie ist die seltsame amerikanische Annahme zu erklären, daß Einsprachigkeit der Normalfall sei und man keine anderen Sprachen lernen könne? (Und wie hat sie sich auf die Linguistik und die Anthropologie ausgewirkt?)

Die kritische Reflexion kann uns dazu veranlassen, Vorstellungen über unsere Ziele hinsichtlich der Sprache in unserer Gesellschaft zu entwickeln. Ich will dies mit dem Begriff der Ausdrucksform (voice) verdeutlichen. Denn wenn wir das Erbe der anthropologischen Tradition in der Sprachwissenschaft aufnehmen, finden wir den wesentlichen, noch nicht eingelösten Anspruch in den Aufsätzen Sapirs, in denen er eine von ihm so genannte »psychiatrische« Konzeption entwarf. Der Begriff selber ist unwichtig, was Sapir meinte ist klar. Er meinte eine Konzeption des sozialen Lebens aus der Perspektive seiner Bedeutung für sie. Er meinte, daß kulturelle Muster und gesellschaftliche Institutionen letzten Endes im Hinblick auf ihre Beziehungen zu Menschen zu betrachten sind. Es ist offenkundig, daß ein derartiger Standpunkt bei der Aufspürung von Konfigurationen kommunikativer Mittel in einer Gesellschaft wie der unseren (und vielleicht in vielen anderen) hilfreich ist. Er legt auch einen günstigen Ausgangspunkt für die Beurteilung einer Gesellschaft nahe. Der Begriff »Ausdrucksform« soll sich demgemäß auf die individuelle Realisierung einer Sprechweise und die Beziehung, die eine Konfiguration sprachlicher Mittel zur Identität einer Person hat, beziehen. Welche Ausdrucksformen werden von einer gegebenen Gesellschaft gefördert, welche werden ausgeschlossen oder nur geduldet? Wie ist unsere eigene Gesellschaft in Bezug auf Ausdrucksformen beschaffen? Und wie sähe die Gesellschaft, in der wir gerne leben würden, in dieser Hinsicht aus? Wenn sich beide voneinander unterscheiden, was können wir tun, um sie zur Deckung zu bringen?

Die Ausdrucksformen einer Gesellschaft kann man sich als in (möglicherweise partiellen und vielschichtigen) kulturellen Welten existierend vorstellen; welche Bedeutung kommt dann der Verfügbarkeit der Sprache in diesen Welten zu? Dies scheint mir die anthropologische Frage nach der Sprache schlechthin zu sein. Philosophen haben die Sprache gepriesen oder getadelt, und viele von ihnen haben sie als gegeben vorausgesetzt. Die Möglichkeit, sie als problematisch, als ein Mittel der Kultur zu begreifen, das wie andere Mittel unter verschiedenen Umständen zu unterschiedlichen Zwecken ausgeformt ist, diese Möglichkeit scheint es nur in der Anthropologie zu geben. Eine kritische, komparatistische Perspektive, wie sie die Anthropologie bieten kann, würde es uns ermöglichen, die Bedingungen zu verstehen, unter denen einige Virtualitäten der Sprache realisiert werden und andere nicht, die Bedingungen, die Sprache oder eine Sprache oder einen Aspekt der Sprache für manche Menschen eine Quelle der Befriedigung und für andere ein Ärgernis sein lassen. Ein so umfassendes Verständnis von der Sprache würde es uns erlauben, in unserer Forschungsarbeit etwas von unserem Zorn, unserer Hoffnung und unserer Liebe mitzuteilen.

1 Sally McLendon und Tony Wallace sei für die Einladung gedankt, diesen Aufsatz zu verfassen. Ich möchte ihn Margaret Mead widmen.

2 Tatsächlich hat Boas Parameter vorgelegt, von denen er annahm, daß sie für alle in seiner Einführung zum *Handbook of American Indian Languages* vorkommenden Sprachen von grundlegender Bedeutung seien. Zwar beschnitt er die allgemeine Linguistik seiner Zeit an Stellen, die er für Auswüchse hielt; dabei führte er sie jedoch nur zu dem zurück, was für die Erforschung jeder Sprache scheinbar universell und grundlegend war. Speziell hat er die Wichtigkeit linguistischer Forschung als Wegweiser zu den Universalien des menschlichen Geistes betont.

3 Ich habe andernorts (s. bes. Hymes, 1966) versucht, Whorf in den Kontext der Geschichte der linguistischen Anthropologie in den Vereinigten Staaten zu stellen, und die Probleme der Struktur, der Relativität und des Determinismus voneinander zu scheiden. Viele Mißverständnisse in der Diskussion um Whorf ließen sich durch eine sorgfältige Lektüre seines Werkes als ganzem vermeiden sowie dadurch, daß wir uns von der Vorstellung eines kategorialen Unterschiedes zwischen Hand- und Kopfarbeit befreien. Wenn zugestanden wird, daß Sprache für alle möglichen Zwecke eingesetzt wird, daß sie bei der Durchsetzung sozialer Ziele eine Rolle spielt, dann müssen sprachliche Merkmale als Mittel angesehen werden. (Die linguistische Anthropologie konvergiert hier mit der Tradition der Prager Schule, wie sie von Roman Jakobson (1963) in den Begriffen einer Zweck-Mittel-Beziehung formuliert wurde.) Es kann sehr hilfreich sein, sich sprachliche Mittel als geistiges Werkzeug analog zu Handwerkszeug vorzustellen und zu überprüfen, in welcher Hinsicht sich die Aufgaben beider Werkzeugarten gleichen. Die Werkzeuge, über die man verfügt, bedingen, was damit getan werden kann, ohne dies unbedingt zu kontrollieren. Es ist nicht sehr wahrscheinlich, daß man irgend etwas tun oder sagen wird, wofür einem die Mittel fehlen; gelegentlich ist es aber möglich, neue Mittel zu konstruieren. Der Sprache eine Rolle bei der Ausformung des sozialen Lebens zuzugestehen heißt nicht, in eine »idealistische« Argumentation zu verfallen, noch irgendeiner Sprechergruppe oder im allgemeinen die menschliche Freiheit und Kreativität zu bestreiten, wie das von verschiedenen Autoren befürchtet wurde. Solche Befürchtungen sind ein vorzügliches Beispiel für die Unfähigkeit, die Frage der Sprache aus anthropologischer Sicht zu durchdenken. Wie könnte es eine angemessene Theorie von Anpassung und sozialem Wandel geben, in der das wichtigste Mittel für Speicherung und Austausch von Informationen, der Planung von und der Überredung zu Handlungen ignoriert wird? Wie sollte etwas mit dem Gewebe des täglichen Lebens verknüpft sein, ohne daß dies auf es abfärbte? Solchen »Sirenengesängen« sollten wir kein Gehör schenken.

4 Zu diesen und einigen ähnlichen Punkten vgl. Hymes, 1976a.

Literaturverzeichnis

Aberle, D.F. (1960). The Influence of Linguistics on Early Culture and Personality Theory. In: G.E. Dole and R.L. Carneiro, eds. Essays in the Science of Culture in Honor of Leslie A. White, New York: Crowell.

Adams, R.N. (1960). An Inquiry into the Nature of the Family. In: G.E. Dole and R.L. Carneiro, eds. Essays in the Science of Culture in Honor of Leslie A. White, New York: Crowell.

Akhmanova, Olga (1963). Reply (to Fischer 1963). Current Anthropology 4:1. 116–117.

Andreyev, N.D. (1962). Models as a tool in the development of linguistic theory. Word 18:186–197.

Atiles, E.G., Pedraza, P., Zentella, A.C. (1978). Toward a language policy for Puerto Ricans in the United States. In: Latin American Perspectives.

Austin, J.L. (1962). How to do things with words. Edited by J.O. Urmson. The William James Lectures delivered in Harvard University in 1955. Cambridge, Harvard University Press.

Austin, William M. ed. (1960). Report in the ninth annual round table meeting on linguistics and language study. Monograph Series on Languages and Linguistics, No. 11, 1958. Washington, D.C., Georgetown University Press.

Backvis, C. (1958). Quelques rémarques sur le bilinguisme latino-polonais dans la Pologne du XVIe siècle. Brussels.

Barker, R.G. and Wright, H.F. (1955). Midwest and its Children, the Psychological Ecology of an American Town. Evanston, Row, Peterson.

Barth, F. (1969). Ethnic groups and boundaries. In: F. Barth, ed. The Social Organization of Culture Differences. London: Allen and Unwin.

Bateson, Gregory (1960). Minimal requirements for a theory of schizophrenia. A.M.A. Archives of General Psychiatry 2:477–491.

Bateson, Gregory (1963). Exchange of information about patterns of human behavoir. In: Information storage and neural control, William Fields and Walter Abbott, eds., Springfield, Charles C. Thomas.

Bauman, R. and Sherzer, J. (1974). eds. Explorations in the Ethnography of Speaking. New York, London: Cambridge Univ. Press.

Bazell, C.E. (1954). The choice of criteria in structural linguistics. Word 10: 2–3, 126–135 (= Linguistics Today).

(1962). Meaning and the morpheme. Word 18: 132–142.

Bernstein, Basil (1962a). Linguistic codes, hesitation phenomena and intelligence. Language and Speech 5:31–46.

(1962b). Social class, linguistic codes and grammatical elements. Language and Speech 5:211–240.

Bidney, David (1953). Theoretical anthropology. New York, Columbia University Press.
Bloomfield, L. (1927). Literate and Illiterate Speech. In: American Speech, 2:432–439.
(1933). Language. New York, Henry Holt.
Boas, F. (1911). Introduction. Handbook of American Indian Languages. (Bureau of American Ethnology, Bulletin 40, Part I). Washington, D.C.
(1943) Recent Anthropology. In: Science 98: 311–314; 334–337.
Bock, Kenneth (1956). The acceptance of histories. Berkeley and Los Angeles, University of California, Publications in Sociology and Social Institutions 3:1.
Brown, Roger (1958). Words and things. Glencoe, The Free Press.
Bühler, Karl (1935). Sprachtheorie. Jena: G. Fischer.
Burke, K. (1945). A Grammar of Motives. New York: Prentice-Hall.
(1951). A Rhetoric of Motives. New York: Prentice-Hall.
(1957). The Philosophy of Literary Form. Studies in symbolic Action. New York: Vintage Books.
(1962). What are the signs of what? (A theory of entitlement). Anthropological Linguistics 4 (6): 1–23.
(1968). Interaction, Dramatism. In: International Encyclopedia of the Social Sciences. London/New York, Vol. 7.
Burling, Robbins (1964). Meaning and componential analysis: God's truth or hocus-pocus? American Anthropologist 66:20–28.
Bursill-Hall, G.L. (1960). Levels analysis: J.R. Firth's theories of linguistic analysis I. The Journal of the Canadian Linguistic Association, 6:124 bis 135.
Buyssens, Eric (1949). Mise au point de quelques notions fondamentales de la phonologie. Cahiers Ferdinand de Saussure 8:38–60.

Carroll, John B., ed. (1956). Language, thought and reality: selected writings of Benjamin Lee Whorf. New York and Cambridge, Mass., John Wiley and Technology Press M.I.T.
Cassirer, Ernst (1923). Philosophie der symbolischen Formen. Vol. I: Die Sprache. Berlin, Bruno Cassirer Verlag.
(1946). The myth of the state. New Haven, Yale University Press.
Cazden, C., John, V., Hymes, D. eds. (1972). Functions of Language in the Classroom. New York: Teachers College Press.
Chafe, Wallace L. (1962). Phonetics, semantics, and language. Language 38:335–344.
Chomsky, Noam (1957). Syntactic structures. Janua Linguarum 4. 's-Gravenhage, Mouton.
(1965). Aspects of the theory of syntax. Cambridge, Mass.
(1973). For Reasons of State. New York: Pantheon.

Church, Joseph (1961). Language and the discovery of reality. A developmental psychology of cognition. New York, Random House.
Collingwood, R.G. (1940). An essay on metaphysics. Oxford, At the Clarendon Press.
Conat, F.P. (1961). Jarawa Kin Systems of Reference and Address: A Componential Comparison. In: Anthropological Linguistics, 3 (2): 19 bis 23.
Condon, J.C., Yousef, F. (1975) An Introduction to Intercultural Communication. Indianapolis, New York: Bobbs-Merrill.
Conklin, H.C. (1955). The Relation of Hanunóo Culture to the Plant World. Ph. D. Dissertation, New Haven, Yale University.
(1962). Lexicographical treatment of folk taxonomies. In: Problems in lexicography, Fred. W. Householder, Jr. and Sol Saporta, eds. Bloomington, Indiana University Research Center in Anthropology, Linguistics and Folklore, Publication 21.
(1964). Ethnogenealogical method. In: Goodenough, Ward H., Explorations in cultural anthropology. New York, McGraw-Hill.

De Groot, A.W. (1948a). Structural linguistics and phonetic law. Lingua 1:175–208. Reprinted from Archives Neerlandaises de Phonetique Experimentale 17.71–106 (1941).
(1948b). Structural linguistics and word classes. Lingua 1:427–500.
(1949). Structural Linguistics and Syntactic Laws. In: Word 5:1–12.
(1956a). Classification of cases and uses of cases. For Roman Jakobson, p. 187–194. 's-Gravenhage, Mouton.
(1956b). Classification of the uses of a case illustrated on the genitive in Latin. Lingua 6:8–66.
(1957). Classification of word-groups. Lingua 6:113 – 157.
(1962). Inleiding tot de Algemene Taalwetenschap. Groningen.
Diamond, Stanley (1963). The search for the primitive. In: Man's image in medicine and anthropology, I. Galdson, ed. New York, International Universities Press.
Dunoan, Hugh D. (1962). Communication and social order. New York, The Bedminster Press.

Ebeling, C. (1960). Linguistic units. Janua Linguarum 12. 's-Gravenhage, Mouton.
Elias, N. (1969²) Über den Prozeß der Zivilisation. Bern, München: Francke.
Eliot, T.S. (1943). Four quartets. New York, Harcourt, Brace.
Elmendorf, W.W. and Suttles, W. (1960). Pattern and Change in Halkomelem Salish Dialects. In: Anthropological Linguistics 2 (7): 1–32.
Ervin-Tripp, S. (1972). On sociolinguistic rules: alternation and co-occurrence. In: Gumperz and Hymes 1972: 213–50.

Ferguson, A. (1962). Review of Morris Halle, Sound pattern of Russian. Language 38: 284–298.
(1966). On sociolinguistically oriented surveys. The Linguistic Reporter 8 (4): 1–3.
Ferguson, C.A. and Gumperz, J.J., eds. (1960). Linguistic Diversity in South Asia: Studies in Regional, Social and Functional Variation. Bloomington: Indiana Research Center in Anthropology, Folklore and Linguistics, Publication 13.
Firth, J.R. (1935). The Technique of Semantics. In: Transactions of the Philological Society, London. Wieder in: ders. Papers in Linguistics 1934 – 1951, London: Oxford University Press.
Fischer, John L. (1963). Linguistic class-indicators. Current Anthropology 4:1–116.
Fkvall, Robert B. (1961). The nomadic pattern of living among the Tibetans as preparation for war. American Anthropologist 63:1,250–1, 263.
Frake, C. O. (1961). The diagnosis of disease among the Subanun of Mindanao. American Anthropologist 63:113–132.
(1962). The ethnographic study of cognitive systems. In: Anthropology and Human Behavior, Thomas Gladwin, and William C. Sturtevant, eds. Washington, Anthropological Society of Washington.
French, David (1963). The relationship of anthropology to studies in perception and cognition. In: Psychology: a study of science, vol. VI, Sigmund Koch, ed. New York, McGraw-Hill.
Friedl, Ernestine (1962). Vasilika. A village in modern Greece. Case Studies in Cultural Anthropology. New York, Holt, Rinehart, Winston.

Galanther, Eugene and George A. Miller (1960). Some comments on stochastic models and psychological theories. In: Mathematical methods in the social sciences, 1959, Kenneth J. Arrow, Samuel Karlin, and Patrick Suppes, eds. Stanford, Stanford University Press.
Garvin, L. (1944). Referential adjustment and linguistic structure. Acta Linguistica 4:2.53–60.
(1960). On structuralist method. In: Austin, ed. (1960), pp. 145–148.
(1962). A study of inductive method in syntax. Word 18:1–2. 107–120.
(1963 a). Inductive methods in semantic analysis. Technical Note No. 6, under Contract AF49 (638)–1128. Canoga Park, Calif., Thompson Ramo-Wooldridge, Inc. RW Division.
(1963b). An appraisal of linguistics in Czechoslovakia. In: Current trends in Soviet and East European linguistics, Thomas A. Sebeok, ed. The Hague, Mouton.
Gauthier, Michel (1960). Review of Pike (1954). Word 16:392–398.

Gifford, E.W. (1958). Karok confessions. Miscellanea P. Rivet, Octogenario Dicata: 245–255. Mexico, D.F.
Gleason, H.A. (1955). An Introduction to Descriptive Linguistics. New York: Holt.
Goodenough, W.H. (1956a). Componential analysis and the study of meaning. In: Language, 195–216.
(1956b). Residence Rules. In: South-western Journal of Anthropology 12:22–37.
(1957). Cultural anthropology and linguistics. In: Report of the seventh annual round table meeting on linguistics and language study (Monograph Series in Languages and Linguistics, No. 9), Paul L. Garvin, ed. Washington D.C., Georgetown University Press.
Goffman, Erving (1956). The nature of deference and demeanor. American Anthropologist 58:473–502.
Greenberg, Joseph H. (1948). Linguistics and ethnology. Southwestern Journal of Anthropology 4:140–148.
(1957). Essays in linguistics. (Viking Fund Publications in Anthropology 24). New York, Wenner-Gren Foundation for Anthropological Research; Chicago, University of Chicago Press.
(1963). Universals of language. Cambridge, Mass., The M.I.T. Press.
Guiraud, Pierre (1961). La stylistique. (Que Sais-Je? Le point de connaissance actuel, 646.) Paris, Presses Universitaires de France.
(1964). Diacritical and statistical models in linguistics. In: The Use of Computers in Anthropology, Dell Hymes, ed. 's-Gravenhage, Mouton.
Gumperz, J.J. (1961). Speech Variation and the Study of Indian Civilization. In: American Anthropologist, 63 (5): 976–988.
(1972). Introduction. In: Gumperz and Hymes 1972:1–25.
Gumperz, J.J. and Hymes, D. (eds). (1972). Directions in sociolinguistics: the ethnography of communication. New York.

Haas, W. (1959). Relevance in phonetic analysis. Word 15:1–18.
Hall, E.T. (1959). The Silent Language. Garden City, N.Y.: Doubleday.
Hall, E.T. and Trager, G.L. (1953). The Analysis of Culture. Washington D.C.: American Council of Learned Societies.
Halle, Morris (1962). Phonology in generative grammar. Word 18 (1–2):54–72.
Halliday, M.A.K. (1961). Categories of the theory of grammar. Word 17:241–292.
Harrah, David (1960). The adequacy of language. Inquiry 3:73–88.
(1963). Communication: a logical model. Cambridge, Mass. M.I.T. Press.
Harris, Zellig S. (1951). Methods in structural linguistics. Chicago, University of Chicago Press.

Haugen, E. (1957). The Semantics of Icelandic Orientation. In: Word 13(3):447–459.
Hilger, Sister M. Inez (1957). Araucanian child life and its cultural background. Smithsonian Miscellaneous Collections, Vol. 135, Publication 4297. Washington, Smithsonian Institution.
Hill, A. (1961). Grammaticality. Word 17:1–10.
(1962a). A postulate for linguistics in the sixties. Language 38:345 bis 351.
(1962b). Review of Robert B. Lees. The grammar of english nominalizations. Language 38:434–443.
Hill, T. (1958). Institutional Linguistics. In: Orbis 7:441–455.
Hjelmslev, Louis (1942–43). Otto Jespersen. Acta Linguistica 3(2):118 bis 130.
(1944). Editorial. Acta Linguistica 4(3):v-xi.
(1957). Dans quelle mesure les significations des mots peuvent-elles être considérées comme formant une structure? In: Raports for the Eighth International Congress of Linguists, 2. Oslo.
Hockett, Charles F. (1948). Biophysics, linguistics, and the unity of science. American Scientist 36:558–572.
(1954). Comments. In: Language in culture, H. Hoijer, ed., Menasha. American Anthropological Association. Memoir 79.
(1955). A manual of phonology. Bloomington, International Journal of American Linguistics, Memoir 11.
(1958). A Course in Modern Linguistics. New York: Macmillan.
(1960). Ethno-linguistic implications of studies in linguistics and psychiatry. In: Austin, ed., (1960):175–193.
(1962). Scheduling. Paper prepared in advance for participants in symposium No. 21, The determination of the philosophy of a culture. Burg Wartenstein, Wenner-Gren Foundation for Anthropological Research.
Hoijer, H. (1948). The Structure of the Noun in the Apachean Languages. In: Actes du XXVIIIe Congrès International des Américanistes (Paris 1947), Paris: Société des Américanistes: 173–184.
(1958). Native reactions as a criterion in linguistic analysis. In: Proceedings of the Eighth International Congress of Linguists. Eva Sievertsen, ed. Oslo, Oslo University Press.
Hoijer, H. et al. (1946). Linguistic Structures of Native America. (Viking Fund Publications in Anthropology, 6) New York.
Höllerer, Walter (1961). The words behind the slogans. Evergreen Review 5 (no. 21. November-December):119–126.
Horowitz, Irving Louis ed. (1963). Power, politics and people. The collected essays of C. Wright Mills. New York, Oxford University Press; Ballantine Books.
Householder, Fred W. Jr. (1961). On linguistic terms. In: Saporta

1961:15–25. On linguistic primes, Word 15–231–239, 1959, a condensed version.
(1962b). Review of Robert B. Lees, The grammar of english nominalization. Word 18:326–353.
Hymes, D. (1956). The supposed Spanish Ioanword in Hopi for jailbird. International Journal of American Linguistics 22: 186.
(1958). Review of Martin Joos (ed.)., Readings in Linguistics. American Anthropologist 60:416–418.
(1960). Phonological aspects of style: some English sonnets. In: Style in language, T.A. Sebeok, ed. New York and Cambridge, Mass. John Wiley and Technology Press of M.I.T.
(1960a) Lexicostatistics So Far. In: Current Anthropology 1:3–44.
(1961a). On typology of cognitive styles in language (with examples from Chinookan). Anthropological Linguistics 3:1.22–54.
(1961b). Linguistic aspects of studying personality cross-culturally. In: Studying personality cross-culturally, Bert Kaplan, ed. Evanston, Row, Peterson.
(1961c). Functions of speech: an evolutionary approach. In: Anthropology and education, Frederick C. Gruber, ed. Philadelphia, University of Pennsylvania Press.
(1961d). Abstract of Vachek, The London Group of Linguistics. International Journal of American Linguistics 27: 166–167.
(1961e). Alfred Louis Kroeber. Language 37. 1–28.
(1962a). The ethnography of speaking. In: Anthropology and human behavoir. Thomas Gladwin and William C. Sturtevant, eds. Washington, D.C., Anthropological Society of Washington.
(1962b). Review of Robert H. Lowie, Crow texts; Crow word lists. American Anthropologist 64:900–902.
(1963a). Toward a history of linguistic anthropology. Anthropological Linguistics 5:1.59–103.
(1963b). Objectives and concepts in the teaching of linguistic anthropology. In: Teaching anthropology, David G. Mandelbaum, Gabriel Lasker, and Ethel Albert, eds. Berkeley and Los Angeles, University of California Press.
(1964a). Language in culture and society: a reader in linguistics and anthropology. New York, Harper and Row.
(1964b). Review of Melville Jacobs. Clackamas Chinook Texts I, II; The content and style of an oral literature; the people are coming soon.
(1964c). A perspective for linguistic anthropology. In: Horizons of anthropology. Sol. Tax, ed. Chicago, Aldine Press. Given at Wenner-Gren Supper Conference, New York City; January 18, 1963.
(1964d). Introduction: toward ethnographies of communication. In: The ethnography of communication, eds. J.J. Gumperz and D. Hymes,

pp. 1–34. (Special publication, American Anthropologist, 66 (6), part 2.) Washington, D.C.: American Anthropological Association.

Hymes, D. (1964e). Introduction. In: Language in culture and society, ed. D. Hymes. New York: Harper and Row.

(1964f). A perspective for linguistic anthropology. In: Horizons of anthropology, ed. S. Tax, pp. 92–107. Chicago: Aldine.

(1966). Two Types of Linguistic Relativity (with Examples From American Ethnography). In: W. Bright, ed. Sociolinguistics, The Hague, Paris: Mouton.

(1966a). On anthropological linguistics and congeners. American Anthropologist 68:143–153.

(1966b). Some points of Suislaw phonology. International Journal of American Linguistics, 32:328–342.

(1967a). Why linguistics needs the sociologist. Social Research 34(4):632–647.

(1967b). Models of the interaction of language and social setting. (Problems of bilingualism, ed. J. Macnamara.) Journal of social issues 23(2):8–28.

(1967c). The anthropology of communication. In: Human communication theory, ed. F. Dance, pp. 1–39. New York: Holt, Rinehart and Winston.

(1968). Linguistic – the Field. International Encyclopedia of the Social Sciences 9:351–71. New York: Macmillan.

(1968a). Review of Burke, Language as symbolic action. Language 44:664–669.

(1968b). Linguistic problems in defining the concept of the ›tribe‹. In: Essays on the Problem of Tribe, ed. J. Helm, pp. 23–48. (Proceedings of the American Ethnological Society, 1967.) Seattle: University of Washington Press.

(1968c). Pidginization and Creolization of Language. Their Social Contexts. In: Items: Soc. Science Research Concil, 22(2):13–18.

(1970). Linguistic theory and the functions of speech. International days of sociolinguistics. Rome. 111–144.

(1970a). Linguistic Method of Ethnography. In: Method and Theory in Linguistics, P. Garvin, ed. pp. 249–325. The Hague: Mouton.

(1971). The »Wife« Who »Goes Out« Like a Man: Reinterpretation of a Clackamas Chinook Myth. In: Structural analysis of oral tradition. P. and E. K-Maranda, eds. pp. 49–80. Philadelphia: University of Pennsylvania Press.

(1971a) ed. Pidginization and creolization of language. London: Cambridge University Press.

(1971b). The contribution of folklore to sociolinguistics. Journal of American Folklore 84 (I):42–50.

(1971c). Morris Swadesh and the first »Yale school«. In: Swadesh, 1971.

Origin and evolution of languages. Ed. by Joel Sherzer. Chicago: Aldine-Atherton, 228–70.

Hymes, D. (1971d). Sociolinguistics and the Ethnography of Speaking. In: E. Ardener, ed. Social Anthropology and Language. London: Tavistock.

(1972). Models of the interaction of language and social life. In: Gumperz and Hymes 1972:35–71.

(1972a). Towards communicative competence. Philadelphia: University of Pennsylvania Press.

(1972b). Review of Noam Chomsky by John Lyons. Language, 48:416 bis 27.

(1972c). Introduction. In: Cazden et al. eds. Functions of language in the classroom. New York: Teachers College Press, 1972.

(1973). The Use of Anthropology: Critical, Political, Personal. In: Reinventing Anthropology, D. Hymes, ed. pp. 3–79. New York: Pantheon.

(1973a). Speech and Language: On the Origin and Foundations of Inequality Among Speakers. In: Language as a Human Problem. E. Haugen, M. Bloomfield (eds.). N.Y. Norton and Co.

(1973b). Sapir Files and Manuscripts. International Journal of American Linguistics, Vol. XXXIX 1972 pp. 105 f.

(1974). Foundations in Sociolinguistics, Philadelphia: University of Pennsylvania Press.

(1974a). ed. Studies in the history of Linguistics: traditions and paradigms. Bloomington: Indiana University Press.

(1975). From Space to Time in Tenses in Kiksht. International Journal of American Linguistics 41(4):313–329.

(1975a). The pre-war Prague School and the post-war American Anthropological Linguistics. In: E.F.K. Koerner (ed.) Amsterdam. Studies in the Theory and History of Linguistic Sciences. Amsterdam, pp. 359 bis 381.

(1976a). Towards Linguistic Competence. Sociologische gids 76(4):217 bis 239.

(1976b). Louis Simpson's »The Deserted Boy«. Poetics 5:119–55.

(1977). On Discovering Oral Performance and Measured Verse in American Indian Narrative. New York Literary History.

(1977a). Qualitative/Quantitative Research Methodologies in Education: A Linguistic Perspective. Anthropology and Education Quarterly, Vol. VIII, 3.

Hymes, D. Didney, D. et al. eds. (1970). Studies in general Anthropology. The Hague: Mouton.

Hymes, D. and J. Fought (1976). American Structuralism. In: Current Trends in Linguistics 13, T.A. Sebeok, ed. The Hague: Mouton.

Irvine, J.T. (MS.). Caste stereotypes: the basis for interaction. A University of Pennsylvania dissertation in anthropology.
Ivić, Pavle (1962). On the structure of dialectical differentiation. Word 18:33–53.

Jakobson, Roman (1957). Shifters, categories, and the Russian verb. Cambridge, Mass. Harvard University.
(1959). Boas' view of grammatical meaning. In: The anthropology of Franz Boas. Essays on the centennial of his birth, Walter Goldschmidt, ed. American Anthropological Association, Memoir 80.
(1960). Concluding Statement: Linguistic and Poetics. In: Sebeok, T.A. ed. Style in Language. Cambridge, Mass.: M.I.T. Press.
(1962a). Retrospect. Selected writings, Vol. I. Phonology: 631–658. 's-Gravenhage, Mouton.
(1962b). Selected writings, Vol. I: Phonology. 's-Gravenhage, Mouton.
(1960). Concluding statement: linguistics and poetics. In: Style in Language, T.A. Sebeok, ed. New York and Cambridge, Mass. John Wiley and Technology Press of M.I.T.
(1963). Efforts Towards a Means-Ends Model of Language in Interwar Continental Linguistics. In: Trends in modern linguistics, C. Mohrmann, F. Norman, A. Sommerfelt, eds. pp. 104–8. Utrecht: Spectrum.
Jakobson, R. and Halle, M. (1956) Fundamentals of Language. Den Haag: Mouton.
Jespersen, O. (1925) The philosophy of grammar. London: Allen and Unwin Ltd.
Johnson, U. (1961) Berlin, border of the divided world. Evergreen Review 5:18–30.
Jones, R.F. (1953) The triumph of the English language. Stanford, California.
Joos, M. ed. (1957) Readings in linguistics. The development of descriptive linguistics in America since 1925. Washington, D.C. American Council of Learned Societies.
(1958) Semology. Studies in Linguistics 13:53–70.
(1961) Linguistic prospects in the United States. In: Trends in European and American linguistics 1930 – 1960, C. Mohrmann, A. Sommerfelt, J. Whatmough, eds. Edited on the occasion of the Ninth International Congress of Linguistics. Utrecht und Antwerpen.

Kanngießer, S. (1976) Sprachliche Universalien und diachrone Prozesse. In: Sprachpragmatik und Philosophie, K.-O. Apel, Hrg. Frankfurt: Suhrkamp.
Katz, J. and J. Fodor (1962) What's wrong with the philosophy of language? Inquiry 5:197–237.
(1963) The structure of a semantic theory, Language 39:170–210.

Keim, I. (1978). Gastarbeiterdeutsch. Untersuchungen zum sprachlichen Verhalten türkischer Gastarbeiter. Tübingen: Narr.

Kenyon, J.S. (1948) Cultural Levels and Functional Varieties of English. In: College English 10:31–36.

Kessen, W. and Kuhlman, C. eds. (1962) Thought in the young child. Report on an conference on intellective development with particular attention to the work of Jean Piaget. Monographs of the Society of Research in Child Development No. 83, vol. 27, 2. Lafayette, Indiana, Child Development Publications of the Society for Research in Child Development, Purdue University.

Kluckhohn, C. (1959) Common humanity and diverse cultures. In: The human meaning of the social sciences. D. Lerner, ed. New York: Meridian Books.

Kroeber, A.L. et al. (1953) Anthropology today. Chicago, University of Chicago Press.

Kucera, H. (1955). Phonemic variations of spoken Czech. Word 11:575 bis 602.

Kühlwein, W., Radden, G. Hg. (1978). Sprache und Kultur: Studien zur Diglossie, Gastarbeiterproblematik und kulturellen Integration. Tübingen: Narr.

Kuhn, Thomas S. (1962). The structure of scientific revolutions. International Encyclopedia of Unified Science, Vol. II, No. 2. Chicago, University of Chicago Press. Dt. Die Struktur wissenschaftlicher Revolutionen. Frankfurt: Suhrkamp (1967).

Labov, W. (1966). The social stratification of English in New York City. Washington, D.C.

Lackowski, Peter (1963). Words are grammatical primes. Language 39:211 bis 215.

Landar, Herbert (1962). Fluctuation of forms in Navaho kinship terminology. American Anthropologist 64:985–1000.

Lanier, Sidney (1893). The science of English verse. New York, Charles Scribner's Sons.

Lantis, M. (1960). Vernacular Culture. In: American Anthropologist 62:202–216.

Lees, Robert B. (1960). The grammar of English nominalization. Bloomington, Indiana University Research Center in Anthropology, Folklore and Linguistics, Publication 12.

Lenin, V.I. (1943). Selected works. Vol. XI. New York, International Publishers.

Lévi-Strauss, C. (1945). L'analyse structurale en linguistique et en anthropologie. Word 1:1–21. (Revised in Lévi-Strauss 1958).

(1958). Anthropologie structurale. Paris, Librairie Plon. dt. Übersetzung: Strukturale Anthropologie, Frankfurt, 1967: Suhrkamp.

Lévi-Strauss, C. (1960). L'Anthropologie sociale dévant l'Historie. »Annales 15:4,625 – 637. Paris, Armand Colin. (Extrait de la leçon inaugurale de la chair d'Anthropologie sociale, faite le 5 Janvier 1960 au Collège de France).

(1962a). Le totemisme aujourd'hui. Paris, Presses Universitaires de France.

(1962b). La pensée sauvage. Paris, Librairie Plon.

Lévi-Strauss, C., R. Jakobson, C.F. Voegelin, and A. Sebeok (1953). Results of the conference of anthropologists and linguists. Bloomington, Indiana University Publications in Anthropology and Linguistics; Memoir 8 of IJAL.

Lisker, Leigh, Franklin S. Cooper, and Alvin M. Liberman (1962). The uses of experiment in language description. Word 18:1–2. 82–106.

List, George (1963). The boundaries of speech and song. Ethnomusicology 7:1–16.

Longacre, Robert E. (1958). Items in context: their bearing on translation theory. Language 34:482–491.

(1960). String constituent analysis. Language 36:63–88.

Lounsbury, Floyd G. (1956). A semantic analysis of the Pawnee kinship usage. Language 32:158–194.

(1962). Language. In Siegel, Bernard J. (ed.), Biennial Review of Anthropology – 1961, Bernard J. Siegel, ed. Stanford, Stanford University Press.

Lowie, R.H. (1917). Notes on the social organization and customs of Mandan, Hidatsa, and Crow Indians. New York, Anthropological papers of the American Museum of Natural History 21:1.

(1935). The Crown Indians. New York: Rinehart.

Luria, A.R. (1959). The Directive Function of Speech I and II. In: Word 15:341–352 und 453–464.

Luria, A.R. und Judowitsch (1970). Die Funktion der Sprache in der geistigen Entwicklung des Kindes. Düsseldorf: Schwann.

Mackay, D.M. (1962). Communication and meaning – a functional approach. Paper prepared in advance for participants in symposium No. 21, The determination of the philosophy of a culture, Burg Wargenstein, Wenner-Gren Foundation for Anthropological Research.

Maclay, H. and M.D. Sleator (1960). Responses to language: judgements of grammaticalness. International Journal of American Linguistics 26:275–282.

Mahl, G.F. (1959). Exploring Emotional States by Content Analysis. In: De Sola Pool, J. ed. Trends in Content Analysis. Urbana, Ill.: The University of Illinois Press.

Malinowski, B. (1935). Coral gardens and their magic. Vol. II. London, Allen and Unwin.

(1937). The dilemma of contemporary linguistics. (Review of M.M. Lewis, Infant Speech). Nature (London), 140:172–173.
Malinowski, B. (1975). Eine wissenschaftliche Theorie der Kultur. Frankfurt: Suhrkamp.
Malkiel, Y. (1959a). Studies in irreversible binomials. Lingua 8:113 bis 160.
(1959b). Review of Paul Henle (ed.), Language, thought, and culture. International Journal of American Linguists 25:122–133.
Mandelbaum, D. ed. (1949). Selected Writings of Edward Sapir: Berkeley and Los Angeles: University of California Press.
Marouzeau, J. (1923). La rôle de l'interlocuteur dans l'expression de la pensée. Paris, Journal de Psychologie 10:12–18.
Martinet, A. (1955). Economie des changements phonétiques. Bibliotheca Romanica, series prima, Manualia et Commentationes, X. Bern: A. Francke.
(1962). A functional view of language. Oxford, Oxford University Press.
Mayers, M.K. (1959). Religious activities among the Pocomchi of Guatemala. Paper read at the 58th Annual Meeting, American Anthropological Association, Mexico City.
McIntosh, A. (1961). Patterns and ranges. Language 37:325–337.
Mead, Margaret (1933). More comprehensive field methods. American Anthropologist 35:1–15.
Meillet, A. (1925). La méthode comparative en linguistique historique. Oslo, Leipzig, Paris, London, Cambridge, Massachusetts, Instituttet for Sammenlignende Kulturforskning, Serie A. Forflesninger, II.
Miller, A. and S. Isard (1963). Some perceptual consequences of linguistic rules. Journal of Verbal Learning and Verbal Behavoir 2:217–228.
Mills, C. Wright (1939). Language, logic and culture. American Sociological Review 4:5,670–680.
(1940a). Situated actions and vocabularies of motive. American Sociological Review 5:6, 904–913.
(1940b). Methodological consequences of the sociology of knowledge. American Journal of Sociology 46:3.316–330.
(1940c). The language and ideas of ancient China: Marcel Granet's constribution to the sociology of knowledge. In: Horowitz (1963:469 bis 520).
Moore, Stanley W. (1957). The critique of capitalist democracy. An introduction to the theory of the state in Marx, Engels and Lenin. New York, Paine-Whitman.
Mot, H. and E.N. Uhlenbeck (1959). Hearing and the concept of the phoneme. Lingua 8:161–185.
Murray, Gilbert (1946). Greek studies Ch VI. Heracles, ›the best of men‹. Oxford, at the Clarendon Press. In: re paracharaxis, »defacing of re-stamping.«

Nagel, E. (1953). Teleological Explanation and Teleological Systems. In: Sidney Ratner, ed. Vision and Action. New Brunswick: Rutgers University Press.
(1956). A Formalization of Functionalism. In: ders. ed. Logic without Metaphysis, and Other Essays in the Philosophy of Science, Glencoe: Free Press.
Neisser, Ulric (1962). Cultural and cognitive discontinuity. In: Anthropology and Human Behavoir, Thomas Gladwin and William C. Sturtevant, eds. Washington, Anthropological Society of Washington.
Newman, S.S. (1964), (1940). Linguistic aspects of Yokuts style. In: D. Hymes ed., Language in culture and society. New York, 372–377.

Parsons, Talcott, Edward Shils, Kaspar D. Naegele, and Jesse R. Pitts, eds. (1961). Theories of society. 2 vols. New York, The Free Press of Glencoe.
Paul, Hermann (1960). Prinzipien der Sprachgeschichte. 6. unveränderte Auflage. Tübingen: Max Niemeyer.
Philips, S. (1972). Participant structures and communicative competence. In: Cazden et al. eds. 1972.
(1974). The invisible culture. Ph. D. Dissertation, The University of Pennsylvania.
Pike, Kenneth L. (1947). Grammatical prerequisits for phonemic analysis. Word 3:155–157.
(1952). More on grammatical prerequisits. Word 8:106–121.
(1962). Dimensions of grammatical constructions. Language 38:221–224.
(1967). Language in Relation to a Unified Theory of the Structure of Human Behavior. Den Haag: Mouton.
Pittenger, R., Hockett, C.F., Danhy, J.S. (1960). The First Five Minutes. Ithaca: Paul Martineau.
Postal, Paul M. (1963). Some further limitations of phrase structure grammars. In: Readings in the Philosophy of Language. J. Katz and J. Fodor, eds. Englewood Cliffs, N.J., Prentice-Hall.
(1964). Constituent structure: a study of contemporay models of syntactic description. Indiana University Research Center in Anthropology, Folklore, and Linguistics, Publication 30. Bloomington, Indiana University; The Hague, Mouton.
(1968). Aspects of phonological theory. New York.
Prieto, L.J. (1958). Review of Robert Godel, Les sources manuscrites du Cours de linguistique generale de F. de Saussure. Word 14:2–3, 381–384.

Ray, Punya Sloka (1962). Formal procedures of standardization. Anthropological Linguistics 4:3. 16–41.

Reichling, A. (1961). Principles and methods of syntax: cryptanalytical formalism. Lingua 10:1–17.
(1962). Meaning and introspection. Lingua 11:333–339.
Riffaterre, M. (1959). Criteria for Style Analysis. In: Word 15:154–174.
(1961). Vers le definition linguistique du style. Word 17: 318–344.

Sapir, E. (1921). Language. New York: Harcourt, Brace.
(1922). Takelma. In: Handbool of American Indian Languages, II. F. Boas, ed. pp. 7–296. (Bureau of American Ethnology, Bulletin 40) Washington, D.C.
(1925). Sound patterns in Language. Language i. 37–51.
(1929). The Status of Linguistics as a Science. Language 5:207–214.
(1931). Communication. In: Encyclopedia of the Social Sciences 4:78 bis 81.
(1933). Language, Encyclopedia of the social sciences 9:155–169. Reprinted in: Selected writings of Edward Sapir, David G. Mandelbaum, ed. Berkeley and Los Angeles, University of California Press. 1949.
(1933a). La Réalité Psychologique des Phonèmes. Journal de Psychologie Normale et Pathologique 30:247–265.
Saporta, Sol, ed. (1961). Psycholinguistics. A book of readings. New York, Holt, Rinehart and Winston.
De Saussure, F. (1916). Cours de linguistique générale. Paris, Payot.
Schachter, Paul (1962). Review of Robert B. Lees, The grammar of English nominalizations. International Journal of American Linguistics 28:134–147.
Schogt, H.G. (1961). La notion de loi dans la phonetique historique. Lingua 10:79–92.
Scott, William Henry (1960). Social and religious culture of the Kalingas of Madukayan. Southwestern Journal of Anthropology 16:174–190.
Searle, John (1962). Meaning and speech acts. The Philosophical Review 71:423–432.
(1969) Speech Acts. An Essay in the Philosophy of Language. London: Cambridge University Press. (Dt. 1971, Suhrkamp)
Sebeok, Thomas A. (1962). The texture of a Cheremis incantation. Commentationes Fenno-Ugricae in honorem Paavo Ravila (Mémoires de la Société Finno-Ougrienne 125), 523–527. Helsinki.
Seidel, Eugen und Ingeborg Seidel-Slotty (1961). Sprachwandel im Dritten Reich. Eine kritische Untersuchung faschistischer Einflüsse. Halle (Saale), VEB Verlag Sprache und Literatur.
Seiler, Hans Jakob (1962). About the syntactic role of word order and prosodic features. Word 18:1–2. 121–131.
Seligman, C.R., Tucker, G.R., Lambert, W.E. (1972). The effect of speech style and other attributs on teacher's attitudes toward pupils. Language in Society 1. 131–142.

Shapr, L. (Ms. a). A working definition of role. Mimeographed, 1962.
(Ms. b). On the concept ›cultural behavoir‹. Mimeographed, 1962.
Sherzer, J. and Darnell, R. (1972). Outline guide for the ethnographic study of speech use. In: Gumperz and Hymes 1972: 548–54.
Shwayder, D.S. (1960). Uses of language and uses of words with application to a problem of Frege. Theoria 26:31–43.
(1961). Modes of referring and the problem of universals. An essay in metaphysics. University of California Publications in Philosophy, vol. 35. Berkeley and Los Angeles, University of California Press.
Sinclair, A. (1951). The Conditions of Knowing. London: Routledge and Kegan Paul.
Smith, M.C. (1957). The social functions and meaning of Hausa praise-singing. Africa 27:26–44.
Snell, B. (1952). Der Aufbau der Sprache. Hamburg: Claassen.
Spang-Hannsen, H. (1954). Recent theories on the nature of the linguistic sign. Copenhagen. Travaux Cercle Linguistique de Copenhague, 9.
Spier, L., A. I. Hallowell, S.S. Newman, eds. (1941). Language, Culture, and Personality: Essays in Memory of Edward Sapir. Menasha. Wis.: Banta.
Stankiewicz, E. (1954). Expressive derivation of substantives in contemporary Russian and Polish. Word 10:457–68.
(1962). The interdependence of paradigmatic and derivational patterns. Word 18:1–2. 1–22.
(1964). Problems of emotive language. In: T.A. Sebeok, A. S. Hayes and M.C. Bateson (eds.), Aspects of semiotics. The Hague. 239–64.
Steiner, Franz (1956). Taboo, With a preface by E.E. Evans-Pritchard. London, Cohen and West.
Stevens, Wallace (1947). Harmonium. New York, Alfred Knopf. (zuerst 1923).
Swadesh, Morris (1934). The phonemic principle. Language 11:117 bis 129.
(1948). On linguistic mechanism. Science and Society 12:254–259.

Tedlock, D. (trans.) (1972). Finding the center: narrative poetry of the Zuni Indians. From performances by Andrew Peynetsa and Walter Sanchez. New York.
Tikhomirov, O.K. (1959). Review of B.J. Skinner, Verbal behavior. Word 15:362–367.
Tylor, E.B. (1871). Primitive Culture. 2 vols. London, John Murray.

Uldall, Hans (1957). Outline of glossematics, Part. 2. Travaux Cercle Linguistique de Copenhague, vol. 11. Copenhagen, Nordisk Sprog Kulturforlag.
Ullmann, Stephen (1951). Principles of semantics. Glasgow, Jackson, Son

and Co., Oxford, Basil Blackwell.
(1952). Précis de sémantique française. Berne, Editions A. Francke.
Ullmann, S. (1953). Descriptive semantics and linguistic typology. Word 9:225 – 240.
(1963). Semantic universals. In: Universals of Language, Joseph H. Greenberg, ed., Cambridge. Mass., M.I.T. Press.
Underwood, Frances W. and Irma Honigman (1947). A comparison of socialization and personality in two simple societies. American Anthropologist 49:557–577.

Van Volk, Andre (1962). Referential and attitudinal constructions. Lingua 11:165–181.
Voegelin, C.F. (1959). The notion of arbitrariness in structural statement and restatement I: eliciting. International Journal of American Linguistics 25:207–220.
(1960). Casual and Noncasual Utterances within Unified Structure. In: Sebeok, T. ed. Style in Language. Cambridge, Mass.: M.I.T. Press.
(1961). Typology of density ranges II: contrastive and non-contrastive syntay. International Journal of American Linguistics 27:287–297.
Voegelin, C.F. and F.M. (1963). On the history if structuralizing in 20th century America. Anthropologiacal Linguistics 5:12–37.

Wallace, Anthony F.C. (1961a). The psychic unity of human groups. In: Studying personality cross-culturally, Bert Kaplan, ed. Evanston, Row, Peterson.
(1961b). On being just complicated enough. Proceedings of the National Avademy of Sciences 47:4.458–464.
Wallace, Anthony F.C. and J. Atkins (1960). The meaning og kinship terms. American Anthropologist 62:58–80.
Waterhouse, Viola (1963). Independent and dependent sentences. International Journal of American Linguistics 29:45–54.
Weinreich, Uriel (1963). On the semantic structure of language. In: Universals of Language. Joseph H. Greenberg, ed. Cambridge, Mass., M.I.T. Press.
Wells, Rulon (1949). Review of Bertrand Russel, Human Knowledge. Language 25:322–325.
(1954). Meaning and use. Word 10:235–250. (= Linguistics Today(.
(1957). Is a Structural Treatment of Meaning Possible? In: Reports for the Eighth International Congress of Linguistis 1: 197–209. Oslo University Press.
(1963). Some neglected opportunities in descriptive linguistics. Anthropological Linguistics 5:1.38–49.
Whiteley, W.H. (1960). Some problems of the syntay of sentences in a Bantu language of East Africa. Lingua 9:148–174.

Whorf, B.L. (1942). Language, mind and reality. Theosophist (Madras, India). In: Language, thought and reality, selected writings of Benjamin Lee Whorf, John B. Carroll, ed. Cambridge, Mass., Technology Press of M.I.T.; New York, John Wiley. (zuerst 1942).

(1945). Grammatical categories. Language 21.1–11. In: Carroll, ed., (1956), pp. 87–101.

Williams, R. (1958). Culture ans society 1780 – 1950. New York, Garden City, Anchor Books. (zuerst 1958).

Williams, W.C. (1946) Paterson, Book One. New York, New Directions.

Wygotski, L.S. (1964). Denken und Sprechen. Stuttgart: Fischer.

Quellenverzeichnis

The Ethnography of Speaking (1962). In: Anthropology and human behavoir, T. Gladwin and W.C. Sturtevant, eds. Washington D.C. Deutsche Übersetzung von Fritz Schütze mit freundlicher Genehmigung des Rowohlt Verlags abgedruckt aus Alltagswissen, Interaktion und gesellschaftliche Wirklichkeit 2, rororo studium 55.

Directions in (Ethno-)Linguistic Theory (1964). In: Transcultural Studies of Cognition, A.K. Romney and R.G. D'Andrade, eds. (Special Publication, American Anthropologist 66 (3), part 2.) Washington D.C. Übersetzt mit freundlicher Genehmigung der American Anthropological Association von Florian Coulmas.

Ways of Speaking (1974). In: Explorations in the Ethnography of Speaking, R. Baumann and J. Sherzer, eds. London, New York. Übersetzt mit freundlicher Genehmigung von Cambridge University Press von Florian Coulmas.

Ethnographic Monitoring (1976). Vortrag auf dem Symposium ›Language Development in a Bilingual Setting‹ der California State Polytechnica University, Pamona. Übersetzt mit freundlicher Genehmigung des Autors von Florian Coulmas.

The State of the Art in Linguistic Anthropology (1976). In: Perspective on Anthropology (a special publication of the American Anthropological Association, 1977). Übersetzt mit freundlicher Genehmigung der American Anthropological Association von Florian Coulmas.

Personenregister

Sachregister

Norbert Elias
Über den Prozeß der Zivilisation

Soziogenetische und psychogenetische Untersuchungen

Erster Band: Wandlungen des Verhaltens in den weltlichen Oberschichten des Abendlandes
stw 158. 350 Seiten

Zweiter Band: Wandlungen der Gesellschaft. Entwurf zu einer Theorie der Zivilisation
stw 159. 508 Seiten

Die Soziologie des 20. Jahrhunderts konzentriert sich vor allem auf Zustände. Die langfristigen Transformationen der Gesellschaft und Persönlichkeitsstrukturen hat sie weitgehend aus den Augen verloren. Im Werk von Norbert Elias bilden diese langfristigen Prozesse das zentrale Interesse: Wie ging eigentlich die »Zivilisation« im Abendlande vor sich? Worin bestand sie? Und welches waren ihre Antriebe, ihre Ursachen oder Motoren?
Bei Elias' Arbeit handelt es sich weder um eine Untersuchung über eine »Evolution« im Sinne des 19. Jahrhunderts noch um eine Untersuchung über einen unspezifischen »sozialen Wandel« im Sinne des 20.; seine Arbeit ist grundlegend für eine undogmatische, empirisch fundierte soziologische Theorie der sozialen Prozesse im allgemeinen und der sozialen Entwicklung im besonderen.

Materialien zu Norbert Elias' Zivilisationstheorie

Herausgegeben von Peter Gleichmann, Johan Goudsblom und Hermann Korte
stw 233. 448 Seiten

Dieser Materialienband möchte zur Verbreiterung und Intensivierung der Auseinandersetzung mit dem soziologischen Arbeitsprogramm von Norbert Elias beitragen.
Die in ihm enthaltenen Beiträge zeigen u. a., daß für die Untersuchung langfristiger gesellschaftlicher Entwicklungen und die Struktur ungeplanter Prozesse in der Zivilisationstheorie von Norbert Elias eine fruchtbare Ausgangsposition vorliegt.

Theodor W. Adorno im Suhrkamp Verlag

Gesammelte Schriften
1–20 Herausgegeben von Gretel Adorno und Rolf Tiedemann.

Band 1: Philosophische Frühschriften
Band 2: Kierkegaard (in Vorbereitung)
Band 3: Dialektik der Aufklärung (in Vorbereitung)
Band 4: Minima Moralia (in Vorbereitung)
Band 5: Zur Metakritik der Erkenntnistheorie; Drei Studien zu Hegel
Band 6: Negative Dialektik; Jargon der Eigentlichkeit
Band 7: Ästhetische Theorie
Band 8: Soziologische Schriften I
Band 9: Soziologische Schriften II
Band 10: Prismen; Ohne Leitbild; Kritische Modelle: Eingriffe, Stichworte
Band 11: Noten zur Literatur
Band 12: Philosophie der neuen Musik
Band 13: Die musikalischen Monographien: Versuch über Wagner; Mahler; Berg
Band 14: Dissonanzen; Einleitung in die Musiksoziologie
Band 15: Komposition für den Film; Der getreue Korrepetitor
Band 16: Klangfiguren; Quasi una fantasia; Moments Musicaux; Impromptus
Band 17: Aufsätze zur Musik I (in Vorbereitung)
Band 18: Aufsätze zur Musik II (in Vorbereitung)
Band 19: Aufsätze zur Musik III (in Vorbereitung)
Band 20: Miszellen (in Vorbereitung)

Supplementbände
Band 21: Fragmente I: Beethoven (in Vorbereitung)
Band 22: Fragmente II: Theorie der musikalischen Reproduktion (in Vorbereitung)

edition suhrkamp
Eingriffe. Neun kritische Modelle. 1963. es 10
Drei Studien zu Hegel. 1963. es 38
Moments Musicaux. 1964. es 54
Jargon der Eigentlichkeit. Zur deutschen Ideologie. 1964. es 91

Ohne Leitbild. Parva aesthetica. 1967. es 201
Impromptus. Zweite Folge neu gedruckter musikalischer Aufsätze. 1968. es 267
Stichworte. Kritische Modelle 2. 1969. es 347
Kritik. Kleine Schriften zur Gesellschaft. 1971. es 469
Zur Metakritik der Erkenntnistheorie. 1972. es 590
Über Th. W. Adorno. Mit Beiträgen von Kurt Oppens, Hans Kudszus, Jürgen Habermas, Bernd Willms, Hermann Schweppenhäuser und Ulrich Sonnemann. 1968. es 249
Gesellschaftstheorie und Kulturkritik. 1975. es 772

Bibliothek Suhrkamp
Mahler. Eine musikalische Physiognomik. 1960. BS 61
Noten zur Literatur I. 1958. BS 47
Noten zur Literatur II. 1961. BS 71
Noten zur Literatur III. 1965. BS 146
Noten zur Literatur IV. 1974. BS 395
Minima Moralia. 1969. BS 236
Über Walter Benjamin. Herausgegeben von Rolf Tiedemann. 1970. BS 260

suhrkamp taschenbücher
Erziehung zur Mündigkeit. 1971. st 11
Versuch das »Endspiel« zu verstehen. Aufsätze zur Literatur des 20. Jahrhunderts I. 1973. st 72
Studien zum autoritären Charakter. 1973. st 107
Zur Dialektik des Engagements. Aufsätze zur Literatur des 20. Jahrhunderts II. 1973. st 134
Versuch über Wagner. 1974. st 177

suhrkamp taschenbücher wissenschaft
Ästhetische Theorie. 1973. stw 2
Philosophische Terminologie I. 1973. stw 23
Philosophische Terminologie II. 1974. stw 50
Kierkegaard. 1974. stw 74
Negative Dialektik. 1975. stw 113
Einleitung in die Musiksoziologie. Zwölf theoretische Vorlesungen. (1962) 1977. stw 142
Prismen. Kulturkritik und Gesellschaft. (1955) 1976. stw 178
Philosophie der neuen Musik. 1978. stw 239

Peter Szondi Schriften

Schriften I
Theorie des modernen Dramas (1880–1950)
Versuch über das Tragische
Hölderlin-Studien. Mit einem Traktat über philologische Erkenntnis
stw 219. 421 Seiten

Schriften II
Essays:
Satz und Gegensatz
Lektüren und Lektionen
Celan-Studien
Anhang:
Frühe Aufsätze
stw 220. 458 Seiten

Die Literaturwissenschaft darf nicht vergessen, daß sie eine Kunstwissenschaft ist; sie sollte ihre Methodik aus einer Analyse des dichterischen Vorgangs gewinnen; sie kann wirkliche Erkenntnis nur von der Versenkung in die Werke, in »die Logik ihres Produziertseins« erhoffen. Daß sie dabei nicht der Willkür und dem Unkontrollierbaren anheimzufallen braucht, jener Sphäre, die sie manchmal mit einer merkwürdigen Geringschätzung ihres Gegenstands die dichterische nennt, muß sie freilich in jeder Arbeit von neuem beweisen. Dieser Gefahr aber ins Auge zu sehen, statt bei anderen Disziplinen Schutz zu suchen, schuldet sie ihrem Anspruch, Wissenschaft zu sein.
»Mit Peter Szondi hat die vergleichende Literaturwissenschaft in Deutschland ... ihren einzigen Repräsentanten von weltweitem Ruf verloren.« *R. R. Wuthenow*

Peter Szondi
Studienausgabe der Vorlesungen in 5 Bänden

Band 1:
Die Theorie des bürgerlichen Trauerspiels, im 18. Jahrhundert.
Der Kaufmann, der Hausvater und der Hofmeister.
Herausgegeben von Gert Mattenklott.
stw 15. 280 Seiten.

Band 2:
Poetik und Geschichtsphilosophie I. Antike und Moderne in der Ästhetik der Goethezeit. Hegels Lehre von der Dichtung.
Herausgegeben von Senta Metz und Hans-Hagen Hildebrandt.
stw 40. 537 Seiten.

Band 3:
Poetik und Geschichtsphilosophie II. Von der normativen zur spekulativen Gattungspoetik. Schellings Gattungspoetik.
Herausgegeben von Wolfgang Fietkau.
stw 72. 354 Seiten.

Band 4:
Das lyrische Drama des Fin de siècle.
Herausgegeben von Henriette Beese.
stw 90. 532 Seiten.

Band 5:
Einführung in die literarische Hermeneutik.
Herausgegeben von Jean Bollack und Helen Stierlin.
stw 124. 455 Seiten.

Alphabetisches Verzeichnis der suhrkamp taschenbücher wissenschaft

Materialien zu Kants ›Rechtsphilosophie‹ 171
Kenny, Wittgenstein 69
Keupp/Zaumseil, Gesellschaftliche Organisierung psychischen Leidens 246
Kierkegaard, Philosophische Brocken 147
– Über den Begriff der Ironie 127
Koch, Die juristische Methode im Staatsrecht 198
Körner, Erfahrung und Theorie 197
Kohut, Die Zukunft der Psychoanalyse 125
– Introspektion, Empathie und Psychoanalyse 207
– Narzißmus 157
Kojève, Hegel. Kommentar zur ›Phänomenologie des Geistes‹ 97
Koselleck, Kritik und Krise 36
Kracauer, Geschichte – Vor den letzten Dingen 11
Kuhn, Die Entstehung des Neuen 236
– Die Struktur wissenschaftlicher Revolutionen 25
Lacan, Schriften 1 137
Lange, Geschichte des Materialismus 70
Laplanche/Pontalis, Das Vokabular der Psychoanalyse 7
Leach, Kultur und Kommunikation 212
Leclaire, Der psychoanalytische Prozeß 119
Lenneberg, Biologische Grundlagen der Sprache 217
Lenski, Macht und Privileg 183
Lepenies, Das Ende d. Naturgeschichte 227
Lévi-Strauss, Das wilde Denken 14
– Mythologica I, Das Rohe und das Gekochte 167
– Mythologica II, Vom Honig zur Asche 168
– Mythologica III, Der Ursprung der Tischsitten 169
– Mythologica IV, Der nackte Mensch. 2 Bde. 170
– Strukturale Anthropologie 1 226
– Traurige Tropen 240
Locke, Zwei Abhandlungen 213
Lorenzen, Konstruktive Wissenschaftstheorie 93
– Methodisches Denken 73
Lorenzer, Die Wahrheit der psychoanalytischen Erkenntnis 173
– Sprachspiel und Interaktionsformen 81
– Sprachzerstörung und Rekonstruktion 31
Lüderssen, Autor und Täter 261
Lugowski, Die Form der Individualität im Roman 151
Luhmann, Theorie, Technik und Moral 206
– Zweckbegriff und Systemrationalität 12
Lukács, Der junge Hegel 33
Macpherson, Politische Theorie des Besitzindividualismus 41
Malinowski, Eine wissenschaftliche Theorie der Kultur 104
Marxismus und Ethik 75
Mead, Geist, Identität und Gesellschaft 28
Menninger, Selbstzerstörung 249
Merleau-Ponty, Die Abenteuer der Dialektik 105
Miliband, Der Staat in der kapitalistischen Gesellschaft 112
Minder, Glaube, Skepsis und Rationalismus 43
Mittelstraß, Die Möglichkeit von Wissenschaft 62
Mommsen, Max Weber 53
Moore, Soziale Ursprünge von Diktatur und Demokratie 54
Morris, Pragmatische Semiotik und Handlungstheorie 179
Needham, Wissenschaftlicher Universalismus 264
O'Connor, Die Finanzkrise des Staates 83
Oelmüller, Unbefriedigte Aufklärung 263
Oppitz, Notwendige Beziehungen 101
Parin/Morgenthaler, Fürchte deinen Nächsten 235
Parsons, Gesellschaften 106
Parsons/Schütz, Briefwechsel 202
Peukert, Wissenschaftstheorie 231
Phänomenologie und Marxismus, Bd. 3 232
Piaget, Das moralische Urteil beim Kinde 27
– Die Bildung des Zeitbegriffs beim Kinde 77
– Einführung in die genetische Erkenntnistheorie 6
Plessner, Die verspätete Nation 66
Polanyi, Transformation 260
Pontalis, Nach Freud 108
Pontalis/Laplanche, Das Vokabular der Psychoanalyse 7
Propp, Morphologie des Märchens 131
Quine, Grundzüge der Logik 65
Rawls, Eine Theorie der Gerechtigkeit 271
Redlich/Freedman, Theorie und Praxis der Psychiatrie. 2 Bde. 148
Ricœur, Die Interpretation 76
Ritter, Metaphysik und Politik 199
v. Savigny, Die Philosophie der normalen Sprache 29
Schadewaldt, Anfänge der Philosophie 218
Schelling, Philosophie der Offenbarung 181
– Über das Wesen der menschlichen Freiheit 138
Materialien zu Schellings philosophischen Anfängen 139
Schleiermacher, Hermeneutik und Kritik 211
Schlick, Allgemeine Erkenntnislehre 269
Scholem, Von der mystischen Gestalt der Gottheit 209
– Zur Kabbala und ihrer Symbolik 13
Schütz, Der sinnhafte Aufbau der sozialen Welt 92
Schumann, Handel mit Gerechtigkeit 214
Seminar: Abweichendes Verhalten I 84
– Abweichendes Verhalten II 85
– Abweichendes Verhalten III 86
– Angewandte Sozialforschung 153
– Dialektik, Bd. 1 234
– Entstehung der antiken Klassengesellschaft 130
– Entstehung von Klassengesellschaften 30
– Familie und Familienrecht Bd. 1 102
– Familie und Familienrecht Bd. 2 103
– Familie und Gesellschaftsstrukturen 244
– Freies Handeln und Determinismus 257
– Geschichte und Theorie 98
– Gesellschaft und Homosexualität 200
– Hermeneutik und die Wissenschaften 238
– Kommunikation, Interaktion, Identität 156
– Literatur und Kunstsoziologie 245
– Medizin, Gesellschaft, Geschichte 67
– Philosophische Hermeneutik 144
– Politische Ökonomie 22
– Regelbegriff in der praktischen Semantik 94
– Religion und gesellschaftliche Entwicklung 38
– Sprache und Ethik 91
– Theorien der künstlerischen Produktivität 166
Skirbekk, Wahrheitstheorien 210
Solla Price, Little Science – Big Science 48
Spinner, Pluralismus als Erkenntnismodell 32
Sprachanalyse und Soziologie 123
Sprache, Denken, Kultur 120
Strauss, Anselm, Spiegel und Masken 109
Strauss, Leo, Naturrecht und Geschichte 216
Szondi, Das lyrische Drama des Fin de siècle 90
– Einführung in die literarische Hermeneutik 124
– Poetik und Geschichtsphilosophie I 40
– Poetik und Geschichtsphilosophie II 72
– Schriften 1 219